U0498912

浙江大学中国语文研究中心

中国语言学前沿丛书

06

明清来华西人与辞书编纂

周　荐　主编

商务印书馆
创于1897 The Commercial Press

图书在版编目（CIP）数据

明清来华西人与辞书编纂 / 周荐主编 . — 北京 : 商务印书馆 , 2023
（中国语言学前沿丛书）
ISBN 978-7-100-22153-5

Ⅰ . ①明…　Ⅱ . ①周…　Ⅲ . ①汉语－词典编纂法－研究－中国、西方国家－明清时代　Ⅳ . ① H164

中国国家版本馆 CIP 数据核字（2023）第 047239 号

权利保留，侵权必究。

中国语言学前沿丛书
明清来华西人与辞书编纂
周荐　主编

商　务　印　书　馆　出　版
（北京王府井大街 36 号　邮政编码 100710）
商　务　印　书　馆　发　行
江苏凤凰数码印务有限公司印刷
ISBN　978-7-100-22153-5

2023 年 6 月第 1 版　　开本 880×1240　1/32
2023 年 6 月第 1 次印刷　　印张 16⅝

定价：98.00 元

总　序

王云路

“中国语言学前沿丛书”是浙江大学中国语文研究中心近期的重要工作。中心的前身是浙江大学周有光语言文字学研究中心，于2015年5月成立，经过六年的建设，基本完成了以“周有光语言文字学”整理与研究为主题的使命。为了适应新形势和中长期可持续发展的需要，实现向语言文字学相关领域拓展和纵深发展的目标，2020年12月，中心正式更名为“浙江大学中国语文研究中心”。

语言文字是一个国家、一个民族的灵魂。考察中华文明发展与演变的历史，我们会清楚地看到语言文字研究所起到的巨大的、基础性的作用。语言文字不仅仅是情感交流的工具，更是文化传承的载体，是国家繁荣发展的根基，是民族身份的象征和标志。现在是研究语言文字的大好时机，近年召开的全国语言文字工作会议体现了国家对语言文字工作的高度重视。我们汉语研究者应该更多地立足和回应社会需求，更加积极有为地投身语言文字研究和文化建设。

有鉴于此，我们中心新的发展目标是：响应国家以语言文字凝聚文化自信、增进民族认同的号召，充分发挥浙江大学语言学研究重镇的影响力，汇聚全国语言学研究力量，强化语言学全方位的学术研究、交流与合作，着力构建具有中国特色和国际视野的语言学理论体系，打造具有前沿性、权威性、引领性的语言学研究品牌。为此,中心决定启动以学术传承为基调的“浙大学派语言学丛书”和以学术发展为基调的“中国语言学前沿丛书”两个项目。现在出版的“中国语言学前沿丛书”第一辑,正是这一规划的首批成果。

中国语言学是一门古老的学科。传统的中国语言学根据汉语汉字是形音义结合体的特点,形成了训诂学、文字学和音韵学三个学科,统称为“小学”。正如马提索夫所说:“世界上没有别的语言像汉语研究得这么深,研究的时间有那么长。”(《藏缅语研究对汉语史研究的贡献》)可以说,系统总结、反思汉语言文字一直是中国传统语言学研究的优良传统。19 世纪末 20 世纪初,西方语言学思想传入中国,与传统语言学发生碰撞,有识之士便在比较的视野下,开始对中国传统语言学进行反思与总结。比如章太炎先生在《论语言文字之学》中认为,“小学”这一古称应当改为“语言文字之学”:“此语言文字之学,古称小学。……合此三种,乃成语言文字之学。此固非儿童占毕所能尽者,然犹名为小学,则以袭用古称,便于指示,其实当名语言文字之学,方为塙切。”这种观念体现出当时学者对传统语言学现代化的思考与尝试,也标志着中国语言学开始走上现代化的道路。

近二三十年来,语言学研究观念不断拓展、理论不断创新、内涵与外延不断丰富,这些都是我们编纂这套丛书的基础。秉承着梳理、总结与审视学术历史发展的传统,我们也需要回顾这一阶段,总结我国语言学研究又有哪些新的起点、新的成果。推出“中国语言学前沿丛书”正是基于这样的考虑:展现当代中国语言学诸领域专家学者的经典论文,让我们重温经典;集中呈现某个领域的进展,让我们深化对学科本质的认识;引入新思想、新观念,甚至新的学科,让我们视野更开阔。我们的做法是:邀请在自己的研究领域精耕细作、有独到见解的专家,挑选并汇总一批在本领域、本选题研究中具有代表性的学术论文。这既是对既往研究的回顾总结,也是为新开端扬帆蓄力,正所谓承前启后、继往开来。同时,通过集中呈现前沿成果,读者能够了解、掌握该研究方向的最新动态和代表性成果,“辨章学术,考镜源流”,得参考借鉴之利。

本丛书编选有三个标准:创新性、前沿性、专题性。这三点同时也是我们编纂这套丛书的目的,更是我们编纂此丛书的难点。编选之难,首先在于鉴别是否具有创新性。陈寅恪先生在陈垣《敦煌劫余录·序》中说:“一时代之学术,必有其新材料与新问题。”研究成果必须具备相当的深度和水准,可以代表这一领域的最新进展。学术研究贵在有所创造,周有光先生曾说:“学问有两种,一种是把现在的学问传授给别人,像许多大学教授做的就是贩卖学问;第二种是创造新的学问。现在国际上看重的是创造学问的人,不是贩卖学问的人。贩卖学问是好的,但是不够,国际上评论一个学者,要看他有没有创造。”创造绝非无源之水、向壁虚构。创造之可贵,正在于它使得人类已有认知的边界再向前拓展了一步。

编选之难,其次在于如何鉴别前沿性。前沿代表了先进性,是最新的经典研究。时至今日,各学科的知识总量呈指数级增长,更兼网络技术飞速发展,人们获取信息的途径日益便利,使人应接不暇。清人袁枚已经感叹:“我所见之书,人亦能见;我所考之典,人亦能考。”如今掌握学术动态的难点主要不在于占有具体的资料,而在于如何穿越海量信息的迷雾,辨别、洞察出真正前沿之所在。我们请专业研究者挑选自己本色当行的研究领域的经典成果,自然可以判断是否具有前沿性。

编选之难,最后在于如何把握专题性。当前国内的语言学研究正处在信息爆炸的阶段。仅以古代汉语的研究为例,近几十年来,无论在研究材料上还是研究方法上均取得了长足的发展。从材料来说:其一,各种地下材料如简帛、玺印、碑刻等相继出土和公布，这一批“同时资料”由于未经校刻窜乱，即便只有一些断简残篇，也足以掀开历史文献千年层累的帷幕，使人略窥古代文献的本来面目；其二，许多旧日的“边缘”材料被重新审视，尤其是可以反映古代日常生活的农业、医药、法律、宗教、经济、档案、博物等文献受到了普遍关注，因而研究结论会更接近语言事实；其三，还有学者将目光投向域外，从日本、韩国、越南、印度，乃至近代欧美的文献记载观察本土，使得汉语史研究不再是一座孤岛，而是与世界各民族的语言密切联系在了一起。从方法和工具上看：其一，由于方法和手段的先进，从田野调查中获得的材料变得丰富和精准，也成为研究汉语的鲜活证据：其二，随着认识的加深，学者对于材料可靠性的甄别日趋严谨，对于语料的辨伪、校勘、考订时代等工作逐渐成为语言研究中的“规范流程”；其三，由于计算机技术的发达，研究者掌握大数据的能力更加强大，接受国际语言学界的新理论更及时、更便捷，交叉融合不同学科的能力也越来越强，借助认知语言学、计算语言学等新兴领域的方法也流行开来。由此，鉴别专题性的工作就变得纷繁复杂了。

曾国藩说得有道理：“用功譬若掘井，与其多掘数井而皆不及泉，何若老守一井，力求及泉，而用之不竭乎？”只有强调专题性，才能够鲜明突出，集中呈现某一专题的最新见解。

学术是相通的，凡是希望有所创见的研究者，不但要熟悉过去已有的学问，对于学界的最新动态也要足够敏锐，要不断地拓展思想的疆界和研究的视野。同时，在日新月异的信息浪潮之中，学术的“前沿”似乎也在一刻不停地向前推进，作为研究者个人，或许更便捷的门径是精读、吃透一些专门的经典成果，以此作为自身研究的路标和导航。这也是我们丛书编纂的目的之一。

这是一套开放性、连续性丛书,欢迎中国语言学各领域的学者参与编纂。第一辑我们首先邀请浙江大学中国语文研究中心的专家,让他们从各自的研究领域出发,以独特视角和精心阐释来编辑丛书,每个专题独立成卷。以后会逐步邀请更多学者根据自己的研究专长确定专题,分批出版。各卷内容主要分三部分:一为学术性导言,梳理本研究领域的发展历程,聚焦其研究内容与特点,并简要说明选文规则;二为主体部分,选编代表性文章;三为相关主题的论文索引。最后一部分不是必选项,看实际需求取舍。我们选编文章时将尽可能保持历史原貌,也许与今日的要求不尽相同,但保留原貌更有助于读者了解当时的观点。而且,更加真实地再现作者的研究历程和语言研究的发展轨迹,对于历史文献的存留也有特殊的意义。

这就是浙江大学中国语文研究中心编纂这套"中国语言学前沿丛书"的缘起与思考,也是我们的努力方向。希望本丛书能够兼具"博学"与"精研",使读者尽可能把握特定领域、范畴的最新进展,并对学界的热点前沿形成初步印象。

2022 年 7 月 22 日于杭州紫金西苑

目　录

绪　论

周　荐

明清两朝的一批西方来华学者，以传教士为主体，以传教为目的，以语言为手段，为推动当时的西方文化与中华文化接轨立下了殊勋。最早来东方传教的天主教西班牙耶稣会士圣方济·沙勿略（Saint Francis Xavier，1506—1552），一心想登陆中国却赍志而殁在中国的上川岛。从彼时起，直至晚清，一代复一代西人络绎于途、前仆后继，心心念念的就是以传教为主干的文化事业。彼等西人中，传教士是主体，亦有外交官、教师、画匠、工匠五行八作各色人等。他们竭力将自己的文化输入中国，其中不少人也在这个过程中了解了中华文化，惊叹于中华文化之博大精深，并对之产生了浓厚的兴趣，自觉不自觉地在与他们自己的文化进行比较的基础上，对汉文化展开了较为全面的研究。其中对汉语的研究更是全方位的，语音、语法、词汇、文字、辞书等各个方面都有所触及。语音的研究，如1626年法国耶稣会士金尼阁（Nicolas Trigault，1577—1628）的《西儒耳目资》，是第一部运用音素字母对汉字标音的字典，对后来的汉语拼音化影响甚著。语法的研究，如意大利耶稣会士卫匡国（Martino Martini，1614—1661）的《中国文法》（*Grammatica Sinica*）、德国汉学家甲柏连孜（Georg von der Gabelentz，1840—1893）的《汉文经纬》（*Chinesische Grammatik*）等成果，成为后世研究热点，如今更早已成为汉语语言学的有机组成部分。词汇是语言的要素之一，早期的词汇研究成果，无论中外，都主要表现在辞书的编纂上。中国是辞书编纂发轫较早的国度，早在战国末期，《尔雅》即已纂出；到汉代，方言词语工具书如扬雄《輶轩使者绝代语释别国方言》，聚合词义的工具书如刘熙《释名》，俗语工具书如服虔《通俗文》，字典如许慎《说文解字》，纷纷闪亮登场。字典编纂的传统历史上似乎从未中断，如晋有吕忱《字林》，南朝梁有顾野王《玉篇》，宋有出自众人之手的《类篇》，明有梅膺祚《字汇》、张自烈《正字通》，清更有《康熙字典》；而关注词汇、词典的学术浪潮在汉代涌起之后，直至唐朝约六百年间却长时间沉寂着，留下了难解的谜团。所幸，从唐代李义山《杂纂》始，中国士大夫又重新捡拾起对词汇的研究，他们的切入点是俗语，如宋无名氏《释常谈》，明陈士元《俚言解》，清翟灏《通俗编》。自晚明开始，西方来华人士也加入这个行列中，他们中有的人编写外—汉或汉—外字典，更多的人投入俗语等工具书的搜集、纂辑之中。他们工作的成果，有的表现在词汇研究上，有的反映在辞书编纂上，也有的遗存在材料梳理上。他们中的一些人，不仅关注词汇应用，也关注词汇理论。如美国公理会传教士明恩溥（Arthur H. Smith，1845—1932）编纂的《汉语谚语熟语集》（*Proverbs and Common Sayings from the Chinese*），初版本于光绪十四年（1888）由上海美华书馆（American Presbyterian Mission Press）出版。《汉语谚语熟语集》不仅仅是一部辞典或词汇集，也是一部学术专著。该书辑录条目数量不菲，据统计，共有 1969 条。该书名为《汉语谚语熟语集》，这似乎意味着作者将是书所辑录的条目大别为两类，一类是“谚语”，另一类是“熟语”。但据我们分析，该书所收录的熟语，类型繁多，计有谚语、歇后语、成语、惯用语、字谜、对联、诗歌、绕口令以及普通字词等近十类。而且，该书还对汉语的谚语等进行了颇具理论色彩的研究，这在同时代的东西方学者中是不多见的。

以《铸以代刻：十九世纪中文印刷变局》一书享誉学界的苏精先生曾有一句名言："看到来华传教士关于中国的档案，犹如发现了另一个敦煌宝藏。"苏先生此话的意思主要有二：一是来华传教士等西人留下的文献数量惊人；二是文献内容多样，犹如敦煌文献，不仅涉及政治史、军事史等，还有生活史、物质文明史、文化史等内容。本文集所辑词汇、辞书研究内容，自然包括在苏先生所说的文化史当中。我们经常性地提到我们民族近代以来的一些先知先觉者，说他们是睁开眼睛看世界的第一批中国人。这批先知先觉者的名单可以拉得很长，如徐光启、林则徐、盛宣怀、魏源、唐廷枢、郑观应、孙中山……周有光先生也有句颇具卓见的话，"全球化时代要从世界看国家，不能从国家看世界"。周先生这话，令我们深思，给我们启发。站在中国的立场上睁开眼睛看世界固然重要，也是必须走出的第一步，但仅走出那一步还远远不够；站在世界的立场上看中国，才能看清中外的差距，知所奋进。我们现在是站在今天世界的立场上看今日之中国，若是站在数百年前世界的立场上看彼时之中国，并将当时的西人和国人的认识加以比较，将时人的认识和今人的认识加以比较，似更能看出短长。就语言研究而言，明清时代的西方学者如何看待当时的汉语材料？他们的看法与中国士大夫有无异同？为何会有那样的异同？彼时的西人对汉语材料的认识与今日之西人比，有无不同？这些不同是材料发生了变异，还是人的认识发生了改变？这些都很值得我们今天研究。对明清两朝来华西人的汉语词汇、辞书工作所做的研究，其实早在20世纪上半叶便已展开，并有成果问世，但是其研究业绩引起广泛关注，则是最近这二三十年的事，重要的篇什也是近些年来才渐次增多，引起学界的瞩目。我们看到，不仅有世界汉语教育史研究学会、东亚文化交涉学会等学术团体举办的年会一届届召开，更有会议论文集和个人专著、论文不断问世，研究正日趋成熟，走向繁荣。

2021 年 4 月，我应邀出席江蓝生先生主持的《现代汉语大词典》专家审读咨询会，王云路先生也自杭州的浙江大学来到绩溪参会。数年前我曾被浙大聘为云路先生任主任的周有光语言文字学研究中心的特聘研究员，之后即常在线上向云路先生请益。此次见面，我谈到明清来华西人的汉语词汇、辞书研究，这个话题引起了云路先生的注意。云路先生不弃，当即代表浙大新组建的“中国语文研究中心”将编选《明清来华西人与辞书编纂》这样一卷文集的重要工作交给我来做，这令我诚惶诚恐。我虽在汉语词汇、辞书研究中摸爬滚打了近四十年时光，但是在研究以传教士为主体的明清来华西人的汉语词汇、辞书工作方面，终究还是一个新兵。接受任务后，我迅即开始了广搜资料、大量披阅的工作；怕自己孤陋寡闻，造成遗珠之恨，又与相关的学者取得联系，请大家推荐或自荐重要的文章。各位学界先进对我这个年纪不轻的初学者编选这部论文集，都给予了热情的支持和力所能及的帮助，令我倍受感动。论文被选收进本书的学者，不乏在此一领域耕耘多年的知名学者，研究成果极为丰硕。本书为尽最大可能展示更多学者的研究业绩，每位入选学者只优取一篇论文，尚有更多学者的论文，出于篇幅等各种各样的原因未能收入，这是我深感遗憾之处，也须向各位学者和广大读者深致歉意。

词汇的研究始终是与辞书的编纂连在一起的，这是因为词汇研究的成果经常被学人在辞书中展示出来，而辞书又是词语最好的裒辑者和庋藏者，也是人们查找词语之所在。本书所辑论文，绝大多数是对明清来华西人关于汉语词汇、辞书工作所做的研究，内容自然主要聚焦于词汇、辞书两点上。本文集所收论文的编排，基本上以辞典等文献在历史上发表的时间为序，但有些文章所谈问题集中，为照顾读者阅读方便而排在一起。除词汇、辞书的问题外，个别篇什从语体和修辞等角度展开研究，涉及词汇、辞书的问题，或者谈词汇、辞书涉及一些语法问题，也酌予收入。当年面对汉语单语或外—汉、汉—外双语材料的主要是传教士等西人；今日的研究者，有境外的学人，更多的是中国学者。材料丰赡，议题广泛，学人众多，但是大家有着同样的关注度和研究热情。研究者们葆有学术青春，有着炽热的研究热情和深邃的学术洞察力，所以才会有愈来愈多的卓有洞见的论文发表。可惜的是，颇具才华、年方四十二岁的司佳教授，因病于 2020 年 10 月 11 日永远离开了我们；著名的文史研究家徐文堪先生，卧病多年却始终在与病魔搏斗，然而终竟未能逃脱这场疫疠的魔爪，于 2023 年 1 月 4 日辞世。司佳教授和徐文堪先生未能看到本书的出版，令人扼腕叹息。

如前所述，对明清来华西人的工作的研究虽已断断续续进行了百余年，但是大规模的研究工作不过二三十年，成果已有一批，却与学界和社会对我们的期待存在距离，在当年那一大批有着忘我奉献精神的传教士等西人及其成果面前更显得那么微不足道，那么不成比例。我们希望并相信，本书的出版能让更多的有志者投身于此一发掘性的工作，在不久的将来让更多高质量的学术成果伴随着这座宝库而现身，奉献给学界和社会。

明末《葡汉辞典》译释体例考*

姚小平

一、编撰背景和著者问题

16世纪中叶，由西欧通往东亚的海路已经开通，陆续有欧洲人穿经南洋、航抵粤闽；至17世纪后期，经过百余年努力，基督教已深达中国内陆多省。其间，西方传教士为学中文，编写了许多种汉语词汇手册。这些手册大都零碎散漫，且多数已湮灭，保存完好的不过几种，其中最早的一部可能是《葡汉辞典》(*Dicionário Português-Chinês*)。

《葡汉辞典》手稿今藏于罗马耶稣会档案馆（Archivum Romanum Societatis Iesu，简称“ARSI”），编号为“Jap. Sin., I 198.”。1934年，意大利汉学家德礼贤（Pasquale M. D' Elia，1890—1963）在该馆工作时发现了这部手稿，认定它是世界上第一部欧汉词典——出自本国的两位耶稣会士罗明坚（Michele Ruggieri，1543—1607）、利玛窦（Matteo Ricci，1552—1610），编写于1583—1588年间。而学界得以了解《葡汉辞典》的学术价值，一睹稿本的面目，则要感谢华裔学者杨福绵（Paul Fu-Mien Yang，1925—1995）和美国汉学家魏若望（John W. Witek，1933—2010）。杨福绵最先从语言学角度入手，探讨《葡汉辞典》所用的注音系统、所收汉语词汇的地域特征等；魏若望

* 原刊《当代语言学》2014年第4期，第436—451、501页。

将《葡汉辞典》手稿加以整理并撰序，于本世纪初影印出版，并附杨福绵1989年的长文《罗明坚和利玛窦的〈葡汉辞典〉（历史语言学导论）》。

由于既未署名，又无序跋之类，著者是谁的问题始终难以定论。杨福绵、魏若望仍维持德礼贤之说，相信罗明坚和利玛窦是《葡汉辞典》的实际著者。后有意大利学者康华伦（2011）提出疑问，揣测编撰者另有其人，可能是葡萄牙行商或航海家。旧说的一大疑点在于，罗明坚和利玛窦都是意大利人，平时更习惯用母语写作；若不用意大利文，他们最有可能使用的应该是拉丁文，这才是传教士都通晓的学术语言。然而这本词典设立词目，用的却是葡萄牙文，这于情理不合。不过，欲求在教士圈内通行，用拉丁语足矣，如果想让词典发挥更大的功效，对远航赴华的一般欧洲人都有用处，则葡萄牙语可能是更好的选择。那时葡语是一种区域通用语，在海上和商贸口岸比其他欧洲语言更为通行。明末最先航行至南洋，与闽粤人通商，并在中国沿海建立定居点的正是葡萄牙人。即便不是葡人，如西班牙教士沙勿略，也是随葡国使臣东来；同样，罗明坚、利玛窦也都是从里斯本出发，搭乘葡国商船前来中国，以澳门为踏板进入肇庆。

康华伦（2011：160—163）指出的另一疑点是，假如著者是传教士，何以宗教、哲理方面的词汇比较少，而航海、经商方面的词汇却相当多？此外，粗俗的词语如 caguar（*ta pien*，大便）[①]、pejtar（*fan pi*，放屁）、putaria（*piau yen*，嫖院）等出现得偏多，相反，却看不到希腊、拉丁语源的文雅词，这类词汇本应是传教士们熟晓并喜用的。关于所收葡语词目以及汉语对应词的词汇特征，底下我们将专门

---

① 本文引用例证，凡原稿所见汉字均用楷体，繁体字也悉照原写，以别于葡语词条括注的中译；其注音则排为斜体，以别于葡文和拉丁文。

讨论，这里只先略提一下：通览全篇，宗教词汇其实非常多，只是在今人看来漏收了某些重要的词语，如 Jesus（耶稣）、Maria（玛利亚）、Evangelho（福音）；航海用词较多，应是时代交通方式的反映，犹如今人编词典，与汽车、飞机等有关的词汇不会少；商贸词语有不少，但涉及刑律、武备、骑射、农牧、疾患等各方面的词语也同样多。至于粗俗词语，应该说是日常生活词汇的一部分，收或不收似不足以证明著者的社会层次和教育背景。最后，古典语源的词目虽然稀少，但在对一些词目的扩展说明中却频频使用拉丁文。

在此，我们探讨的重点是文本本身，无须过多驻留于著者问题。根据目前掌握的材料，不妨假定：《葡汉辞典》的原编者有可能是葡萄牙俗人，后来手稿为传教士获得，或者由传教士转抄，于是增加了一批宗教词汇，并且对一些葡语词目做了补释，使用了不少拉丁词语；而最后传承其稿的正是意大利教士罗明坚和利玛窦，这也就解释了为什么书稿的头几页会多出一栏意大利文的对应词。

二、构架和体例

《葡汉辞典》手稿原无页码，今见于纸页右下角的页码为档案管理员加标。因为前面还有一批与词典关系不大的纸页，与正文合订为一册，故 A 字头始于第 32 页，Z 字头止于第 156 页。页码只标于每张纸页的正面（有若干空白页，也连续计数），反面并不标示，因此实际的页数比标注的多出一倍。以下行文中，在有必要注明页码时，我们将以 a、b 区别页张的正面和反面。

页面分为三栏，左栏写葡语词目，右栏写汉字，中间的一栏写注音。起初的几页（32a 至 34a 的前三行），在第三栏的右侧还添写有相应的意大利文（见图 1）。词典正文之后，有十余张纸的补遗，编为 158—169 页，每页只见两栏，未写注音。左栏仍按音序排列葡语词目，至字头 M 止；右栏书写汉语对应词，格式与正文不同（见图 2）。见于补遗的汉字，书法隽秀，显然出自另手。

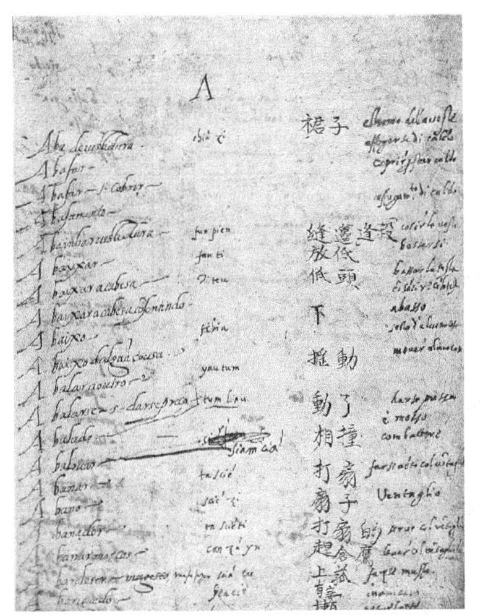
图 1 《葡汉辞典》正文

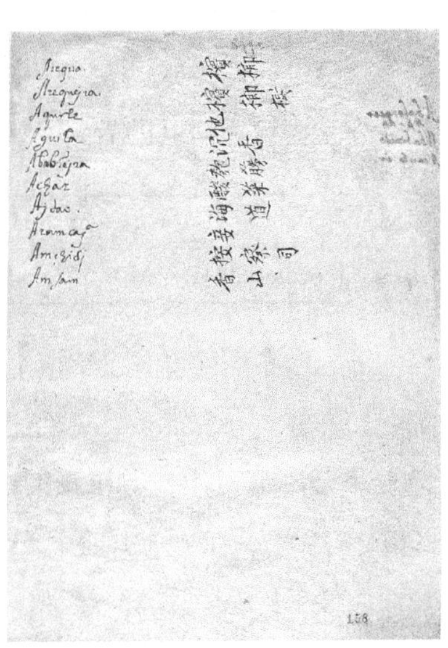
图 2 《葡汉辞典》附页

葡语词目按字母顺序排列，但因为是手写稿，时有不符于此的情况发生。每一词目的首字母均大写，各个字头均另起页。有的单词条目，如 ACABAR（结束），整个词都大写，盖以 Ac- 开首，区别于其上以 Ab- 起首的词目。据魏若望分析，从字头 D 到 Z 的词目是罗明坚的笔迹，之前的部分为谁所书，尚难断定（Ruggieri & Ricci，2001：87）。词目有可能如过去的研究家推测，摘抄自某一部现成的葡语词典，而又有所补充。由于拼错的葡语词或笔误非常多，同一词而拼法有异也颇为常见，给人的印象是著者文字水准不高，或不是母语者。

葡语词目约6000个，所收以单词为主，不烦举例。有时，两个单词并列，后一词经常起限定说明前一词的作用。例如：

Abrauiar（减轻），minuir（缓和）	*chie´ sie*①	减些（33a）
Fundamento（基础），aliçeçes（地基）	*cia´ chio*	墙脚（104a）

这种编列的方式与对应的汉语词不无关系，其特点留待下文讨论。列为词目的词组也不少，其中多数是固定或常见的搭配：

Abrir a boca（张开嘴）	*cai ceu*	開口（33b）
De maa mente（不情愿）	*mo nai ho*	没柰何（75a）

上列四条的注音与汉字俱全，并且一一对应。但不是所有的词条都如此齐整。有一批条目只见葡文，中栏、右栏尚空缺。据统计，在6000个葡语词目中，有汉语对应词的为5461个（Ruggieri & Ricci，2001：110）。还有一些词条，已写有汉字，独缺注音；或相反，有注音而无汉字：

Chama（火焰）		火焰（65b）
Chaue（钥匙）		鎻匙（65b）
Enobreçer（使人高贵）	*pau quei*（91b）	
Gemer（哀叹、呻吟）	*hen*（106a）	

根据注音和葡文词义，可知后两例所缺的汉字为“宝贵”“哼”。

以上诸例显示的葡汉对应，属于以一配一的简单关系。复杂的情况是，一个葡语词目对应两个或更多的汉语词，这时，先写的汉

① 注音者为图快捷，常省去鼻音n、ng，代之以字母右上角或直或曲的一划。笔者将其转换为印刷符号“´”，只能求诸近似。

语词一般会有注音，后写的汉语词则有时有、有时没有注音；不同的词语之间，及各自的注音之间，经常用短横或逗号隔开，或以空格分断：

Cousa（事物、东西、事情）	*si-tu´ si*	事—東西（63a）
Mereçer（应得、值得）	*cai te-po cai te, po ca´*	该得—不该得—不敢（119a）
Diminuir（减少）	*chia´ sciau sie*	減少些 略減些（83b）
Enfermar（生病）	*pin*	病 不自在（90b）

这里说的先写、后写，指的是实际发生的书写次序，而不是呈现于稿面的词语排列顺序。例如下面两条，“動問”“静—善”有注音，其余各词为后笔补写，没有注音；后写的汉语词通常接在原词之后，但有时也会插在原词之前：

Enformarse（询问）	*tum ven*	啟問 敢問 動問 借問
Quieto（平静、安宁）	*çin-scien*	寧 静—善（136a）

添补的汉语词，多数也为中士所写，但有时墨色不一，甚至笔迹有别。由此可推测，通篇的汉语词并非一次写成，而至少是分两次书写的结果。第一遍书写的汉语词，基本出自同一位中士。此人想必通葡语，既当传教士的汉语教师，又承担葡文词目的汉译。但在写第二遍时，可能有另一中士参与。添写的汉字当中，有一小部分笔法稚拙、构造失衡，如以下例条中划有曲线的汉语词，明显为西士所书①：

① 魏若望在《序言》中说，迄今尚未发现罗明坚和利玛窦“手书汉字的实例”（Ruggieri & Ricci，2001：88）。

Brinco（娱乐、游戏）	*sua tu´ si*	耍東西 p. 清景[①]（53b）
Caminho（道路）	*lu*	路 p. 天街（56a）
Bater a porta（敲门）	*cau mue´*	敲門 p. 敲断玉釵 十扣柴扉（51a）
Porta（门）	*mue´*	門 p. 柴扉 户扃（132b）

无论出自中士或西士的汉字，都从左往右书写，这种格式罕见于中国古代文字作品，应是顺应西文书写习惯的结果。《葡汉辞典》上出现的汉字具有哪些文字学的特征？关于这一话题，笔者将另文讨论。这里我们关注的仍是词汇语义。从上引四条来看，由西士添写的汉语词多属雅言。这也意味着，此人已非初习汉语，而是升入了阅读诗文的阶段。来华西士学中文，必定先学口语，然后学书面语。正是出于渐进学习的考虑，《葡汉辞典》上才做了这样的安排——当对应葡语词目的汉语词不止一个时，通常先给出口语词，再提供同义的书面语词[②]。例如：

Algun（某个、某人）	*sim me gin*	甚麼人 誰人（39b）
Amanhecer（天亮、黎明）	*tie´ zai lia´*	天才亮 天方曉（41a）
Bocal（愚蠢、奴隶）	*ci zi*	痴子 呆人 蠢材 傖人（52b）
Quando（什么时候）	*chi sci*	幾時 何時 甚日 那一時（135b）

或者，先给出官话词，再列出同义的方言词：

Aranha（蜘蛛）	*ci ciu, ba chio*	蜘蛛 八脚（44b）
Criado que serue（男仆）	*chia gin*	家人 仔（64a）

---

① “清景”，指清新怡人的自然环境，游玩休闲的好去处。“p.”盖为拉丁文 post scriptum（又及）之略，但并非西士补写的所有字词都有此标示。

② 杨福绵的说法是：“每个葡语辞条可以有一个以上的汉语对应辞条，其中的第一个是口语辞汇，接下来是一或几个口语/文言文的同义辞。”（Ruggieri & Ricci，2001：109）

续表

Sentir（感觉、体会）	*ci tau*	知道 曉得（144a）
Ter rispeito（尊敬、敬重）	*chin ta*	敬他 羡伊（148b）

口语第一、官话优先，这是一条默认的体例，大多数汉语对应词的排列与此相合。但毕竟词条众多，且为手写，很难做到通篇一致。下面几例就不合于此：

Escureçer（变黑、入夜）	*tien cia´ ngon*	天将暗 天要黑了（95b）
Jantar（晚餐、正餐）	*cium fan, u fan*	中飯 午飯（108a）
Moça que serve（女仆）	*gua zai-ya teu*	伢宰—丫頭（120a）
Sol（太阳）	*ge teu*	日頭 太陽（145b）

三、葡语词目的选收

《葡汉辞典》起头的第一个词目，是短语“Aba de uestidura（衣襟、下摆）*chiu´ zi* 裙子”。这样的开首有些奇怪：若按西文词典的音序编排法，我们会期待最先出现阴性定冠词及介词 a（在），起码也应该是 aba（衣襟、边缘）。看来，葡语词目的设立不是照单抄录某一部原语词典上的条目，而是对条目有所选择。

关于哪些词目该设立，哪些不如弃置，编写者可能揣有一定的意向，或者潜意识中存在某种取向。比如，似乎更偏重实义词，有意不把冠词、介词之类小词单列为词目。于是，a 没有立条，介词 com（与……一起）也不见立条，可是有词条“Comigo（与我）*tu´ ngo* 同我 共我”“Contigo（与你）*tu´ ni* 同你 共尔”。词典正文中甚至没有出现人称代词的词目，编写者发觉了这一疏漏，遂在补遗中加列了“Eu（我）我”“Ele（他）他”① “Ele mesmo（他自己）自家”“Eles（他们）他們”等条。

有研究者认为，葡语词目“并不是从一本葡语辞典中漫无目的地抄录下来的，而是在考虑到汉语的通用性的情况下，精心选出来的”（Ruggieri & Ricci，2001：108—109）。有些条目确实如此，例如：

Falla mandarin（官话）	*cuo´ cua-cin yin*	官話—正音（99b）
Misura fazer（［合双手］作拱状、作揖）	*schin li*	行禮 施禮（119a）
Merenda ou almorso（点心或午餐）	*tien sin*	點心（119a）

第一条、第二条是专门为汉语设立的。第三条根据汉语的“点心”一词，对原写的葡文词目 Merenda（［午后］点心）做了修正：南方话中，“点心”又指午餐，因此补写了 ou almorso（或午餐），此为另一西士的笔迹。但我们再来看两条，显示的却是一种着眼于葡语的编排法：

Cozinheiro（男厨师）	*ciu zi*	厨子（63a）
Cozinheira（女厨师）	*ciu fa´ po*	煑飯婆（63a）

古时“厨子”是一门行当，“煮饭婆”则不是，与“女厨师”并不对应。今粤语仍称家庭主妇为“煮饭婆”，可比较另外两条：“Dona de casa，molher（家庭主妇，妇人）*guo ciu po* 屋主婆（84b）”“Matrona（主妇）*cuo´ chia po* 管家婆（118a）”。如果顾及汉语，把“煮饭婆”一词写入这两条即可，没有必要单列出词目 Cozinheira

① 但有指示代词 Aquele（那个、那人），也译作“*ta* 他(44b)”。

(女厨师)。正因为是从葡语自身的立场出发设立词目，其中相当一部分表达的是欧洲语言文化独有的概念，才经常令中士为难，有时译得勉强：

Serea（美人鱼）	*fu gin yu*	婦人魚（144a）
Grifo（狮身鹰头兽），hypergrifo（半鹰半马怪兽）	*fi ma*	飛馬（107b）
Negro cattiuo（俘获的黑奴），negra（女黑奴）	*nu pi*, *nu zai*	奴婢 奴豸（122b）
Freyra（修女）	*ni cu*	尼姑（104b）
Tabellião（公证人）	*sciu chi*	書記（147a）①
Trouador（行吟诗人）	*sci um*	詩翁 家（152a）
Prosa（散文）	*po sci sci*	不是詩賦詞歌文讃（134b）

这些显然是某一本葡语词典上原有的词目，为《葡汉辞典》的编写者照单抄录。最后一个词目 prosa 的汉语释义是分两步完成的：先写了“不是诗”，能断定是中士的笔迹；后五字则为另手补加，其中最能与 prosa 对等的应该是“文”。

四、葡语词目的扩展释义

真正从汉语的角度来编排和修正词条，体现在词目的扩展释义上。《葡汉辞典》上的许多词目，后面跟有扩展语。扩展语有时是一个近义词，有时是一个词组，其作用都在于解释词目，明了意义：

① Escritura（文书、契约）、Lembrança（记录）两条也译为“*sciu chij* 書記”。

Alarguar（宽解），afroxar（放松）	*fa´ cuoa´*	放寬（38b）
Ferias（假期），vacantio（休假）	*fan schio*	放學（102a）
Adosar（放糖），fazer dous（使变甜）	*zo ca´*	做甜（35b）
Forão（灯塔），vigia de lanterna（设有灯火的瞭望塔）	*cau ciau*	高照（103b）

扩展语还可以是一个短句，由关系词 que（=who）、onde（=where）等引出：

Mestre que ensina cantar（教唱歌的老师）	*schi ssi*	戲師（119a）
Sineiro que tange sinos（敲钟的人）	*ta ciu´ ti*	打鐘的（144b）
Lauatorio（澡堂），lugar onde se lauar（洗浴的场所）	*tan si*	湯子（111a）

扩展语的另一作用，在于限定词目所指的范围，辨别不同的义项。这样做是为了调整葡语词目，使之与汉译在语义上更加一致：

Canto（角、端；歌曲、歌声），angulos（角、角度）	*co teu*	角頭（56b）
Deçida（斜坡、下降），ladeira（山坡）	*schia lin*	下嶺（73b）

由于 canto 是同形异义词，只有一半的词义与“角头”对应，以 angulos（尤指数学意义的角、角度）一词来界定所指就很必要。同样，通过同义词 ladeira，词目 deçida 与汉语对应词的联系便能更加紧密。下面两条列出的主词目 cozer 也是多义词，既指缝纫（此义今拼 coser①），又指烧煮，于是有扩展语，以判别词义：

Cozer（缝、缀），d´alfaiate（指裁缝）	*fun*	縫（62b）
Cozer o cozinhar（做饭或烹调）	*ciu*	煑（63a）

① 现代拼法及释义主要根据陈用仪（2001）。

“搬空”指搬走东西、腾出屋子，“倒空”指倒尽液体、空出容器。汉语的说法不同，而葡语动词是同一个，须加短语区分：

Despejar（搬走、腾空）	*po´ cum*	搬空（81a）
Cousa de vaso（指坛罐等）	*tau cum*	倒空 倾盡（81a）

由介词 de（=英语 of/from/with）构成的短语，经常充当扩展语，以区分一个葡语词的各种搭配，使之更准确地对应不同的汉语表达。例如，动词 emprenhar（88b）现在一般指人怀孕，但从本词典的解析来看，在中古葡语中它的适用范围更广：

Emprenhar（受孕、受精）		
de home（指人）	*yeu yin*	懷孕 有孕 有姙 姙娠
de quadrupede（指四足动物）	*yeu toi*	有胎
de alias（指其他物类）	*yeu zi*	有子

其他生物种类，包括禽鸟、虫鱼等（子=蛋、卵），以及植物（子=籽）。因动作所及对象的社会地位高低有别，一个动词短语须两译（101a）：

Fazer a saber（使人知道）		
a maior（对地位高者）	*pau ccij*	報知
a minor（对地位低者）	*chiau cci tau*	教知道

再看动词 mandar（116b），义项颇多，可表示命令、指使、委托、派遣、寄送等，于是分立为三条：

Mandar em testamento（用遗嘱托付、遗赠）	*sce ssi*	捨施 寫囑付
Mandar（送递），mitto（寄发）	*chi*	寄

续表

Mandar（命令），impero（吩咐）	*chiau*	教
de mandarim（官府的）	*zai*	差
de Rei（皇帝的）	*cie*	敕

为限定词义，第一条用的是介词短语 em testamento（em = 英语 in）；第二条用的是拉丁语动词 mitto（寄、送、发信）；第三条先用拉丁语动词 impero（吩咐、命令、指挥），与表示指使一义的“教”对应，再分别使用两个介词短语，以求与另外两个同义的汉语词呼应：官员下令，称“差”；皇帝颁令，称“敕”。扩展释义中使用拉丁语词的例证多达八十余条，值得提取出来单独分析，此处不拟详述。

五、暗藏的译释体例

上文谈到，当一个葡语词目对应多个汉语词时，通常口语词、官话词在先，文语词、方言词居后。这是一条涉及汉语语用和修辞的明例，我们不必解读葡文，只看中文便能察觉。但《葡汉辞典》上还有一些例子，关系到语法层面的内容，需要把握葡语词目的意义和词性，与汉译作对比之后才能揭示。在分析这类暗藏的译释体例时，为显示葡语词目的语法性质，将使用语法学和词典学上通用的一些标记：n. = 名词；np. = 名词短语；a. = 形容词；vt. = 及物动词；vi. = 不及物动词；vr. = 反身动词；vp. = 动词短语。

《葡汉辞典》是一部双语辞书，以葡语为对象语，汉语为目标语。虽然古今历史条件大不相同，语言知识显著增长，编纂目的、操作程序等也都有别，编写双语辞书者要完成的语言学任务却是一样的，即要在对象语的词目与目标语的译词之间建立匹配关系。在谋求匹配时，编写者主要依据语义，但也会顾及语法。今天我们的语法概念与西方的语法概念已很接近，比如论及词类，我们会说汉语有名词、动词、形容词、数词、代词等等。然而，几个世纪前中国人还没有这套概念术语，更不必说及物、使役（causative）、被动（passive）之类。那么，如果说《葡汉辞典》的编写者在为葡语词目选定汉语对应词时会考虑语法，这样的考虑体现在哪些方面呢？

首先，泛而言之，葡语词目所具的词性与汉译词语的词性大体上相呼应：遇到葡语的名词、动词、形容词、代词、数词等，多能以汉语的名词、动词、形容词、代词、数词等来分别对译。不论是有意识追求的结果，还是潜意识的倾向使然，这样的呼应都让人想起欧洲传统语法或逻辑语法对词类的划分及定义：名词表示物象，动词表示动作，形容词表示性质，数词表示数量，代词代替名词，分指“我、你、他”。

不过，葡语的词不仅在使用中发生形态变化，且在孤立独现、作为词目时也常带有区别性的标志（如 -se 是反身动词的后缀，-ado 为过去分词兼形容词的词尾），因此词类容易划定，而汉语的词并不具备这类形式上的东西，于是兼类现象格外突出。下面四个葡语词目紧排于一处（62b），词根虽同而词形不一，对应的汉语词却是一样的：

Corronper（vt. 腐蚀、使腐烂）	*lan*	爛
Corronpedor（a. 腐烂的）		
Coruta cousa（np. 腐烂物）	*lan*	爛
Corução（n. 腐败、变质）		

其中有两条不见汉字及注音，也许是因为译者图快，有所省略，觉得用一个“烂”字就可以涵盖四条葡语。可是翻至另一处，有一

个同义词，相关的三个词目也紧排在一起（43b），处理的手法就完全不同：

Apodrecer（vi. 腐烂）	*yau la´*	要爛
Apodrentar（vt. 使腐烂）	*ta lan*	打爛
Apodrentada cousa（np. 腐烂物）	*lan*	爛

这样的译释看来有其用意，欲分别构造汉语词组，使之更能表现葡语词目的语法特征。但我们需要发现更多类似的译法，才能证明这样的处理并非偶一为之。下面试从数千条汉译词语中归纳出若干构式，它们可以揭示葡语词目的语法特征。

（一）“动词+‘他’”表示及物

这种构式用得颇多。许多汉语动词可及物、可不及物，后面加上“他”，等于锁定直接宾语，以对应葡语的及物动词：

Afromtar（vt. 羞辱、侮辱）	*siu gio ta*	羞辱他 耻他（37a）
Amedruntar（vt. 吓唬）	*chin tu´ ta*	驚動他（41b）
Apoupar（vt. 嘲笑、挖苦）	*siau ta*	笑他（44a）
Bulrar（vt. 欺骗）	*pien ta*	騙他（54a）
Culpar（vt. 归罪于、指责）	*loi ta*	賴他（63a）

这一用法的“他”相当于不定指的“人”：“笑他”“骗他”，即“笑人”“骗人”。有时，跟在可带双宾语的动词后面，“他”表示与格意义，如“税”指租人家的东西①，“税他”指把东西租给人家：

① “税”与“租”同，可表示向人租用，也可表示出租给人（周长楫，2006：169）。

Aluguar（vt. 租赁），tomar（vt. 租用）	税（41a）
Aluguar（vt. 出租），dar lo aluguer（vp. 租给）	税他（41a）
Arendar（vt. 租用）	税（45b）
Arendar（vt. 出租、租给），dar padrão（vp. 许给契约）	税他 賃他 租他（45b）

（二）"'教/叫/弄'（+他）+动词"表示使役

表示指使的"教""叫""弄"构成连动式，对应葡语的及物动词或其短语，多有使役之义：

Abituar（vt. 使人习惯于）	*chiau cuo´*	教慣（32b）
Apresar（vt. 催促）	*chiau ta quai*	教他快（44a）
Encaregar（vt. 委托）	*chiau ta cuo´*	叫他管 听伊理（89a）
Adormentar aoutro（vp. 使某人入睡）	*luo´ ta sciuj*	弄他睡（35b）
Ensanhar a outre（vp. 使人发怒）	*lun ta fa sin*	弄他発性 激發他怒（91b）

试比较同根的葡语反身动词，表示自己习惯于、动作快、睡觉、发怒，汉译明显不同：

Abituarse（vr. 习惯于）	*yau cuo´*	要慣（32b）
Apresarse（vr. 加快）	*quai*	快（44a）
Adormeserse（vr. 睡觉）	*sciuj*	睡（35b）
Ensanharse（vr. 发怒）	*fa sin*	發性 激怒（91b）

（三）"'将/要'+形容词/动词"表示自动

用"将"表示自动或不及物，兼有接近、迫临之义：

Empobreçer（vi. 变穷）	*çia´ chium*	将穷（88a）
Endureçerse（vr. 硬起来）	*çia´ nghen*	将硬（90a）
Perigar（vi. 身临险境）	*çia´ quaj, guei schie´*	将壊 危險（129b）
Escureçer（vi. 变黑、入夜）	*tien cia´ ngon*	天将暗 天要黑了（95b）

“将”与“要”可替换，或者连用：

Abituarse（vr. 习惯于）	*yau cuo´*	要慣（32b）
Anoteçer（vi. 天黑、入夜）	*yau ye*	要夜 将暮（42b）
Estar pera cair（vp. 欲坠、将倒，=英语 be about to fall）	*yau tau*	要倒（97b）
Sarar（vi. 痊愈）	*çia´ yau hau*	将要好（106b）

（四）“‘做’+形容词”表示使成

有些葡语动词含有导致某种结果的意思，现代语法学上称之为使成（factitive）。汉译以构式“做+形容词”对应葡语使成动词或使成式：

Encurtar（vt. 弄短、改短、减少）	*zu ton sie*	做短些（89b）
Enderzitar（vt. 弄直）	*zu cie*	做直（89b）
Endureçer（vt. 使变硬）	*zu nghen*	做硬（90a）
Molle fazer（vp. 弄软，=英语 make soft）	*zo giuon sie*	做軟些（120a）
Engrossar（vt. 增大、使粗壮）		
cousa molle（软的东西）	*zo zu*	做麄（91a）
cousa dura（硬的东西）	*zo ta*	做大（91a）

“打”“弄”也表示使成，后面也跟形容词，多指导致不如意的结果：

Desaparelhar（vt. 弄乱、毁坏）	*ta lon*	打乱（77b）
Molhar（vt. 弄湿）	*ta scie*	打湿 淋潤（120b）
Souerter（vt. 颠覆、破坏）	*ta quai*	打壊 損壊（146a）
Deitar a perder（vp. 致使损坏）	*lun quai*	弄壊（75a）
Desconcertar（vt. 弄乱、破坏；vi. 不和）	*lun lon*	弄乱（78b）

“弄”表示使役的用法不同于此，见“‘教/叫/弄’（+他）+动词”表示使役一节。

（五）“‘被/遭’+动词”表示被动

这种构式所对应的不是葡语动词的被动式，而是具有被动之义的各类词，特别是由过去分词转化来的形容词，而这类形容词又经常可以兼当名词：

Agrauarse（vr. 受欺负）	*pi ta chi fu*	被他欺負 遭他淩辱（37b）
Abatido（a. 被凌辱的）	*pi yen*	被壓（32b）
Asetado（a. 被射中的）		被射（46b）
Suggeto（a. 受辖制的、顺从的）	*pi cuon*	被管 服降 投降 尊服（145b）
Cativo（a. 被俘的；n. 俘虏）	*pi leu*	被擄 被掠（58a）
Culpado（a. 有罪的；n. 罪犯）	*pi*	被誣賴（63a）
Açotada cousa（np. 受鞭、鞭刑）	*pi ta*	被打 遭責（35a）

（六）“动词+‘了’”表示行为的完成、结果

表示动作完成的“了”最常见，如今视为动词体的标记，对应构自过去分词的葡语形容词：

Desdobrado（a. 打开、散开的）	*ta san liau*	打散了 釋散了（79a）
Desembuçado（a. 被揭开的）	*cie cai liau*	扯開了（79a）
Despouvado（a. 迁出的、荒芜的）	*pon chiu liau*	搬去了（81b）
Emendado（a. 已改进的）	*coi cuo liau*	改過了（87b）

相应的葡语动词如下，译法有别：

Desdobrar（vt. 打开、散开）	*ta san-ta cai*	打散—打開（79a）
Desembuçar（vt. 揭开、使显露）	*ce cai*	扯開（79a）
Despouoar（vt. 迁出、腾空）	*pon chiu*	搬去（81b）
Emendar（vt. 修改、改善）	*coi*	改（87b）

“动词+‘了’”表示行为的结果，对应葡语名词或名词性词组。这在语义上说得通，语感上却难以接受，今人不会再这样译：

Despesa（n. 开支、费用）	*yum liau*	用了（81a）
Despojo（n. 抢来的东西）	*cia´ cuo liau*	搶貨了（81b）
Enxerto（n. 嫁接）	*cie co liau*	接過了（93b）
Afeada cousa（np. 变丑的东西）	*ceu liau*	醜了（36a）
Atada cousa（np. 绑起的东西）	*pan liau*	綁了（47a）

相应的动词是：

Despender（vt. 花费、消耗）	*yum*	用（81a）
Despojar（vt. 劫掠、抢夺）	*cia´ cuo*	搶貨（81b）
Enxertar（vt. 嫁接）	*cie sciu*	接樹（93b）
Afear（vt. 丑化）	*zo ceu-zo guai*	做醜—做壞（36a）
Atar（vt. 捆、扎、绑）	*pan*	綁（47a）

(七)"'常常/常要'+动词"表示倾向

有些葡语形容词表示具有某种习惯性的倾向，汉译便以"常常""常要"加动词的构式来对应：

Maginatiuo（a. 想象力丰富的）	*cia´ cia´ siao´*	常常想（115b）
Manencorio（a. 易怒、任性的）	*cia´ cia´ nau*	常常怒（118b）
Mentiroso（a. 爱说谎的）	*cia´ cia´ sciuo gua´ ti*	常常説謊的（119b）
Briguoso（a. 好斗的）	*cia´ yau sia´ ta*	常要相打 相閙（53b）
Chorão（a. 爱哭的）	*cia´ yau ti cu*	常要啼哭（66a）
Vingatiuo（a. 报复性的）	*cia´ yau pau ye´ ti*	常要報寃的（154b）

单独一个"常常"因词性不定，对译的形式也不止一种，如形容词 perpetuo（经常、持久）和介词短语 a cada paço（每每）、de continuo（不断）等都译为"常常"。

(八)"把"与"把"字式

《葡汉辞典》上的"把"字式，杨福绵认为是动词短语，并且分使役、被动、助动（benefactive）三类，每一类各举三例，配有英译："把他歡喜 *pa ta cuon schi* 'to make him happy'""把他進来 *pa ta çin lai* 'to make him come in'""把他憔㥞 *pa ta ziau zau* 'to make him careworn'"，为使役式；"把他食 *pa ta cie* 'to give him food to eat, to feed him'""把他草食 *pa ta zau cie* 'to give him grass to eat'""说把衆人 *sciuo pa cium gin* 'to make it known to all, to tell everybody'"，为被动词；"把工夫 *pa cum fu* 'to be occupied'""把辛苦 *pa sin cu* 'to suffer'""把愁事 *pa zeu ssi* 'to be worried'"，为助动词（Ruggieri &

Ricci，2001：132—133、207—208）[①]。

以上一共九例，我从《葡汉辞典》上找出了其中的八例，发现有两处异于所引：原写不是“把他欢喜”“把他草食”，而是“把歡喜他”“把草他食”。假如不属笔误，便是引用者有意做了改动。没有找到的一例是“把他进来”，但是有“不把進来”。此外，与“把辛苦”对应的葡文词目有三条，词义都与英译不符。看来需要重新梳理，从单用的动词“把”谈起。

“把”用作实义动词，一个义项是看守：

Porteiro（n. 看门人）	*pa mue´ ti*	把門的（132b）

另一个义项很宽泛，等于“给”“给予”，是方言词：

Dar（vt. 给予、提供）	*pa*	把（72a）
Negar（vt. /vi. 否认、拒绝），não querer dar（vp. 不愿给予）	*po yau*	不要把[②]（122b）
Dar de comer（vp. 给人吃）	*pa ta cie*	把他食（72a）
Paser，pasco（vt. 放牧；vi. 吃草）	*cie zau*[③]*-pa zau ta cie*	把草他食（126a）

“把”又相当于“让”，表示准许之义，可替换为“给”。“不把进来”即“不让/不给某人进来”：

Resistir ao entrar（vp. 制止进入）	*po pa çin laj*	不把進来（139b）

但下面一例“把”如今看作介词，“不把当数”即“不把……当回事”：

---

① 本段楷体文字表引用，而非字典原文，为避免混淆，特此说明。

② “把”字漏了注音。

③ “吃草”，未写汉字。

Desprecado（a. 疏忽大意）	*po pa ta´ su*	不把當数 不着意（81b）

跟在动词后面时，“把”也相当于“给”，只是已虚化。下面一句汉译等于“说给大家（听）”：

Manifestar（vt. 表示、公开）	*sciuo pa ciu´ gin*	説把衆人（116b）

“把辛苦”有三例，其中一处注音有疑，但所对应的都是葡语及物动词，则无疑问：

Afadiguar（vt. 使人疲累）	*pa sin cu*	把辛苦（36a）
Aterbular（vt. 折磨、使痛苦）	*pa schin cu*	把辛苦（47b）
Cansar a outro（vp. 烦劳别人、使人厌倦）	*pa sin cu*	把辛苦（56b）

所以，如果相信“把辛苦”是对葡文词目的正确理解和翻译，它的意思就不是“to suffer”，而是“to make suffer”。这里的“把”相当于“使”，“把辛苦”是使役式，即“使（人）辛苦”。与此相类，“把愁事”“把烦恼”也即“使（人）愁事”“使（人）烦恼”：

Anojar（vt. 使烦恼）	*pa ceu ssi*	把愁事（42b）
Magoar（vt. 烦人、冒犯）	*pa fa´ nau*	把煩惱（115b）
Afreiguir（vt. 使人兴奋、激励）	*pa ta ciau zoi*	把他憔㡥（37a）

“把烦恼”也好，“使烦恼”也好，都不是真实言语中能够听到的词，而是一种用来诠释及物动词的构式。这种构式尤其常见于现代的外汉双语词典，究其用法的源头，可能就在《葡汉辞典》。

有疑问的是“把欢喜他”，其词序是否自然？这一条夹在两个相关的词目之间（39a），不妨一并列出，以资对照：

Alegria（n. 快乐、喜事）	*cuon schi*	歡喜
Alegrar a outro（vp. 使某人高兴）	*pa cuo´ schi ta*	把歡喜他
Alegrarse（vr. 高兴、快乐）	*cuon schi*	歡喜

看来，“把欢喜他”也是使役式，至于是否为“把他欢喜”的误写，则可存疑。

最后是“把工夫”，有两例：

Acupar（vt. 占用、操劳）	*pa cu´ fu*	把工夫（34a）
Occupar（vt. 占用、操劳）	*pa cu´ fu*	把工夫（123b）

葡文看起来像两条，实则是同一词，现代拼作 ocupar（可比较词义略同的法语 occuper，英语 occupy）。“把工夫”似指花时间、费工夫。至少可以断定，它是不同于“把辛苦”“把烦恼”的构式，因为“工夫”不能用作动词，所对译的葡语词目也是名词：

Occupação（n. 事务、工作）	*cum fu*	工夫（123b）
Occupado（a. 忙碌、没空）	*yeu ssi con*	有事幹 不得閒（123b）

“把”字作名词（指成捆的东西）和量词的用例，以及借音为“靶”的例子，《葡汉辞典》上也有。但这些与“把”字式无关，不必涉及。

结　语

《葡汉辞典》的历史语言学价值体现在三个方面：第一，载有中古以后、近代初始的葡语词汇，以及一批用于释义的拉丁语词；第二，存有晚明汉语官话和方言的词汇，连同草创时期的注音；第三，记有早期中西语言比较研究的尝试，通过对比来辨析词义、判别词性，进而建立语义对应，体认语法特征。前两个方面是显明的语言史实，已有一些讨论。最后一个方面则是暗藏的探索过程，迄今尚乏系统的考察，因此是本文研究的重点。

参考文献

Ruggieri, Michele & Matteo Ricci 2001 *Dicionário Português-Chinês*. John W. Witek(ed.). San Francisco, CA: University of San Francisco.

Yang, Paul Fu-Mien 1989 The *Portuguese-Chinese Dictionary* of Matteo Ricci: A Historical and Linguistic Introduction. In *Proceedings of the Second International Conference on Sinology*. Taipei: Academia Sinica.

陈用仪（编），2001，《葡汉词典》，北京：商务印书馆。

康华伦，2011，《罗明坚和利玛窦编辑的所谓〈葡汉辞典〉（*Dicionário Português-Chinês*）中的一些不一致》，魏思齐（编）《辅仁大学第六届汉学国际研讨会“西方早期（1552—1814年间）汉语学习和研究”论文集》，新北：辅仁大学出版社。

周长楫（编），2006，《闽南方言大词典》，福州：福建人民出版社。

《葡汉辞典》中的散页文献研究*

张西平

罗明坚——西方汉学的奠基人①，有关他的研究中，最为薄弱的是对《葡汉辞典》的研究。《葡汉辞典》是世界上第一部中文和西方语言对照的汉语学习辞典，是西方人汉语学习的最早一部辞典，在中西文化交流史、世界汉语教育史研究上都具有十分重要的价值。1934年，意大利汉学家德礼贤在罗马耶稣会档案馆首次发现了《葡汉辞典》，档案编号是“Jap. Sin., I 198.”。这部文献发现后，学术界做了初步的研究（Levi，1998），最重要的成果是2001年在利玛窦进京400周年时澳门基金会联合学术界出版的《葡汉辞典》——魏若望发表了序言，并附杨福绵的长篇学术论文《罗明坚和利玛窦的〈葡汉辞典〉（历史语言学导论）》。《葡汉辞典》重新影印出版以及杨福绵的长篇学术论文，代表了近年来学术界对这部辞典研究的最新进展。

杨福绵的论文侧重对《葡汉辞典》历史语言学考察，特别是在

---

* 原刊《北京行政学院学报》2016年第1期，第116—128页。

本文为国家社会科学基金重大项目《梵蒂冈藏明清天主教文献整理与研究》（14ZDB116）阶段成果。在写作过程中分别得到金国平、杨慧玲、麦克雷（Michele Ferrero）、王苏娜、孙双、李慧等多位学者的帮助，正是由于他们的无私帮助——提供材料、翻译，本文才得以完成。在此，对以上学者表示感谢。

① 参见张西平（2001a，2001b，2003a，2003b，2009，2012；张西平等，2003）著作和论文中涉及罗明坚的部分。

语音学的研究方面具有开创性，但对《葡汉辞典》文献中的散页并未展开研究，杨福绵（2001：106）认为"辞典之前和之后是利玛窦或罗明坚手书的语言学、神学或科学笔记，笔记的汉语行文出自他们的教师之手。这些笔记很可能是由罗明坚带到罗马，而且很久之后才和辞典手稿合并在一起。手稿的页码是由档案员后来加上的，而且在编排上存在相当的任意性，有时文章之间甚至完全没有先后顺序。尽管大部分笔记与辞典无关，但是对于了解手稿的写作日期，以及了解与罗明坚和利玛窦传教活动有关的历史事件的日期，却具有重大意义"。本文试图从历史学和语言学的角度对《葡汉辞典》的散页部分做初步的探讨，以求教于各位方家。

一、《葡汉辞典》整体结构和辞典外的散页文献内容

罗马耶稣会档案馆的这份档案号为"Jap. Sin., I 198."的文献，名为《葡汉辞典》，共有 189 页[①]，其中第 32—156 页为《葡汉辞典》的正文，这样就说《葡汉辞典》本身有 124 页，其余内容有 65 页。陈纶绪（Chan，2002）在《罗马耶稣会档案馆藏汉和图书目录提要》（*Chinese Books and Documents in the Jesuit Archives in Rome: A Descriptive Catalogue*, *Japonica-Sinica I - IV*）一书的第 253 页列出了散页的标题，但并未对这 65 页文献进行系统研究[②]。笔者按照文献的自然顺序和内容，对这 65 页文献做一个简单的分类和

① 杨福绵（2001：106）文中有误，说"手稿一共有 89 张"，这显然是打印错误。

② 笔者所著《欧洲早期汉学史——中西文化交流与西方汉学的兴起》一书对其中部分文献做过探讨（参见张西平，2009：45—54）。

介绍。

《葡汉辞典》首页的内容如下：

Questo e' il dizionario europeo-cinese fatto dal Ruggieri-Ricci

这是一部欧语中文辞典，是由罗明坚和利玛窦做的

E' il primo del genere

是第一种这样的辞典

Lavoro maggior parte e' italiano probabilmente del Ricci

大部分是意大利文，大概是利玛窦所写

Spesso scrittura del Ruggieri

经常有罗明坚写法

Al principio c'e' la prima catechesi verso il 1583 - 88

开始也有天主教教理内容，大概在 1583—1588 年

E alcune nozioni di cosmografia

也有一些关于宇宙学的资料

Deve essere di 1583 - 1588

大概 1583—1588 年

Molto prezioso

很宝贵的

6. 10. 34

1934 年 10 月 6 日

P. D'Elia[①]

① 在这里，感谢北京外国语大学中国海外汉学研究中心麦克雷教授将拉丁文转写出来并翻译成中文。

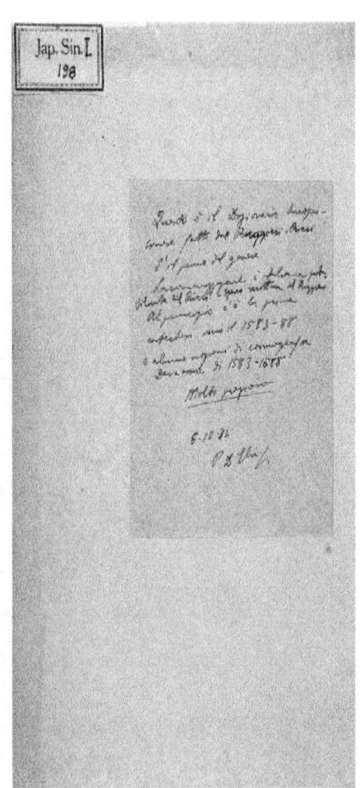

图 1 罗马耶稣会档案馆“Jap. Sin., I 198.”档案首页

第 1 页：记有个别单词和数字的散页。

第 3—7 页：一份用罗马注音写成的一个对话录，完全由罗明坚手写。文献的标题是“Pin ciù ven tà ssì gnì”，意大利汉学家德礼贤将其翻译成“平常问答词意”，杨福绵认为德礼贤将“Pim（Pin）”翻译成“平”不对，他根据辞典中的相同注音，认为应该翻译成“宾”，这样题目就是“宾主问答辞义”。这份文献国内学术界也常有混淆，将《葡汉辞典》和《宾客问答词意》混为一谈（赵继明、伦贝，1998）。这篇文献的写作时间，对话中问答“师傅来此几时？答：仅两年”，罗明坚和利玛窦是 1583 年 9 月 10 日前往肇庆的，按照此计算，这个对话应在 1583 年 10 月后（杨福绵，1995；参见古屋昭弘，1988）。

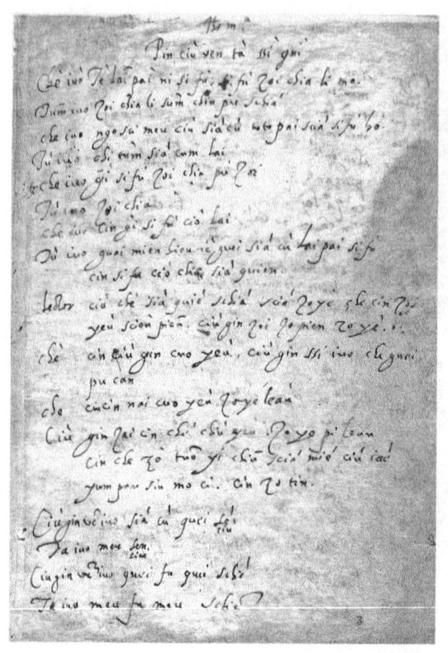

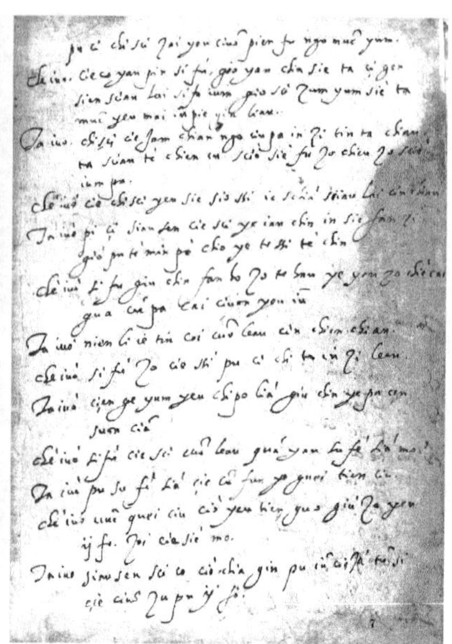

图 2　第 3—7 页：罗马注音的对话录

第 8—12 页：空白页。

第 12v—16v 页：《解释圣水除前罪》。这是罗明坚所写，对天主教教义的简单介绍。文献开篇说“人欲进天主之教门者，则请教门之僧代诵经文，以其天主圣水而与之净首。既得天主圣水，则前日之罪恶尽弃，方识其天主而升天庭矣”。这份散页文献对研究天主教历史和神学词汇有很高的价值。如文中说：“僧自天竺国，心慕华教，不远万里，航海三年，前到广东肇庆府，蒙督抚军门郭俯赐柔远，施地一所，创建一寺，名曰仙花。请师教习儒书……”这样我们判断这篇文献可能写于 1586 年①。这篇文献可能是最早的中文天主教文献，文献中天主教人名的中文译名都在变化之中，这对我们研究天主

① 文献的原字迹应是中国儒生帮助所写，陈纶绪认为这几页是从罗明坚的拉丁文教义问答翻译而来，从散页内容来看，不太符合。

教翻译史具有重要的学术价值[①]。

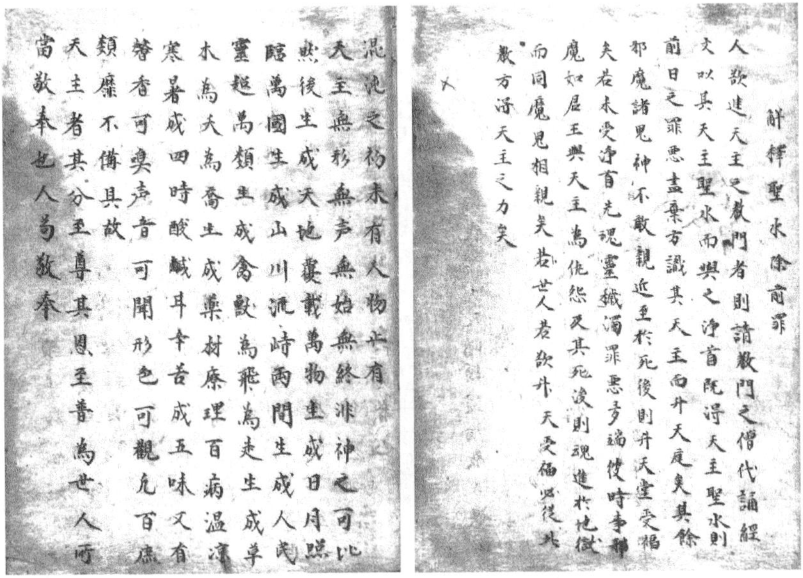

图 3 第 12v—16v 页：《解释圣水除前罪》（从右往左）

第 17v—23v 页：介绍西方天文学的知识，完全的散页，没有标题，没有连续性。文中提到整个天体各个星座和每个星座内星星的数量，文中说“此球西竺儒者作上有四十八宿，每宿有人物像”，又说“地球在九重天中间又如心一般其体不动……”。此文献虽然只有 8 页，但很可能是西方天文学在中国的第一次介绍，在天文学上很有价值。同时，由于此时罗明坚已经学习了中文，开始将中国的传统天文学，例如二十四节气等放入西方天文学中加以解释，以便中国儒生理解。因此，这篇文献在中国科学史上是很有价值的。

① 参见张西平（1999，2005）。这几页散页仍须做深入研究，这里不做展开。

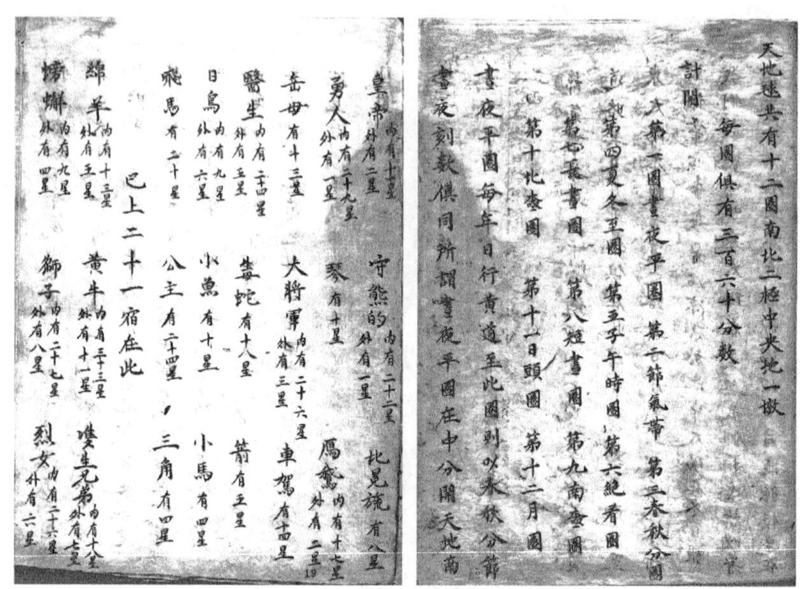

图 4　第 17v—23v 页：天文学知识介绍

图 5　第 24 页：二十四节气表

第 24 页：中国二十四节气表，每个汉字有罗马注音。显然这是罗明坚用来学习汉语的基础性材料，通过注音形式来联系发音。

第 24v—26 页：一个汉字表。估计这是当年罗明坚的老师用来教授他们汉语所用，为何是这些汉字呢？有些汉字表示汉语的声母，有些表示汉语的韵母。“表示声母的汉字共有 339 个，其中许多汉字表示同一个声母。表示韵母的汉字不超过 39 个”，全部共有 348 个字。杨福绵认为“这个字表中的声母和韵母与《中原音韵》中的完全一样”（杨福绵，2001：107），这说明罗明坚他们学习的是官话。

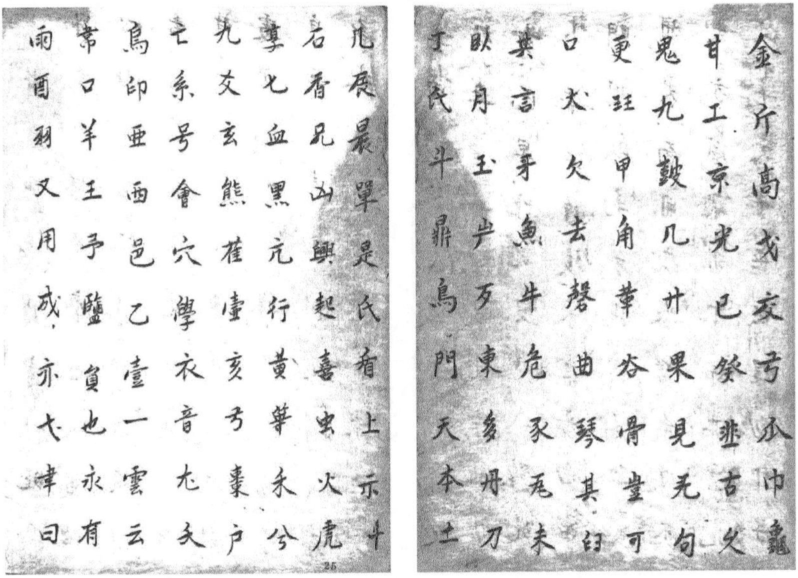

图 6 第 24v—26 页：汉字表

第 27 页：中国的地名以及语言学习词汇。

第 27v—28 页：中国节气词汇和天干地支词汇。

第 28v—29 页：一个汉语官话中使用的量词表，共收入量词 49 个，如个、本、条、把、副、行、盏等。

第 29 页：一个双音节同义词表。

第 30v—31v 页：双音节反义词表。

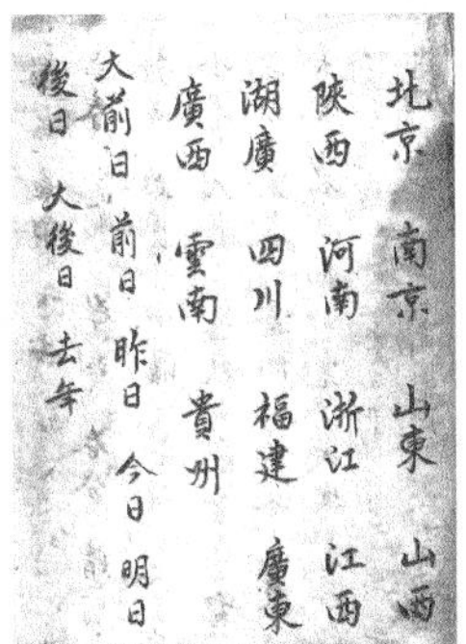
北京 南京 山東 山西
陝西 河南 浙江 江西
湖廣 四川 福建 廣東
廣西 雲南 貴州
大前日 前日 昨日 今日 明日
後日 大後日 去年

图 7 第 27 页：地名及语言学习词汇

單 手 魚 下 言 土
立春 雨水 驚蟄 春分 清明
穀雨 立夏 小滿 芒種 夏至
小暑 大暑 立秋 處暑 白露
秋分 寒露 霜降 立冬 小雪
大雪 冬至 小寒 大寒

图 8 第 27v—28 页：节气（左）；干支词汇（右）

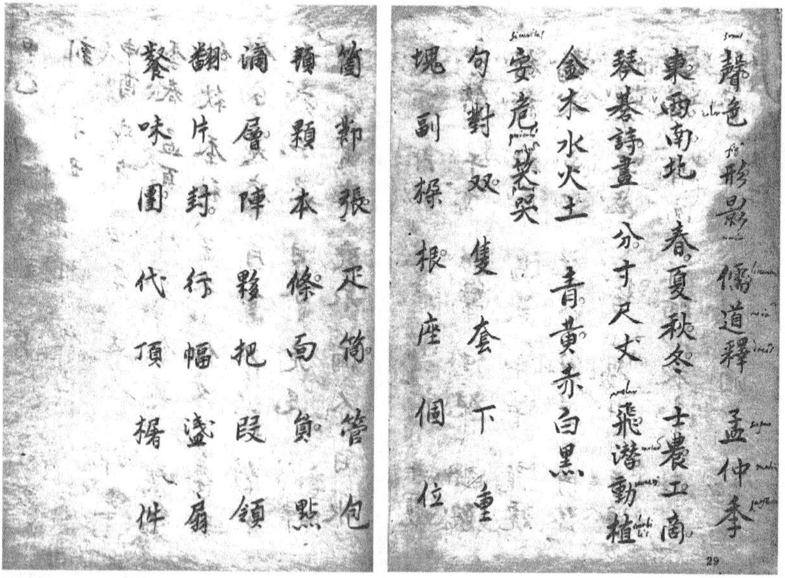

图 9 第 28v—29 页：量词表（左）；双音节同义词表（右）

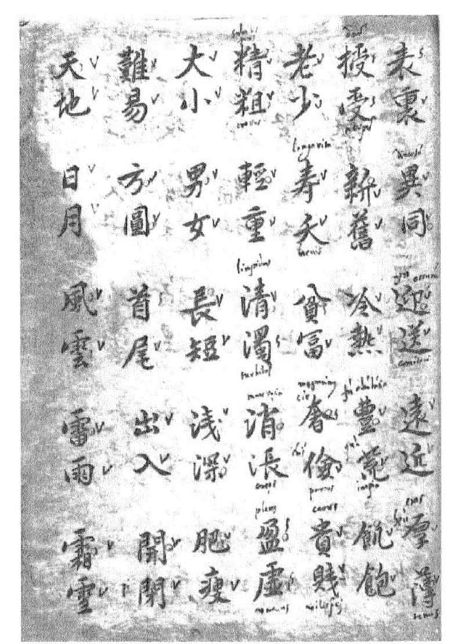

图 10　第 30v—31v 页：双音节反义词表

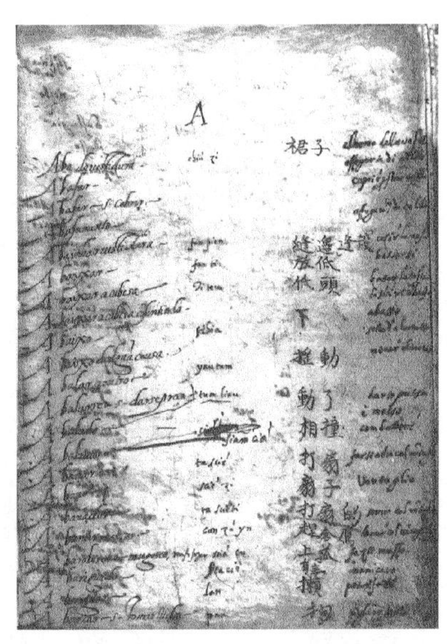

图 11　第 32—156 页：正文

第 32—156 页：《葡汉辞典》的正文。初步统计，这个辞典共收入 6000 个葡语词条，其中只有 5461 个词条有汉语对应词，仍有一些葡语词汇尚未有对应的汉语词汇。

第 157—169 页：《葡汉辞典》后的双语散页，内有中文和西文单词。

第 170—171v 页：《日则图》[①]。但排列有问题，由于文献管理者不懂中文，将散页序号排反了，阅读时，应从 171v 开始，到 170 页结束。

---

① 中国学者石云里在阅读这份文献后，认为《日则图》少了一页。笔者认为，由于这是一份散页文献，缺页是很可能出现的，目前陈神父的文献序号排列在内容先后顺序上和笔者复制的文献有一定区别，但在文献总序号上是一致的，都是 189v。这说明，陈神父在阅读《日则图》时并未发现这份文献缺页。目前笔者正联系补上这张缺页，在这里感谢石云里教授给出的意见。

第172—182页：罗明坚编辑辞典的散页，每页上都有数量不等的中文词汇和西文词汇。

第183、187、187v页：关于教徒蔡一龙（Martino）操纵罗洪诬陷罗明坚，将罗明坚告上法庭后，法庭的裁决书抄本①。

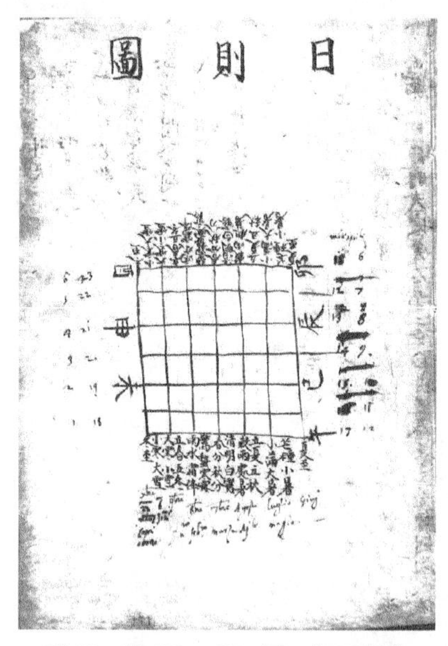

图12　第170—171v页：《日则图》

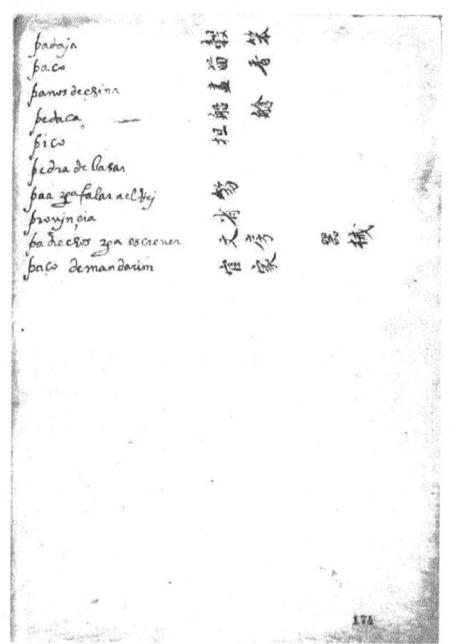

图13　第172—182页：散页

① 在《葡汉辞典》的文件编号上，笔者所复制的电子版和陈纶绪的序号有些不同。他在《罗马耶稣会档案馆藏汉和图书目录提要》中说这份文献是186v—187v，但笔者从耶稣会档案馆复制的文献是183、187、187v三页。从序号上，笔者复制的文献缺少184—186三页，陈神父的序号中184—185属于《日则决》。这两份文献的编号不同，但就内容而言则是完全一致的。笔者估计，由于这是一份散页文献，陈神父当年工作后，仍有不少学者借阅，笔者复制这份文献在陈神父之后，这样在排序上会发生问题。

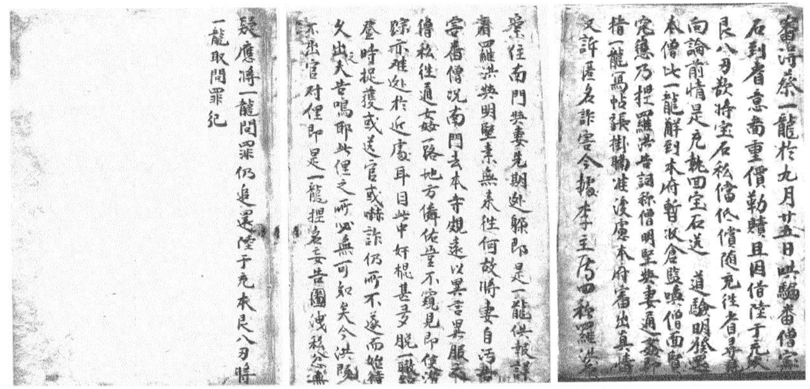

審得蔡一龍於九月廿五日些騙番僧宝石到省意圖重價勒贖且因借陸于充欠艮八百兩欲將宝石私當化償隨充往省尋向論前情是充執回宝石送　道驗明發還本僧比一龍解到本府暫收倉監喚僧面質究憑乃捏羅洪告詞称僧明堅與妻通姦勒措一龍寫帖張掛聽准淩處本府審出真情又許匿名詐害今據李王田稅羅洪

棄住南門與妻先期迎騾即是一龍供報詳審羅洪與明堅素無來往何故將妻自污也寄居僧況南門去本寺頗遠以異言異服之僧私往通姦一路地方鄰佑豈不窺見即使潛踪亦难迯於近處耳目此中奸棍甚多脫一騙登時捉獲或送官或嚇詐仍可不遂而始待久出大告鳴耶此俚之所必無可知矣今洪陽不出官对俚即是一龍捏名妄告圖洩私忿無

疑應將一龍問罪仍追還陸于充本艮八百兩時一龍取問罪紀

图 14　第 183、187、187v 页：裁决书抄本（从右往左）

第 188、189、189v 页：这三页为罗明坚学习中国古代诗歌的散页。

第 188 页有如下词语：人门，时人，偷闲，少年，野僧，渔郎。下面是拉丁文的祈祷文。

De profundis et requiem aeternam / a porta inferi

Erue Domine animas eorum requiescant in pace Amen

Domine exaudi orationem meam / et clamor meus ad te veniat

Dominus vobiscum

Et cum spiritu tuo

Oremus

Fidelium Deus omnium conditor, et redemptor, animabus famulorum, famularumque tuarum remissionem cunctorum tribue peccatorum: ut indulgentiam, quam semper optaverunt, piis supplicationibus consequantur. Qui vivis et regnas

这是罗明坚用拉丁文所写的祈祷书①。

第 189 页有一个拉丁语人名的中文翻译“德阿多尼阿”（teotonio），杨福绵（2001：108）认为“这是（ST.）Theotonius（意大利语为 Teotonio，1086—1166）的汉语译名。此人乃正教公理科英布拉圣十字教团创始人，后来 S. Antonio de Padua 也加入此教团”。

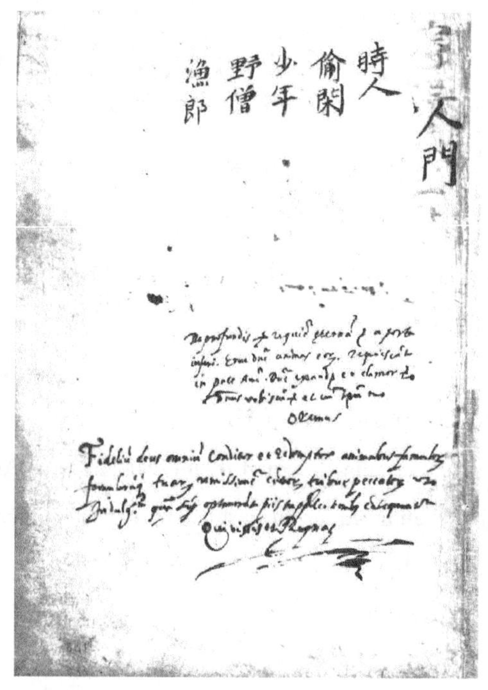

图 15　第 188 页：罗明坚学习中国古代诗歌的散页

① 英文可以翻译为：“de profundis” and eternal rest from the power of hell; O Lord free their soul and may they rest in peace; O Lord listen to my prayer and my cry come to you; The Lord be with you; And with your spirit。在这里感谢麦克雷教授将拉丁文转写出来并翻译成英文。

二、关于《葡汉辞典》的作者

费赖之（Louis Pfister，1833—1891）《在华耶稣会士列传及书目》一书中，在谈及罗明坚和利玛窦的作品时均未提到这部书（费赖之，1995）。利玛窦自己所著的《利玛窦中国札记》，在谈到罗明坚时从未提到这本书，在谈到他和罗明坚共同学习汉语时，也从未提到他们两人合作编辑了这部辞典①。

罗明坚的一系列书信中并未提到自己编写辞典的计划。同样，在利玛窦（1986）的一系列书信中，他也未曾提到自己在学习汉语的过程中编制辞典一事。

对中国天主教史做过深入研究的裴化行（H. Bernard-Maître，1889—1975）在其著名的《天主教十六世纪在华传教志》（*Aux portes de la Chine: Les missionnaires du XVIe siècle*）一书中，从未提到罗明坚和利玛窦编辑《葡汉辞典》一事（裴化行，1936）。

将《葡汉辞典》作者归于利玛窦一人的观点，最明确的是邓恩（George H. Dunne）。他在《从利玛窦到汤若望：晚明的耶稣会传教士》（*Generation of Giants: The Story of the Jesuits in China in the Last Decades of the Ming Dynasty*）中说，“这是一本由利玛窦在肇庆生活期间所编纂的《中葡词汇表》。这份词汇表有 9 页，这是他为帮助自己

① 利玛窦在自己的书中说：“他们以高薪聘请了一位有声望的中国学者，住在他们家里当老师，而他们的书库有着丰富的中国书籍的收藏。”（利玛窦、金尼阁，1983：171）这是利玛窦谈自己学习汉语的唯一记载，完全没有提到他和罗明坚共同编写辞典。传教士在进行中文写作和学习时，有一个令人怀疑的问题，即他们从来不提他们的汉语老师，从来不提他们中文著作的润笔者。

记忆用而写的”（邓恩，2003：16）①。

意大利汉学家德礼贤首次发现这份文献时，使用了“罗明坚-利玛窦”这样的作者署名方式。其在《利氏史料》（*Fonti Ricciane*）中首次公布了这份文献。在解释《葡汉辞典》这一页（见图16）时，他说“辞典每页纸都有三竖行：一竖行是葡萄牙词条，按照字母排列从 abitar 到 zunir。这一竖行可能是一个抄写员抄写的。另一竖行是意大利文字母，感觉应该是利玛窦写的，没有声调和语调的标注。第三竖行是中文，其中一部分是两位耶稣会士中的一个写的。在最初几页（ff. 32－35b）的一部分中，和 f. 34a 第四竖行，是意大利文条目，应该是罗明坚写的。在两个附录中还有几个附加的条目（ff. 157a－169—172－186a）。辞典没有完成，因为不是所有葡萄牙文词条都配上了中文释义。结尾有这样的文字，可能是罗明坚写的：Laus Deo Virginique Matri. Divis Gervasio et Protasio. Amen. Jesus.”（D'Elia，1942：35）②。

德礼贤的这段论述很含糊，在谈到意大利字母时，他说“另一竖行是意大利文字母，感觉应该是利玛窦写的，没有声调和语调的标注”。他这里用了“感觉应该是利玛窦写的”（a quanto sembra，dal Ricci），这说明他并不确定；而谈到罗明坚时，却说“第四竖行，是意大利文条目，应该是罗明坚写的”，这里说得很坚定。他认为辞典中的中文，“第三竖行是中文，其中一部分是两位耶稣会士中的一个

① 这个说法太有问题，在中文翻译上也不妥，“一本”和“一份”在中文的量词上是很不同的，邓恩这里究竟说的哪种文献呢？从未见到利玛窦本人有独立的一本《中葡词汇表》，根据邓恩所提供的注释，他说自己的这份文献来自1935年罗马出版的德礼贤 *La Civiltà Cattolica*, anno 86, II 第75页。

② 感谢金国平先生提供《利氏史料》电子版，感谢王苏娜提供《利氏史料》纸版，以上是王苏娜帮助笔者翻译的，在此表示感谢。

写的"，笔者认为整部辞典的中文很可能是一位文人帮助传教士们所写的，而不可能是罗明坚或者利玛窦。

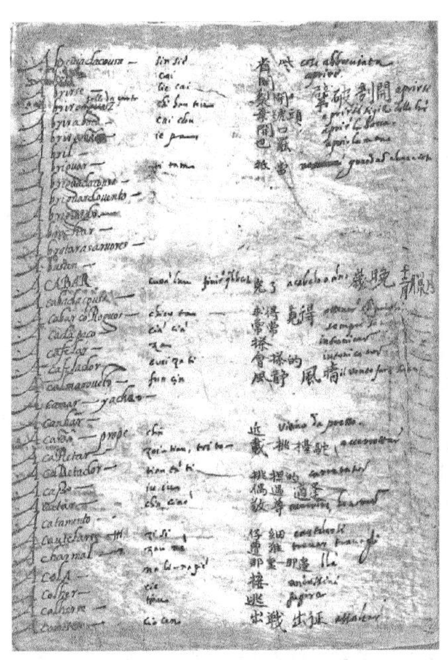

图 16

德礼贤之后，这部辞典的作者问题似乎成了定论，即利玛窦和罗明坚合作而成。杨福绵具有开创性意义的研究更是明确了这一点。他大体是在重复德礼贤的观点，但已经和德礼贤有了区别，他认为罗明坚在这部辞典中的作用是主要的，利玛窦是次要的。"根据手稿的纸张、笔迹，以及内容，我们可以证明这部《辞典》的主编者是罗明坚，合编者是利玛窦。编纂年代当是罗、利二氏初入中国广东肇庆传教的时期。他们两人于 1583 年秋天抵达肇庆，而罗氏则于 1588 年冬离开中国返回罗马。因此这部书稿当在 1584—1588 年间完成，也很可能是罗氏亲自带回罗马去的。除了笔迹以外，我们还可以根据

《辞典》前的附页，得到更确切的结论。”（杨福绵，1995：36）中国学者近期开始关注这个问题，在此之前他们很少在自己的著作中提到这部辞典[①]。

笔者认为，《葡汉辞典》应属于罗明坚所做的。其理由如下。

第一，《葡汉辞典》中关于罗明坚官司的散页。

上面我们看散页的183、187、187v三页是关于教徒蔡一龙操纵罗洪诬陷罗明坚，将罗明坚告上法庭后，法庭的裁决书。德礼贤所整理的《利氏史料》中是这样记载的[②]。德礼贤在整理利玛窦的原稿

---

① 参见方豪（1988）、杨森富（1968）、林金水（1996）、董少新（2008），这是仅有的几部提到《葡汉辞典》的中文著作，但仍是杨福绵的观点。

② 由于这个事件十分重要，为便于学术界更好地了解，笔者请孙双将德礼贤《利氏史料》中相关内容翻译出来，供学术界参考。以下是译文：

“在肇庆的天主教徒中有两个人，他们是父子，因热衷炼金术而耗尽家产，也没有挣到一分钱。他们问教徒马丁（Martino）神父们懂不懂炼金术，马丁说神父们懂，并且许诺把这门技术传授给他，条件是他不能告诉别人。那两个可怜的教徒相信了他，并且千方百计讨好他。马丁很穷，他们就给他换上新衣服，把他接到家里好吃好喝地款待，还花钱给他买了个老婆，觉得这样就更能要求他把秘方说出来。马丁很痛快地答应了他们，要求他们不能把这件事告诉任何一位神父。

马丁每天都到神父的家里去，就这样把说出秘方这个约定拖了三四个月，最后，他实在没法再跟款待他的人拖时间了，就编了个日子，说那天神父会把秘方传授给他，他也就能教他们了。与此同时，他做好了逃跑的准备。因为三棱镜在阳光下呈现出好几种颜色，马丁就以为那是价值连城的宝石，那天他向神父借出了三棱镜，说要给家里的某些亲戚看看。之后他就带着三棱镜逃回他自己的家乡了（la sua terra）。

两个天主教徒知道了这件事后，马上跑到神父家哭诉，揭发骗子的骗局，告诉神父他们花了很多钱，一部分直接借给了马丁，一部分给他买了很多东西，向神父寻求建议。罗明坚去了两趟省会，终于得知马丁在那里，而且身上有三棱镜。那两名教徒中的一人在岭西道府上任职，他伪造了一份公文，上面写着岭西道下令抓捕马丁并投入大牢。带着这份公文，他来到那个大都市，威逼马丁把三棱镜交给了他，心想神父们见价值连城的宝石失而复得，一定会把他花在马丁身上的钱还给他。

有一天，长官（governatore）来到神父家里，如同往常一样，他带着其他要员来观赏我们的东西，这是城里最棒的参观和娱乐活动。当他要看三棱镜的时候，得知它被人偷走了。因此他立刻下了一道公文，下令抓捕马丁并带上公堂。神父们不愿意他这么做，说三棱镜并不是值钱的东西，不必费力找回它。长官说三棱镜不是神父们的，而是城中官员们的，他们常来观赏，所以他想把它找回来。

负责这件事的人里有个马丁的同乡，他立刻找到了罪犯的哥哥，对他说如果不把兄弟交到自己手上，就让他赔那颗珍贵的宝石，而且即使他倾家荡产也赔不起。（转下页）

时，在《葡汉辞典》的手稿中发现了关于罗明坚官司的散页，并在《利氏史料》第 242 页注释 6 中介绍了这份文献，以加深对利玛窦记载此事的理解。这个注释写道："我 1934 年在罗马耶稣会档案馆找到了它（Jap. Sin., I 198., pp. 187a－b）第 418 页注释 2。根据这份珍贵的档案，蔡一龙向陆于充借了 8 个银锭，1587 年 10 月 26 日从番僧（罗明坚）那里骗来了一个三棱镜，之后就去广东了。陆于充追了过去，他从蔡一龙那儿拿了三棱镜，交给岭西道，让他还给番僧，并把蔡一龙投进了肇庆的监狱以作惩罚。有个叫罗洪的诬告罗明坚与自己住在南门的妻子有染，为了把事情闹大，他还在墙上贴了蔡一龙写的状子，并且到官府匿名告发。但是李主湾证明罗洪已经和他的妻子分开了，而且罗明坚与他也没有任何关系。罗明坚显然不可能操着外国

(接上页) 出于害怕，马丁的哥哥把他交了出来，马丁便被带往肇庆。

马丁被捕后非但对自己的罪行没有丝毫忏悔，反而恶上加恶，和同牢房的另外几个靠欺诈维生的狐朋狗友商量好，在城中的角落散发传单，污蔑罗明坚与一名妇女偷情。

之后不久，那妇女的丈夫就出现了，他写了状子给岭西道，上面说他出城办事，回来的时候看到城中角落的传单，他回到家打了自己的老婆，那婆娘承认了这事儿是真的。因此他请长官严厉惩罚神父，并要求他赔偿。岭西道把官司交给城市长官负责，城市长官开始调查，并且查清了整件事的来龙去脉。对神父来说，为自己辩解非常容易，因为状子上指控他与妇女偷情的那一天，他正在广西省，距离肇庆需要走两个月的路。告状者是一个身份卑微、处于底层、非常贫穷的人，他既不占理，又无财无势，只想从神父们那里要点儿钱，而且只要一点点就能满足。但神父们一分钱也不愿意给他，因此他只能污蔑他们，对神父说只要他们给钱，他就能闭嘴。那个穷人害怕自己对别人做的坏事反而会害了自己，就带着老婆逃跑了，再也没有出现过。因而在第二次开堂传讯他的时候，他住的地方已经人去屋空。

就这样，神父们恢复了自己在当地的名誉。长官很清楚，马丁是整个事件的策划者，他把马丁传上公堂，宣判神父无罪释放，对他所有的指控都是马丁策划的，并且马丁还偷了三棱镜。

为此，长官当着神父的面令人狠狠打了马丁二十杖，这使他走路一瘸一拐，又判他入狱，以及罚款。他把判决递交岭西道，请他批准确认，岭西道在自己府上打了马丁六十杖。送回监狱的时候，马丁已经众叛亲离，神父们一两个月给他一些施舍供他生活，直到他死于伤口以及狱中的其他折磨，他的恶行就这样得到了报应。那个得到了三棱镜的教徒得知马丁被捕，害怕官府会在他家找到赃物，就主动把它还给了神父们，什么要求也没有提。这样，神父们了结了这桩恼人的小事。"

感谢孙双从意大利文翻译了这段文字。

口音，穿着外国服饰，走在从天主教堂到南门这么长一段路上去犯下那样的罪行而不被发现，何况（状子上说）事情发生已经有一段时间了。罗洪不愿意上公堂，诬告显然是蔡一龙设计的，因此应该判他有罪，并让他把8锭银归还陆于充。”（D’Elia，1942：242；参见利玛窦，2014：123—126）

笔者在《西方汉学的奠基人罗明坚》一文做了初步的分析，在文中写道：“这段手稿所记载的就是利玛窦在《天主教进入中国史》第2卷第10章‘孟三德返澳门，罗明坚遭诬告’中所讲之事。手稿中的‘蔡一龙’就是利玛窦所说的‘玛尔定’。这段文字使我们更可确信这组手稿作者是罗明坚，而且我认为这段中文手迹很可能是罗明坚亲笔所写，因文中缺字、错字颇多，不像中国文人所写。进而推测《葡汉辞典》也主要是罗明坚所编，利玛窦只是作为助手出现的，《葡汉辞典》中的中文语词部分可能也是罗明坚亲自所撰，而不是中国文人代笔。”（张西平，2001a：106）宋黎明在《神父的新装——利玛窦在中国（1582—1610）》一书中也介绍了这份文献。夏伯嘉在《利玛窦：紫禁城里的耶稣会士》一书中也谈到这份文献，但在理解上有不少错误，他在翻译成英文时就出了错。宋黎明又发表文章，纠正了他的错误，并将这份文献全面整理，抄录如下：

审得蔡一龙，于九月二十五日，哄骗番僧宝石到省，意图重价勒索，且因借陆于充本艮（银）八两，欲将宝石私当低（抵）偿。随充往省寻见，问论前情，是充执回宝石，送道验明，发还本僧。比一龙解到本府，暂收仓监，唤僧面质究惩。乃捏罗洪告词，称僧明坚与妻通奸，即指一龙写帖张挂，瞒准（住?），后虑本府审出真情，又诉匿名诈害。今据李主薄回称，罗洪原案住

> 南门，与妻先期逃躲，即是一龙供报。详看罗洪与明坚素无来往，何故将妻自污、告害番僧？况南门去本寺颇远，以异言异服之僧，私往通奸，一路地方邻佑，岂不窥见？即使潜踪，亦难逃于近处耳目；此中奸棍甚多，脱一瞰知，登时捉获，或送官，或吓诈，仍所不遂，而始待久出之夫告鸣耶？此俚（理）之所必无，可知矣。今洪既不出官对俚（理），即是一龙捏名妄告，图泄私忿无疑。应将一龙问罪，仍追还陆于充本良（银）八两，将一龙取问罪犯（宋黎明，2012：59—60）。

这份文献涉及罗明坚，通过利玛窦的《利玛窦中国札记》和《利氏史料》中记载可以看出，无论是英译本的中文翻译，还是意大利文的原版整理都说明确有此事。这份文献则从原始文献证明此事的真实性，如果仅有这份文献还属于孤证，现在利玛窦的外文著作和这份文献互证，说明此事的真实性。而这份证词现存在《葡汉辞典》的散页之中，说明这是罗明坚返回欧洲时所带回，这份散页文献有力地证明《葡汉辞典》的作者就是罗明坚，即便利玛窦做了一些工作，也是微乎其微的。

杨福绵（2001：106）认为："辞典之前和之后是利玛窦或罗明坚手书的语言学、神学或科学笔记，笔记的汉语行文出自他们的教师之手。这些笔记很可能是由罗明坚带到罗马，而且很久之后才和辞典手稿合并在一起。手稿的页码是由档案员后来加上的，而且在编排上存在相当的任意性，有时文章之间甚至完全没有先后顺序。尽管大部分笔记与辞典无关，但是对于了解手稿的写作日期，以及了解与罗明坚和利玛窦传教活动有关的历史事件的日期，却具有重大意义。"杨福绵这段话说明，这些手稿和散页不可能是利玛窦和罗明坚共同所有，他使用了"是利玛窦或罗明坚手书的语言学、神学或科学笔记”，这样的看法和他认为《葡汉辞典》“是罗明坚和利玛窦合著”的观点有重大区别。同时，杨福绵也认为，这批文献是罗明坚带回罗马的。这说明，这批散页只能是一人所为，而不是两人合作的结果。通过罗明坚官司的散页文献，我们证明了这批散页文献应是罗明坚所为，从而也间接证明《葡汉辞典》是罗明坚的作品。

当然，这只是从档案编号是“Jap. Sin., I 198.”，即文献的整体存放来论证的。这是一批放在一个编号中的文献，我们证明了其中一份散页文献是罗明坚所有，就可以间接证明这批文献的整体是罗明坚所有。这个证明思路还可以得到另一个佐证。

第二，《葡汉辞典》中关于学习中国诗词的散页。

《葡汉辞典》188、189、189v 三页是作者学习中国古典诗歌的笔记散页，包括：“时人，人门，偷闲，少年，野僧，渔郎”（第 188 页）；“德阿朵尼阿”（第 189 页）；“地门，水绿，长安，冢上，池边，清溪，遥山，山光，青山，碧园，水光，源头活水来，源白，水远，绿遍，山山长，插田，山头，长沙，暮田，丘”（第 189v 页）。恰恰这些散页的诗句提供了它和罗明坚之间的关系。罗马耶稣会档案馆“Jap. Sin., II 159.”号文献就是罗明坚所写的诗歌（Chan, 2002）。陈纶绪神父将这些诗歌首次在西方期刊上公布发表（Chan, 1993；参见张西平，2009：59—66）。罗明坚这些诗中，有两首明显是和这三页散页有联系的。例如第十首《寓广西白水围写景》：

绿水青山白水围，乱莺啼柳燕双飞。
茅檐瓦房清溪上，落日村庄人自归。

这里用了 189v 散页中的“青山”和“清溪”。第十一首《偶怀》：

朝读四书暮诗篇，优游那觉岁时迁。

时人不识余心乐，将谓偷闲学少年。

这里用了188号散页的“时人”和“偷闲”。而第十六首《天主生旦十二首》中其四：

天地星辰妇对夫，风云雷雨兔同乌。

东西南北春对夏，天主灵通对却无。

这首诗采用中国文字中的双音节反义词，同时也是古代诗人在练习写作诗词时，作为对仗的基础性词汇训练，例如“云对雨，雪对风，晚照对晴空”“春对夏，秋对冬，暮鼓对晨钟”；而在散页的第29、30v—31v页中，我们可以发现这里的词汇在罗明坚第十六首诗的“其四”中使用，例如第29页的“东西南北”“春夏秋冬”，第31页的“天地”“风云”“雷雨”。

这些可以再次证明《葡汉辞典》中的散页和罗明坚的关系，说明这些散页是罗明坚带回欧洲的。同时，由于这些散页是和《葡汉辞典》一道构成一个完整档案存放在罗马耶稣会档案馆，也可以间接证明《葡汉辞典》是罗明坚所著。

第三，关于《解释圣水除前罪》散页与罗明坚的关系。

第15v—16页共8页，是罗明坚写的一篇介绍天主教的短文，无标题，但对了解这批文献和罗明坚的关系有着重要的意义。他在散页中说：“中华大邦与本国辽绝，素不相通，故不知天主，不见经文。僧自天竺国，心慕华教，不远万里，航海三年，前到广东肇庆府，蒙督抚军门郭俯赐柔远，施地一所，创建一寺，名曰仙花，请师教习儒书。

幸承仕宦诸公往来教益，第审之不识天主并其经文。僧敬将经本译成华语，兼撰《实录》奉览。"这里的《实录》就是他所写的《天主圣教实录》[①]。罗明坚1584年在一封给耶稣会总会长的信中谈到这个问题，他说："现在我已校正了我的《新编天主实录》，是用中文撰写的，用了四年功夫，曾呈现给中国官吏批阅，他们曾予我褒奖，要我赶紧印刷，越快越好。"（利玛窦，1986：456）[②] 这应是对这些散页和《葡汉辞典》属于罗明坚的最直接的证明（参见张西平，2009：第三章）。

另外，从对这批散页文献的研究中，笔者发现这些散页并非和《葡汉辞典》无关，其中部分散页的内容已经被收录到辞典之中，如散页文献27页中关于中文日期的说法"大前日、前日、昨日、今日、明日、后日、大后日、去年"全部被收录到辞典之中，说明这些散页是罗明坚编辑《葡汉辞典》时的一些准备材料[③]。

以上材料可以初步确定《葡汉辞典》是罗明坚作品，利玛窦即使参与了部分工作，也是微乎其微的。从常识来讲，如果这部辞典属于利玛窦和罗明坚共同所有，罗明坚是不能将手稿带回的。现在我们看到的这部辞典乃原始手稿，在中国并未发现任何这部辞典的抄本。

罗明坚在来华耶稣会士中的历史地位评价需要重新考虑，笔者在文章和书中都对这个问题表达了看法。近期学术界也有这样的看法。宋黎明在讨论罗明坚和利玛窦的汉语水平时，认为当年范礼安（Alessandro Valignano，1539—1606）遣返罗明坚回欧洲的两个理由都是站不住的，利玛窦晚年对罗明坚汉语水平的贬低也是不符合实际的。宋黎明在文章中已经问到这些问题：

---

① 1583年第一次出版时名为《新编西竺国天主实录》。

② 参见"罗明坚给耶稣会总会长阿桂委瓦的信"。

③ 下一步笔者将研究关于这批散页和《葡汉辞典》在注音上的异同，并通过对注音系统的研究说明散页和辞典的关系。

> 无论如何，罗明坚的汉语口语绝对好于孟三德，更好于麦安东；孟三德和麦安东继续待在中国，罗明坚更有理由留下。既然范礼安列举的两个理由均不能成立，那么他遣返罗明坚的真实动机到底是什么？利玛窦如此贬低罗明坚，又是出于什么动机？（宋黎明，2012：54）

显然，这些讨论超出了本文的范围，却是中西文化交流史上一个亟待深入研究的重大问题。

三、关于《葡汉辞典》和《汉葡辞典》的讨论

与利玛窦相关的语言学辞典有两部，一部是我们现在所讨论的《葡汉辞典》，另一部就是他第一次进北京失败后，从北京返回南京的路上，与钟鸣仁（Sebastien Fernandez，1581—1620）和郭居静（Lazzaro Cattaneo，1560—1640）一起编制的《汉葡辞典》。关于后一部《汉葡辞典》，利玛窦晚年曾回忆道：

> 整整用了一个月的工夫才到达临清城。这看来似乎是浪费了一个月的宝贵时间，但实际上却不是。钟鸣仁擅长使用中国语言，由于他的可贵帮助，神父们利用这个时间编制了一份中国词汇。他们还编成另外几套字词表，我们的教士们学习语言时从中学到了大量汉字。在观察中他们注意到整个中国语言都是由单音节组成，中国人用声韵和音调来变化字义。不知道这些声韵就产生语言混乱，几乎不能进行交谈，因为没有声韵，谈话的人就不能了解别人，也不能被别人了解。他们采用五种记号来区别所用

> 的声韵，使学者可以决定特别的声韵而赋予它各种意义，因为他们共有五声。郭居静神父对这个工作做了很大贡献。他是一个优秀的音乐家，善于分辨各种细微的声韵变化，能很快辨明声调的不同。善于聆听音乐对于学习语言是个很大的帮助。这种以音韵书写的方法，是由我们两个最早的耶稣会传教士所创作的，现在仍被步他们后尘的人们所使用。如果是随意书写而没有这种指导，就会产生混乱，而对阅读它的人来说，书写就没有意义了（利玛窦、金尼阁，1983：336）。

杨福绵（2001）在他的研究中认为德礼贤将《葡汉辞典》和后来利玛窦等人编辑的《汉葡辞典》混淆了，误将后者当作前者。在《罗明坚和利玛窦的〈葡汉辞典〉（历史语言学导论）》一文中，杨福绵在解释了利玛窦等人编撰的《汉葡辞典》后，写道："德礼贤认为这部辞典就是利玛窦和罗明坚在肇庆编撰的那部辞典，他在1935年写道:我还发现了第一部由欧洲编撰的欧洲语言—汉语辞典。这是第一部汉学著作，由罗明坚和利玛窦以兄弟般的合作完成。它肯定就是基尔舍（Kircher）1667年提到的那部辞典。基尔舍当时这样写道：至于我们（耶稣会士）使用的汉语辞典，我这里有一副本，如果我有足够的资金，我愿意出版这个副本。"① 杨福绵对德礼贤的这个批

① 杨福绵在《罗明坚、利马窦〈葡汉辞典〉所记录的明代官话》一文中也表达这个看法，文中说："德礼贤以为利氏上面所述的字典就是《葡汉辞典》。他说：'我也找到了欧洲人编写的第一部欧汉字典。这是罗明坚和利玛窦合编的第一部汉学著作。毫无疑义地，这便是季尔赫尔在1667年所提到的，'他说：'我有一部为我们（耶稣会传教士）使用的汉语词典手稿，如能获得印刷费，我很想把它付印成书。'但是事实上恐怕并非如此。……这部字典为 *Vocabulario Sinicoeoruopeo*《汉欧字汇》或《汉欧字典》。上述季尔赫尔称它为《汉语字典》，而且是可以付梓的定稿，就是说，其中罗马字系统声调及送气音符号都已定型。这一切都表示这部字典的原语是汉语，是一部《汉欧（葡）字典》，它与《葡汉辞典》并非一书。"（杨福绵，1995：39—40）

评有待商榷。他在《罗明坚和利玛窦的〈葡汉辞典〉(历史语言学导论)》一文中引用了德礼贤的话，说是在其 1935 年的文章中①。

这篇文章笔者没有读到，或许德礼贤在 1935 年的文章中曾将《葡汉辞典》和《汉葡辞典》搞混了；但在 1942 年出版《利氏史料》时，德礼贤在整理撰写利玛窦第一次从北京返回南京，在运河上路经临清时编撰《汉葡辞典》的文字时，在注释中说："事实上罗明坚和利玛窦在肇庆的最初几年（1589 年前，很有可能是在 1584—1588 年）就已经写作了一本不错的字典。1598 年 10 月 18 日，龙华民称'利玛窦做了这本欧汉字典的相当一部分'。这部汉学古字典是世界上第一本欧汉字典，我们可以给这本字典这样一个名称——葡汉辞典。这部字典的手稿藏于罗马耶稣会档案馆，Jap. Sin., I 198.。我本人于 1934 年找到并证实了这部文献。这部字典用的是中国纸，尺寸为23×16. 5。"（D'Elia，1942：32）这里很清楚，德礼贤明确知道这是两部辞典，而且完全不一样，并且在《利氏史料》的第 33 页附上《葡汉辞典》的一页。他并未混淆这两部辞典，只不过在个别语句的语言表达上容易引起歧义。例如，德礼贤在注释中所说的"1598 年 10 月 18 日，龙华民称'利玛窦做了这本欧汉字典的相当一部分'"这句话有些模糊，因为 1598 年正是利玛窦第一次从北京返回南京时，很容易使人理解为是《汉葡辞典》。而《葡汉辞典》，龙华民（Nicolò Longobardo，1559—1654）是根本不可能看到的，德礼贤将龙华民这句话放在这里容易产生歧义。当然，德礼贤在注释的最后说得很清

---

① 杨福绵《罗明坚、利马窦〈葡汉辞典〉所记录的明代官话》一文排印有误，说德礼贤是在 1935 年写的文章，但在他的注释参考文献没有注出 1935 年的文章，而是注出了 1938 年的一本书。同时在正文中他将德礼贤的这篇文章出处标成"D'Elia，1983a：695"，这实际上是杨福绵自己在后面注释中所指德礼贤在 1938 年所写的书，即 *Atti del XIX Congresso Internazional degli Orientalisti*，杨福绵将 1938 误写成 1983 了。

楚："我们可以给这本字典这样一个名称——葡汉辞典。这部字典的手稿藏于罗马耶稣会档案馆，Jap. Sin.，I 198.。"因此，杨福绵用德礼贤 1938 年的话作为依据来批评德礼贤，这是有失公允的①。

关于《汉葡辞典》的下落问题，涉及利玛窦研究的重大文献。这里略作展开。利玛窦研究中，有两部著作至今尚未发现，一个是 1598 年他和郭居静等合作编纂的《汉葡辞典》，另一个就是他所翻译的《四书》。

《汉葡辞典》这份文献在利玛窦后失传，不知去向，中外学者都在寻找这部辞典。在西方，最引人关注的说法是基歇尔（Athanasius Kircher，1602—1680，又称季尔赫尔、基尔舍）在《中国图说》中所提的一部辞典。杨福绵在文中提到这件事，"这便是季尔赫尔在 1667 年所提到的""我有一部为我们（耶稣会传教士）使用的汉语辞典手稿，如能获得印刷费，我很想把它付印成书"（Pfiste，1934：996；参见基歇尔，2010：224）。1670 年《中国图说》法文版出版时，书后附有一个法汉辞典，尽管没有一个汉字，但辞典采用注音汉字，也可以达到对汉字的理解。因此，1670 年《中国图说》出版后，关于这部辞典的来源和作者一直引起学者的探讨。法国著名汉学家伯希和（1999：233）认为，1670 年《中国图说》所附录的法汉辞典很可能就是利玛窦-罗明坚藏在罗马耶稣会档案馆的《葡汉辞典》，他说"如此看来，《插画的中国》② 法文译本中所载无汉字的字典，说是利玛窦的这部字典，亦有其可能"③。

---

① 杨福绵这样的批评在国内也有影响，徐文堪先生（2004）在《谈早期西方传教士与辞书编纂》一文中就认同杨福绵的观点："德礼贤则认为，利氏所述的词典即他发现的《葡汉词典》。这显然不妥当。"

② 即《中国图说》。

③ 关于《中国图说》1670 年法文版所附辞典的研究，参见马西尼（2009）。

笔者认为，基歇尔看到罗明坚这部辞典的可能性很小，他在罗马分别见过曾德昭、卜弥格、卫匡国、白乃心，但和罗明坚并未见过面。同时，利玛窦后来和郭居静等合编的《汉葡辞典》被带回欧洲的可能性也很小。关于《汉葡辞典》，柏应理（Philippe Couplet，1624—1692）曾说，郭居静编过一部《按欧洲拼音字母排序并按声调分部的词汇表》（*Vocabularium ordine alphabetico europaeo more concinnatum, et per accentus suos digestum*）。利玛窦和郭居静等编撰的《汉葡辞典》在哪里？杨福绵（1995：40）在文中说："那就是费赖之的《入华耶稣会士列传》1934 年法文增订版的卷末参考书中（996页）附了一条 *Catalogue Ms de Pékin*《北京手抄（耶稣会士人名）目录》。在该条脚注中谓这份目录是裴化行和范德本两位神父在一部《汉葡字典》手稿附录里发现的。而这部字典是他二人于 1933 年在北京图书馆发现的。该手稿编号是 22.658，共 8+624+34页，32 开本。字典未标明编著者姓名、成书年月及地址。费氏书增订人在括弧里注有'或许是 1660—1661？(年间完成的)。'这部字典很可能是根据利玛窦等的《汉葡字典》编成的。不过要解答这个问题，必须查阅该稿本，并与《葡汉辞典》的罗马拼音方案以及词汇作一番比较和考证的工作，才能得到结论。"

1987 年金国平就注意到了这部辞典，他查阅后认为：中国国家图书馆藏汉葡辞典是为供个人使用而编纂的，从葡文字迹以及中译葡的不确之处来看，作者的葡语水平高于汉语。至于此葡汉辞典的编纂年代，从辞典附录判断，不早于 1660 年（Jin，1987）。

20 世纪 30 年代裴化行、费赖之等人所提国立北平图书馆藏汉葡辞典现藏中国国家图书馆善本部，编号已经变更为 V/PL1459 P6C5。这部汉葡辞典手稿页宽 7 厘米左右，页长 10 厘米左右，是一部袖珍型辞典。现存页码有 8 页汉字部首表，624 页单页辞典正文，24 页附录，与费赖之 1934 年记载的 34 页附录相比，有 10 页的数差。费赖之等人并未对汉葡辞典的内容进行介绍。

这部汉葡手稿按欧洲人习惯从左向右翻页，单页编排页码，内容完整，字迹整齐。汉字系中国人用毛笔书写，罗马注音及葡萄牙文释义系欧洲人用钢笔书写。

辞典正文前有一个 322 个汉字的部首表，右侧标出了在辞典正文中该部首汉字组的起始页码。正文中的汉字部首均用红色墨水书写，汉字均按剩余笔画数列于剩余笔画数数字之下，剩余笔画数也是红色墨水书写，非常醒目。部首表相当于初级检索表，正文醒目的红色部首和剩余笔画数对所收汉字进行了简单标注，起到了便利检索和查找使用的功能。

正文中每个词条都是注音、汉字词目、葡萄牙语对应词形式排列，释文部分没有任何汉字形式的例词。一个汉字常常对应多个注音。也有许多汉字词目下仅有注音而没有葡萄牙文释义。

附录的内容有：2 页名帖格式，7 页礼品名称数量名录，2 页从 1624 年至 1683 年的欧洲纪年和中国甲子纪年对应的甲子纪年表（天干地支用金粉书写），4 页书信套语，8 页 77 名来华传教士名录，2 页中国修士名录。

辞典手稿最后一页有紫色“G. ROS”字样。封底内封上有用圆规绘制未完成的两个多层同心圆图形。

杨慧玲对这个辞典做了最为深入的研究，她的《中国国家图书馆藏汉葡词典抄本及其史料价值》一文详细介绍了中国国家图书馆所藏这部辞典的基本情况：

> 这份从1581年来华的耶稣会士沙勿略起至1660年入华的77名基督教传教士名录中，不全是耶稣会士。绝大多数耶稣会士名前都标注了“†”符号，多名我会传教士名字前有“D”，其余未标符号的人名部分是入华耶稣会士，也有方济各会传教士等（杨慧玲，2012：119）。

裴化行已降，学术界一直对中国国家图书馆的这部辞典手稿是否是利玛窦和郭居静等所编制的辞典有一定的期待，杨慧玲（2012）的结论是：从双语辞典史发展的角度推断，北京国图藏的汉葡辞典以单一汉字为词目的辞典，肯定晚于罗马藏混合词目的手稿汉葡辞典（陈纶绪推测约作于1625至1644年间）①。并且，虽然罗马藏汉葡辞典与利玛窦有一定的关系，但其完成时间在明末。结合国图藏汉葡辞典的附录——入华传教士名单，如卫匡国、南怀仁（Ferdinand Verbiest，1623—1688）、潘国光（Francesco Brancati，1607—1671）、白乃心等一些著名耶稣会士名字前竟然没有标注耶稣会标志，收入的最后一位入华传教士是1660年入华，而且没有中文名这样一些特征，可以推断，国图藏汉葡辞典抄本是由非耶稣会士编写的、约在1660—1661年间完成的一部汉葡辞典。

笔者认为，关于中国国家图书馆这部辞典的归属至少已经可以有这样一个结论：这部辞典不是利玛窦和郭居静等编制的《汉葡辞典》。那么利玛窦和郭居静等编制的《汉葡辞典》藏在何处？这仍是利玛窦研究中，中西文化交流史研究中的一个重大遗留问题。

---

① 杨慧玲（2012：119）注：“陈绪伦［陈纶绪］：《罗马耶稣会档案处藏汉和图书文献目录举要》，M. E. Sharp，1998。陈绪伦认为罗马耶稣会档案馆藏编号为Japonica-Sinica IV7的汉葡辞典可能是耶稣会的费奇观或曾德昭的汉葡词典。”

四、《葡汉辞典》中散页文献的语言学内容初探

首先，《葡汉辞典》的散页文献在中国音韵学上有值得关注之处。先来看《宾客问答辞义》，笔者认为这篇文献是西方汉语史上第一篇汉语对话教材，虽然全文没有一个汉字，汉字全部为罗马注音所代替，但这种形式却使我们看到中国汉语史上最早的罗马字注音汉字文献，显然这篇文献在时间上早于《葡汉辞典》。《宾主问答辞义》（杨福绵，1995：36）第5a页有下面一段宾主对话：

Che iuo：si fu tau cie li yi chi nien liau

[k‘əʔ yoʔ：sɿ fu tau tʃɛ li i ki niɛn liau]

客曰：师父到这里已几年了？

Ta iuo：zai yeu liã nien

[taʔ yoʔ：ts‘ai iəu liaŋ niɛn]

答曰：才有两年。

Che iuo：giu chin ni schiau te'mun cie piẽ cuõ cua po schiau te'

[k‘əʔ yoʔ：ʒu kin ni xiau təʔ ŋo mun tʃɛ piɛn kuɔn xua poʔ xiau təʔ]

客曰：如今你晓得我们这边官话不晓得？

Ta iuo：ye schiau te'chi chiu

[taʔ yoʔ：iɛ xiau təʔ ki ky]

答曰：也晓得几句。

Che iuo：ye chian te.

[k‘əʔ yoʔ：iɛ kiaŋ təʔ]

客曰：也讲得？

Ta iuo：lio schio kiã chi chiu

[taʔ yaʔ: lioʔ xioʔ kiaŋ ki ky]

答曰：略学讲几句。

日本学者古屋昭弘（1988）考察了文献中的注音特点，认同了杨福绵和德礼贤提出的，在这一时期，罗明坚和利玛窦在用罗马字给汉字注音时，尚未注意到汉语语音发音中的送气音和不送气音的区别，所以这篇文献没有标注出送气音和不送气音。上述内容说明，"《问答》中的声调标记法虽然不完善，但可以说已具备了接受以后的五声符号的基础"。

同时，古屋昭弘在文章中通过对《宾主问答辞义》音系和《西儒耳目资》音系之间关系的考察，得出结论："1584年罗明坚、利玛窦在广东肇庆市编写的《问答》和金尼阁根据耶稣会在全国活动的需要，于1626年在杭州出版的《西儒耳目资》这两份文献，音系上没有太大差异，在考虑到明代'官话'的方言基础这点上，是很令人揣摩的。"这说明，关于这篇文献的注音系统和后来的《西儒耳目资》注音系统之间的关系仍待深入研究。

再看第24v—26页上的汉字表，这个汉字表共有348个字，在前一时期的研究中，笔者尚未从语音学的角度看待这个字表，而仅仅是从汉字识字的角度来谈的[①]。杨福绵先生（2001：107）认为这个字表是表示汉语的声母和韵母的材料，"表示声母的汉字共有339个，其中许多汉字表示同一个声母。表示韵母的汉字不超过39个。这个字表中的声母和韵母与《中原音韵》中的完全一样"。

散页中还有一些汉字和罗马字注音材料，这些材料为进一步深入

① 参见张西平（2009，2012）关于罗明坚汉语学习的研究。

研究《葡汉辞典》的语音系统提供了参考。这里不做展开，笔者会在以后的研究中深入探讨。这些散页中的语音材料是我们理解和打开《葡汉辞典》语音系统奥秘的辅助文献，在学术上仍有着重要的价值。

其次，《葡汉辞典》散页文献的词汇研究。第29页是一个双音节同义词表：

> 声色，形影，儒道释，孟仲季，东西南北，春夏秋冬，士农工商，琴棋书画，分寸尺丈，飞潜动植，金木水火土，青黄赤白黑，安危笑哭。

第30v—31v页是双音节反义词表：

> 表里，异同，迎送，远近，厚薄，授受，新旧，冷热，丰荒，饥饱，老少，寿夭，贫富，奢俭，贵贱，精粗，轻重，清浊，消涨，盈虚，大小，男女，长短，浅深，肥瘦，难易，方圆，首尾，出入，开闭，天地，日月，风云，雷雨，霜雪。
>
> 真伪，爱恶，是非，文武，强弱，生死，存亡，浮沉，动静，抑扬，俯仰，前后，左右，长幼，尊卑，众寡，聚散，贤愚，优劣，生孰，干湿，始终，早晚，昼夜，昏明，宾主，亲疏，巧拙，顺逆，用舍，吞吐，向悖，离合，买卖。
>
> 阴阳，升降，寒暑，往来，上下，高低，内外，进退，香臭，甘苦，幽明，隐现，有无，虚实，得失，荣枯，盛衰，兴败，曲直，斜正，喜怒，哀乐，勤懒，逸劳，古今，治乱，急缓，宽窄，起倒，舒倦，钝利，美丑，横直，屈伸，善恶。

这些反映了罗明坚初学汉语时的实际情况，对我们掌握汉语习得的规律是有帮助的。

最值得我们关注的是罗明坚关于量词的记载。量词是汉藏语系的独特语言现象。在中国古代语言中就已经存在量词——甲骨文以及先秦文学中都已经存在；但将其作为一个语法内容加以重视，则是在西方语法体系传入中国以后。《马氏文通》作为研究中国古汉语的语法书，并未给量词命名，只是称之为“记数之别称”（马建忠，1983）。直到黎锦熙（1992：84）的《新著国语文法》给量词一个明确的定义：“量词就是表数量的名词，添加在数词之下，用来作所计数的事物之单位。”①

传教士入华后按照西方语言来理解中国语法，卫匡国的《中国文法》是传教士第一本中文语法书，书中按照拉丁文语法将中文分为八大词类：代词、形容词、动词、副词、叹词、连词、数词、量词。他将量词放入“数词和数量词”之中，他的例句包括了 40 个量词（卫匡国，2011；姚小平，2011：143）。西班牙传教士万济国（Francisco Varo，又称瓦罗）在他的《华语官话语法》（*Arte de la Lengua Mandarina*）中专列出“量词”，并举出了 56 个量词。

罗明坚最早是在《葡汉辞典》散页中注意到汉语的量词问题的，由于这不是一本语法书，只是辞典的散页，所以并未提出量词的概念，但他列举出了 49 个量词。罗明坚的贡献在于：第一，他或许是最早注意到汉语中量词问题的西方来华传教士；第二，他首次初步提出一个量词表。因为卫匡国和万济国虽然是最早从语法上定义量词的，但都未将量词专门列出，而只是在例句中呈现。所以，从这个意

① 由于认识的发展，现在主流语言学家已经放弃了将量词仅仅作为名词一个类别的做法，而主张量词是一个独立的词类。

义上讲，罗明坚的量词表在西方汉语史上是颇有价值的。

总之，《葡汉辞典》作为来华耶稣会士最有价值的早期文献，在学术上有着多重的价值，以往的研究都只集中在《葡汉辞典》正文的研究，对其中所包含的散页几乎无人系统展开分析和研究，本文做一尝试提交给学术界，恳请学术界给予斧正。

参考文献

Chan，Albert 1993 Michele Ruggieri，S.J.(1543 – 1607) and His Chinese Poems. *Monumenta Serica* 41.

Chan，Albert 2002 *Chinese Books and Documents in the Jesuit Archives in Rome: A Descriptive Catalogue，Japonica-Sinica I – IV*. Armonk & London: M. E. Sharpe.

D'Elia，Pasquale M.(ed.) 1942 *Fonti Ricciane: Documenti orginali concernenti Matteo Ricci e la storia delle prime relazioni tra l'Europa e la Cina(1579 – 1615)*，vol.2. Roma: La Libreria dello Stato.

Jin，Guoping 1987 Alguns dados sobre léxico chinês de origem portuguesa e lexicografía sino-portuguesa e vice-versa. In *Congresso Sobre a Situação Actual da Língua Portuguesa no Mundo，Actas*，vol.2. Lisboa: Instituto de Cultura e Língua Portuguesa.

Levi，Joseph Abraham 1998 *O Diciónario Português-Chinês de Padre Matteo Ricci，S.J.(1552 – 1610): Uma Abordagem Histórico-Linguistica*. New Orleans: University Press of the South.

Pfiste，Louis 1932 *Notices biographiques et bibliographiques sur les Jésuites de l'ancienne mission de Chine(1552 – 1773)*，vol.2. Chang-hai: Imprimerie de la Mission Catholique.

伯希和，1999，《卜弥格传补正》，《西域南海史地考证译丛（第三卷）》，冯承钧译，北京：商务印书馆。
邓恩，2003，《从利玛窦到汤若望：晚明的耶稣会传教士》，余三乐等译，上海：上海古籍出版社。
董少新，2008，《形神之间——早期西洋医学入华史稿》，上海：上海古籍出版社。
方豪，1988，《中国天主教史人物传》，北京：中华书局。
费赖之，1995，《在华耶稣会士列传及书目》，冯承钧译，北京：中华书局。
古屋昭弘，1988，《〈賓主問答私擬〉の音系》，《中国語学研究·開篇》第6辑。
基歇尔，2010，《中国图说》，张西平等译，郑州：大象出版社。
黎锦熙，1992，《新著国语文法》，北京：商务印书馆。
利玛窦，1986，《利玛窦全集4：利玛窦书信集（下）》，罗渔译，台北：光启出版社。
利玛窦，2014，《耶稣会与天主教进入中国史》，文铮译，北京：商务印书馆。
利玛窦、金尼阁，1983，《利玛窦中国札记》，何高济等译，北京：中华书局。
林金水，1996，《利玛窦与中国》，北京：中国社会科学出版社。
马建忠，1983，《马氏文通》，北京：商务印书馆。
马西尼，2009，《对欧洲出版的第一部中文字典的注释（1670年）》，杨少芳译，张西平（编）《国际汉学（第十八辑）》，郑州：大象出版社。
裴化行，1936，《天主教十六世纪在华传教志》，萧濬华译，上海：商务印书馆。
宋黎明，2012，《一流学者的二流著作——评夏伯嘉〈紫禁城的耶稣会士：利玛窦（1552—1610）〉》，《中国图书评论》第10期。
卫匡国，2011，《中国文法》，白佐良、白桦译，上海：华东师范大学出版社。

徐文堪，2004，《谈早期西方传教士与辞书编纂》，《辞书研究》第5期。

杨福绵，1995，《罗明坚、利马窦〈葡汉辞典〉所记录的明代官话》，《中国语言学报》第5期，北京：商务印书馆。

杨福绵，2001，《罗明坚和利玛窦的〈葡汉辞典〉（历史语言学导论）》，Michele Ruggieri & Matteo Ricci, *Dicionário Português-Chinês*. John W. Witek(ed.). San Francisco, CA: University of San Francisco。

杨慧玲，2012，《中国国家图书馆藏汉葡词典抄本及其史料价值》，《史学史研究》第4期。

杨森富，1968，《中国基督教史》，台北：商务印书馆。

姚小平，2011，《西方语言学史》，北京：外语教学与研究出版社。

张西平，1999，《〈天主教要〉考》，《世界宗教研究》第4期。

张西平，2001a，《西方汉学的奠基人罗明坚》，《历史研究》第3期。

张西平，2001b，《中国与欧洲早期宗教和哲学交流史》，北京：东方出版社。

张西平，2003a，《16—19世纪西方人的中国语言观》，《汉学研究通讯》（台湾）第22卷第1期。

张西平，2003b，《西方近代以来汉语研究的成就》，《文化杂志》（澳门）第48期。

张西平，2005，《传教士汉学研究》，郑州：大象出版社。

张西平，2009，《欧洲早期汉学史——中西文化交流与西方汉学的兴起》，北京：中华书局。

张西平，2012，《中西文化的初识：北京与罗马》，上海：华东师范大学出版社。

张西平等，2003，《西方人早期汉语学习史调查》，北京：中国大百科全书出版社。

赵继明、伦贝，1998，《早期欧洲汉学线索》，《文史哲》第4期。

新发现的传教士会话书《拜客训示》：研究价值及语言性质*

汪维辉　徐多懿

手抄本《拜客训示》是2014年台湾清华大学李毓中教授在西班牙访书时发现的一种新的传教士文献，藏于西班牙耶稣会托雷多教区历史档案馆。根据档案馆的目录，其书名为 *Instruction pour les visites de Mandarins*，中文译为"中国官员访问指南"，李毓中定名为《拜客训示》。手稿用中文抄写，每个字的右侧有法式罗马字注音，有的部分在左侧还有法文的词语对译，共134页。《拜客训示》是会话体的汉语学习课本，全书共十篇，依次为：《管堂中事》《厨房的事》《买办的事》《库房的事》《茶房的事》《衣服帽房的事》《看门的事》《行水路船上的事》《拜客问答》《教友告解罪过》。根据内容可以分为三个部分：前八篇是关于教会生活事务的主仆问答，这是此前从未见过的内容；《拜客问答》是应对来客的对话和中西方士人的问答，除这个西班牙藏本外，还有几个其他版本①；《教友告解罪过》则是

---

* 原刊《古汉语研究》2020年第4期，第2—15、126页。

① 《拜客训示》的相关版本还有：巴黎遣使会传教士童文献（Paul-Hubert Perny）编写的出版于1872年的 *Dialogues Chinois-Latins*（《拉汉对话集》），共有十一篇，其中《厨房的事》《买办的事》《库房的事》《茶房的事》《衣服房的事》《看门的事》《船上的事》《拜客问答》等八篇的内容与《拜客训示》有相同之处，但语句多有差别，注音方式也不一样，二者未必是一个版本系统。梵蒂冈图书馆藏"Vaticano Estremo. Oriente 13"的第二部分，即《玉娇梨》之后是《管堂中事》。《拜客问答》除这两个版（转下页）

告解的会话，与万济国《华语官话语法》附录的《解罪手册》有许多相似之处，二者可能有关联。

《拜客训示》发现以来，已经有学者做了一些研究，如李毓中等（2015），李毓中、张巍译（2016），内田庆市（2017，2019），彭强（2017，2018a，2018b）。此外郑海娟（2015）和朱凤（2018）探讨过《拜客问答》部分的内容。目前还没有见到从汉语史角度进行的研究。本文拟从研究价值和语言性质两个方面对《拜客训示》的语言加以初步探讨，意在引起汉语史学界的兴趣和关注。

本文研究所依据的是原书的图版①。该书的文本整理还有待完善，目前所见的两个转录本——李毓中等（2015）和内田庆市（2019）② ——都还不够理想，前者错误很多，后者质量较高，但还有不少可商补之处。笔者拟点校一个新的文本，以飨学界。

一、研究价值

从汉语汉字史的角度看，《拜客训示》具有多方面的研究价值③。

（接上页）本以外，至少还有另外几种版本，分别是法国国家图书馆藏《拜客问答》一种，梵蒂冈图书馆藏无汉字的葡萄牙译文本 *Pà Kĕ Vén Tá*（Borgia. Latino. 523）、《会客问答》（Borgia. Cinese. 316. 2）、《拜客问答》（Borgia. Cinese. 503）和《拜客问答》（Vaticano. Estremo. Oriente. 14）三种，这些版本的语句大同小异，应该都是利玛窦或他周围的人编写的供来华传教士学习汉语用的会话课本（参见内田庆市，2017）。马礼逊1816年出版的会话课本 *Dialogues and Detached Sentences in the Chinese Language* 有三章内容也源于《拜客问答》。李毓中、张巍译（2016）认为这些版本的《拜客问答》应该是在不同的时间抄录完成，并且在传抄过程中经过了耶稣会士的增补和修改，而西班牙版本可能是最接近原始版本的抄本。

① 内田庆市（2019）有原书图版和转录文字的逐行对照，使用极便。笔者感谢内田庆市教授惠赠该书。

② 澳门大学王铭宇博士录文并标点。

③ 此书的价值不限于语言文字方面，可参见内田庆市（2019：序言）。

下面分文字、语音、词汇、语法四点，各举一些例子，以为引玉之砖。

（一）文字

此书的抄手应该不止一人，如《教友告解罪过》一篇“答”都写作“答”，而其他九篇则都作“荅”，《拜客问答》“等”写作“䓁”“等”，其余九篇则均作“等”，各篇书法优劣也不一。不过抄手应该都是中国人，但是文化修养并不高，有些字的笔画也不规范，如“又”一律写作“㕛”（第一笔横撇都分成两笔写），“出”写成“出”（上下两个“山”），等等。书中多俗字别构、简体字和记音字，还有一些误字。书写有一定的随意性，有的字有多种写法，常常简体和繁体并用。这些用字习惯多数也见于宋元以来的俗文献，但是有些则似为本书所独有。正确识读这些字，不仅是准确理解文意的前提，对于汉字史的研究也有一定的价值。下面举一些例子[①]：

襖（襖），伯（百），舩（般），玻瓈餅（玻璃瓶），莿（刺），出/㞎（出），蓯蓉（从容），醋（醋），荅/答（答），笪/鞑（掸），旦[②]/但（但），䓁/等（等），董（懂），柁（舵），耳躲（朵），廢/費（费），几（凡），甘（柑）蔗，个/過（个）[③]，殼/勾/彀（够），菅（管），灌（灌），礶（罐），晷/昝（晷），壷（壶），華（华），华陀（佗），亟（极），簡/揀（拣），茭苩（白），教道（导），觧（解），金罡（刚）石，觔/斤（斤），快（筷），綑（捆），猫（猫），捻（拈）[④]，

① 括号外的是此书的写法，括号中的是规范写法。下同。

② “旦凡”仅一见，余均作“但凡”。

③ 《管堂中事》：“这过的物件，只有老爷们的手才捻得。”“过”应该是“个”的记音字。其中“的”字用得也奇怪。

④ 《管堂中事》：“这过的物件，只有老爷们的手才捻得。”注音为 nien（nian），应读为“拈”，而非用作今义“用手指搓”。

牌扁（匾），胖（胖），小[①]/少（少），柘（石）榴，收捨/收實（收拾），鐔（鐔），餂（舔），鉄（铁），湾（弯），驗（验），础（釉），怨（冤），葬（葬），齋（斋），帳（账），整製/整治（整治）[②]，棹/卓（桌），鐏（尊/樽）。

常见的简体字有：蘿卜（蔔），厨，聪，凑，单，担，断，盖，减，净，劳，两，楼，厘，晒，湾，枣，争。

也有繁简体并存的，如：个/個/箇，挂/掛，吃/喫，体/體，数/數，热/熱，画/畫，总/総，双/雙/雙，粮/糧。

书中有一些误字，如“了”误作“子”[③]，“待”多误作“侍”，“苦”误作“若”，“回”误作“面”。还有脱文、衍文等，如：去洗要有用心，不要失落。（《管堂中事》）“有”字疑衍，因为“用心”是动词，书中一共 5 见，其他 4 例用法都正确，如：如今天主堂的事，交付在你手上，你要用心。（《管堂中事》）这个极要用心。（《管堂中事》）厨房里面事，件件都该用心。（《厨房的事》）路上早晚都要用心照顾行李。（《行水路船上的事》）

有些字值得讨论，这里举两个例子。

【䩲】隔了一晚，祭台上免不得有些灰尘，该用笪箒䩲一䩲，然后干净。（《管堂中事》）注音是 tan（dan）[④]，与“笪箒”的“笪”字同音，应该就是“撣”字，但构字理据待考。

【饍】有刀切饍蒸。（《买办的事》）李毓中等（2015）录文作

① “少”常写作“小”（也有写作“少”的），但两字注音不同，可据以确定在上下文中应为何字。

② 《库房的事》：或作“治整”。“免不得要治整些茶菜。”

③ 《买办的事》：“写字的买一簍就穀子。”李毓中等（2015）录作“子（了）”，是；王铭宇照录“子”字，不妥。

④ 括号外是原文的罗马字注音，括号中是汉语拼音转写。下同。

"饍（饌）"，非是。"饍"即"卷"的增旁俗字，注音"kuen"亦可证明，并非"饌"字。王铭宇照录"饍"字不误。"卷"写作"饍"，就如同"包子"的"包"俗书作"飽"。

正确识读文字无疑是研究本书的前提，下面举些例子来说明辨析书中字词关系的重要性。

【分】吃饭的时候到了，或是肉或是鱼，分开各分，送了吃饭厅里。（《库房的事》）按：后一"分"字当读作"份"。王铭宇"分开各分"后未逗开，欠妥。书中有些"分"字应读作"份"，又如：有人专管分水，每一日人有定分，不得多用。（《拜客问答》）虽有穷人，贵富舍施，人死的时节，各各留一分散与穷人。（《拜客问答》）

【氷】老爷，他们平常吃的是氷酒，也还淡的。这起酒都是卖与做小生意的人吃的。（《买办的事》）李毓中等（2015）录作"氷（水）酒"，是。书中还有1例"水酒"：大概大家的房子，平地下亦有一层，夏天收水酒、各样的饮食。（《拜客问答》）王铭宇直接录作"氷"，非是。这是抄手误将"水"字写作了"冰"的异体。

【拆】明日要去拜客，你如今先把帖子收实（拾），或用全帖或用拆柬，都该方便。（《看门的事》）"拆"应读作"折"，注音"tche"可证。"折柬"又见于《拜客问答》：不敢领全帖，领古拆柬或单帖罢。《汉语大词典》"折简"条："亦作'折柬'。折半之简，言其礼轻。古人以竹简作书。"书中只有一处"拆"字读作chāi：朝廷回来了自家拆开，别人不敢擅开。（《拜客问答》）此处注音有改动，当是原误注作zhe，后来改为chai。

【想似】在树木上的时节，一个狮子到树下仰［看］[①] 那个人，想

① 原书"仰"字后无"看"字，据梵蒂冈图书馆藏《拜客问答》（Vaticano. Estremo. Oriente. 14）补。

似痛哭，许久不去。(《拜客问答》)“想似”当读作“相似”，是“好像；类似”的意思。《拜客问答》的梵蒂冈图书馆藏本（Vaticano. Estremo. Oriente. 14）即作“相似”（内田庆市，2019：230），可证。

【溜】蜡烛台或有溜下蜡。(《管堂中事》)原文作“澑”，李毓中等（2015）误录作“滴”，王铭宇录作“溜”不误。《明清吴语词典》“溜”条有动词义项“流；滴”，用例如《宋四公大闹禁魂张》：“少时老鼠却不则声，只听得两个猫儿，乜凹乜凹地厮咬了叫，溜些尿下来，正滴在宋四公口里，好臊臭！宋四公渐觉困倦，一觉睡去。”“寻来寻去，寻到灶前，只见浑家倒在地下，口边溜出痰涎，说话不真，喃喃地道：‘我吃摆番了。’”又如《金瓶梅》第38回：“这妇人不听罢了，听了如同心上戳上几把刀子一般，骂了几句负心贼，由不得扑簌簌眼中溜下泪来。”

【摸】茶钟洗净，洗了该用白布抹干，所以常该一盆水方便洗他，常常用布抹干。若是看见茶匙黑了，也该用一些灰擦一擦，擦光些好看。不但是茶钟、茶匙要摸的干净，就是盛茶钟的托盘，也是该要干净。(《茶房的事》)“摸”当读作“抹”，就是上文“抹干”的“抹”。

【为】这个是各处都是贵的，为有东京贱些。(《买办的事》)“为”当读作“唯”。

【边】这一个人和自家的亲戚朋友边去相战报仇。(《拜客问答》)“边”当读作“便”。

【戟】“既是各国有王，又多，毕竟常有戟。”答说：“相戟的少，因都相结亲。”(《拜客问答》)原文作“戟”，是“戰”的俗体，并非“戟”字。书中“戰”或作“戦”，又讹变成“戟”。李毓中等（2015）录作“戰”不误；王铭宇录作“戟”，非是。

（二）语音

本书有罗马字注音，当是西洋传教士在学习时所加，值得专门研究。这些注音不仅有助于正确释读原文，还反映了一些口语语音现象，对语音史和字音史的研究颇有价值。下面略举数例以见一斑。

【是时】是时死。（《管堂中事》）原文“是”和“时”之间加了一个注音 ki（是 che，時 chi ki），说明此处脱了一个“几”字，所以“是时死”当录作“是几时死”。

【没】冬天也没这等。（《拜客问答》）“没”字上原文有一标记，应该是发现写错了，但是没改，注音则是“是”字（chi）：没 chi。所以应该录作“是”。

【敝】敝别处出不得。（《拜客问答》）原文作：敝别 pie，處 chu。实际上已经把写错的“敝”改成了“别”，注音“pie”可证。因为上文一直是西士自称“敝处”，所以就错写成“敝”了。

以上诸例均可据注音校正录文。

【是么】既不论脚大小，也用是么妆？（《拜客问答》）“是”注音作 chin（shen）：是 chin。“是么”就是“甚么”。

【还】副词“还”念 hoan（huan），还没有读成 hái。

【襖（袄）】绵襖绵裤都脱下了。（《衣服帽房的事》）“襖”的读音受前字“绵”收尾音的同化，变成了鼻音声母，注音作“ngao”：綿 mien，襖 ngao。这是对口语中语流音变现象的真实记录。“襖”字《广韵》“乌皓切”，影母字。

可惜的是，《买办的事》和《看门的事》两篇的注音不完整，后面部分没有注完。

（三）词汇

《拜客训示》的词汇很值得全面深入的研究，这里先提出两点来聊作嗥引。

1. 同义异词

有些义位，在不同时期或不同地域用不同的词来表示，我们统称为“同义异词”，前者是“古今同义词”（简称“古今词”），后者是“地域同义词”。这类词充分体现了词汇的时代性和地域性，在汉语中很多，本书中也有一批，下面按词性分别举些例子。

1）名词（含代词、量词等）

【脸/面】① 除了“当面”“面前”“玻璃面镜”“面拜”“面奉教”之类的成词和习惯搭配，《拜客问答》以外的九篇单说都是“脸”，不说“面”。有意思的是，有时写的是“脸”，注音却是“面” mien（mian），如：臉 *mien*（《厨房的事》）。《拜客问答》中有三个“面”：不但食他的肉，亦拿他的小骨头插于面上，以为美观。｜面色半白半黑，像似紫檀色。｜又问：“玻瓈板透明，怎么样做得镜子？”答：“面上加一层铅合水银，粘得极牢，这样成镜子，照得面。”这也可以证明《拜客问答》与其他九篇语言有差异。（详下）

【时节/时候】主要用“时节”，也有“时候”（均写作“時候”）。

【东西/物事/物件】“东西”常用，也说“物事”“物件”，如：中士又问：“那黑人国地方出产甚么物事？”……中士说：“他贵重甚么物件？”（《拜客问答》）历史上发生过“东西”对“物事/物件”

---

① 汪维辉（2005）对这组“古今词”做过研究，可参见。

的历时替换（参见汪维辉，2018b）。

【事/事体/事情】大部分用“事”，也用“事体”，如：若是你迟了，免不得慌忙，做的事体不得齐整。（《管堂中事》）老爷，衣服房里事体该怎么样做？（《衣服帽房的事》）“事情”最晚起，本书中仅一见：他的奶奶还求讲一讲天主事情。（《管堂中事》）（参见蒋绍愚，2012）

【多少/几多】“多少”最常用，一共 16 见（有 2 处写作“多小”）。“几多”6 见，其中 5 例在《拜客问答》中，如：贵国到敝处有几多路？（《拜客问答》）；1 例在《教友告解罪过》中。《拜客问答》和《教友告解罪过》除“几多”外，也说“多少”，前者有 5 例，后者有 3 例。两者意思相同，如：要念《天主经》《圣母经》多小（少）遍数，或打索子几多遍数。（《教友告解罪过》）但是用法有差异：“几多”只能作定语，所修饰的中心成分有“路，国，远，厚，遍数”。“多少”作定语，修饰的中心语比“几多”丰富，有“钱，丈尺，尺寸，分两，米，人，重，银子，遍数”；此外还可以作宾语，如：这两样纸该买多少？（《买办的事》）有多少该打多少米（《库房的事》）一次寄多少？（《拜客问答》）。还可以作主语和谓语，各有 1 例：问：“金子多少换？”答：“十换。”（《拜客问答》）问：“五星、二十八宿星多少？”（《拜客问答》）

【一块/一处/一起】在表示“同一个处所”义上，三者同义。下面是全部例子：若是换了，就该收那穿过的衣服同做一块，到了半个月，就要洗一次。（《衣服帽房的事》）矿里新取的金银与土在一块，不用水银分别不来，所以要买水银。（《拜客问答》）若酒瓶内有剩的葡萄酒，或多或少，也该倒起收做一处。（《管堂中事》）洗净的茶钟该分做两处，细茶钟做一处，粗茶钟做一处。（《茶房的事》）

若是穿过的衣服，另该收做一起。(《衣服帽房的事》)[1]

【次/遭/转/遍】动量词用“次/遭/转/遍”，不用“趟”“回”。“次”最常用，如：每日，天未亮的时节，听见头一次铃响就起身，穿了衣服，快些方便做弥撒的东西。第二次铃响，老爷们就要来做弥撒。(《管堂中事》)又该先试，若是那一次不勾（够），第二次该加些，若是那一次有余，第二次该减些。(《库房的事》)“转”带有南方话色彩，一共3例：某老爷要一双布鞋，小的如今顺路，一齐买来，省得又走一转。(《衣服帽房的事》)老爷，我大罪人，犯了男色几转。有一个妇人常到我家来戏硕我，把手来摸我，与他行了邪淫几转。(《教友告解罪过》)“遭”只出现在《教友告解罪过》中，共5见，如：家中有事，瞻礼日有几遭不曾到堂，有几遭到人家做工夫，有几日不曾念晚课经，有几遭忘记了小斋之日吃了荤。丨魔鬼诱引我做了手色六七遭。还有1例“遍”：往来打小西洋这一条路，曾前后有人走了二十遍。(《拜客问答》)

【样/般/等（等）】“样”最常用，还可以加在“般”“等”后面构成“一般样”“这等样”。三个词的用法和出现次数如下表：

表1

<table>
<tr><td colspan="10">样</td><td colspan="4">般</td><td colspan="2">等（等）</td></tr>
<tr><td>这样</td><td>一样[2]</td><td>两样</td><td>二样</td><td>三样</td><td>八样</td><td>几样</td><td>各样</td><td>别样</td><td>甚样</td><td>一般</td><td>这般</td><td>四般</td><td>一般样</td><td>这等</td><td>这等样</td></tr>
<tr><td>31</td><td>27</td><td>2</td><td>1</td><td>1</td><td>1</td><td>5</td><td>11</td><td>2</td><td>1</td><td>5</td><td>1</td><td>1</td><td>1</td><td>18</td><td>4</td></tr>
<tr><td colspan="10">82</td><td colspan="4">8</td><td colspan="2">22</td></tr>
</table>

---

① 书中另有3例“一起”，非此义。

② 有1例写作“壹样”。

这三个词的用法有同也有异：“这样，这般，这等”意思和用法完全一样，可以自由替换；但是其他的用法则是“样>般>等”。三者在历史上发生过替换，大致的顺序是：等→般→样。“样”最新，现代汉语已经只说“样”了；在《拜客训示》中则还是三者并存，不过“样”已经占有明显的优势。下面举一些例子：看有一宗叫做梭子葡萄干，一宗叫作瓜仁薄荷，一宗叫作牛皮糖，一样叫作香圆片，这四般都以做得。（《库房的事》）兵器与这边一样不一样？（《拜客问答》）你说得是，这般也到不得关里面。（《行水路船上的事》）若布疋都是一般。（《拜客问答》）若不得看脉，看小便水都明白晓得，如看脉一般样。（《拜客问答》）这等样我们常常往来，就在他家。（《行水路船上的事》）没有这苐样人。这苐样事一些不信。（《拜客问答》）这苐贵国就是我们古时的风俗，真个是好。（《拜客问答》）

2）动词

【吃/食】《拜客问答》常用“食”（12 例），也有“吃”（11 例），其余部分则都用“吃”。如：又问：“黑人都吃甚么？”答说：“食小米、象肉、鱼、猪肉，亦喜食人肉。相斗，这边掳那边人，那边掳这边人。掳了的人不就食他，先养，养肥了才杀食。我曾见了，养那掳来一个人许久，他故意食得少，常瘦，这等便亦不被他杀。人相食，天下极多。”（《拜客问答》）《拜客训示》中“吃”包括“喝”，不说“喝”。“喝”是北系方言词，在 18 世纪中叶以前还没有竞争优势。南方话中“喝”对“吃”的替代很晚。明末《型世言》和《欢喜冤家》中都没有“喝”，到了清代的《儒林外史》中也只有 1 例“喝”。《拜客训示》中“吃”的用法反映了南方话的特点。

【说/讲】言说动词主要用“说”，也用“讲”，但不用“话”。《拜客问答》也用文言词“云”和“曰”，反映了语体风格的差异。

“讲”共9见，除1例见于《管堂中事》外，其余都出现在《拜客问答》和《教友告解罪过》中。如：他的奶奶还求讲一讲天主事情，也望进教。（《管堂中事》）那个纸会讲话么？（《拜客问答》）因这边人有问天文，所以我们讲天文的事。（《拜客问答》）我的老婆不好，不听人讲话。（《教友告解罪过》）有一个人偷了我的鸡母，我恨他，骂了他，口里讲了他人的是非过失。（《教友告解罪过》）眼睛喜看人家的妇人、闺女，耳躲（朵）喜听他人唱邪淫的曲子，口里喜讲那邪淫的话。（《教友告解罪过》）常常把他人的过失讲与人知道。（《教友告解罪过》）

【叫/唤】主要用“叫”，“唤”只有1例：教中有两个人，一个叫做某姓，生了一个儿；一个名唤某人，生了一个女儿。（《管堂中事》）

【晓得/知道】词义相同，但用法不同。“知道”5例，全是“我说与你知道”这类句式。“晓得”11例，都充当句子的谓语，如：不晓得老爷许他不许他？（《管堂中事》）

【方便/打点】书中“方便”共有19例，除3例用作常义“便利”外，其余16例都是“准备”义，如：老爷，还有甚么该当方便的？（《管堂中事》）每日，天未亮的时节，听见头一次铃响就起身，穿了衣服，快些方便做弥撒的东西。（《管堂中事》）宁可预先方便，不可到吃饭时节才下手。（《厨房的事》）第三件：每日清早起来，就要方便老爷们洗脸的水。（《厨房的事》）但是《拜客问答》中没有这样的用法。这种用法的“方便”目前未见于其他语料，推测应该是方言词，待考。“准备”义书中也说“打点”，仅一见：你如今该打点明日要用的东西。（《管堂中事》）

3）形容词

【贱/便宜】几乎都用“贱”，“便宜”仅3见：买他四五篓，买得多些便宜。若买得少，要吃些亏。（《买办的事》）去买一疋领绢，自己剪，更便宜些。（《衣服帽房的事》）西士又说："敝国出的玻瓈值二钱银子，这边值二两，只为带来十件里边存得四件，亦为极便宜。"（《拜客问答》）南方话至今仍多说"贱"。

4）虚词

【都/全/俱】全称副词主要用"都"，有123例；也用"全"，见4例，都出现在《拜客问答》中，而且都是否定句，如：贵国的风俗与我们也都是一样或是不全一样？｜敝国男子不甚蓄发，也不全剃头。｜只是到如今，这个风俗不得全改。｜这等月月该食了，亦日月不能月月正正相对，亦不常全食，或食一半，或食三分之一，随盖相对的。另有2例"俱"：各位老爷的祭巾、祭服，俱要折好，收在干净的所在，不要有灰尘沾上。（《管堂中事》）问："贵处人人俱学天文么？"（《拜客问答》）

【就/便】《拜客问答》主要用"便"，如："敝国男子不甚蓄发，也不全剃头，只头发二三寸长，便剪短寸，须便都蓄。"也用"就"，如："除过了，上了岸，海里险的，就怎记？"其余九篇则几乎都用"就"，只有一处用"便"：若是没有黑的，便是紫色的也罢了。（《管堂中事》）

【才（纔）/方】《拜客问答》主要用"方"（共3见）①，也用"才（纔）"（共5见）；其余各篇都用"才（纔）"。

【也/亦】"亦"只见于《拜客问答》，注音大多同"也"，作ye，有时则注作yi：亦 yi。其余九篇都用"也"。"亦—也"是一对"古今词"②。

---

① 另外有1例"极重刑罚，人若（方）怕"，《拜客训示》本写作"若"，梵蒂冈本作"方"。按：作"方"是。

② 李宗江（1997）、萧红（1999）、储一鸣（2018）都认为"也"对"亦"的替换从南宋开始，元代"也"已经取得优势地位。

【不要/莫】劝禁副词用“不要”和“莫”，不用“别”，如：虽然不要十分太早了，又怕多废柴火，也不要太迟了，怎么做得及?（《库房的事》）4例“莫”都出现在《拜客问答》中，如：大理寺大堂要拜一官，先长班来问说：“某老爷在家不在? 某老爷停会就来拜，还有三四位同来，请老爷莫出门。”

【从/自/打/由】表示地点和时间起点的介词，只出现在《拜客问答》中，有8例“从”，如：中士又问：“从小西洋到敝国有几多路?”（《拜客问答》）2例“自”：主人或请问客：“到京师几年?”客或说：“自某年到。”（《拜客问答》）自贵国到此，经过了几多国?（《拜客问答》）还有“打”和“由”各1例：往来打小西洋这一条路，曾前后有人走了二十遍。（《拜客问答》）我们说，绝清的玻璃是由倭国来的。（《拜客问答》）“从”是通用词，“自”“由”是文言词，“打”则是方言口语词，四者并用，显示出语体的混杂性。

【对/与】介绍动作对象的介词，“对”有6例，如：某人，你过来，我对你说。（《管堂中事》）“与”有11例，如：叫某人到我房里来，我有话与他说。（《库房的事》）我叫你来，要你管库房，你会不会，与我说。（《库房的事》）

【与/和/同】连-介词，“与”最常用，例子极多，如：托圣体的方帕与抹圣爵的巾，你们的手都不敢拈动。（《管堂中事》）其台巾、方领、汗巾，都该换新的，与平常日不同。（《管堂中事》）“和”“同”各有1例，是用作介词，都在《拜客问答》中：这一个人和自家的亲戚朋友边（便）去相战报仇。| 学生同三四个敝友换船才到这边来。没有更口语化的“跟”。

【照/依/照依】表示“按照；依照”义的介词，用“照”“依”，如：但祭服照台帏同色就是。（《管堂中事》）如今依着老爷教道（导）的言语，做久了自然就熟。（《库房的事》）还有2例“照依”：买的时节，照依时价依分两算。（《买办的事》）若是家里要买他，免不得照依时价就是。（《买办的事》）

【若是/若/假如】假设连词常用“若是/若”。如：只是你不要起身太迟，若是你迟了，免不得慌忙，做的事体不得齐整。（《管堂中事》）若是冬天时节，要热些才用得。（《厨房的事》）另有“假如”4例，没有“如果”。

【头/第】表示序数位于第一的词头（后接量词），“头”和“第”都用，如：每日，天未亮的时节，听见头一次铃响就起身，穿了衣服，快些方便做弥撒的东西。（《管堂中事》）第一件：你起来的时节就要洗手，干净后，来收拾祭台、祭服。（《管堂中事》）头一件：大小磁器家伙都要洗得干净。（《厨房的事》）头一个是黑人国。（《拜客问答》）“头”只有这3例，“第”则有9例。

【未/不曾/未曾/没有】近代汉语中有“未”“未曾”“不曾”“没”“没有”等完成体否定副词，表示对事件完成和实现的否定。《教友告解罪过》“未”有4例，“未曾”2例，“不曾”最多，有29例，不用“没”。《拜客问答》有1例“没有”：大斋罪人不曾守，罪人常常懒惰，没有念经。“没有”是从明清北方通语开始逐渐取得优势的新词。

【不论/不拘】全书共有7处“不论”，其中《拜客问答》和《教友告解罪过》各有1例，其余5例在另外八篇中，如：大概饮食，不论鱼、肉，都要熟，还该用些香料在里面更好。（《厨房的事》）“不拘”有1例：凡有剩的，或是买来的，不拘是肉食与菓子，都该收（在）一个好处所。（《库房的事》）没有“不管”。

以上这些“同义异词”，有的是不同历史层次的词，即“古今词”，反映了词汇的层累性；有的则是不同地域的词，反映了此书语言的混合性。

2. 疑难词与特色词

【代父】还要请两位教中人做代父。（《管堂中事》）“代父”是耶稣教专有名词，即基督教中的“教父”。《辞海（宗教分册）》“教父”条：“译自英文 godfather（拉丁文作 patrinus，亦译‘代父’）。天主教、正教以及某些新教宗派（如圣公会等）行洗礼时为受洗者设置的男性保证人和监护人（女性称‘教母’或‘代母’）。”（夏征农，1988：180）代父一般由教会内虔诚有名望的教徒担任，有责任监督并保护受洗者的宗教信仰和行为，犹如父母之于儿女（赵匡为，2006：275）。

【买办】某人，你来，你如今管买办的事务。（《买办的事》）李毓中等（2015）注：“买办在本文当中，是指协助耶稣会士出外买日常生活用品、食物的仆人，而非现今的中间商之意。”注解正确，这是“买办”的本义①，今天宁波话中仍是此义。“中间商”是后起的引申义。

【哥子】骂了妻子、儿子、女儿、媳妇、姑娘、侄儿、哥子、嫂子、徒弟、学生、丫头、小厮、女婿、外甥。（《教友告解罪过》）称哥哥为“哥子”应该是方言，《汉语大词典》引的例子有：清蒲松龄《聊斋志异·阿英》，“女笑曰：‘騃郎君！遂如此怕哥子耶？’”；中国近代史资料丛刊《太平天国·天父下凡诏书二》，“诸弟不得逆天父之旨，天父开恩教导，尔哥子自当受责”；沙汀《困兽记》

① 《汉语大词典》“买办”条：“旧时负责采购或兼理杂务的差役。”

二一，“唉，就要这样才像个哥子呢”。根据《汉语方言大词典》，“哥子”在西南官话和闽语中都有“哥哥”义。具体的通行区域待考。

【力气】“力气”有4例，不说“气力”。如：与这边差得远。贵国的马都是骟割的，所以无力气、无胆。敝国的马极有力气、极耐劳，一些不怕。（《拜客问答》）

【说话】亦董（懂）他的说话，不董他，用通事。（《拜客问答》）“有人生而不死”这个说话，极有害于正德。（《拜客问答》）“说话”用作名词，等于“话”，今天仍普遍见于吴语。

【手色】魔鬼诱引我做了手色六七遭。（《教友告解罪过》）指“手淫”。他书似未见。

【小便水】若不得看脉，看小便水都明白晓得，如看脉一般样，看脉又看小便水，认得极精。（《拜客问答》）今天就说“小便”，不必加“水”字。

【灰水】去洗要有用心，不要失落。该做些灰水，才洗得洁净。（《管堂中事》）李毓中等（2015）注：“即红母牛的灰（水），典故出自《思高圣经：户籍纪》19：1—10：制取洁水。……”这个注释牛头不对马嘴。“灰水”指用草木灰沉淀过的水，内含碱性，用于洗衣物，作用相当于肥皂。在肥皂普及以前，用灰水洗衣物是常事。书中还有1例，意思更清楚：洗的时节，件件都要洗得洁净，若不得干净，先该做些灰水就好。（《衣服帽房的事》）《汉语大词典》未收“灰水”。

【笪箒】就是“掸子”。目前所见最早用例为清代：“至于痰盒掸帚，一草一苗，或丢或坏，就和守这处的人算帐描赔。”（《红楼梦》第14回）今天宁波话仍叫“掸帚”，如“鸡毛掸帚”。此外西南官话、中原官话、兰银官话、吴语、客家话等方言中也有[①]。

【门簿】凡来拜，或有帖子，都要问他下处，问明白，都要写在门簿上，后来好去回拜他。（《看门的事》）相当于今天门卫传达室的登记簿。

【茶食】老爷待客的点心，叫做茶食，比这个更细些，也有几样。（《买办的事》）

【茶泡】第三件：茶泡菓子也该分两等。若是上等客来，该是松子、榛子、杏仁、瓜仁，若是平常的客来，该是葡萄、白菓、烘豆、莲肉、枣儿、栗子，都好做茶泡。（《茶房的事》）“茶泡”是一种茶点，由各种干果如松子、榛子、瓜仁等经过盐渍制作成的。清袁崧生《戢影琐记·咏茶泡》：“芹芽风味重江城，点入茶汤色更清。一嚼余香生齿颊，配将佳果祝长生。”陈作霖《金陵物产风土志·本境食物品考》：“贺客至，率以芹芽、松子、核桃仁点茶，谓之茶泡。”潘宗鼎《金陵岁时记》：“盐渍白芹芽，杂以松子仁、胡桃仁、荸荠，点茶，谓之茶泡。客至，则与欢喜团及果盒同献。”《金陵物产风土志》《金陵岁时记》都是记录清末民国时期南京旧习俗的作品，可见《拜客训示》中的“茶泡”大概也是江淮一带的特产。

【快子】书中都说“快子”（但字还没有写成“筷”），有3例。只有一个例外：玻璃巧箸一双。（《看门的事》）因为这是礼单，所以用了文言词[②]。

【鸡母】有一个人偷了我的鸡母，我恨他，骂了他，口里讲了他人的是非过失。（《教友告解罪过》）北方通称“母鸡”，南方说“鸡母”（参见桥本万太郎，2008：44—47；曹志耘，2008：76“动

---

① 参见《汉语方言大词典》“捭帚”条。

② 另有1例：“棕竹饭筯二把。”（《看门的事》）这个“筯”不是筷子，而是指盛饭的饭匙。

物性别表示法”；等等）。

【明日子】请问老爷，明日子不知用甚么台帏？（《管堂中事》）“明日子”仅此一见，其余都说“明日”，共有18例。

【旧年】都说“旧年”，没有“去年”。

【晚】名词“晚上”义都用“晚”，不用“夜”。如：隔了一晚，祭台上免不得有些灰尘。（《管堂中事》）凡遇大瞻礼日与主日，该先一晚把台帏铺上。（《管堂中事》）

【自家】“自家”常用，不说“自己”“自个儿”等。如：有人管收那一样状词，朝廷回来了自家拆开，别人不敢擅开。状词上若说某官害我，朝廷自家叫人细察。（《拜客问答》）“自己”是北系官话词，“自家”则是南系官话词（汪维辉，2018b）。

【讲口】别人家的牛践踏了我的稻子，我恨了他，骂了他，我与他讲了口。（《教友告解罪过》）“讲口”当指争吵、争论，《汉语大词典》未收此义，台湾《重编国语辞典》释义为“吵闹、喧闹”，举的例子是《西游记》第50回：“泼物！不须讲口！但说比势，正合老孙之意。”释义可商，释作“争吵；争论”更准确。《近代汉语词典》“讲口”条有“说大话”义项，举《西游记》之例，恐非；又有“口角；言语争执”义，用例为明沈鲸《双珠记》第14出：“这王秀才极不忠厚。受你多少恩惠，便是一个老婆不肯相让，直得讲口！”这是正确的。“讲口”应当也是一个南方词，今存于江淮官话、西南官话、赣语、客家话中（许宝华、宫田一郎，1999：2256）。

【把】书中“把”字十分常用，除了常见用法作处置式的介词[①]，

① 如：“吃完了饭的时节，你没有甚么事，该把厨房的地下打扫一打扫，该把柴劈些。”（《厨房的事》）“敝处把大黄是个极美极贵的药。”（《拜客问答》）此例用法特殊，缺少“看作”一类的动词。

还有以下一些用法。1）动词。a. 相当于“拿”。如：不如把些细丝去，留这个银子买别样东西。（《买办的事》）若家里有人问你要东西，你不要私下把与他。（《库房的事》）b. 相当于“给”。如：写船的（时）节，把些定钱他。（《行水路船上的事》）就是官府要，那一个人不肯把他，官府也没奈他何。（《拜客问答》）c. 相当于“抓”。如：但有人把得一块板，救得上岸，亦算得有大造化。（《拜客问答》）d. 相当于“派”。如：若是送出去了，我这里为他念经就是，不消把人去到他家里。（《管堂中事》）2）介词。a. 相当于“拿/用”。如：若是把篮子盛着，就该悬挂起来。（《库房的事》）真要学，把一个月注闲籍。（《拜客问答》）把一块布裹他的脚。（《拜客问答》）有一个妇人常到我家来戏顽我，把手来摸我，与他行了邪淫几转。（《教友告解罪过》）b. 相当于“让”。如：做的时节，不要把灰尘飞在里面。（《管堂中事》）

【忿怒】有一个人要害罪人，罪人忿怒他，要告他，后来打了他。（《教友告解罪过》）“忿怒”用作及物动词，不见于现代汉语。

【炀】若烧的时节，免不得有炭，不要炀过了，该取他放在罈（坛）里面，或要炊茶或要烧点心的时节，就得用。（《厨房的事》）李毓中等（2015）注释为“焚烧太过”，非是。“炀”通常指熔化金属或金属熔化①，这里指炭化成灰。

【不消】表示“不用，不必，不需要”义，都说“不消”，共有8例。如：若是大瞻礼日子，自然该张挂。若主日，不消挂。（《管堂中事》）不要兵将，不消锁城门，不消守城门。（《拜客问答》）

【对直】若对直走，无这多。（《拜客问答》）“对直”就是两点

① 《汉语方言大词典》“炀”有“固体溶化”和“燃烧”义，都是用于吴语区（许宝华、宫田一郎，1999：2876）。

成一直线，西南官话和吴语区都有“对直”一词（许宝华、宫田一郎，1999：1502），今天宁波话仍说。

【住】老爷，如今船到了南雄，隔关上不多路，且住在这里，待小的先上去寻了店家，叫个脚夫来把这行李搬上去。（《行水路船上的事》）这个“住”是指暂停、停留，而不是居住。

【寻】表示“寻找”，书中都说“寻”，不说“找”，也不说“觅”。

【亮】书中有两处“（天）亮”：每日天未亮的时节。（《管堂中事》）这个水是天亮洗到晚。（《厨房的事》）没有“（天）明”。

【狠】还有细花烧酒，有五香烧酒，多是狠的。（《买办的事》）“狠”的意思是“厉害”，这里指酒性浓烈。

【实落】假如这边那个好缎子，常叫倭缎，实落是敝处来的。（《拜客问答》）“实落”的意思相当于“实际，实在”。还可以重叠：当面二三十个考一个人，设难难他，探他肚里实实落落有才学。（《拜客问答》）书中仅见这 2 例，都在《拜客问答》中。

【必竟/毕竟】书中“必竟”4 见，“毕竟”5 见，均出现在《拜客问答》中。如：往常午时初回来，今日事多，必竟回来得迟些，在未时来得。（《拜客问答》）既是各国有王，又多，毕竟常有战。（《拜客问答》）“必竟”和“毕竟”是同词异写，都是“必定”的意思，而不是常义“到底；终归”。这是明代的一个吴语词，“三言二拍”中常见（参见汪维辉，1993）。

【假如】全书 6 见，其中《拜客问答》中的 2 例用作“比如”义，与其余 4 例用作假设连词的不同：贵国但有外国奇物，就说倭国来的。假如这边那个好缎子，常叫倭缎，实落是敝处来的。丨又问：“甚么道理？”答：“第一个是陡斯经道理。假如陡斯经的性体何如？怎么样是一无二？怎么样不变移？其全能全知何如？……”

【相帮】“相帮”为“帮助”义，书中凡两见：小的不曾专管，往日也只是相帮别人做。（《衣服帽房的事》）你会相帮别人做过，也略略晓得些。（《衣服帽房的事》）“相帮”也是一个通行于南方的词语。

【毡贺】若是绒布、绒袜、毡贺，行里面略有些定规。（《买办的事》）“毡贺”，即“毡毼”。“贺”是“毼”的同音借字。《汉语大词典》“毡毼”条：“①用动物毛织成的布。②指用此毛布所制之衣。”这里当是指用动物毛布做成的衣服。

【槕盒】你如今就该收拾一个槕盒，里面摆八样糖味。（《库房的事》）“槕盒”也可写作“桌盒”，意为盛放点心、果物、小菜的盒子，多用来放一些饮酒时的下酒之物，或放喝茶时的茶点。该词是始见于明代的新兴口语词。

还有一些词意义待考。如：

【光头儿】到八月光头儿，江西有一样叫做回子饼，广东有一样叫做蛋饼。（《买办的事》）“光头儿”不知何义。

【姑娘】骂了妻子、儿子、女儿、媳妇、姑娘、侄儿、哥子、嫂子、徒弟、学生、丫头、小厮、女婿、外甥。（《教友告解罪过》）前有“女儿”，后有“姑娘”，这个“姑娘”不知指谁。

（四）语法

书中有一些语法现象值得研究，透露出方言背景。虚词上文已经列举了不少，这里只提出几个句式来说一说。

1. 正反问句。使用“VP 不 VP”式。如：该张挂不该张挂？（《管堂中事》）不晓得老爷许他不许他？（《管堂中事》）曾送出去了不曾。（《管堂中事》）你先看一看，那银子好不好，换得不换得。（《买办的事》）老爷留客在家里吃饭，要些面筋、芝麻腐。要买他是不买他？（《买办的事》）某老爷或某相公在家里不在？（《拜客问答》）

2. 能性补语。用“~得/~不得”。如：若是那酒有葡萄渣或是混浊，就该另换好的才做得弥撒。（《管堂中事》）收捨（拾）圣爵的时节，你们的手到不得上面。（《管堂中事》）你们的手拈不得。（《管堂中事》）某人进教的，病重得紧，如今心不明白，口里还说得话。（《管堂中事》）若是冬天时节，要热些才用得。（《厨房的事》）这两样都用不得的，是极不好的。每一伯（百）斤还他七分银子买得了。（《买办的事》）又问：“几时回来得？”答说：“往常午时初回来，今日事多，必竟回来得迟些，在未时来得。”（《拜客问答》）若丈夫死了，妻子也再嫁得，任他自己主意。（《拜客问答》）从敝处到这边，经过各国，一些比不得中国。（《拜客问答》）从敝国到贵国，亦有旱路来得。（《拜客问答》）敝国有一件好处，人不真犯罪，官府一些难为他不得，他不肯服，官府要不得他一个钱。（《拜客问答》）有是有，只不见多儿，比不得山东地方出得广。（《买办的事》）

3. 程度补语。用“~得紧”，不用“~得很”。书中有6例“~得紧”，形容词后接“得紧”表示程度深：病重得紧｜蔬菜多得紧｜样数多得紧｜酒的名色数也多得紧｜淡得紧｜贵得紧。

4. 比较句。常用“X比Y A”句式，共有10例。如：老爷待客的点心，叫做茶食，比这个更细些，也有几样。（《买办的事》）回去的险，比来时更大。（《拜客问答》）但性命比财物大，是要紧的。（《拜客问答》）旱路虽比水路近些，更难走。（《拜客问答》）也使用“X A似/过Y”句式，各有2例，都出现在《拜客问答》中：中士说：“这个是甚么缘故？小西洋的好似我中国的么？”｜想必贵处

那边的木头好似我这边的。| 若论敝地，总叫大西洋，地还大过贵国。| 敝国的人，普天下大小的地方无所不到，到如今不曾遇得好过敝国的房子。对于“X A 似/过 Y”式的来源和历史上的使用情况，学者们有不同意见：谢仁友（2003）认为，明清时期的差比式基本统一于“X 比 Y A”，不用“似”“过”“于”；吴福祥（2010）认为“X A 过 Y”类差比式并非继承自古汉语，而是粤语的独立创新，是该方言的显著特征；马贝加、李萌（2016）则认为“X A 过 Y”产生于清代，是汉语历史演变的产物。《拜客问答》中的这两处“X A 过 Y”式的性质还有待进一步研究。

5. 宾语和补语的位置。只有 VOC 式，没有 VCO 式。如：还不曾梳得头完。（《拜客问答》）就有三百个大象也扯他不动。（《拜客问答》）赤脚踏沙，就生泡出来。（《拜客问答》）人不真犯罪，官府一些难为他不得。（《拜客问答》）

二、语言性质

作为一份语言资料，确定其语言性质是正确利用它的前提。所谓“语言性质”，主要涉及三个问题：时代，地域，语体。下面分别讨论。

（一）时代

一份语料，首先需要在时空坐标上给它一个准确的定位，才能拿来研究。《拜客训示》究竟代表了什么时代的语言？这是一个有待研究的问题。此书的抄写时代大约在 18 世纪初①，那么它的语言不可能

① 手稿的第 8 页到第 18 页记录了从沙勿略以后的耶稣会士来华的统计表格，其收录最晚的抵华时间为 1714 年（参见李毓中、张巍译，2016）。

晚于18世纪初。已有的研究大都认为它是明末的资料①，从一系列词汇、语法现象来看，我们认为可能还有一些清初的语言成分，不过时间距离并不大，大致可以看作晚明到清初的语料。

（二）地域

语言的地域性也是事关语言性质的重要问题，有必要进行深入的探讨。

最初李毓中、张巍译（2016）认为《拜客训示》所用语言是北京官话，后来内田庆市（2017）指出它的语言特点偏向南方语或旧词汇，并列举了书中一些具有比较明显南方特点的语汇，如“不曾”“旧年”“吃”“晓得”“把与”“不拘”“不消”“方便”等等。从上文所列举的一系列词汇、语法现象来看，“北京官话”说显然不能成立，书中多南方话成分是无可置疑的事实。

我们认为，此书的语言并非单一背景，而是属于混合型。已有研究者指出，此书各篇来源不一②。除了《买办的事》很可能是由长居杭州的郭居静所编写外，像《行水路船上的事》提到“广东省城起

---

① 如李毓中、张巍译（2016）根据文本中反映的官员的衣冠制度、蓄发和佩戴方巾的习惯推测原始稿本的完成时间为明代后期万历、天启、崇祯三朝，即16世纪末至17世纪中叶，郑海娟（2015）也据文本中出现了明代特有的方巾认为创作时间当为明代。

② 李毓中、张巍译（2016）认为《拜客训示》并非一人一时之作，而是经过不同的传教士撰写累积而成。他们指出：“至于最初的撰写地点及主要的完成者，始于肇庆时期的罗明坚与利玛窦，而在1588年罗明坚返回欧洲后，则由利玛窦在不同时期继续编写，特别是他获准留在北京后，可能是编写《拜客问答》的关键时期。而后耶稣会内部的编辑者在利玛窦的基础上，再加入在杭州的郭居静等人所编写的一些供会所内部使用的指南手册如《买办的事》等，最后才在17世纪中叶以后逐渐成型。”他们的依据是书中个别章节如《买办的事》，里面有“我们这杭州地方只是种晚稻”“丝绸是我们杭州出的”等语句，而利玛窦从未去杭州传教，这些内容的编写者最有可能是长居杭州的郭居静。

身到了南雄，要下一个店家”，说明这篇资料可能出自生活在广东的传教士。

书中既有北方话的成分，如多用“儿化”词（蒜片儿、姜汁儿、甑儿糕、米团儿、盒儿、椒末儿、不多见儿等），“晚上”说“晚”不说“夜”（参见何亮，2017），言说动词主要用“说”，起点介词偶用“打”，等等；也有很多南方话的成分，如“茶泡”“鸡母”“旧年”“把”，寻找说“寻”，必定说“必竟/毕竟”，等等；还有南北词语和句式杂用的，如“话—说话”“晓得—知道”“时节—时候”“东西—物事—物件”“事—事体—事情”“多少—几多”“便宜—贱”，比较句既使用“X 比 Y A”句式，也使用“X A 似/过 Y”句式，等等。

总的来看，此书的语言应该是以晚明的南京官话为基础，同时又混杂了各地的方言，具有多样性和混合性的特点，这是造成书中词汇和语法存在种种差异的主要原因。时代问题和地域问题往往是交织在一起的，有时难以确定某个语言现象究竟是时代差异还是地域差异。所以用作语料进行具体问题研究时需要仔细分析，最好是先把各篇分开来研究，再加以比较。

（三）语体

语体问题，主要是资料反映实际口语的程度。

《拜客训示》所收十篇文章中，《拜客问答》的语言与其余九篇存在风格差异，这是显而易见的，比如：处置式《拜客问答》有 2 例“将字句”，其余九篇都用“把字句”；文言性言说动词“云”和“曰”只出现在《拜客问答》；等等。这一点读者一看即知，不必多说。下面我们重点讨论《拜客问答》以外九篇的语体问题。

虽然这九篇偶尔也会使用一些比较文的词语，如“危笃”“肴馔”“尚”等，但是总体而言是相当口语化的，上文对语音、词汇和语法的举例已足以证明这一点。书中有些语言现象很新，充分反映了口语实际，下面举出两例来略做分析。

本书天亮说“亮”，不说“明”。虽然只有“天亮”和“天未亮”各1例，但这在同时代文献中是绝无仅有的。“天亮”是一个起源于江淮官话的词语，据汪维辉（2005，2018b）研究，“天亮”最早见于120回本《水浒传》，共有2例，其后明代的南方话作品《西游记》《型世言》中也有少量“天亮”。题署“西湖渔隐主人撰”的明代小说《欢喜冤家》中，主要还是用“明”，但是有“天亮”2例、“天已微亮”1例。主要收录南戏和传奇的《六十种曲》在大量使用“明”的同时也出现了6例“亮”。可见“天亮”最初的通行范围是在南方话中。北方话作品中，反映元代后期北方官话的《原本老乞大》中没有“天亮”，明代前期的《老乞大谚解》有1例，清代的《老乞大新释》和《重刊老乞大》也仅增加了1例。《朴通事》中都是用“（天）明”，没有“亮”。而明代南系官话作品《训世评话》白话部分有4例“天亮”，只有1例“天明”。明末的《型世言》“亮”增“明”减，差距缩小，《儒林外史》中“亮”超过了“明”。这说明在南方话中，明代后期“亮”在与“明”的竞争中发展迅速。本书一律说“亮”，反映口语最充分。

表示“应该”义的助动词，本书几乎全用“该”，有131例；还有2例“该当”：老爷，还有甚么<u>该当</u>方便的？（《管堂中事》）但凡是这里的东西，各样物件，都是费了钱买来的，<u>该当</u>看得贵重，不要作贱。（《库房的事》）不用“应”“当”“应当”“应该”等。据李明（2016）研究，元明时期表示应当义的助动词有“合、该、当、宜、好”，清代主要有“该、应该、应当、该当、合该”。“该当”也属于较新的语言现象。

充分反映口语实际，正是《拜客训示》一书的价值所在。其实《拜客问答》只要把其中的书面语成分剥离出去，用作语料也是有其价值的。

在讨论《拜客训示》语体问题时有一点值得注意，就是所记的文字和注音有时会不一致，比如“亦”和“也”是一对古今同义词，两者语体差异明显，但是书中的注音往往相同（也 yè、亦 yě、亦 yiè）。有一个地方原来写作“亦”，后改作“也”（亦 也 yè），说明实际口语是说“也”而不说“亦”的。又如有一处写的是“脸”，注音却是“面”（mien［mian］）：脸 mien（《厨房的事》）。这些情况提示我们，判断语体，不能只看字面，还要注意注音。

参考文献

白维国（编），2015，《近代汉语词典》，上海：上海教育出版社。

曹志耘（编），2008，《汉语方言地图集（语法卷）》，北京：商务印书馆。

陈莉、汪维辉，2008，《〈明清吴语词典〉评介》，王福堂等《吴语研究：第四届吴方言学术研讨会论文集》，上海：上海教育出版社。

储一鸣，2018，《汉语副词“也”的历时与共时考察》，华中师范大学博士学位论文。

何亮，2017，《汉语方言［昨天］［今天］［明天］的时间表达系统及其来源》，《中国语文》第5期。

蒋绍愚，2012，《汉语常用词考源》，袁行霈（编）《国学研究（第二十九卷）》，北京：北京大学出版社。

李明，2016，《汉语助动词的历史演变研究》，北京：商务印书馆。

李毓中、张巍译，2016，《“洋老爷”的一天：从〈拜客训示〉看明末耶稣会士在中国》，《清华学报》（台湾）第1期。

李毓中等，2015，《〈拜客训示〉点校并加注》，李毓中（编）《季风亚洲研究》（台湾）第1卷，新竹：清华大学人文社会研究中心。

李宗江，1997，《“也”的来源及其对“亦”的历时替换》，《语言研究》第2期。

马贝加、李萌，2016，《“X+A+过+Y”式中“过”的来源及其词性》，中国语文杂志社（编）《语法研究和探索（十八）》，北京：商务印书馆。

内田庆市（编），2019，《〈拝客訓示〉の研究——解題と影印》，大阪：关西大学出版部。

内田庆市，2017，《有關〈拜客問答〉的若干問題及其他》，《東アジア文化交涉研究》第10号。

彭强，2017，《淺析〈拜客訓示〉早期耶穌會的內與外》，《文化交涉：東アジア文化研究科院生論集》第7号。

彭强，2018a，《〈拜客訓示〉研究：16—17世紀在華耶穌會士的文化指南》，关西大学博士学位论文。

彭强，2018b，《淺析〈拜客訓示〉之“拜帖”文化》，《東アジア文化交涉研究》第11号。

桥本万太郎，2008，《语言地理类型学》，余志鸿译，北京：世界图书出版公司北京公司。

汪维辉，1993，《〈两拍〉词语札记》，《语言研究》第1期。

汪维辉，2005，《〈老乞大〉诸版本所反映的基本词历时更替》，《中国语文》第6期。

汪维辉，2015，《从词汇的方言分布看〈训世评话〉的基础方言》，汉语的文献语言学与方言地理学工作坊。

汪维辉，2018a，《汉语核心词的历史与现状研究》，北京：商务印书馆。

汪维辉，2018b，《近代官话词汇系统的形成——以〈训世评话〉与〈老乞大〉〈朴通事〉的比较为出发点》，《南开语言学刊》第1期。

吴福祥，2010，《粤语差比式“X+A+过+Y”的类型学地位——比较方言学和区域类型学的视角》，《中国语文》第3期。

夏征农（编），1988，《辞海（宗教分册）》，上海：上海辞书出版社。

萧红，1999，《再论“也”对“亦”历时替换的原因》，《湖北大学学报（哲学社会科学版）》第1期。

谢仁友，2003，《汉语比较句研究》，北京大学博士学位论文。

许宝华、宫田一郎（编），1999，《汉语方言大词典》，北京：中华书局。

赵匡为（编），2006，《简明宗教辞典》，上海：上海辞书出版社。

郑海娟，2015，《明末耶稣会稀见文献〈拜客问答〉初探》，《北京社会科学》第8期。

朱凤，2018，《马礼逊著作中的〈拜客问答〉》，周小兵（编）《国际汉语（第四辑）》，广州：中山大学出版社。

艾儒略对汉语的贡献*

马西尼（Federico Masini）
孟伟根　译　　黄河清　校

在人类的历史中，每当一个思想家要向他的同时代人介绍科学发现时，必定会碰到术语上的问题：为了使社会的其他成员得以理解，有必要充分挖掘被选作介绍科学发现的那一语言的功能。语言上的一些技巧或许是超绝的，但对于表达新概念还不够用。在这种情况下，通常有两种选择：要么赋旧词以新义，要么创造新词。

在某种意义上说，16世纪末、17世纪和18世纪来到中国的欧洲传教士，他们就碰到了这种情况。他们面临着如何用汉语来表达他们的宗教与文化这一具有挑战性的问题。为了能向中国人介绍西方的文化和宗教，早期的耶稣会士首先必须解决用汉语来表达外来的名称和概念的问题。因此，他们得到了中国文人的帮助。为了简单起见，我这里专就传教士创造的词汇进行论述。

首先举个例子，罗明坚早期在中国活动时，用“僧”来指称自

---

* 这篇文章原系研究项目“文化交流的典范：十六世纪至十九世纪在华意大利传教士的著作”的一部分。该项目由 Giuliano Bertuccioli 教授主持，意大利 Consiglio Nazionale delle Ricerche 资助。

此文原载信息为 Federico Masini，“Aleni's Contribution to the Chinese Language，” in：Tiziana Lippiello-Roman Malek（eds），*Giulio Aleni S. J.*（*1582 - 1649*）*and the Dialogue between Christianity and China*（1997），pp. 539 - 554。中译文载于香港中国语文学会《语文建设通讯》2001年第68期，第49—62页。译稿曾请马西尼教授审订、修改，译文不少地方已与原文不同。——校注

己。但后来，大约是在1600年，他和利玛窦开始意识到把自己与佛教中的“和尚”区分开来的重要性，于是创造了“神父”一词。这词现在仍用来指天主教教士。1605年，在《天主教要》一书中，利玛窦还创造了“撒责尔铎德”这一名称，这是意大利语 sacerdote 的音译①。对于“僧”这个字来讲，罗明坚和利玛窦用的是一个意译词，也就是说，他们给旧词以新义；而“神父”就不同了，他们创造了一个全新的双音节复合词，通过两个普通汉字——“神”和“父”——的组合来表示新的意义。至于“撒责尔铎德”，则是用音译词来表示外来的概念。

使用意译词、仿译词（或者纯粹的新词）和音译词是解决如何用汉语表达先前未知概念的三种基本方法。这三种方法各有利弊。意译词易于理解，但与以前的词义不能保持有机的联系。音译词通常很长，这是由于西方语言单词在音节上要比汉语的词长得多。这些词语的意义对于那些操原语言（如拉丁语）的人来说可能是明确的，他们可以通过这些词的语音模式去理解词义，但对接受语言的人来说就不是这样了。因此，音译词常常被简略，例如“撒责尔铎德”被简略为“铎德”，或“司铎德”和“司铎”。“司铎”还成了一个意译词，因为这词在古代中国用来指“掌管文教”。相传古代宣布教化的人必摇木铎以聚众，故称“司铎”②。

用原有的词进行组合而创造的复合词（如“神父”）通常是使用时间最长的新词，因为它们较好地适应了汉语的特性：由字合成的词，是意义的组合，这种词构词简短，易于理解。如果新造词的结构

---

① 参见 *Fonti Ricciane*, vol. 1, p. 335, n. 2。

② 参见 *HYDCD*（《汉语大词典》），III, p. 69; *Fonti Ricciane*, vol. 2, p. 335, n. 2。

是仿照原词的词法结构，那么这个新组成的词就是“仿译词”①。

艾儒略（Giulio Aleni，1582—1649）最大的成就之一是向中国的文人介绍了许多外国文化，如地理、历史、哲学、政治、公共机构、风土习俗等。由于他的一些汉语著作介绍了中国人前所未知的事情，所以了解艾儒略如何用汉语来表达外来名称，是很有意义的。本文将讨论艾儒略在中国学者帮助下写成的三部汉语著作——《职方外纪》（1623）、《西学凡》（1623）、《西方答问》（1637），让我们来看看艾儒略是如何处理术语问题的②。我之所以选这三部著作，那是因为它们介绍了西方文化的许多方面，而这些内容在其他耶稣会士的汉语著作中几乎是没有提及的。

在描述西方文化时，艾儒略采用了在他之前的耶稣会士们所创造的一些好的术语。例如，对于中国人陌生的国家和地区的地理名称，他基本上沿用了利玛窦在他的《坤舆万国全图》中使用的音译词，如“亚细亚”“欧逻巴”“意大理亚”等。他也保留了利玛窦和罗明坚在他们的著作中使用过的一些宗教和礼拜仪式的用语，如上面提到的“铎德”即是一例。在科学术语方面，我们发现了“几何”

---

① 对于这些词类别的讨论，详见 Federico Masini，*The Formation of Modern Chinese Lexicon*，pp. 128－134，亦可参见该书的中译本《现代汉语词汇的形成》（上海，1997），第 153—161 页。

② 关于《职方外记》，可专门参见 Kenneth Ch'en，“Matteo Ricci's Contribution to，and Influence on Geographical Knowledge in China，” in：*JAOS* 59（1959），pp. 325－359；Federico Masini，“The Legacy of Seventeenth Century Jesuit Works：Geography，Mathematics and Scientific Terminology in Nineteenth Century China，” in：C. Jami-H. Delahay（eds），*L'Europe en Chine. Interactions scientifiques，religieuses et culturelles aux XVIIe Siécles*（Paris，1993），pp. 137－146。关于《西学凡》，可专阅 Pasquale D'Elia，“Le Generalità sulle Scienze Occidentali di Giulio Aleni，” in：*RSO* 25（1950），pp. 58－76。关于《西方答问》，见 Mish 的全译本：John Mish，“Creating an Image of Europe for China：Aleni's *Hsi-fang ta-wen*（西方答问）. Introduction，Translation，and Notes，” in *Monumenta Serica* XXII（1964），pp. 1－87。其他参考文献有 Erik Zürcher-Nicolas Standaert S. J. -Adrianus Dudink（eds），*Bibliography of the Jesuit Mission in China*（Leiden，1991）。

(geometry)一词，这是1605年利玛窦和徐光启翻译的欧几里得《几何原本》中使用的词。艾儒略还使用了“字母”（alphabet）一词，这是金尼阁在他的《西儒耳目资》中使用过的意译词（该书于1626年在杭州出版）。艾儒略可能还使用了其他耶稣会士已使用过的天文学术语。

虽然艾儒略可以利用以前耶稣会士所创造的一些好的术语，但他仍需要创造新的术语来表达西方的一些概念。挑选出真正属于艾儒略创造的术语，然后考证这些新词产生的时间，这将会是很有意义的。

在对这三本书的分析中，我首先确定了一批词，这些词有的是在艾儒略之前没有人用过的，还有的是艾儒略在使用时另有别义的。这些词的确定主要是翻检了两部大型汉语词典——台湾地区的《中文大辞典》和上海的《汉语大词典》。如果这两部词典引用了艾儒略之前的书证，而且词义相同，那么很显然这个词不是艾儒略创造的。如果这个词过去不是这个意义的，我就认定这个词可能是艾儒略创造的。

我不准备讨论专有名词的音译词（如地名和人名），因为从词汇学的观点看，它们的意义不是很大。但这些词语对有些学者可能是有用的，如研究17世纪初南京官话音系的人，这些词语就是他们想得到的素材。参照希腊语、拉丁语、意大利语和葡萄牙语的语音，对利玛窦和艾儒略音译的专有名词加以研究，这对翻译外语语音的汉语音节做系统的分析是很有意义的，这样有助于早期官话音系的研究[①]。

---

① 罗常培，《耶稣会士在音韵学上的贡献》，《历史语言研究所集刊》（1930），第一本，第三分册，第267—338页；罗莘田，《中国音韵学的外来影响》，《东方杂志》（1935），第32卷，第14号，第35—45页；奥中孝三，《〈西儒耳目資〉と漢字の表音法》，《音声学会報》（1936），41，第11—13页；张世禄，《中国音韵学史》（上海，1938），第2卷，第330—332页；张世禄，《西洋学者对于中国语音学的贡献》，（转下页）

在艾儒略的这三部著作中，我确定了77个新词语（其中60个为艾儒略所创，17个是其他耶稣会士用过的）。然后，根据这些词语对汉语词汇所产生的影响，我把它们分了类。由于在其他文献（除了耶稣会士所写的著作）中没有发现某些词语的轨迹，因此有30个词我认为它们现在已经不用了。还有21个词在一部书的有关“意大利”的章节中使用过，这部书就是《清朝文献通考》，这是1747年乾隆皇帝谕旨编修的一部百科全书①。我认为，这些词语不只是在阅读传教士著作的士大夫中间有影响，它们还影响了更多的人。《清朝文献通考》是在18世纪下半叶编纂的，因此我认为这些词语至少已使用了一个半世纪。最后还有26个词，它们仍在汉语中使用（其中

(接上页)《文化先锋》(1948)，第9卷，第1期，第175—177页；陆志韦，《金尼阁西儒耳目资所记的音》，《燕京学报》(1947)，第33期，第115—128页、第318页；杨道经，《谈〈西儒耳目资〉》，《中国语文》(1957)，4月号，封4；Yang Paul Fu-mien S. J., "The Catholic Missionary Contribution to the Study of Chinese Dialects," in: *Orbis* 9 (1960), No. 1, pp. 158-185；张奉箴，《明末清初天主教传教士的三种语音学著作》，中华学术院天主教学术研究所《天主教学术研究所学报》(1969)，第1期，第109—116页；谢云飞，《金尼阁〈西儒耳目资〉析论》，《南洋大学学报》(1975)，第8—9期，第66—83页；李新魁，《记表现山西方音的〈西儒耳目资〉》，《语文研究》(1982)，第1辑，第126—129页；李思敬，《汉语“儿”［ə］音史研究》(北京，1986)，第52—54页；Luo Shen-yi, "Les premieres systèmes de notation alphabétique utilisés dans les études de phonologie chinoise," in: *Actes du Ve Colloque International de Sinologie de Chantilly* (Chantilly, 1986), pp. 191-200；Chen Liang-chi, *Eine funktionell-strukturelle und historisch-vergleichende Untersuchung des Xi Ru Er Mu Zi-Eine verleichende Studie zur traditionellen chinesischen Lexikographie*, Inaugural-Dissertation zur Erlangung der Doktorwürde des Fachbereichs II: Sprach-und Literaturwissenschaften der Universität Trier (1987)（谨此我向S. Breitenbach博士表示感谢，是他给我寄来了这篇文章）；曾晓渝，《试论〈西儒耳目资〉的语音基础及明代官话的标准音》，《西南师范大学学报（哲学社会科学版）》(1991)，第1期，第66—74页；曾晓渝，《〈西儒耳目资〉的调值拟测》，《语言研究》(1992)，第2期，第132—136页；麦耘，《〈西儒耳目资〉没有儿化音的记录》，《语文研究》(1994)，第4期，第49—51页、第14页。

① 参见Federico Masini, "L'Italia descritta nel *Qing Chao Wen Xian Tong Kao*," in: *RSO* LXIII (1989), No. 4, pp. 285-298。在本文末尾列有的《清朝文献通考》，我标注的年份是1785年，因为这是《清朝文献通考》成稿的时间，该书的史料均在此之前。

14 个词是艾儒略创造的)[①]。综上所述，可归纳如下。

表 1 艾儒略著作中词语的传播情况[②]

传播情况	现已不用	曾在某一时期使用	现仍在使用	总计
艾儒略创造	27	19	14	60
不是艾儒略创造	3	2	12	17
总计	30	21	26	77

这 77 个词语按字母顺序排列，对每个词条我做了如下说明：1）汉语拼音；2）词目；3）英语中的对应词语；4）音节个数（单音节、双音节、三音节等）；5）词法结构（主谓结构、谓补结构、动宾结构、偏正结构、联合结构、多音节语素、前缀、后缀）；6）词源（新词、音译词、意译词、仿译词、混合词）；7）词类（名词、形容词、动词、副词）；8）该词是否为艾儒略创造；9）该词在汉语中的使用情况（现已不用，曾在某一时期使用，或者现仍在使用）。说明了这些事情以后，接下去对每个词语有一个简短的讨论（如谈谈使用这些词语的著作）以及它们对汉语所产生影响等等。

所有新创造的词语都是多音节复合词，这显然是因为在那个发展阶段，汉语中很少创造新字。当需要新词语时，最佳的方法是通过各种单音节词的意义组合来创造。值得注意的是，这种创造词汇的方法在以后的几个世纪中仍在延续，特别是 19 世纪和 20 世纪。

就音节的个数来说，双音节词最为通行。被使用得较长的词语几乎全是音译词。最常见的构词结构是偏正结构（在 57 个词条中

① 关于艾儒略创造的那些词在中国和日本的使用，可参见 Federico Masini, *The Formation of Modern Chinese Lexieon*，亦可参见该书的中译本《现代汉语词汇的形成》。

② 此表的名称为校者所加，下表亦同。——校注

有 55 个)①，其中最多的是通过加后缀成词的（有 32 个），如“学”(12 个双音节词，1 个三音节词)，“科”（7 个双音节词)，“家”（6 个三音节词)，“院”（5 个双音节词)，“机”（1 个三音节词)。这些词中只有一个为联合结构，一个为动宾结构。

就词的创造来看，有 20 个是音译词，这些词在现代汉语中已经不用了。只有 3 个为混合词（音译成分加上表示类别的后缀)，3 个是真正的新词（这 3 个词的创造与外语原词无任何直接关系)。仿译词有 33 个，意译词有 18 个，在艾儒略的这三部著作中用仿译和意译的方法来创造词语最为常见。

在汉语中，如同在其他语言中一样，意译词和仿译词通常不像是外来的词，对于操本族语的人来说，它们完全像是自己语言中创造的词。这就是在汉语词汇的发展史中，这两种方法常被使用的原因。在艾儒略创造的、现仍在使用的 14 个词语当中，除了有 1 个是真正的新词外，其他 8 个是意译词，5 个是仿译词，这也充分证明了这一点。

表 2　艾儒略词语的分析

	音译词	混合词	意译词	仿译词	新词	总计
单音节						0
双音节	4	1	18	25	3	51
三音节	7	2		8		17
四音节	4					4
五音节	4					4
六音节	1					1
总计	20	3	18	33	3	77

① 只有 57 个词目具有词法结构，另外 20 个音译词没有按照构词法构词。

关于词类，76 个词为名词，只有“审判”一词为动词。

艾儒略创造的新词大多数用来指西方的机构，尤其是教育机构和社会机构，还有科学领域中的词语。这可能是当时中国和西方之间存在最大差异的地方。艾儒略使用后缀“院”来构成各种西方机构的名称；用“学”或“科”来表示西方科学的各种分支；用“家”表示技术专家。有时他对所用的词踌躇不定，例如，他使用了至少 6 种不同的名称来表示西方的学校和大学，如“大学”“学校”“学社”“公监”“公学”“共学”。值得注意的是，其中 3 个一直沿用到现在。“大学”和“学校”在 20 世纪末从日语重新传入汉语后，就在汉语中成了常用词。

下面的词表不包括艾儒略在翻译圣托马斯·阿奎那（Saint Thomas Aquinas）那一本属于逻辑学范畴的 *Summa Theologiae*（《神学大全》）时所使用的哲学词语（有些词语利玛窦已经使用过）。这些词语并非新造的词，无非是将汉语的哲学术语用于西方的哲学，在意义上没有任何变化。

因为词汇学是一门很不精确的学科，加之我研读的文献数量极其有限，所以我的词语观察数据可能有许多是错了的，有待于查找更早的书证。毋庸置疑，耶稣会士对汉语是有贡献的，但这个领域还鲜有人研究，我希望我的工作至少能为这个领域的进一步研究开辟道路。

《职方外纪》《西学凡》《西方答问》中的一些新词列表

【a'liman】阿力满，Arum，三音节，音译词，名词，艾儒略创造的词，现已不用（《职方外纪》卷 2，第 27 页阴面）。《汉语大词典》未收此词。此词源自希腊语 áron，指的是一种植物，含有淀粉，在南欧，人们曾用它来充饥。

【a'liwa】阿利袜，olive，三音节，音译词，名词，艾儒略创造的词，曾在某一时期使用（《职方外纪》卷2，第2页阴面、第11页阳面）。在《西方答问》卷1，第9页阴面上，既见“阿利袜”，又见“ganlan 橄榄”。“阿利袜”还见于《清朝文献通考》（卷298，第7467页中栏）。艾儒略还使用过“ahewa 阿和袜”。《汉语大词典》未收“阿利袜”。

【beiji】北极，North Pole，双音节，偏正结构，意译词，名词，现仍在使用。原指“北极星”或“北天极”（《中文大辞典》，2615.301）。利玛窦在1602年使用过此词（参见《坤舆万国全图》，tav. III－V)，艾儒略于1623年（《职方外纪》总说，第1页阳面）和1637年（《西方答问》卷1，第2页阴面）用过此词，当时用这个词已具现代意义了。利玛窦创造的“beijiquan 北极圈”（参见《坤舆万国全图》，第160页）也是从这个词派生出来的。

【bianxue】辩学[①]，logic，双音节，“学”为后缀，仿译词，名词，艾儒略创造的词，现已不用（《西学凡》，第4页阳面）。此词原指“富于才学而又善辩”（《汉语大词典》卷11，第513—514页）。它也用来指中国古代的逻辑。艾儒略用此词来指辨别是非的逻辑学分支。

【bingyuan】病院，hospital，双音节，“院”为后缀，仿译词，名词，艾儒略创造的词，曾在某一时期使用（《职方外纪》卷2，第6页阴面；《西方答问》卷1，第20页阴面）。但是“yangbingyuan 养病

---

① 《辞海》在“辩学”条下有这样一些文字：“‘逻辑学’的旧称。亦作‘辨学’。……明末来中国的意大利传教士利玛窦在所译《辨学遗迹》中首先使用此称。以后一度流行。”（参见夏征农［编］，《辞海》［上海，2000］，第2388页）——校注

院”却是一个很古老的词（《汉语大词典》卷12，第528页）。“病院”在《汉语大词典》（卷8，第292页）中最早的书证是在20世纪初；还见于《清朝文献通考》（卷298，第7468页上栏），也可参见《中文大辞典》（22597. 58）。

【bisibo】俾斯玻，bishop，三音节，音译词，名词，现已不用（《职方外纪》卷2，第10页阴面）。为葡萄牙语 Bispo 的音译词，1605年利玛窦已经使用该词（参见 *Fonti Ricciane* 卷1，第335页注释2）。

【chidao】赤道，equator，双音节，偏正结构，意译词，名词，现仍在使用。原来只指“天球赤道”（《汉语大词典》卷9，第1169页；《中文大辞典》，37843. 274）。利玛窦（参见《坤舆万国全图》，tav. Ⅲ－Ⅴ）和艾儒略（《职方外纪》总说，第1页阴面；《西方答问》卷1，第2页阴面）曾以现在这个意义使用过该词。

【daoke】道科，theology，双音节，“科”为后缀，仿译词，名词，艾儒略创造的词，曾在某一时期使用（《职方外纪》卷2，第4页阳面；《西学凡》，第1页阳面；《西方答问》卷1，第13页阴面；《清朝文献通考》卷298，第7467页下栏）。《汉语大词典》未收此词。

【daoxue】道学，theology，双音节，“学”为后缀，意译词，名词，艾儒略创造的词，现已不用（《西学凡》，第12页阳面；《西方答问》卷1，第12页阴面）。《汉语大词典》（卷10，第1085—1086页）指的是另外的意义。

【daxue】大学，university，双音节，偏正结构，意译词，名词，艾儒略创造的词，现仍在使用。从汉朝到宋朝，“taixue 太学”用来指皇朝的最高学府。1623年，艾儒略最先将“大学”用来指西方的学校（《职方外纪》卷2，第3页阴面）。在另外一个地方，艾儒略用“大学”只是指高深的学问（《西学凡》，第3页阳面；《清朝文献通考》卷298，第7467页下栏）。该词在19世纪以前很少有人使用，后来通过日语的传递，才在中国流行开来。因此，“大学”应该看成是一个从日语来的回归借词(参见马西尼，*The Formation of Modern Chinese Lexicon*，第164—165页，亦可参见该书的中译本《现代汉语词汇的形成》，第197—198页)。

【dilijia】地理家，geographer，三音节，“家”为后缀，仿译词，名词，艾儒略创造的词，现仍在使用①。原指“风水先生”（《汉语大词典》卷2，第1028页）。1623年，艾儒略以现代意义使用此词（《职方外纪》总说，第3页阳面—阴面）。

【duode】铎德，priest，双音节，音译词，名词，现已不用（《西方答问》卷2，第14页阴面；《汉语大词典》卷4，第160页）。为意大利语sacerdote的缩略音译词。1605年，利玛窦用过该词的全译形式“撒责尔铎德”(参见*Fonti Ricciane*卷1，第335页注释2)。

【douluriya】陡录日亚，theology，四音节，音译词，名词，艾儒略创造的词，现已不用（《职方外纪》卷2，第13页阳面、第18页阴面；《西学凡》，第1页阳面)。《汉语大词典》未收此词。

【duoluorong】多罗绒，woolen broadcloth?，三音节，偏正结构，混合词，名词，艾儒略创造的词（?），现已不用（《西方答问》卷1，第9页阳面)。《汉语大词典》未收此词。“多罗”可能是波斯语tirāz（织物）的音译，“绒”为后缀。

---

① 20世纪初还见有geographer指“地理家”的用例：“据地理家言，北方七十五度以北，不论水陆终年不闻雷声。”（李问渔译，《西学关键》［上海，1903］，卷6，第19页阳面）但后来这个词语被淘汰了，现在叫“地理学家”。——校注

【e'dijia】厄第加，ethics，三音节，音译词，名词，艾儒略创造的词，现已不用（《西学凡》，第7页阴面）。艾儒略还用此词来指“修齐治平之学”。

【fake】法科，law（the study of），双音节，“科”为后缀，意译词，名词，艾儒略创造的词，现仍在使用（《西方答问》卷1，第13页阴面）。对于现代意义的“法科”这词，《汉语大词典》只提供了19世纪初期的书证。

【faxue】法学，law（the study of），双音节，“学”为后缀，意译词，名词，艾儒略创造的词，现仍在使用。原指“刑名、法治之学”（参见《汉语大词典》卷5，第1048页）。艾儒略用它来翻译西方的法律（《西学凡》，第10页阳面；《西方答问》卷1，第12页阴面）。由于日语的传递，“法学”才又回到了中国。所以，应该把它看成是从日语 hōgaku 来的回归借词（参见马西尼，*The Formation of Modern Chinese Lexicon*，第171页，亦可参见该书的中译本《现代汉语词汇的形成》，第207页）。

【feilusuofeiya】斐录所费亚，philosophy，五音节，音译词，名词，艾儒略创造的词，曾在某一时期使用（《职方外纪》卷2，第4页阳面；《西学凡》，第1页阳面、第3页阳面）。艾儒略有时也将此词缩写成“feilu 斐录”（例如《西学凡》，第7页阴面），或者写成“feiluzhixue 斐录之学”（《西学凡》，第8页阳面；《清朝文献通考》卷298，第7467页下栏）。《汉语大词典》未收此词。

【feixijia】费西加，physics，三音节，音译词，名词，艾儒略创造的词，曾在某一时期使用（《职方外纪》卷2，第4页阳面；《西学凡》，第4页阴面；《清朝文献通考》卷298，第7467页下栏）。艾儒略用此词来指自然科学。《汉语大词典》未收此词。

【fulangji】弗郎机，a kind of cannon，三音节，“机”为后缀，混合词，名词，曾在某一时期使用（《职方外纪》卷2，第14页阴面）。此词的另外两种形式“佛郎机”和“佛朗机”在16世纪初就已经使用了。明代泛指葡萄牙和西班牙（《汉语大词典》卷1，第1289页；参见 Paul Pelliot, “Le Ḫōǰa et le Sayyid Ḥusain de l'Histoire des Ming,” in: *TP*, XXXVIII［1945］，第86页注释7、第199—207页；戴裔煊，《〈明史·佛郎机传〉笺正》［北京，1984］）。

【gongjian】公监，public academy，双音节，偏正结构，仿译词，名词，艾儒略创造的词，现已不用（《西学凡》，第16页阴面）。《汉语大词典》未收此词。艾儒略用此词来指西方君主创办的公立学校。

【gongxue】共学，university，双音节，“学”为后缀，仿译词，名词，艾儒略创造的词，现已不用（《职方外纪》卷2，第10页阳面）。《汉语大词典》未收此词。艾儒略用此词来指西班牙的萨拉曼卡大学和阿尔卡拉大学、葡萄牙的尤拉大学和科英布拉大学（《职方外纪》卷2，第13页阳面）、巴黎的大学（《职方外纪》卷2，第14页阳面）、日耳曼的大学（《职方外纪》卷2，第21页阳面）、佛兰芒的大学（《职方外纪》卷2，第22页阴面：“共学三所，一学分二十余院”），以及英国的大学（《职方外纪》卷2，第28页阴面）。此词在《西学凡》（第7页阳面）中也有使用。参见“daxue 大学”。

【gongxue】公学，public school，双音节，“学”为后缀，仿译词，名词，艾儒略创造的词，现已不用（《职方外纪》卷2，第19页阳面）。该词用来指博洛尼亚的公立学校。在《西方答问》（卷1，第13页阴面）中也使用过这个词。“公学”在19世纪至20世纪初用来指外国人在中国创办的宗教学校和私立学校（《汉语大词典》卷2，第78页）。罗存德（Wilhelm Lobscheid，1822—1893，又译罗布存德）的《英华词典》(1870)，以及《中文大辞典》未收此词，但莫安仁（Evan Morgan）收录在了 *Chinese New Terms and Expressions*（《中英新名辞典》[上海，1913]）这本新词词典中。参见“daxue 大学”。

【Gongyuan】公院，public building，双音节，偏正结构，仿译词，名词，艾儒略创造的词，现已不用（《西方答问》卷 1，第 22 页阳面）。《汉语大词典》未收此词。

【Gujing】古经，Old Testament，双音节，偏正结构，仿译词，名词，艾儒略创造的词，现已不用（《西学凡》，第 16 页阳面）。《汉语大词典》未收此词。此词可能艾儒略之前的传教士就已经使用了。参见“xinjing 新经”。

【jianuonuosi】加诺搦斯，Canon law，四音节，音译词，名词，艾儒略创造的词，现已不用（《西学凡》，第 1 页阳面）。《汉语大词典》未收此词。

【jiaohuang】教皇，pope，双音节，偏正结构，新词，名词，现仍在使用（《职方外纪》卷 2，第 16 页阳面；《西学凡》，第 11 页阳面；《西方答问》卷 1，第 13 页阴面）。《汉语大词典》未收此词①。此词可能在艾儒略之前就有了。

【jiaoke】教科，Canon law，双音节，“科”为后缀，仿译词，名词，艾儒略创造的词，曾在某一时期使用（《职方外纪》卷 2，第 4 页阳面；《西学凡》，第 1 页阳面；《西方答问》卷 1，第 13 页阴面；《清朝文献通考》卷 298，第 7467 页下栏）。《汉语大词典》未收此词。

---

① 《汉语大词典》收有此词，只是没有提供书证。——校注

【jiaoxue】教学，Canon law，双音节，“学”为后缀，仿译词，名词，艾儒略创造的词，现已不用（《西学凡》，第 11 页阳面；《西方答问》卷 1，第 12 页阴面）。此词原指教育（《汉语大词典》，第 5 卷，第 451 页）。

【jihe】几何，geometry，双音节，偏正结构，意译词，名词，现仍在使用。1605 年，利玛窦和徐光启将欧几里得 *Elements of Geometry* 的前六卷翻译成了中文，书名为《几何原本》，从此这个学科就用“几何”来命名。艾儒略用过这词（《职方外纪》总说，第 3 页阴面；《西学凡》，第 6 页阳面“几何之学”）。他还将它叫作“mademadijia 马得马第加”——拉丁语 matemática 的音译词（《汉语大词典》卷 4，第 448 页；马西尼，*The Formation of Modern Chinese Lexicon*，第 182 页，亦可参见该书的中译本《现代汉语词汇的形成》，第 221 页）。

【jingxian】经线，meridian，双音节，偏正结构，意译词，名词，现仍在使用。为利玛窦在《坤舆万国全图》中创造的新词（参见《坤舆万国全图》，tav. III－V）。艾儒略在《职方外纪》（总说，第 3 页阴面）中使用过该词（参见《汉语大词典》卷 9，第 867 页；马西尼，*The Formation of Modern Chinese Lexicon*，第 184 页，亦可参见该书的中译本《现代汉语词汇的形成》，第 223 页）。参见“weixian 纬线”。

【jiyuan】济院，welfare institution，双音节，“院”为后缀，仿译词，名词，艾儒略创造的词，现已不用（《西方答问》卷 1，第 20 页阳面）。在《汉语大词典》中只收了“jipinyuan 济贫院”（卷 6，第 193 页）和“yangjiyuan 养济院”（卷 12，第 532 页）。

【leduolijia】勒铎理加，rhetoric，四音节，音译词，名词，艾儒略创造的词，现已不用（《西学凡》，第 1 页阳面）。《汉语大词典》

未收此词。

【lengdai】冷带，cold zone，双音节，偏正结构，仿译词，名词，现仍在使用①。为利玛窦在《坤舆万国全图》中创造的新词（参见《坤舆万国全图》，tav. III－V）。后来艾儒略也用过此词（《职方外纪》总说，第2页阴面）。这个词在利玛窦《坤舆万国全图》中的组合尚不稳定，但在艾儒略的《职方外纪》中显然已经固定下来了（参见马西尼，*The Formation of Modern Chinese Lexicon*，第186页，亦可参见该书的中译本《现代汉语词汇的形成》，第226页）。

【leyisi】勒义斯，law，三音节，音译词，名词，艾儒略创造的词，现已不用（《西学凡》，第1页阳面）。《汉语大词典》未收此词。

【liangfajia】量法家，surveyor，三音节，"家"为后缀，仿译词，名词，艾儒略创造的词，曾在某一时期使用（《西学凡》，第6页阴面；《清朝文献通考》卷298，第7468页上栏）。《汉语大词典》未收此词。

【lifajia】历法家，calendarist，三音节，"家"为后缀，仿译词，名词，艾儒略创造的词，曾在某一时期使用（《西学凡》，第6页阴面）。《汉语大词典》收有"历法"（卷5，第837页），但未收"历法家"。"历法家"还见于《清朝文献通考》（卷298，第7468页上栏）。

【like】理科，philosophy，双音节，"科"为后缀，意译词，名词，艾儒略创造的词，现仍在使用。艾儒略用这个词来指philosophy（《职方外纪》卷2，第3页阳面；《西学凡》，第1页阳面；《西方答问》卷1，第13页阴面）。在别的地方艾儒略也用过"lixuc 理学"

① 这个词现在已经不用。——校注

这词（《清朝文献通考》卷298，第7467页下栏）。后来这词从日语返回到汉语，当时已具现代意义，指科学学科（《汉语大词典》卷4，第572页；参见马西尼，*The Formation of Modern Chinese Lexicon*，第186页，亦可参见该书的中译本《现代汉语词汇的形成》，第227页）。参见“wenke 文科”。

【linuo】利诺，flax，双音节，音译词，名词，艾儒略创造的词，曾在某一时期使用（《职方外纪》卷2，第2页阳面；《西方答问》卷1，第9页阳面；《清朝文献通考》卷298，第7467页中栏）。“利诺”为拉丁语 linum 的音译词。《汉语大词典》未收此词。

【lülüjia】律吕家，musician，三音节，“家”为后缀，混合词，名词，艾儒略创造的词，曾在某一时期使用（《西学凡》，第6页阴面）。《汉语大词典》收有“lülü 律吕”（卷3，第953页），但未收“律吕家”。“律吕家”还见于《清朝文献通考》（卷298，第7468页上栏）。

【luorijia】落日加，logic，三音节，音译词，名词，艾儒略创造的词，曾在某一时期使用（《职方外纪》卷2，第3页阴面；《西学凡》，第3页阳面；《清朝文献通考》卷298，第7467页下栏）。《汉语大词典》未收此词。

【mademadijia】玛得玛第加，mathematics，五音节，音译词，名词，曾在某一时期使用（《职方外纪》卷2，第5页阳面“度数之学曰玛得玛第加”；卷2，第24页阳面。在《西学凡》第6页阳面中，写作“mademadijia 马得马第加”）。“玛得玛第加”还见于《清朝文献通考》（卷298，第7468页上栏）。《汉语大词典》未收此词。

【mengtao】孟桃，almond（?），双音节，偏正结构，混合词，名词，艾儒略创造的词，现已不用（《西方答问》卷1，第9页阴面）。《汉语大词典》未收此词。

【misa】弥撒，Mass，双音节，音译词，名词，现仍在使用（《西方答问》卷1，第26页阴面）。在艾儒略之前可能已有耶稣会士使用这个词了（参见《清朝文献通考》卷298，第7467页中栏；《汉语大词典》卷4，第160页）。

【modafeixijia】默达费西加，metaphysics，五音节，音译词，名词，艾儒略创造的词，曾在某一时期使用（《职方外纪》卷2，第4页阳面；《西学凡》，第5页阳面；《清朝文献通考》卷298，第7467页下栏）。《汉语大词典》未收此词。

【modijina】默第济纳，medicine，四音节，音译词，名词，艾儒略创造的词，现已不用（《西学凡》，第1页阳面）。《汉语大词典》未收此词。

【nanji】南极，South Pole，双音节，偏正结构，意译词，名词，现仍在使用。原指"老寿星"或"南天极"（《中文大辞典》，2798.594）。利玛窦（参见《坤舆万国全图》，tav. III - V）和艾儒略（《职方外纪》总说，第1页阴面；《西方答问》卷1，第2页阳面）已用现代意义使用此词。利玛窦创造的"nanjiquan 南极圈"（参见《坤舆万国全图》，第160页），显然是"南极"的派生词（参见马西尼，*The Formation of Modern Chinese Lexicon*，第190页，亦可参见该书的中译本《现代汉语词汇的形成》，第231页）。

【pinyuan】贫院，poor house，双音节，"院"为后缀，仿译词，名词，艾儒略创造的词，曾在某一时期使用（《职方外纪》卷2，第6页阳面）。《汉语大词典》未收此词。此词也见于《清朝文献通考》（卷298，第7468页上栏）。

【redai】热带，torrid zone，双音节，偏正结构，仿译词，名词，现仍在使用。此为利玛窦创造的词（参见《坤舆万国全图》，tav. III－V），艾儒略也使用过（《职方外纪》总说，第2页阳面）。在《西方答问》（卷2，第4页阴面）中，艾儒略还对该词做了详细的解说。这个词利玛窦使用时，其词的组合尚不稳定，但艾儒略用时显然已经固定下来了（《汉语大词典》卷7，第237页；参见马西尼，*The Formation of Modern Chinese Lexicon*，第193页，亦可参见该书的中译本《现代汉语词汇的形成》，第235页）①。

【renhui】仁会，charity institution，双音节，偏正结构，仿译词，名词，艾儒略创造的词，现已不用（《职方外纪》卷2，第13页阴面）。《汉语大词典》未收此词。

【renxue】人学，human sciences，双音节，“学”为后缀，仿译词，名词，艾儒略创造的词，曾在某一时期使用（《西学凡》，第15页阴面；《汉语大词典》卷1，第1055页）。19世纪末，这词用来指人类科学，它与“tianxue 天学”（即算术、历法、电学、光学）相对，它还与“dixue 地学”（测量、经纬度、植物、车船、军队）相对。

【sagelamengduo】撒格辣孟多，sacrament，五音节，音译词，名词，艾儒略创造的词，现已不用（《西学凡》，第15页阳面）。《汉语大词典》未收此词。

【shenpan】审判，to judge，双音节，联合结构，新词，动词，艾儒略创造的词（?），现仍在使用（《西方答问》卷1，第28页阳面）。它用来指上帝对亡灵的审判。《汉语大词典》（卷3，第1629

① 关于“热带”更详细的论述，可参见荒川清秀《近代日中学術用語の形成と伝播——地理学用語を中心に》（［东京，1997］，第1章）。——校注

页）提供了一个已是17世纪晚期的书证。《中文大辞典》（7485.20）没有提供书证。高名凯等（《汉语外来词词典》[上海，1984]，第312页）把它当作是来自日语shinban的一个借词。1886年，平文（James Curtis Hepburn，1815—1911）编纂的*Japanese English Dictionary*（《日英辞典》，第570页）收录了这个词。此词是否为艾儒略创造还很难确定。

【sheyuan】社院，school institution，双音节，"院"为后缀，仿译词，名词，艾儒略创造的词，现已不用（《职方外纪》卷2，第14页阴面）。在《西学凡》（第16页阴面）中，此词用来指法国教育穷人的机构。艾儒略还用此词来指西方君主为支持穷人学生读书而建立的某些组织。《汉语大词典》未收此词。

【sibiliduosanduo】斯彼利多三多，Holy Spirit，六音节，音译词，名词，现已不用（《西学凡》，第14页阴面）。《汉语大词典》未收此词。在艾儒略之前可能已有耶稣会士使用这个词了。

【suanfajia】算法家，arithmetician，三音节，"家"为后缀，仿译词，名词，艾儒略创造的词，曾在某一时期使用（《西学凡》，第6页阴面）。《汉语大词典》（卷8，第1193页）收有"suanfa算法"，但未收"算法家"。"算法家"还见于《清朝文献通考》（卷298，第7468页上栏）。

【suofu】锁袱，a kind of woollen fabric，双音节，音译词，名词，艾儒略创造的词（?），曾在某一时期使用（《西方答问》卷1，第9页阳面）。也写作"琐服""琐伏""琐附"，指阿拉伯的一种毛织物，音译自阿拉伯语süf（参见高名凯等，《汉语外来词词典》，第332页）。《汉语大词典》（卷4，第614页）引用了一个很晚的书证。

【tianwenjia】天文家，astronomer，三音节，"家"为后缀，仿译词，名词，艾儒略创造的词，现仍在使用（《职方外纪》总说，第3页阳面）①。《汉语大词典》未收此词。

【tianxue】天学，theology，双音节，"学"为后缀，意译词，名词，艾儒略创造的词，现已不用（《西学凡》，第13页阳面；《西方答问》卷1，第1页阳面，指基督教；《汉语大词典》卷1，第1055页；《中文大辞典》，5961. 1241）②。19世纪末，这个词用来指有关天的科学，它与"人学"（即语言、政治、法律、食品、建筑、商务、技术）相对，也与"地学"（即测量、经纬度、植物、车船、军队）相对。参见"renxue 人学"。

【weixian】纬线，parallel，双音节，偏正结构，意译词，名词，现仍在使用。此词是利玛窦在《坤舆万国全图》中创造的新词（参

---

① "天文家"在《梦溪笔谈》中已有："天文家有浑仪，测天之器，设于崇台，以候垂象者，则古玑衡是也。"（参见沈括，李文泽、吴洪泽译，《梦溪笔谈全译》[成都，1996]，第91页）这一词语一直到晚清还有人使用，如《格致启蒙》："今天文家考究精详，咸知地球动而日星不行也。"（参见罗斯古等，林乐知译，郑昌棪述，《格致启蒙》[上海，1875]，第5页阳面—阴面）又如《地球韵言》："天文家谓行星绕日者有八。"（参见张士瀛，《地球韵言》[湖北，1898]，第2页阳面）除了"天文家"外，当时还有"天文师""天文士""星学士"这些词语。也是在这个时候，"天文学家"这一名称悄然出现，例如在1902年，梁启超就使用了这个词："纯以生计学理论货币者，实始于著名之天文学家歌白尼。"（参见梁启超，《饮冰室合集·文集之十二》[北京，1989]，第15页）后来，"天文家"等词语渐渐地消亡了，取而代之的是"天文学家"。关于"天文家"发展成"天文学家"，就如同"地理家""经济家"发展成"地理学家""经济学家"一样，是同一类问题，需要综合分析，统一研究。——校注

② 潘鼐在《评〈天学真原〉》一文中有这样一段话："李之藻于1629年刊《天学初函》，此'天学'却非天文学而系'天主之学'。所收《天主实义》为利玛窦原撰于1595年的《天学实义》。李之藻为《天学初函》题辞时也说：'天学者唐称景教'。"（参见潘鼐，《评〈天学真原〉》，《自然科学史研究》[1997]，第3期，第291页）如果这段话与事实吻合，那么"天学"这词在1595年就有了。说"天学"是个仿译词也无妨，因为希腊语theologia中的theos，拉丁语theologia、意大利语teologia、英语theology中的theo是"天主、上帝、神"的意思，而这些单词的后半部分logia、logy即为"学问"的意思，所以"天学""神学"也可称为仿译词。——校注

见《坤舆万国全图》，tav. Ⅲ－Ⅴ)。艾儒略也认为“纬线”“经线”是利玛窦创造的词（《职方外纪》总说，第3页阴面；《坤舆万国全图》，第160页；《汉语大词典》卷9，第955—956页。参见马西尼，*The Formation of Modern Chinese Lexicon*，第203页，亦可参见该书的中译本《现代汉语词汇的形成》，第248页)。参见“jingxian 经线”。

【wendai】温带，temperate zone，双音节，偏正结构，仿译词，名词，艾儒略创造的词，现仍在使用（《职方外纪》总说，第2页阳面)。利玛窦（参见《坤舆万国全图》，tav. Ⅲ－Ⅴ）将temperate zone 称为“zhengdai 正带”（参见马西尼，*The Formation of Modern Chinese Lexicon*，第203页，亦可参见该书的中译本《现代汉语词汇的形成》，第248页)。

【wenke】文科，literary subjects，双音节，“科”为后缀，意译词，名词，艾儒略创造的词，现仍在使用。《汉语大词典》（卷6，第1527页）说，在科举制时，“文科”已用来指以经学考选的文士之科，这是相对于“武举”而言。艾儒略已用现代意义使用此词，他以“文科”来与哲学、自然科学相区别（《职方外纪》卷2，第3页阴面；《西学凡》，第1页阳面—阴面；《西方答问》卷1，第12页阴面；《清朝文献通考》卷298，第7467页下栏)。但是，这词是通过日语 bunka 返回到汉语后才重新使用开来的（参见马西尼，*The Formation of Modern Chinese Lexicon*，第204页，亦可参见该书的中译本《现代汉语词汇的形成》，第249页)。参见“like 理科”。

【wenxingxue】闻性学，nature（?)，三音节，“学”为后缀，仿译词，名词，艾儒略创造的词，现已不用（《西学凡》，第4页阴面)。在《西学凡》（第5页阳面）的另一处，艾儒略写作“wenxing zhixue 闻性之学”。《汉语大词典》未收此词。

【wenxue】文学，literature，双音节，“学”为后缀，意译词，名词，艾儒略创造的词，现仍在使用。在《论语》（卷 11，第 2 页）中，此词用来指孔门四科中的一科——文章博学。艾儒略已用 literature 的意义使用此词（《职方外纪》卷 2，第 3 页阴面“欧逻巴诸国尚文学”；《西学凡》，第 1 页阴面“自幼习文学者”；在《西学凡》的第 2 页阴面也见有“文学”）。按现代词典学家的观点，表示 literature 的“文学”与它原来的意义（即“文章博学”）是有区别的。此词还见于《清朝文献通考》（卷 298，第 7467 页下栏）。毫无疑问，在 19 世纪末到 20 世纪初，日语 bungaku 对此词在中国的传播起了很大的作用（《汉语大词典》卷 6，第 1543 页；参见马西尼，*The Formation of Modern Chinese Lexicon*，第 204—205 页，亦可参见该书的中译本《现代汉语词汇的形成》，第 250 页）。

【xinjing】新经，New Testament，双音节，偏正结构，仿译词，名词，艾儒略创造的词，现已不用（《西学凡》，第 16 页阳面）。《汉语大词典》未收此词。在艾儒略之前，可能已有其他传教士使用这个词了。参见“gujing 古经”。

【xuexiao】学校，school，双音节，偏正结构，意译词，名词，艾儒略创造的词，现仍在使用。孟子曾用此词来指专门进行教育的机构（《汉语大词典》卷 4，第 246 页）。艾儒略在（《职方外纪》卷 2，第 3 页阴面）中用此词来指欧洲的学校。在《西学凡》（第 16 页阴面）中，艾儒略还用过“gongjian 公监”“xueshe 学舍”等词。“学校”还见于《清朝文献通考》（卷 298，第 7467 页下栏）。该词在 19 世纪末之前似乎还没有流传开来，后来在日语 gakkō 的影响下，“学校”完全取代了“xuetang 学堂”“shuyuan 书院”“xueshu 学塾”等词（参见马西尼，*The Formation of Modern Chinese Lexicon*，第 210—211 页，亦可参见该书的中译本《现代汉语词汇的形成》，第 257—258 页）。

【yike】医科，medical science，双音节，“科”为后缀，仿译词，名词，艾儒略创造的词，现仍在使用。艾儒略用此词来指欧洲医科学校（《职方外纪》卷 2，第 4 页阳面；《西学凡》，第 1 页阳面）。这词还见于《清朝文献通考》（卷 298，第 7467 页下栏）。后来，“医科”通过日语的 ika，又回到了汉语，并且使用开来（《汉语大词典》卷 9，第 1439 页；参见马西尼，*The Formation of Modern Chinese Lexicon*，第 210—211 页，亦可参见该书的中译本《现代汉语词汇的形成》，第 259 页）。

【yinshu】阴树，?，双音节，偏正结构，仿译词，名词，艾儒略创造的词，现已不用（《职方外纪》卷 1，第 5 页阳面）。这是印度的一种树，它的花类似素馨，夜间开花，冬天凋谢[①]。《汉语大词典》未收此词。

【yixue】医学，medicine，双音节，“学”为后缀，意译词，名词，艾儒略创造的词，现仍在使用。自宋朝以来，此词用来指医学校（《汉语大词典》卷 9，第 1440 页）。艾儒略用此词来指 study of medicine（《西学凡》，第 9 页阳面；《西方答问》卷 1，第 12 页阴面，第 19 页阳面）。虽然这个词好像是来自日语 igaku 的回归借词，但它很可能是 19 世纪由江南制造局的译员们重新启用而复活的，他们用这个词来翻译英语的“medicine”（参见马西尼，*The Formation of Modern Chinese Lexicon*，第 213 页，亦可参见该书的中译本《现代汉

① 据谢方考证，“阴树”，即素馨花树，学名 *Jasminum officinale var. grandiflorum*（参见艾儒略，谢方校释《职方外纪校释》［北京，1996］，第 43 页注释 12）。——校注

语词汇的形成》，第 261 页）。

【youyuan】幼院，orphan-asylum，双音节，“院”为后缀，仿译词，名词，艾儒略创造的词，曾在某一时期使用（《职方外纪》卷 2，第 6 页阳面）。《汉语大词典》未收此词。“幼院”也见于《清朝文献通考》（卷 298，第 7468 页上栏）。参见“pinyuan 贫院”。

【zhanli】瞻礼，Sunday，双音节，动宾结构，意译词，名词，见于《西方答问》（卷 1，第 26 页阳面）和《清朝文献通考》（卷 298，第 7467 页中栏）①，现仍在使用（《汉语大词典》卷 7，第 1266 页）。这个词本来指“瞻仰礼拜”，后来传教士用它来指星期日。可能在艾儒略之前，耶稣会士就已经使用这个词了。

【zhike】治科，politics，双音节，“科”为后缀，仿译词，名词，艾儒略创造的词，曾在某一时期使用（《职方外纪》卷 2，第 4 页阳面；《清朝文献通考》卷 298，第 7467 页下栏）。《汉语大词典》未收此词。

【zhixue】知学，reasoning，双音节，“学”为后缀，仿译词，名词，艾儒略创造的词，现已不用（《西学凡》，第 4 页阳面）。艾儒略用此词来指讨论推理的逻辑学分支。《汉语大词典》未收此词。

【zhongti】重体，gravity，双音节，偏正结构，新词，名词，艾儒略创造的词，现已不用（《西方答问》卷 2，第 4 页阳面）。这个词可

① 《清朝文献通考》（卷 298，第 7467 页中栏）中用到“瞻礼”的这段话是：“自国郡至闾井，咸设天主堂。有掌教者，专主教事，称为神父。其堂一切供亿，皆国王大臣民庶转轮不绝。每七日瞻礼一次，名曰弥撒。”这里的“瞻礼”不是指 Sunday，而是指“瞻仰礼拜”。《清朝文献通考》中的这段话可能来自《职方外纪》。《职方外纪》卷二“欧逻巴总说”中有这样一些文字：“瞻礼殿堂自国都以至乡井，随在建立。复有掌教者专主教事，人皆称为神父，俱守童身，屏俗缘，纯全一心，敬事天主，化诱世人。其殿堂一切供亿，皆国王大臣民庶转输不绝。国人群往归马。每七日则行公共瞻礼，名曰弥撒。”（参见艾儒略，谢方校释《职方外纪校释》［北京，1996］，第 67 页）这里的“瞻礼”也是“瞻仰礼拜”的意思。——校注

能在其他耶稣会士的汉语著作中讨论地球引力时已经用过。《汉语大词典》未收此词。

【zhongxue】中学，middle school，双音节，“学”为后缀，仿译词，名词，艾儒略创造的词，现仍在使用。艾儒略用此词来指欧洲的secondary school（《职方外纪》卷2，第3页阴面；《清朝文献通考》卷298，第7467页下栏）。像“大学”一样，后来这个词在汉语中不大见到了，所以应该把它看成是来自日语chūrugaku的回归借词（《汉语大词典》卷1，第618页；参见马西尼，*The Formation of Modern Chinese Lexicon*，第219页，亦可参见该书的中译本《现代汉语词汇的形成》，第269页）。参见“daxue 大学”。

【zimingzhong】自鸣钟，self-sounding bell（clock），三音节，偏正结构，仿译词，名词，曾在某一时期使用（《职方外纪》卷2，第21页阴面；《西方答问》卷1，第10页阳面）。《汉语大词典》（卷8，第1333页）所引明代的书证中，提到利玛窦时用到了这个词。实际上，利玛窦第一次将西方自鸣钟带入中国时，可能就创造了这个词（参见*SCC*，第4/2卷，第436—439页）[①]。

【zimu】字母，letters of the alphabet，双音节，偏正结构，意译词，名词，艾儒略在《西方答问》（卷1，第12页阳面）中用过此词，现仍在使用。现代意义的“字母”，是金尼阁在《西儒耳目资》中最先使用的。《汉语大词典》（卷4，第192—193页）收有此词。

---

① “自鸣钟”这词现在吴方言中仍在使用。在闵家骥、范晓等人编纂的《简明吴方言词典》（上海，1986）中也收有此词。——校注

17世纪耶稣会士著作中的地名在中国的传播*

保　罗（Paolo de Troia）

17世纪，一些耶稣会士来到中国传播天主教，他们因为博学和具有先进的科学知识受到了中国人民的尊重和信任①。

为了向当地的人们介绍西方的知识，诸如宗教信仰、哲学、数学、几何学和地理学，耶稣会士们使用中文来写书②。

这些书籍已经从历史和科学的角度被广泛研究，但是还没有从语言学的角度得到足够的研究。在传播西方文化的过程中，耶稣会士不得不使用汉语来解释一些外国的词语和对一些新事物进行命名。所以他们就创造了一些新的词汇。这对丰富现代中国词汇做出了一定的贡献；其中有些词汇涉及地理学方面的书籍，对中国地理学词汇系统的

* 这篇文章出自2000年9月在罗马举行的The Second International Conference of the European Association of Chinese Linguistics（欧洲汉语语言学学会第二次会议）上的一篇论文。文章的内容是关于17世纪耶稣会士中文著作的语言和他们对现代汉语词典学的形成过程所做出的贡献这一范围广阔的研究项目的一部分。马西尼的《艾儒略对汉语的贡献》一文，出自《艾儒略（1582—1649）以及基督教和中国的对话》（*Giulio Aleni S. J.* [*1582 - 1649*] *and the Dialogue between Christianity and China*）一书，迈出了这个研究的第一步。写作本文并不是为了对这个研究做一个总结，而是想为这个很少被研究的领域略尽绵薄之力。

① 许多学者已经就来华耶稣会士的历史和他们传教的科学著作的不同翻译写了文章，存在大量的参考书目，我不能在此一一列举。希望查找任何一个参考书目，请参见《耶稣会士使团在中国参考书目》（Zürcher et al.，1991）。关于耶稣会士到达中国和他们如何传播西方的知识，请参见《神奇的土地：耶稣会士的适应和汉学的起源》（Mungello，1989［1985］）。

② 详见徐宗泽（1989［1949］）编著的《明清间耶稣会士译著提要》；也可参见费赖之（Pfister，1932，1934）。

统一也有着一定的影响。近年来已经开始产生一些有关这一内容的研究，但是专门针对地理学名词的研究，还没有完全展开①。

本篇文章试图通过分析艾儒略的一本著作——《职方外纪》，来对这些新地名词汇的创造及其在中国的传播这一现象做一些研究②。

我选用这本书的原因是，它可以被认为是自利玛窦《坤舆万国全图》之后由耶稣会教士写的系列著作中最重要的一本（Luk，1977：58—84），我喜欢把它称为对欧洲文明、制度，当然也包括基督教和天主教教义一种“很好的市场开拓用具”。《职方外纪》在与其他一些耶稣会士作品的联系，以及被中国人接受的程度两方面是这些系列著作中最重要的一本。它在受过教育的中国人中传播的历史可以追溯到19世纪（Luk，1977：58—84）。

做这个研究的想法源于我阅读了两篇早先的作品，在此必须做一说明：其中之一是陈观胜（Kenneth Ch'en）在大约20世纪30年代末对利玛窦《坤舆万国全图》所做的研究。

陈观胜在他的文章中对地图中的标注做了很完整的翻译、研究，以此来阐明利玛窦对中国地理学知识的贡献和影响（Ch'en，1939：325）。

不过陈观胜的研究对另外一件重要的事分析得很少，这就是地名的创造和传播。他说：“利玛窦的地图集做出的第二大贡献是在

① 关于耶稣会士对汉语词典的形成所做出的贡献，请参见马西尼的《现代汉语词汇的形成》和《十七世纪耶稣会士著作的遗产：十九世纪中国的地理学，数学和科学的术语学》（马西尼，1997；Masini，1993a，1993b）；参见陈纶绪（Chan，1997：477）。关于西方地名的汉语翻译，请参见周振鹤、司佳（1998），刘伉（1987：18—19），魏根深（Wilkinson，2000：41）。

② 此书完整的版本目录，请见《中国丛书综录》（上海图书馆，1986：624），参见陆鸿基（Luk，1977）。

术语学方面。直到现在，利玛窦所使用的那些国家和海洋的名字，以及一些地理学术语仍在汉语中使用着。我们可以认为这是他对中国地理学术语的统一所做出的一种不经意的贡献。”（Ch’en，1939：325）①

他列举了一些例子，其中 19 个地理学的术语是由利玛窦创造的，并出现在当时中国学校的一些地理学教科书中（Ch’en，1939：339）。（见表 1）②

这些例子使我们不禁感到好奇，收集这个研究对象的更多资料究竟可以从中发现些什么呢？陈观胜在 1939 年写了这篇文章，为什么他不试图对这个研究对象做一个更完全、更详细的剖析，来为这一类词语的分类提供一个现代化的方法呢？陆鸿基（Hung-kay Bernard Luk）认为利玛窦《坤舆万国全图》是极为珍贵的，却不认为它对地理学词语的传播也是有价值的③。但是其他一些类似的书籍可能对这些词语的传播做出了贡献，例如艾儒略的《职方外纪》。

---

① 陈观胜的文章是用英文写的，为了读者的阅读方便，我自己翻译了一些。

② 实际上，陈观胜不是唯一一个注意到这个贡献的人。李约瑟（Joseph Needham）——虽然他对科学方面更感兴趣些——在他的《中国的科学与文明》（*Science and Civilization in China*）的相关篇章中，也提到了地理学方面的内容（参见 Needham，1954：583 注释 e）。我们必须说李约瑟批评了许多学者给予利玛窦太多赞誉的倾向，比如把 longitudo 和 latitudo 的概念介绍到中国。关于利玛窦对地理学名词的翻译，请参见德礼贤（D’Elia，1938：160）。

③ “……利玛窦的地图极其稀罕，以至于被认为已经不复存在，直到这个世纪初才重新发现了一些版本，绝大多数是在中国之外被发现的。……利玛窦地图的改写和剽窃版本的确存在，其中有大量很明显的错误，甚至是在 17 世纪的早期……例如，在一个盗版的版本中，利玛窦的 Chia-hsi-lang 加西郎（Castila）变成了 Chia-ssu 加思，而 To-le-tu 多勒笃（Toledo）和 Po-erh-tu-wa-erh 波尔杜瓦尔（Portugal）被相应地缩减成了 To-le 和 Tu-wa-erh。在另外一个版本中……被缩减了的 Castila 和 Toledo 被合并成了一个新的地名，Chia-ssu-to-le 加思多勒。”（参见 Luk，1977：59）

表 1

利玛窦	殷祖英 世界地理	董文、高松岭 外国地理	王钟麒 世界地理
Asia（Ya-hsi-ya）亞細亞	同	“	“
Europe（Ou-lo-pa）歐羅巴	“	“	“
Africa（Ya-fei-li-chia）亞非利加（阿）	阿非利加 （A-fei-li-chia）	“	“
America（Ya-mo-li-chia）亞墨利加	同	“	“
Mediterranean（Ti-chung-hai）地中海	“	“	“
Nile（Ni-lo）泥羅	“	“	“
Roumania（Lo-ma-ni-ya）羅馬泥亞	“	“	“
Rome（Luo-ma）羅馬	“	“	“
Naples（Na-po-Ii）那波里	“	“	“
Cuba（Ku-pa）古巴	“	“	“
Jamaica（Ya-mai-chia）牙賣加	“	“	“
Canada（chia-na-ta）加拿大	“	“	“
S. and N. Pole（Nan Pei Chi）南北極	“	“	“
Arctic Circle（Pei-chi-ch‘ üan）北極圈	“	“	“
Earth（Ti-ch‘ iu）地球	“	“	“
Meridians（Ching-wei-hsien）經緯線	“	“	“
Arctic Ocean（Ping-yang）冰洋	“	“	“
Atlantic（Ta hsi-yang）大西洋	“	“	“
Equator（Ch‘ ih-tao）赤道	“	“	“

另外我必须提到的是近几年马西尼关于新词汇和耶稣会士对中国词典学的贡献所做的研究，他在研究中使用了一个有效的方法来指出这些新词汇的确存在于那些耶稣会士的书中，其中一些直到现在仍然在汉语中使用着（Masini，1993b：141）。

在他的著作和文章中，马西尼指出："有证据表明耶稣会士的汉语著作对一些其他词汇的创造起着贡献作用（不仅仅局限于地理学领域），而这些词汇现在仍然在现代汉语中使用着。"例如他在对艾儒略的三本著作做一个初步分析后，发现其中存在大量的这类新词汇（Masini，1997：543）。详见后面的例证[①]。

表 2

传播状况	现已不用	曾在某一时期使用	现在仍在使用	总计
艾儒略的创造	27	19	14	60
非艾儒略的创造	3	2	12	17
总计	30	21	26	77

不过我仍然没有发现其中有任何对地名的详细研究[②]。这就是为什么我使用了一个相似的对词汇和借译做分类的方法来研究这些地理学的名词。我希望通过研究这些地名，为这个领域的探索工作做出一些小小的贡献。

我已经收集和分析了所有出现在艾儒略《职方外纪》中的地名（主要参考的是罗马国立中央图书馆所藏的版本），并将它们整理在

① 艾儒略的这三本已经被分析研究过的著作为《职方外纪》《西方答问》和《西学凡》。这些书的参考书目请参见马西尼（Masini，1997：540 注释 4）。

② 实际上他很清楚地说明他"没有考虑专有名词的音译词（比如地名和人名），因为这些词从词汇学角度来看没有对应的关系"。不过我坚信，这些名词不但是一个声音，而且是一种思想，特别是对西方词汇的翻译，它们有一种不可忽略的语言学和词汇学价值。

一个简单的数据库中。这个数据库的具体内容如下所示。

1）“汉语”：在文章中所找到的汉语地名[①]。

2）“拼音”：在文章中所找到的地名的汉语拼音。

3）“词源”：在西方语言中的对应地名[②]。

4）“利玛窦的《坤舆万国全图》”：在这一栏中，我把那些没有出现在利玛窦地图集中的地名标记为“no”，如果利玛窦曾经使用过了，我将标明它原来的形式，希望通过这样的方式来与艾儒略所使用的形式做一个比较。

5）“音节数”：这个地名在汉语中的音节数。

6）“形成的方法”：分别为本土的新词、音译词、意译词、仿译词、混合式、不确定（参见 Masini，1993a：128）。

7）“使用情况”：“现在仍在使用”“曾在某一时期使用”“现已不用”。

8）“备注”。

9）“不确定的出处”：有两个选项，“早已存在”或“未知”。

10）“利玛窦的创造”：如果该词是利玛窦创造的，用“y”标记，否则用“n”标记。

11）“艾儒略的创造”：如果该词是艾儒略创造的，用“y”标记，否则用“n”标记。

目前我已经整理了 269 个地名并把它们输入这个数据库，试图了解它们是否在艾儒略之前已经被使用过，或者被用作表达另外一个

---

① 在现阶段的研究中，我只考虑文中出现的地名。只有在一些不确定的情况下，我会到地图中去核对。

② 在语言这一项，我尝试使每一个输入词的翻译形式都更接近中文译文。例如，对“罗马”这个词，我使用相对应的意大利语“Roma”；对“De Ruo”（得若）这个词，我使用它原来的葡萄牙语发音“Tejo”，这比意大利语的“Tago”更接近中文译文。

意思。

在这个数据库的电子版本中，使用的人可以通过工具栏来做一些调查，比如说：这本书中有多少个三音节合成的地名，多少个地名是由利玛窦或艾儒略创造的，有多少个音译词和多少个仿译词，多少个地名现在仍在使用，多少个地名曾在某一时期被使用，等等。

关于这些地名的分门别类，首先我遇到的问题是如何去判断它们在利玛窦和艾儒略之前是否已经被使用过。

对于这个问题，我是这样考虑的：虽然利玛窦的地图集对于汉语地理学知识的贡献有些时候得到的评价过高，但是在耶稣会士来到中国之前，美洲对于中国人而言是陌生的，所以我们仍可以说，正是这个地图集第一次完整地用书面表达方式向中国人描述了西半球的另一半世界和五大洲的确切位置。因此，对于那些欧洲、美洲和其他地区的地名，在查证一些主要的词典和可能找到的资料后①，我假设它们是由利玛窦或艾儒略第一个创造的或使用书面形式的（参见张西平等，2003：97；刘伉，1987：18—19）；对于那些中国人早已有所了解的地区（例如东非、中亚和东南亚）的国家，除了那些我已经找到确切证据的之外，我把它们定为“早已存在”或“未知”的。它们中的很多词语，比如那些用来指代“朝鲜”“日本”“爪哇”等的地名，可以在一些早于 17 世纪的书中找到。另外，如上面所说的，中国人对东非的海岸线以及中亚和东南亚确实是相当了解的。

“中国人在耶稣会士来到中国之前对外国有什么了解，特别是对

① 我已参阅《汉语大词典》《中文大词典》，以及“Ma Huan”名字的索引（参见 Mills，1970）。

欧洲和美洲，另外，在16世纪下半叶，中国人可能有机会看到的外国地名是什么样的文字”，这个问题是非常敏感的。因为古时候的中国肯定存在很多地图和书籍来描述所谓的整个世界[1]，这就需要对它们有一个详细的研究，以做出正确的评价。我们必须考虑到当时已经有相当部分的地理学信息传到了中国和阿拉伯国家（Needham，1954：561；参见 Bertuccioli，1997；Hummel，1938：224—226，1940：167—169）。

不管怎么说，对于这方面的研究，我们所要知道的是在耶稣会士来到中国的时候，中国人对于外国只有一个大概的了解，这可以从中国的朝志和一些独立学者的著作中看出，诸如一些游记和日记等（参见本页脚注①）。

在古书中，用来指代与“外国”和“外国人”有关系的一些词汇会是“外国”“西域”，还有“北羝”“南蛮”，等等。我们还可以发现一些词语用在朝志中，例如“大秦”来指代罗马和罗马帝国。不过我们必须参考一些中国后来的史书，诸如《明史》《清朝文献通考》等来发现对西方国家的详细描述（Bertuccioli，1997：20及以下）。

根据以上所述，下面的表格概述了《职方外纪》中的地名分析。

① 特别是在元代，公元1500年左右，当时有很多地图来描述西方的世界。例如，有一幅已经被很详细地研究过了的地图“混一疆理历代国都之图”。这幅非凡的地图的一个版本现保存在日本，地图中包括了西方国家地名的音译，例如 A lei man yi a 和 Fa li xi na。不过无论如何，根据李约瑟引证的福克司（Fuchs，1946）的意见，除了这两个地名，其他西方国家的地名并不容易识别。很不幸，我没有得到这份资料，所以我使用了李约瑟著作中的摘要。

表3

《职方外纪》中的地名		现已不用	曾在某一时期使用	现在仍在使用	总计
是否为艾儒略创造	是	67	23	5	95
	否	98	51	25	174
	总计	165	74	30	269
非艾儒略创造的地名中	利玛窦创造	59	30	11	100
	早已存在	13	21	14	48
	《海国图志》	26	0	0	26
	总计	98	51	25	174

把这些词语根据它们的词源分类后，我又按照借译类型和音节长度将它们分了类。

表4

音节	本土的新词	音译词	意译词	仿译词	混合式	不确定	总计
单音节	0	0	2	3	0	8	13
双音节	2	19	3	8	0	36	68
三音节	0	77	1	2	2	2	84
四音节	0	49	0	0	3	6	58
五音节	0	16	0	0	2	2	20
六音节	0	2	0	0	2	0	4
总计	2	163	6	13	9	54	247

我们可以看到，表中有很多的音译词，这很容易解释，因为当一个西方人创造一个新词汇时①，通常不去考虑它的形态和语义结构，

① 为了方便，在这篇文章我一般写艾儒略创造的、利玛窦创造的等等，可是这些17世纪耶稣会士写书的时候当然受到一些中国学者的帮助。这种方法名叫“口译笔受”。

所以这种方式是被用得最多的，而且这种词汇也带有一点外来词的“异国风味”。这些词汇大都是三音节和四音节的，这是因为它们跟随着原来的西方名词的形式，通常都很长。

然而，如果看一下“不确定”这一栏（其中我放入了许多其实可能早已存在的词汇），我们将会发现双音节词汇的数目增加了，这可能是因为中国的名词通常都使用双音节或三音节的缘故吧。

考虑到这一点，让我们来注意这样一些仿译词，如“花地”和“火地”、“花的地方”和“火的地方”，将是非常有趣的。那些用原先存在的词合成的新词通常是最持久的，因为它们比较好地符合了汉语的特性：通过不同含义的字来合成的短语，它的含义是比较容易被理解的（Masini，1997：540）。“花地”是西方地名“Florida 佛罗里达”的仿译词，这是一个很清楚的例子，可以用来说明仿译词是如何通过再创造词的形态结构来适应汉语的。“火地”，火的地方，是一个相同的例子，但它现在仍然在使用（参见辞海编辑委员会，1989：2528—2567）。

在分析了词源和音节长度后，我又根据这些地名对中国地理学的影响及其传播对它们进行了分类（详见地名列表“词源”部分）。如果这些新词我没有在其他耶稣会士著作以外的书籍中发现，我就认为它们“现已不用”。如果发现在其他的书籍中有它们的踪迹，比如在专门提及外国的篇章中——《明史》（1739）、《清朝文献通考》（1848）、《海国图志》（1844）、《瀛寰志略》（1848），我就认为它们“曾在某一时期使用”。我假设那些出现在这些书籍中的新词有比较广泛的传播，因为不少文人有可能去看那些传教士的著述。如果我能够在现代的词典、地理名词和书籍的目录中发现这些词语，我假设它们为“现在仍在使用”。

最后但并不是就此结束了，我想对一些词做些语音学方面的说明。有时候耶稣会士在创造新词的时候所使用的发音与现代普通话并不相同。

对这一点，我们可以对那些已经被识别的词汇尝试用相反的方法来做：根据一个新词在它原来西方语言中的发音，做一个音节的系统分析来把这个词的外语发音翻译成汉语，以此获得 17 世纪初官话的音韵学史方面的数据①。

我认为这种解决方案会有用且有趣，但是目前这部分工作尚未开始。

不管怎么样，在这里我仍希望做一些具体的说明。比如说我们来看“jia 加”这个字，在书中，它通常被用作翻译清音“k”+开口的元音“a”，如“America 亚墨利加”，或者用来翻译浊音“g”+“a”，如“Singapore 新加坡”。

另一个例子是字“ya 亚”，它通常被用来翻译意大利语中开口的元音“a”，如“Asia 亚细亚”或“America 亚墨利加”。

还有一个字“厄”被用来翻译“g”这个浊音，通常随后跟着另外一个辅音，例如“Anglia—An’eliya 谙厄利亚”和“Grecia—Elejiya 厄勒济亚”。

在这里，我用一些综合统计和例子来结束这篇文章②。

---

① 现在关于“官话”音韵学和它的历史方面的著作很少。想要得到更多的资料，请参见柯蔚南（Coblin，1997：261—307，2000：267—335）、马西尼（1997：542 注释 5）。

② 在此我要说明，由于词典学是一门不十分精确的科学，而且我只能参考有限的一些资料，许多数据可能有误，所以我们应该去发现更多的词汇方面的证据。这就是为什么我说本篇文章只是对耶稣会士的地名的一个“初步的考虑”。不过我希望借此带给其他学者一些帮助，希望他们能够对这个很少被研究的领域做进一步的探索，这样将来我们可能会有一个更大的地名数据库。

根据我的数据库，在《职方外纪》的269个地名中：有95个可能是由艾儒略创造的；其中，67个已经不再使用了，23个使用过一段时间，5个现仍被使用。在174个非艾儒略创造的地名中，有100个可能是由利玛窦创造的；其中，59个已经不再使用了，30个使用过一段时间，11个现仍被使用（详见地名列表“词源”部分）。下面是所有269个词汇的列表。

《职方外纪》的地名列表

【阿比河】A bi he，fiume Ob'，no《坤舆万国全图》[①]，三音节，音译词-混合式，艾儒略的创造，曾在某一时期使用：《清朝文献通考》卷298，第7468页。

【阿零薄】A ling bo，Olimpo，no《坤舆》，三音节，音译词，艾儒略的创造，现已不用。

【亚尼俺峡】A ni an xia，stretto di Anian，《坤舆》亚尼俺峡，四音节，音译词-混合式，现已不用。

【阿勒恋河】A le lian he，fiume Orinoco，《坤舆》乌水河，四音节，音译词-混合式，艾儒略的创造，现已不用。

【亚施亚】A shi ya，Axios（?），no《坤舆》，三音节，音译词，艾儒略的创造，现已不用。

【谙厄利亚】An e li ya，Anglia，《坤舆》谙厄利亚，四音节，音译词，曾在某一时期使用：《瀛寰志略》卷4，第3页 recto。

① “no”表该地名没有出现在某一书中。为行文简洁，除第一次出现外，本列表将《坤舆万国全图》简称为《坤舆》，《清朝文献通考》简称为《通考》，《瀛寰志略》简称为《瀛寰》。

【安南】An nan，Annam（Vietnam），《坤舆》安南，本土的新词。

【安日】An ri，Gange，no《坤舆》，双音节，不确定的出处，现已不用。

【罢百尔】Ba bai er，Babele，no《坤舆》，三音节，音译词，艾儒略的创造，现已不用。

【罢鼻落你亚】Ba bi luo ni ya，Babilonia，《坤舆》巴皮罗泥亚，五音节，音译词，艾儒略的创造，现已不用。

【巴都亚】Ba du ya，Padova，no《坤舆》，三音节，音译词，艾儒略的创造，现已不用。

【巴尔德峡】Ba er de xia，Gibilterra，stretto di，《坤舆》巴尔德，四音节，音译词，现已不用。

【把而玛】Ba er ma，Parma，no《坤舆》，三音节，音译词，艾儒略的创造，现已不用。

【拔革老】Ba ge lao，Baccalos，《坤舆》拔革老地，三音节，音译词，现已不用。

【把理斯】Ba li si，Parigi，no《坤舆》，三音节，艾儒略的创造，现已不用。

【白德棱】Bai de leng，Betlemme，no《坤舆》，三音节，音译词，艾儒略的创造，现已不用。

【百而谟达】Bai er mo da，Bermuda，no《坤舆》，四音节，音译词，艾儒略的创造，现已不用。

【百尔西海】Bai er xi hai，Persia，mare della，no《坤舆》，四音节，音译词-混合式，艾儒略的创造，现已不用。

【百儿西亚】Bai er xi ya，Persia，《坤舆》波斯，四音节，音译词，艾儒略的创造，现已不用。

【伯西尔】Bai xi er，Brasile，《坤舆》伯西儿，三音节，音译词，现已不用。

【百西儿海】Bai xi er hai，Mar del Brasile，no《坤舆》，四音节，音译词-混合式，艾儒略的创造，现已不用。

【榜葛剌海】Bang ge la hai，Mar del Bengala，《坤舆》榜葛剌海，四音节，音译词-混合式，现已不用。

【北高海】Bei gao hai，Mar Caspio，no《坤舆》，三音节，仿译词，艾儒略的创造，现已不用。

【北海】Bei hai，Mare del Nord，《坤舆》北海，双音节，意译词，现在仍在使用。

【北极】Bei ji，Polo Nord，《坤舆》（tav. III－V）北极，双音节，意译词，现在仍在使用：《通考》卷298，第7469页。

【孛露】Bei lu，Peru'，《坤舆》孛露，双音节，音译词，曾在某一时期使用：《海国图志》卷67，第986页，孛鲁。

【孛露海】Bei lu hai，Mare del Peru'，《坤舆》孛露海，三音节，音译词-混合式，现已不用。

【北勒搦何】Bei le nuo he，Pirenei，no《坤舆》，音译词，艾儒略的创造，现已不用。

【北亚墨利加】Bei ya mo li jia，Nord-america，《坤舆》北亚墨利加，五音节，音译词-混合式，曾在某一时期使用：《通考》卷298，第7468页上；《瀛寰》卷9；《海国图志》卷64，第968页。

【榜葛蜡】Beng ge la，Bengala，《坤舆》榜葛剌，三音节，音译词，本土的新词，现已不用。

【比亚满德】Bi ya man de，Piemonte，《坤舆》别蒙突，四音节，

音译词，艾儒略的创造，现已不用。

【冰海】Bing hai，Mar Glaciale，《坤舆》冰海，双音节，仿译词，现已不用。

【波的海】Bo de hai，Mar Boddico，《坤舆》波的海，三音节，音译词-混合式，现已不用。

【博厄美亚】Bo e mei ya，Boemia，《坤舆》波亦米亚，四音节，音译词，艾儒略的创造，曾在某一时期使用：《通考》卷 298，第 7470 页上。

【伯尔昨客海】Bo er zuo ke hai，Mar di Petzorke，《坤舆》伯尔昨客海，四音节，音译词-混合式，现已不用。

【博乐业】Bo le ye，Bologna，no《坤舆》，三音节，音译词，艾儒略的创造，现已不用。

【波罗尼亚】Bo luo ni ya，Polonia，《坤舆》波罗泥亚，四音节，音译词，曾在某一时期使用：《通考》卷 298，第 7467 页上。

【波泥】Bo ni，Borneo，《坤舆》波尔匿何，双音节，不确定的出处，现已不用。

【勃泥】Bo ni，Brunei，no《坤舆》，双音节，不确定的出处。

【伯西儿】Bo xi er，Brasile，《坤舆》伯西儿，三音节，音译词，现已不用。

【查理】Cha li，Charika，no《坤舆》，bilillabo，音译词，不确定的出处，现已不用。

【朝鲜】Chao xian，Corea，《坤舆》朝鲜，双音节，本土词，现在仍在使用。

【达达】Da da，Tartari，no《坤舆》，双音节，本土的新词，现已不用。“Variante di 韃靼 da da”（参见《汉语大词典》，10. 1019）。

【大东洋】Da dong yang，Grande Oceano Orientale，《坤舆》大东洋，三音节，本土词。

【韃而靼】Da er da，Tartaria，no《坤舆》，三音节，本土的新词，no《汉语大词典》。

【大尔马齐亚】Da er ma ji ya，Dalmazia，《坤舆》大尔马齐亚，五音节，音译词，现已不用。

【大刚国】Da gang guo，Regno del Gran Khan，no《坤舆》，三音节，艾儒略的创造，现已不用。

【大浪山】Da Lang shan，Montagna delle Grandi Onde（Capo di Buona Speranza），《坤舆》大浪山，三音节，仿译词，曾在某一时期使用：《通考》卷 298，第 7468 页 alto。

【达马斯谷】Da ma si gu，Damasco，no《坤舆》，四音节，音译词，艾儒略的创造，现已不用。

【大明】Da ming，Cina，《坤舆》大明，双音节，本土词。

【大明海】Da ming hai，Mar della Cina，《坤舆》大明海，三音节，本土词。

【大泥亚】Da ni ya，Dania，《坤舆》大泥亚，三音节，音译词，曾在某一时期使用：《通考》卷 298，第 7467 页上。

【大西洋】Da xi yang，Grande Oceano Occidentale，《坤舆》大西洋，三音节，本土词，曾在某一时期使用：《通考》卷 298，第 7468 页上；《瀛寰》。

【大知纳】Da zhi na，Grande Cina，no《坤舆》，三音节，音译词-混合式，从：Mahacina（梵语：maha-，大；-cina，中国）。

【得白得】De bai de，Tebaide，no《坤舆》，三音节，音译词，艾儒略的创造，现已不用。

【得若河】De ruo he，Fiume Tejo，no《坤舆》，三音节，音译词-混合式，艾儒略的创造，曾在某一时期使用：《通考》卷 298，第 7470 页上，德若河。

【地白里河】Di bai li he，Fiume Tevere，no《坤舆》，四音节，音译词-混合式，艾儒略的创造，曾在某一时期使用：《通考》卷 298，第 7467 页上。

【地中海】Di Zhong hai，Mar Mediterraneo，《坤舆》地中海，三音节，仿译词，现在仍在使用。

【东海】Dong hai，Mar Orientale，no《坤舆》，双音节，本土词，现已不用。

【东红海】Dong hong hai，Mar Rosso Orientale，《坤舆》东红海，三音节，仿译词，现已不用。

【东印度】Dong yin du，India Orientale，no《坤舆》，三音节，不确定的出处。

【度儿格】Du er ge，Turchi（terra dei），三音节，不确定的出处，现已不用。

【杜尔格斯当】Du er ge si dang，Turkestan，《坤舆》土儿客私堂，五音节，音译词，艾儒略的创造，现已不用。

【多勒多】Duo le duo，Toledo，《坤舆》多勒笃，三音节，音译词，现已不用。

【鄂底亚】E di ya，Estonia，no《坤舆》，三音节，音译词，艾儒略的创造，曾在某一时期使用：《通考》卷 298，第 7467 页上。

【厄佛俗】E fo su，Efeso，no《坤舆》，三音节，音译词，艾儒略的创造，现已不用。

【厄欧白亚】E ou bai ya，Eubea，no《坤舆》，四音节，音译词，

艾儒略的创造，现已不用。

【额勒济亚】E le ji ya，Grecia，《坤舆》厄勤齐亚，四音节，音译词，现已不用。

【厄勒祭亚】E le ji ya，Grecia，《坤舆》厄勤齐亚，四音节，音译词，现已不用。

【厄入多】E ru duo，Egitto，《坤舆》黑入多，三音节，音译词，现已不用。

【厄物辣】E wu la，Evora，no《坤舆》，三音节，音译词，艾儒略的创造，曾在某一时期使用：《通考》卷298，第7470页上。

【法兰得斯】Fa lan de si，Flanders，no《坤舆》，四音节，音译词，艾儒略的创造，曾在某一时期使用：《通考》卷298，第7470页上；《瀛寰》卷4，第3页 recto。

【法兰哥地】Fa lan ge di，Franchi（terra dei），no《坤舆》，四音节，音译词，艾儒略的创造，现已不用。

【福岛】Fu dao，Isole Fortunate（Canarian），《坤舆》福岛，双音节，仿译词，曾在某一时期使用：《通考》卷298，第7468页中。

【拂郎察】Fu lang cha，Francia，《坤舆》拂郎察，三音节，音译词，曾在某一时期使用：《通考》卷298，第7470页上。

【福楞察】Fu leng cha，Firenze，no《坤舆》，三音节，音译词，艾儒略的创造，曾在某一时期使用：《通考》卷298，第7467页上。

【弗沙】Fu sha，Fez，《坤舆》佛沙，双音节，音译词，现已不用。

【该禄】Gai lu，Cairo，《坤舆》该禄，双音节，音译词，现已不用。

【甘的亚】Gan de ya，Candia，《坤舆》甘的亚，三音节，音译词，曾在某一时期使用。

【哥阿】Ge a，Khios，《坤舆》角岛，双音节，音译词，现已不用。

【哥而府】Ge er fu，Corfu'，《坤舆》哥而府，三音节，音译词，现已不用。

【哥而西加】Ge er xi jia，Corsiac，《坤舆》哥尔西克，四音节，音译词，艾儒略的创造，曾在某一时期使用：《通考》卷 298，第 7467 页上。

【革利哈大药】Ge li ha da yao，？，no《坤舆》，五音节，未知，不确定的出处，现已不用。

【格落兰得】Ge luo lan de，Greenland，《坤舆》卧匿狼德，四音节，音译词，艾儒略的创造，现已不用。

【哥生济亚】Ge sheng ji ya，Cosenza，no《坤舆》，四音节，音译词，艾儒略的创造，曾在某一时期使用：《通考》卷 298，第 7467 页上。

【哥应拔】Ge ying ba，Coimbra，no《坤舆》，三音节，音译词，艾儒略的创造，曾在某一时期使用：《通考》卷 298，第 7470 页上。

【工鄂】Gong e，Congo，no《坤舆》，双音节，音译词，艾儒略的创造，现已不用。

【古巴】Gu ba，Cuba，《坤舆》古巴，双音节，音译词，现在仍在使用。

【古查】Gu cha，Calcia，no《坤舆》，双音节，音译词，艾儒略的创造，现已不用。

【古理亚加纳】Gu li ya jia na，Culiacan，《坤舆》固列，五音节，音译词，艾儒略的创造，现已不用。

【寡第亚纳】Gua di ya na，Guadiana，no《坤舆》，四音节，音译词，艾儒略的创造，现已不用。

【广州】Guang zhou，Canton，《坤舆》广州，双音节，本土词，现在仍在使用。

【哈密】Ha mi，Hami，《坤舆》哈密，双音节，不确定的出处，现在仍在使用。

【曷噩剌】He e la，Angola，《坤舆》汉卧剌，三音节，音译词，艾儒略的创造，现已不用。

【喝兰达】He lan da，Olanda，no《坤舆》，三音节，音译词，艾儒略的创造，现已不用：《通考》卷293，第7413页，荷兰；《瀛寰》卷6，荷兰。

【何摺亚诺沧】He zhe ya ruo cang，未知，不确定的出处，no《坤舆》，五音节，现已不用。

【黑人国】Hei ren guo，Regno dei Neri，《坤舆》黑人国，三音节，仿译词，现已不用。

【红海】Hong hai，Mar Rosso，《坤舆》西红海，双音节，音译词，现在仍在使用。

【忽鲁谟斯】Hu lu mo si，Hormoz，《坤舆》忽鲁谟斯，四音节，音译词，本土词，现已不用。

【花地】Hua di，Florida（Terra Florida），《坤舆》花地，双音节，仿译词，现已不用。

【黄河】Huang he，Fiume Giallo，《坤舆》黄河，双音节，本土的新词，现在仍在使用。

【回回】Hui hui，Maomettani，no《坤舆》，双音节，本土词，现已不用。

【火地】Huo di，Terra del Fuoco，《坤舆》火地，双音节，仿译词，现在仍在使用。

【际波里】Ji bo li，Cipro，《坤舆》止波里，三音节，音译词，艾儒略的创造，现已不用。

【际剌】Ji la，no《坤舆》，双音节，不确定的出处。

【既未蜡】Ji wei la，Quiveira，《坤舆》祈未蜡，三音节，音译词，现已不用。

【寄未利】Ji wei li，no《坤舆》，三音节，不确定的出处，艾儒略的创造，现已不用。

【加得山】Jia de shan，Monti Ghats，no《坤舆》，三音节，音译词-混合式，艾儒略的创造，现已不用。

【加非尔斯当】Jia fei er si dang，Cafiristan，no《坤舆》，五音节，音译词，艾儒略的创造，现已不用。

【加里伏尔尼亚】Jia li fu er ni ya，California，《坤舆》角利弗尔聂，六音节，音译词，艾儒略的创造，现已不用。

【加木尔】Jia mu er，Jammur，no《坤舆》，三音节，音译词，不确定的出处，现已不用。

【加纳达】Jia na da，Canada，《坤舆》加拿大（现在仍在使用），三音节，音译词，曾在某一时期使用：《通考》卷 298，第 7468 页上。

【加斯加尔】Jia si jia er，kashgar，no《坤舆》，四音节，音译词，不确定的出处，现已不用。

【嘉峪关】Jia yu guan，Passo di jiayu，no《坤舆》，三音节，混合式本土词。

【金加西蜡】Jin jia xi la，Castillia de Oro，《坤舆》金加西蜡，四音节，音译词-混合式，曾在某一时期使用：《海国图志》卷 67，第

983 页。

【井巴岛】Jing ba dao，Zanzibar，《坤舆》创齐巴尔，三音节-混合式，不确定的出处，现已不用。

【开平】Kai ping，no《坤舆》，双音节，本土词，现已不用，今内蒙古的部分。

【老楞佐岛】Lao leng zuo dao，Lsola di San lorenzo，《坤舆》仙劳冷祖岛，四音节，音译词，混合式，今圣老仑岛。

【利未亚】Li wei ya，Libia（非洲），《坤舆》利未亚，三音节，音译词，曾在某一时期使用:《通考》卷 298，第 7468 页上。

【利未亚海】Li wei ya hai，Mare della Libia，《坤舆》利未亚海，三音节，音译词-混合式，曾在某一时期使用。

【里西波亚】Li xi po ya，Lisbona，no《坤舆》，四音节，音译词，艾儒略的创造，现已不用。

【琉球】Liu qiu，Ryukyu，no《坤舆》，双音节，本土词，现在仍在使用。

【吕宋】Lu song，Luzon，《坤舆》吕宋，双音节，不确定的出处，可能本土词。

【鲁西亚】Lu xia ya，Russia，《坤舆》鲁西亚，三音节，音译词，现已不用。

【罗得】Luo de，Rodi，no《坤舆》，双音节，音译词，艾儒略的创造，现已不用。

【罗得林日亚】Luo de lin ri ya，Lotharingia，no《坤舆》，五音节，音译词，艾儒略的创造，现已不用。

【罗肋多】Luo le duo，Loreto，《坤舆》罗肋多，三音节，音译词，曾在某一时期使用:《通考》卷 298，第 7467 页上，罗勒多。

【罗玛】Luo ma，Roma，《坤舆》罗玛，双音节，音译词，现在仍在使用：《通考》卷 298，第 7467 页上。

【罗马尼亚】Luo ma ni ya，Romania，《坤舆》罗马泥亚，四音节，音译词，现在仍在使用：《通考》卷 298，第 7467 页上，罗玛尼亚。

【马儿达】Ma er da，Malta，《坤舆》玛儿大，三音节，音译词，现已不用。也有马儿岛，Ma er dao，Malta，《坤舆》玛儿大，三音节，混合式，现已不用。

【马儿地袜】Ma er di wa，Maldive，no《坤舆》，四音节，音译词，艾儒略的创造，今马尔代夫。

【马良温】Ma liang wen，不确定的出处，未知，no《坤舆》，三音节。

【马路古】Ma lu gu，Molucche，《坤舆》马路古，三音节，音译词，现已不用。

【马逻可】Ma luo ke，Marocco，《坤舆》马逻可，三音节，音译词，现已不用。

【马拿莫大巴】Ma na mo da pa，Monomotpa，《坤舆》马拿莫大巴，五音节，音译词，现已不用。

【满剌加】Man la jia，Malacca，《坤舆》满剌加，三音节，本土词。

【满剌加海】Man la jia hai，Mare di Malacca，no《坤舆》，四音节，本土词。

【孟斐斯】Meng fei si，Menfi，no《坤舆》，三音节，音译词，艾儒略的创造，现已不用。

【弥郎】Mi lang，Milano，no《坤舆》，双音节，音译词，艾儒略的创造，曾在某一时期使用：《通考》卷 298，第 7467 页上。

【墨古亚刚】Mo gu ya gang，Mechuacan，《坤舆》墨珠亚甘，四音节，音译词，现已不用。

【墨是可】Mo shi ke，Messico，《坤舆》墨是可，三音节，音译词，现已不用。

【莫斯哥】Mo si ge，Mosca，no《坤舆》，三音节，音译词，艾儒略的创造，现已不用。

【莫斯哥未亚】Mo si ge wei ya，Moscovia，《坤舆》没厮个未突，五音节，音译词，艾儒略的创造，曾在某一时期使用：《通考》卷 298，第 7467 页上。

【墨瓦蜡尼】Mo wa la ni，Magellanica，《坤舆》墨瓦蜡尼加，四音节，音译词，曾在某一时期使用：《通考》卷 298，第 7468 页上。

【墨瓦蜡尼海峡】Mo wa la ni hai xia，Stretto di Magellano，《坤舆》墨瓦蜡泥峡，五音节，音译词，曾在某一时期使用：《通考》卷 298，第 7468 页上。

【墨瓦蜡尼加】Mo wa la ni jia，Magellanica，《坤舆》墨瓦蜡尼加，五音节，音译词，曾在某一时期使用：《通考》卷 298，第 7468 页中。

【莫卧尔】Mo wo er，Regno dei Moghul，《坤舆》莫卧尔，三音节，本土词，现已不用。

【那多理亚】Na duo li ya，Anatolia，《坤舆》那多理亚，四音节，音译词，现已不用。

【那坡里】Na po li，Napoli，《坤舆》那波里，三音节，音译词，现已不用。

【那波里】Na po li，Napoli，《坤舆》那波里，三音节，音译词，曾在某一时期使用:《通考》卷298，第7467页上。

【南海】Nan hai，Mare Meridionale，《坤舆》南海，双音节，本土词。

【南极】Nan ji，Polo Sud，《坤舆》南极，双音节，仿译词，现在仍在使用。

【南亚墨利加】Nan ya mo li jia，America del Sud，《坤舆》南亚墨利加，五音节，音译词-混合式，曾在某一时期使用:《通考》卷298，第7468页上;《瀛寰》卷10。

【南印度】Nan yin du，India Meridionale，no《坤舆》，三音节，混合式，不确定的出处，现在仍在使用。

【泥禄河】Ni lu he，Fiume Nilo，《坤舆》泥罗河，双音节，音译词-混合式，现已不用。

【农地】Nong di，未知，no《坤舆》，双音节，不确定的出处。

【女国】Nü guo，Regno dello Donne，《坤舆》女人国，双音节，混合式，本土的新词:玄奘，《大唐西域记》，11/21a，西女国。

【奴米第亚】Nu mi di ya，Numida，《坤舆》奴米德，四音节，音译词，现已不用。

【女直】Nü zhi，Nuzhi，《坤舆》女直，双音节，本土词。

【诺而勿惹亚】Nuo er wu re ya，Norvegia，《坤舆》诺而勿入亚，五音节，音译词，曾在某一时期使用:《通考》卷298，第7467页上。

【诺勿惹亚】Nuo wu re ya，Norvegia，《坤舆》诺而勿入亚，音译词，现已不用。

【欧逻巴】Ou luo ba，Europa，《坤舆》欧逻巴，三音节，音译词，曾在某一时期使用:《通考》卷298,第7467页上，欧稚巴;《瀛寰》卷3，欧踊巴。今欧（罗巴）洲。

【欧逻巴海】Ou luo ba hai，Mare d'Europa，no《坤舆》，四音节，混合式，现已不用。

【波多理亚】Po duo li ya，Podolia，《坤舆》波多理亚，四音节，音译词，现已不用。

【波尔杜瓦尔】Po er du wa er，Portogallo，《坤舆》波尔杜瓦尔，五音节，音译词，曾在某一时期使用：《通考》卷298，第7470页上，博尔都噶尔亚；《瀛寰》卷4，第3R页，波耳都欺、博尔都噶亚。

【波罗尼亚】Po lo ni ya，Polonia，《坤舆》波罗泥亚，四音节，音译词，现已不用。

【波罗尼】Po luo ni，Polonia，《坤舆》波罗泥亚，现已不用。

【蒲加剌得】Pu jia la de，Bukhara，no《坤舆》，四音节，音译词，本土词，现已不用。

【琼州】Qiong zhou，Hainan，《坤舆》琼州，双音节，本土词，现在仍在使用。

【热拏亚】Re nu ya，Genova，《坤舆》惹怒袜，三音节，音译词，艾儒略的创造，曾在某一时期使用：《通考》卷298，第7467页上。

【热奴亚】Re nu ya，Genova，《坤舆》惹怒袜，三音节，音译词，艾儒略的创造，现已不用。

【日本】Ri ben，Giappone，《坤舆》日本，双音节，本土词，现在仍在使用。

【如德亚】Ru de ya，Giudea，《坤舆》如德亚，三音节，音译词，现已不用。

【如尔马泥海】Ru er ma ni hai. 未知，no《坤舆》，五音节，混合式，现已不用。

【入匿】Ru ni，Guinea，no《坤舆》，双音节，不确定的出处，现已不用。

【搽而地泥亚】Sa er di ni ya，Sardegna，《坤舆》黄鱼岛，五音节，音译词，艾儒略的创造，曾在某一时期使用：《通考》卷 298，第 7467 页上。

【撒辣蔓加】Sa la man jia，Salamanca，no《坤舆》，四音节，音译词，艾儒略的创造，现已不用。

【撒马儿罕】Sa ma er han，Samarcanda，《坤舆》撒马儿罕，四音节，音译词，曾在某一时期使用。

【塞恶未亚】Sai e wai ya，Segovia，no《坤舆》，四音节，音译词，艾儒略的创造，现已不用。

【珊瑚岛】Shan hu dao，Isola（?），no《坤舆》，三音节，不确定的出处。

【圣多默岛】Sheng duo mo dao，Isola di Sao Tome，no《坤舆》，四音节，混合式，艾儒略的创造，现在仍在使用，今圣多美岛。

【圣老楞佐岛】Sheng lao leng zuo dao，Isola di San Lorenzo，《坤舆》仙劳冷祖岛，五音节，音译词-混合式，艾儒略的创造，现在仍在使用，今圣老仑岛。

【狮山】Shi shan，Monti dei Leoni（Monti Loma），no《坤舆》，双音节，仿译词，艾儒略的创造，现已不用。

【死海】Si hai，Mar Morto，《坤舆》死海，双音节，意译词，现在仍在使用。

【苏门答剌】Su men da la，Sumatra，《坤舆》苏门答剌，四音节，本土词。

【苏门答蜡】Su men da la，Sumatra，《坤舆》苏门答剌，四音

节，本土的新词。

【琐夺马】Suo duo ma，Sodoma，《坤舆》琐夺马，三音节，音译词，现已不用。

【太海】Tai hai，no《坤舆》，双音节，本土词。

【太平大海】Tai ping da hai，Oceano Pacifico，no《坤舆》，四音节，音译词，艾儒略的创造，现已不用。

【太平海】Tai ping hai，Mare Pacifico，no《坤舆》，三音节，音译词，艾儒略的创造，今太平洋。

【天竺】Tian zhu，India，《坤舆》天竺，双音节，本土词，现已不用。

【铁岛】Tie dao，Isola del Ferro，no《坤舆》，双音节，仿译词，艾儒略的创造，现已不用。

【土鲁番】Tu lu fan，Turfan，no《坤舆》土鲁番，三音节，本土词，现已不用。

【为匿】Wei ni，Guinea，《坤舆》入匿，双音节，音译词，艾儒略的创造，现已不用。

【为匿亚】Wei ni ya，Guinea，《坤舆》入匿，三音节，音译词，艾儒略的创造，现已不用。

【翁加里亚】Weng jia li ya，Ungheria，《坤舆》翁阿利亚，四音节，音译词，艾儒略的创造，曾在某一时期使用：《通考》卷 298，第 7467 页上，翁加里亚（谢方指作“英 Ukraine，波 Ukraina”，参见《职方外纪校释》，第 96 页）。

【窝儿加河】Wo er jia he，Fiume Volga，《坤舆》勿尔瓦河，四音节，音译词-混合式，艾儒略的创造，现已不用。

【卧亚】Wo ya，Goa，《坤舆》卧亚，双音节，不确定的出处，现已不用。

【无福岛】Wu fu dao，Isole Sfortunate，《坤舆》无福岛，三音节，仿译词，现已不用。

【勿里诺湖】Wu li nuo hu，Lago di Velino，no《坤舆》，四音节，音译词-混合式，艾儒略的创造，曾在某一时期使用：《通考》卷 298，第 7467 页上。

【勿搦祭亚】Wu nuo ji ya，Venezia，《坤舆》勿耨茶，四音节，音译词，艾儒略的创造，曾在某一时期使用：《通考》卷 298，第 7467 页上。

【西尔得】Xi er de，Mauritania，no《坤舆》，三音节，不确定的出处。

【西番】Xi fan，Gansu e Qinghai，《坤舆》西番，双音节，本土词。

【西海】Xi hai，Mare Occidentale，no《坤舆》，双音节，本土词。

【西红海】Xi hong hai，Mar Rosso Occidentale，《坤舆》西红海，三音节，仿译词，曾在某一时期使用：《通考》卷 298，第 7468 页上。

【西齐里亚】Xi ji li ya，Sicilia，《坤舆》西齐里亚，四音节，音译词，曾在某一时期使用：《通考》卷 298，第 7467 页上。

【西乃】Xi nai，Sinai，no《坤舆》，双音节，音译词，艾儒略的创造，现已不用。

【喜望峰】Xi wang feng，Capo di Buona，Speranza，no《坤舆》，三音节，仿译词，艾儒略的创造，现已不用。

【西未利亚】Xi wei li ya，Siviglia，no《坤舆》，四音节，音译词，艾儒略的创造，现已不用。

【西印度】Xi yin du，India Occidentale，no《坤舆》，三音节，本土词，音译词-混合式，现在仍在使用。

【暹逻】Xian Luo，Siam，《坤舆》暹罗，双音节，本土词，现已不用。

【小东洋】Xiao dong yang，Piccolo Oceano Orientale，《坤舆》小东洋，三音节，混合式，本土词。

【小利未亚】Xiao li wei ya，Libia Minor，《坤舆》小利未亚，四音节，音译词，现已不用。

【小西洋】Xiao xi yang，Piccolo Oceano Occidentale，《坤舆》小西洋，本土词，三音节，混合式，曾在某一时期使用:《通考》卷298，第7469页下。

【小以西把尼亚】Xiao yi xi ba ni ya，Piccola Spagna，《坤舆》小以西把尼亚，六音节，混合式，现已不用。

【新拂郎察】Xin fu lang cha，Nuova Francia，《坤舆》新拂郎察，四音节，混合式，现已不用。

【新加步】Xin jia bu，Singapore，no《坤舆》，三音节，音译词，今新加坡。此词以前有“淡马锡”，是本土词 Tumasik 的音译词。

【新为匿岛】Xin wei ni dao，Lsola della Nuova Guinea，《坤舆》新入匿，四音节，混合式，艾儒略的创造，现已不用。

【新为匿亚】Xin wei ni ya，Nuova Guinea，《坤舆》新入匿，四音节，混合式，艾儒略的创造，现已不用。

【新亚比俺】Xin ya bi an，？，四音节，未知。

【新以西把尼亚】Xin yi xi ba ni ya，Nuova Spagna，《坤舆》新以西把你亚，六音节，混合式，艾儒略的创造，现已不用。

【新以西把尼亚海】Xin yi xi ba ni ya hai，Mare della Ñuova Spagna，

《坤舆》新以西把你海，混合式，艾儒略的创造，现已不用。

【新曾蜡】Xin zeng la，未知，no《坤舆》，三音节，现已不用。

【新增蜡海】Xin zeng la hai，未知，no《坤舆》，四音节。

【雪际亚】Xue ji ya，Svezia，《坤舆》苏亦齐，三音节，音译词，艾儒略的创造，曾在某一时期使用：《通考》卷 298，第 7467 页上。

【亚伯尼诺姗】Ya bai ni nuo shan，Monti Appennini，no《坤舆》，五音节，音译词，混合式，艾儒略的创造，现已不用。

【亚大蜡】Ya da la，Atlante，《坤舆》亚大蜡，三音节，音译词，现已不用。

【亚大蜡海】Ya da la hai，Mare dell' Atlante，《坤舆》亚大蜡海，四音节，音译词，现已不用。

【牙而白山】Ya er bai shan，Alpi，no《坤舆》，四音节，音译词，艾儒略的创造，现已不用。

【亚而加辣】Ya er jia la，Alcala' de Henares，no《坤舆》，四音节，音译词，艾儒略的创造，现已不用。

【亚非利加】Ya fei li jia，Africa，《坤舆》亚非利加，四音节，音译词，曾在某一时期使用：《瀛寰》卷 8，阿非利加。

【亚费利加】Ya fu li jia，Africa，《坤舆》亚非利加，四音节，音译词，现已不用。

【亚既诺】Ya ji nuo，Aquino，no《坤舆》，三音节，音译词，艾儒略的创造，现已不用。

【亚剌比海】Ya la bi hai，Mare d'Arabia，《坤舆》曷剌比海，四音节，音译词，现已不用。

【亚剌比亚】Ya la bi ya，Arabia，《坤舆》曷剌比亚，四音节，音译词，现已不用。

【亚老歌】Ya lao ge，Argentina，no《坤舆》，三音节，音译词，艾儒略的创造，现已不用。

【亚马诺】Ya ma nuo，Amazzonia，no《坤舆》，三音节，音译词，艾儒略的创造，现已不用。

【亚玛作搦】Ya ma zuo nuo，Amazzoni，《坤舆》亚马钻国，四音节，音译词，艾儒略的创造，现已不用，今有亚马孙河。

【牙卖加】Ya mai jia，Giamaica，《坤舆》牙卖加，三音节，音译词，现在仍在使用。

【亚墨利加】Ya mo li jia，America，《坤舆》亚墨利加，四音节，音译词，曾在某一时期使用：《通考》卷 298，第 7468 页上；《瀛寰》卷 9。

【亚毗心域】Ya pi xin yu，Abissinia，no《坤舆》，四音节，音译词，艾儒略的创造，现已不用。

【亚勒马尼亚】Ya le ma ni ya，Germania，《坤舆》入尔马泥亚，五音节，音译词，艾儒略的创造，曾在某一时期使用：《通考》卷 298，第 7470 页上，热尔玛尼亚；《瀛寰》卷 4，第 2 页，亚勒墨尼亚。

【亚细亚】Ya xi ya，Asia，《坤舆》亚细亚，三音节，音译词，现在仍在使用：亚洲（亚细亚洲）；《通考》卷 298；《瀛寰》卷 1；毛泽东，“矛盾”。

【亚细亚海】Ya xi ya hai，Mare dell' Asia，no《坤舆》，三音节，音译词，艾儒略的创造，现已不用。

【意大里亚】Yi da li ya，Italia，《坤舆》意大里亚，四音节，音译词：《通考》，意达里亚；《瀛寰》卷 6，意大利亚。今意大利。

【意而兰大】Yi er lan da，Irlanda，no《坤舆》，四音节，音译

词，艾儒略的创造，现已不用。

【意貌】Yi mao，Monte Imao，《坤舆》意貌，双音节，本土词。

【意勒纳】Yi le na，Isola di S. Elena，《坤舆》仙衣力拿，三音节，音译词，艾儒略的创造，现已不用。

【以西把尼亚】Yi xi ba ni ya，Spagna，《坤舆》以西把你亚，五音节，音译词，艾儒略的创造，曾在某一时期使用：《通考》卷 298，第 7468 页中，伊西巴泥亚；《瀛寰》卷 7，西班牙—以西把尼亚。

【以西把尼亚海】Yi xi ba ni ya hai，Mare di Spagna，《坤舆》以西把你亚海，六音节，音译词，艾儒略的创造，现已不用。

【印第亚】Yin di ya，India，《坤舆》应帝亚，三音节，音译词，艾儒略的创造，现已不用。

【印度】Yin du，India，《坤舆》应帝亚，双音节，本土词，现在仍在使用。

【印度河】Yin du he，Fiume Indo，《坤舆》身毒河，三音节，本土词，现在仍在使用。

【谙哥得】Yin ge de，Uganda，no《坤舆》，三音节，音译词，艾儒略的创造，现已不用。

【印弟亚】Yin ti ya，India，《坤舆》应帝亚，三音节，音译词，艾儒略的创造，现已不用。

【宇革单】Yu ge dan，Yucatan，《坤舆》宇革当，三音节，音译词，现已不用。

【月山】Yue shan，Monti della Luna，《坤舆》月山，双音节，仿译词，现已不用。

【云除亚】Yun chu ya，Svezia，no《坤舆》，三音节，音译词，艾儒略的创造，现已不用(雪际亚，Xue ji ya，Svezia；参见《职方外纪校释》，第 74 页）。

【则意兰】Ze yi lan，Ceylon，《坤舆》锡狼岛，三音节，音译词，现已不用。

【占城】Zhan cheng，未知，no《坤舆》，双音节。

【真腊】Zhen la，Cambogia，no《坤舆》，双音节，本土词，现已不用。

【智加】Zhi jia，Cile，《坤舆》智里，双音节，音译词，艾儒略的创造，现已不用。

【中国】Zhong guo，Regno di Mezzo（Cina），双音节，本土词，现在仍在使用。

【中华】Zhonghua，Fiore di Mezzo（Cina），no《坤舆》，双音节，本土词，现在仍在使用。

【爪哇】Zhua wa，Giava，《坤舆》爪哇，双音节，本土词，音译词，现在仍在使用。

【左里】Zuo li，Pozzuoll，no《坤舆》，双音节，音译词，艾儒略的创造，曾在某一时期使用：《通考》卷 298，第 7467 页上。

参考文献

Bertuccioli, G. 1997 Europe as Seen from China before the Arrival of the Jesuits. In Tiziana Lippiello & Roman Malek(eds), *Giulio Aleni S. J. (1582－1649) and the Dialogue between Christianity and China*. Brescia: Fondazione civiltà bresciana; Sankt Augustin: Monumenta Serica Institute.

Ch'en, Kenneth & Matteo Ricci 1939 Matteo Ricci's Contribution to, and Influence on, Geographical Knowledge in China. *Journal of the American*

Oriental Society 59(3).

Chan, Albert 1997 The Scientific Writings of Giulio Aleni and Their Context. In Tiziana Lippiello & Roman Malek(eds), *Giulio Aleni S.J.(1582－1649) and the Dialogue between Christianity and China*. Brescia: Fondazione civiltà bresciana; Sankt Augustin: Monumenta Serica Institute.

Coblin, W. South 1997 Notes on the Sound System of Late Ming Guanhua. *Monumenta Serica* 45.

Coblin, W. South 2000 A Diachronic Study of Míng Guānhuà Phonology. *Monumenta Serica* 48.

D'Elia, Pasquale M. 1938 *Il Mappamondo Chinese del P. Matteo Ricci (Terza Edizione-Pechino 1602) conservato presso la Biblioteca Vaticana*. Città del Vaticano: Biblioteca Apostolica Vaticana.

Fuchs, Walter 1946 The "Mongol Atlas" of China: By Chu Ssu-pen and the Kuang-Yu-T'u. Peiping: Fu Jen University 32(48).

Hummel, A.W. 1938 Beginnings of World Geography in China. *Annual Reports of the Librarian of Congress*. Washington: United States Government Printing Office.

Hummel, A.W. 1940 A View of Foreign Countries in the Ming Period. *Annual Reports of the Librarian of Congress*. Washington: United States Government Printing Office.

Luk, Bernard Hung-kay 1977 A Study of Giulio Aleni's "Chih-fang wai-chi". *Bulletin of the School of Oriental and African Studies* 40(1).

Masini, Federico 1993a *The Formation of Modern Chinese Lexicon and Its Evolution toward a National Language: The Period from 1840 to 1898*. Berkeley: University of California Press.

Masini, Federico 1993b The Legacy of Seventeenth Century Jesuit Works: Geography, Mathematics and Scientific Terminology in Nineteenth Century China. In C. Jami & H. Delahaye(eds), *L'Europe en Chine: Interactions* *scientifiques, religieuses et culturelles aux XVIIe et XVIIIe siècles*. Paris: Collège de France/Institut des Hautes Études Chinoises.

Masini, Federico 1997 Aleni's Contribution to the Chinese Language. In Tiziana Lippiello & Roman Malek(eds), *Giulio Aleni S.J.(1582 – 1649) and the Dialogue between Christianity and China*. Brescia: Fondazione civiltà bresciana; Sankt Augustin: Monumenta Serica Institute.

Mills, J.V.G.(ed.) 1970 *Ma Huan: Ying-yai sheng-lan: The Overall Survey of the Ocean's Shores*(1433). Cambridge: Cambridge University Press.

Mungello, D.E. 1989[1985] *Curious Land: Jesuit Accomodation and the Origins of Sinology*. Honolulu: University of Hawaii Press.

Needham, Joseph 1954 *Science and Civilisation in China*, vol. 3. Cambridge: Cambridge University Press.

Pfister, P. Louis 1932 *Notices Biographiques et Bibliographiques sur les Jésuites de L'Ancienne Mission de Chine(1552 – 1773): Tome I, XVIe & XVIIe siècles*. Chang-Hai: Imprimerie de la Mission Catholique.

Pfister, P. Louis 1934 *Notices Biographiques et Bibliographiques sur les Jésuites de L'Ancienne Mission de Chine(1552 – 1773): Tome II, XVIIIe siècle*. Chang-Hai: Imprimerie de la Mission Catholique.

Wilkinson, E. 2000 *Chinese History: A Manual*. Cambridge: Harvard University Asia Centre.

Zürcher, Erik et al.(eds) 1991 *Bibliography of the Jesuit Mission in China: Ca. 1580 – Ca.1680*. Leiden: Centre of Non-Western Studies, Leiden University.

艾儒略，谢方校释，1996，《职方外纪校释》，北京：中华书局。

辞海编辑委员会（编），1989，《词目外文索引》，《辞海》，上海：上海辞书出版社。

刘伉，1987，《外国地名谈丛》，北京：北京旅游出版社。

马西尼，1997，《现代汉语词汇的形成》，黄河清译，上海：汉语大词典出版社。

上海图书馆（编），1986，《中国丛书综录（二）》，上海：上海古籍出版社。

徐宗泽（编），1989［1949］，《明清间耶稣会士译著提要》，北京：中华书局。

张西平等，2003，《西方人早期汉语学习史调查》，北京：中国大百科全书出版社。

周振鹤、司佳，1998，《汉译西洋地名的两个系统》，《词库建设通讯》（香港）第 17 期。

18 世纪来华传教士对中国古代修辞学的传播*

——以马若瑟《汉语札记》为例

李 真

马若瑟（Joseph-Henri-Marie de Prémare，1666—1736），法国来华耶稣会士。作为西方汉语语法研究的开创者，以及中国文学西传的译介者，马若瑟对欧洲早期汉学的建立做出了重要贡献，被后世称为法国早期汉学三大家[①]之一。他所翻译的法文版《赵氏孤儿》是第一部介绍到欧洲的中国戏曲，深受伏尔泰、歌德等大文豪的青睐，拥有多国语言的改编本，标志着中欧文学交流史上一个值得纪念的里程碑。

1728 年，马若瑟来华已近三十年，进入学术生涯的巅峰期。他以多年研究中国文化为积淀，含英咀华，出而授人，撰写了代表作 *Notitia Linguæ Sinicæ*（《汉语札记》）。这是在西方汉学史、西洋汉语语法研究史以及世界汉语教育史上具有奠基意义的一部作品。该书以拉丁文写成，例句用中文表述，带有罗马字母注音，手稿后寄回法国。1831 年，马六甲英华书院出版拉丁文版；1847 年，《中国丛报》社在广州出版英译本；1893 年，巴黎外方传教会（Missions

---

* 原刊《北京行政学院学报》2017 年第 5 期，第 121—128 页。

① 另两人分别是法籍耶稣会士宋君荣（Antoine Gaubil，1689—1759）和钱德明（Jean-Joseph-Marie Amiot，1718—1793）。

Étrangères de Paris）在香港重印拉丁文版①。这是世界上第一部区分汉语白话与文言并分别加以论述的著作，引用例句达一万三千余个，超过五万个印刷的汉字；除语法知识，还兼论文字、音韵、修辞、俗谚、礼仪、文学等各种内容，堪称当时西方人撰写的有关中国语言及文学的一部巨著。

这部著作被后世汉学家和语言学家评价为西洋汉语语法研究源头时期最重要的著作，奠定了 19 世纪欧洲专业汉学的基石，具有很高的学术价值。该书从学习者的角度来观察和分析汉语，有意识地突破当时拉丁文法的描写范式，尽可能从汉语语法事实出发，为我们提供了一个从他者视角了解明末清初汉语官话语法形态的机会。

一、《汉语札记》中对古汉语文风、修辞的论述

马若瑟认为修辞是汉语的一个重要特征，不能简单地用西方修辞学的概念和理论去套用甚至是曲解汉语的修辞，而应该揭示汉语修辞学的本来面目。西方语言也有语法、修辞相互关联的地方，但不如汉语这样突出，如汉语讲语法时兼顾修辞的要求，才能使汉语语法学发挥其实用意义。有鉴于此，《汉语札记》除了梳理语法框架，介绍基本语法要素，也是最早向西方世界介绍中国古代汉语文体风格及修辞知识的论著。此外，笔者通过考察发现，马若瑟也受到中国传统语文学的影响，对汉语修辞有一定研究，写作中参考了南宋学者陈骙的修辞学专著《文则》。下文将逐一进行分析介绍。

① 1893 年巴黎外方传教会重印拉丁文版，这次印刷的汉字均由左到右排列。

（一）古汉语风格

“风格”一词，中外用法复杂，西方最早见于希腊文，后来进入拉丁文。希腊语 stylos 和拉丁语 stylus，本意指的是用来刻字作图的刀子；或指在涂蜡的木板上写字用的一种削尖的小棒，另一头是小铲的形状，要修改文字时，就用小铲把原先的铲掉。这个词的引申意义是“对文字的修改”，后又发展为“写字的方法”，逐渐引申为“以辞达意的方法”及“写字的风度”“作品的特殊格调”等。总而言之，“风格”一词，最后发展成西方语言中的一个多义词：风格、作风、风度、文体、笔调、方式、式样等等（唐松波，1988：38）。

在中国古籍中，“风格”一词最早出现在东晋葛洪的《抱朴子·行品》，“士有行己高简，风格峻峭”，用来形容人的风度品格。刘勰《文心雕龙》将“风格”正式引入文学领域，不仅论述作家的作风，还用来品评作品的艺术特色，如“虽《诗》《书》雅言，风格训世，事必宜广，文亦过焉”。齐梁以后，用“风格”来评论文艺作品或文章者就更多了，如《颜氏家训·文章》《典论·论文》《诗品》等等，都把“风格”用作讲作家风格、文章风格或作品风格（转引自黎运汉，1990：1）。唐宋时期，这个词已成为文学上表现艺术个性的概念。关于风格的分类，最早可从西汉的扬雄始，他在《法言·吾子》中说“诗人之赋丽以则，辞人之赋丽以淫”。后来《典论·论文》依据文章体裁，提出了八种文体、四种风格之说。晋朝陆机的《文赋》又分为十类文体，十种风格。刘勰《文心雕龙》对风格分类更为翔实，先依据作家作品角度，将风格分为八类；其次又从文章体裁角度将风格分为六种。后世也有不少作品继续对古文的风格、文体及其特点进行过探讨。各家分类，见仁见智，各有特色。

作为耶稣会士中的汉学大家，马若瑟在《汉语札记》一书中也有专章论“stylum”，意思与汉语中的“风格”一词大致相当，指“文章的思想内容和表现形式上各种特点的综合表现，是作者的思想、性格、兴趣、爱好以及语言修养等在文章中的凝聚反映”（转引自黎运汉，1990：7）。马若瑟多年来专攻中国典籍，对古代文学不同类别的作品均有涉猎，在第二编讲解古代汉语时，他对中国古代典籍和作家做了一个分类，分类体系所倚重的标准在于风格的简约与否，从以下四个大类来论述。

第一类为“古文”。这类文体语言庄重简约，内涵丰富深邃，马若瑟十分推崇这类写作风格，把《易经》《尚书》《诗经》归入此类。他说在这些真正的“经”中，最深奥的道理都是通过最精灼的句子表达出来的。

第二类比“经”略逊一筹，包括七部作品：《中庸》《大学》《论语》《礼记》《道德经》《楚辞》和《山海经》。前四部属于儒家“四书五经”。《道德经》是道家经典，语言简练质朴，颇有上古遗风，马若瑟说司马光曾称赞“五经不如老子之约”。马若瑟认为《楚辞》语言优美动人；《山海经》则是中国文学中独一无二的作品，为中国历代文人写诗作文提供用典的源泉。

第三类收入诸子作品，包括：庄子、列子、关尹子、荀子、孟子、杨子等。马若瑟认为诸子作品是中国古代典雅文风的代表，其中以庄子和列子为最佳；虽然孟子被后人拔高到几乎与孔子相等的地位，但马若瑟觉得他的文风过于繁丰，反而还不如荀子和杨子。此外，马若瑟加上了左氏①、司马迁两人。左丘明作《左传》和《国语》，文风颇有古法；司马迁的《史记》，叙事庄重而少华丽，都是

① 马若瑟原文写作“左氏”，指“左丘明”。

他喜欢的风格。

第四类收入唐宋大家。马若瑟说尽管他们的风格已不及前辈先贤，但也远胜于后世作家。这一类作家包括韩愈、欧阳修、苏东坡、朱熹；还有《古文渊鉴》中收录的一些作家，以及部分用词简练、文风典雅的注释家；还加上了唐代两位伟大的诗人杜甫和李白。

（二）中国古代作文章法

1. 形式与内容的关系

马若瑟在介绍中国古代文风的基础上，进一步探讨了创作古汉语文章的基本原则，包括形式与内容的关系、语句和韵律的安排、论点的铺陈渲染等几个部分。在讲解如何用古汉语进行写作时，他往往采用中西结合、相互比较、互为补充的方法。

马若瑟首先引用了西汉扬雄关于文章形式与内容两者关系的著名论点：

> 事胜辞则伉，辞胜事则赋；事辞称则经。（De Prémare, 1831：190）

扬雄针对汉赋尚辞的倾向，反对淫辞丽说对文的损害，第一次从辞赋创作的角度谈论文质问题，“事”“辞”指事理和文辞，即质与文。扬雄追求事辞相称，文质统一才不失偏颇。马若瑟非常认同扬雄“事辞称”的标准，并对其本人仅用五个字就把这一复杂问题表述得如此清晰深表赞叹。马若瑟说宋代欧阳修也表达过类似的观点：

> 言以载事，而文以饰言，事信言文。（De Prémare，1831：190）

他认为“事信言文”四个字已足以说明一篇好的文章只有做到形式与内容的统一才能“去经不远”。

2. 语句与韵律的安排

当谈到在写作中如何安排语句结构时，马若瑟觉得应像法国“自由体”诗歌灵活多变的风格一样，依据作者的喜好自由安排长短句子，不要拘泥于一成不变的形式，否则文章就会显得单调乏味。中文文章多用四字句，但要注意适当穿插五字、六字甚至七字的句子，这样才能富于变化，朗朗上口。

他以西塞罗在罗马元老院发表的一段演讲为例，谈到关于弑君罪行的惩罚，文中论点的提出与表达正是通过连续排比的文句，反复铺陈增强了感染力。在他看来，西塞罗从中所运用的西方古典修辞手法和中国古文赋体“铺采摛文，体物写志”的特点有异曲同工之妙。

在合理安排文句的基础上，马若瑟进一步提出要注重语句的音韵节奏，强调文句中音韵搭配的和谐美，长短句应交替使用，使文章具有韵律感。他指出如果外国人对中国的音韵格律不熟悉的话，很难用中文进行写作。中文文章中很多汉字数量相同的句子不会一韵到底，常常需要换韵。汉语的五个声调被分为“平”声和“仄”声，“平”声再分为阳平和阴平，“仄”声包括上声、去声和入声。外国人往往觉得中国的押韵方式很难掌握。马若瑟认为这是由于他们高估了汉语音调的难度，其实汉语的平仄与拉丁文或希腊文中的长短音类似。做一首有规律的拉丁文或希腊文的短长格韵诗远比汉语的平仄押韵要难得多。他举出贺拉斯[①]抒情韵律诗的一个例句，在这种韵律诗中，首先得选出十二个音节，其中六个奇数音节是短音，六个偶数音节是

① 贺拉斯（Quintus Horatius Flaccus，前 65—前 8），古罗马著名的诗人、批评家。

长音：

Bĕātŭs illĕ quī prŏcūl nĕgōtĭīs[①]。

这样一比较，汉语中，以平对仄，以仄对平，避免在句尾重复使用平声和仄声即可，显然比做短长格韵诗要容易多了。

（三）对“简约体”文风的介绍

马若瑟还注意到随着时代的发展，汉语的语言和文辞也随之发生变化。书中专有一节介绍大量代表各个时代文学风格特征的典型例句。下面以“简约体”为例来看马若瑟对于中国古代汉语文体的理解[②]。

书中先以《尚书》的一个例句为例，只用了四个字，意思是只有上天拥有某种智慧：

惟天聪明。

随后提到西汉的扬雄用了16个字来表达同样的意思：

惟天为聪，惟天为明，能高其目，而下其耳。

宋代的司马光又将这句话扩展为38个字：

---

① 这句诗歌的意思是指一个人从世俗的公事中解脱出来，去享受简单快乐的生活，中文可译为“当一个人远离琐事烦恼，他的内心快乐无比”。

② 以下例句及分析参见马若瑟（De Prémare，1831：192—193）。

> 天则听于无声，视于无形。发于心者天必知之，故无若天之聪明也。目高所以见远，耳下所以听卑。

清代的《日讲》用了 76 个字来表达同样的意思，字数已比《尚书》多出了十几倍：

> 惟天高高在上。至虚，至公，至神，至灵。不用听而聪无不闻，不需视而明无不见。不惟政令之得失，民生之休戚，举不能逃天之鉴。即暗屋室漏之中不睹不闻之地。亦皆昭然察无遗焉，天之聪明如此。

第二个例子是摘自《尚书》中一句著名的话：

> 尔惟风，（下）民惟草。

仅仅六字，简到不能再简，道尽君主与民众的关系：草因风而起伏左右，民众则易受君主道德言行的影响而摇摆。马若瑟认为这句话其言之简，其义之深，或可为简约文风之表率。

马若瑟又举出《论语》中已将这六个字扩展为 16 个字，近于繁丰的辞体：

> 君子之德风，小人之德草。草上之风必偃。

刘向的《说苑》（卷一）已将其扩充到 32 个字，意义一样，字数比《论语》增加了一倍：

夫上之化下，犹风靡草。东风则草靡而西，西风则草靡而东。在风所由，而草为之靡。

这些逐渐繁丰的例句其实都是为了说明《尚书》中六字就已经言明的一个道理，即国君治政立教，君子崇德正行，为无言楷模，平民犹如风吹草伏，必为教其之德所感化。

通过上述两个典型的从简约体到繁丰体的例子，马若瑟希望西方读者可以清楚地了解到：汉语中简约的辞体，辞少而意多，使人感到峻洁，但其弊易流于晦涩不明；繁丰的辞体，辞义详尽，表述完整，但其弊易流于冗长。从他的点评来看，马若瑟内心更推崇如《尚书》般古朴简洁的语辞，要以最简严的文字来表达丰富的内容；他通过分析不同历史时期表达同一主旨的特定例句，说明随着社会和思维的发展，汉语古文简约的文风特点是如何因文法内部文句长短之演进而逐渐丰满起来的。

无独有偶，现代汉语语法研究大家陈望道先生著《修辞学发凡》，书中第十一篇“文体或辞体”中关于“简约繁丰”的一节，对这一修辞法要点的分析竟然与马若瑟惊人相似，采用的也是从“尔惟风，下民惟草”到《论语》再到刘向的例子，来说明这两种辞体的特色（参见陈望道，2006：252）。可见四百年前一个西方传教士在纷繁的古汉语语料中，已经抓住了一些非常具有代表性的例句加以探讨，这不能不说明马若瑟对汉语语法、修辞中的独特现象观察之细，体会之深。

（四）古汉语的修辞格

《汉语札记》第一编介绍了白话中常用的修辞，包括反复、对比、疑问几种修辞格。第二编分析了典雅的文风和文言中的各种修辞，重点讨论了文言中的七种修辞手法，包括对比、反复、连文[①]、辩论中的反驳、描写、排比和比较，详加例证，构成全书最长的一章。马若瑟告诫学生要真正领会各种汉语修辞法的特点和用法，才能在写作时运用自如。

比如马若瑟认为中国文学作品的一个重要特征是大量运用“对比”修辞格，但他又强调这不是西方修辞意义上绝对的对立。在拉丁语中“对比”往往表示一对矛盾的事物；汉语中却并非如此，有时可指相反、相对，有时却又意味着和谐与统一。例如“天”与“地”不是反义，反而有着最亲密的相互关系。他指出这种“对比”修辞格的源头为《易经》，那些具有象征意义的卦辞常常一对一对地出现，比如“乾”和“坤”，它们既完全相对，又彼此契合，永不分离。这种“对比”其实包含了中国传统文化中既相互对立又和谐统一的一种精神内涵。为使西方人能真正体会到中国人这种对立统一的朴素思想，他举出大量的例句予以说明，还为此总结了一份包含 121 对反义字的字表，收录了那些中国人所熟知的包括意义相反、相对，或是彼此关系紧密的字。从中可以清楚地知道，这些“反义字”并不是绝对意义上的反义，既包括意义相反的情况，如“真假”“厚薄”“深浅”等；也包括意思相对的情况，如“大小”“黑白”“方圆”等；还包括一些并不是矛盾对立，而是彼此关系紧密的情况，如“君臣”“神形”“日月”等。据笔者对 16—18 世纪西方早期汉语研究文献有限的阅读来看，在汉语语法研究的历史上，这份反义字表是较早由西方人整理出来的关于汉语反义词的资料，对近代汉语词汇

① 这是马若瑟原文中的标题，但实际他的例子都属于“顶真”这种修辞格。此处沿用他的原文，特此说明。

研究是十分有益的补充。

二、《汉语札记》对《文则》的借鉴

学界在研究早期西方汉语研究的文献时，始终有一些问题未能突破：早期西方人在编撰汉语语法论著时，是否完全是白手起家？他们对中国传统语文学研究的理论是否有一定的了解？在写作过程中有没有借鉴过中国古代语言学的相关著作？从16世纪到20世纪初的这批西方汉语研究文献几乎很少列出参考书目，透露的信息和线索有限，又缺乏实证支撑，因此学界对此的探讨与研究一直未能取得实质进展。《汉语札记》的结尾部分，马若瑟曾提及一本中国古籍《古学钩玄》，坦承书中关于句法和典故的不少例句是从中摘选的。这是该书首次明确提到的中文参考资料。据查，《古学钩玄》是南宋陈骙所撰的一部十卷本巨著，集中梳理了古文章法的原则和要点。再查阅陈骙的其他著述，还有中国第一部系统而完整的修辞学专著《文则》。《汉语札记》花了相当笔墨来探讨汉语的修辞，那么有无可能参考过《文则》的相关理论呢？能否找到明确的证据来证明两书之间的参考与借鉴关系呢？中国古代语文学研究成果对来华传教士的汉语语法著作产生过什么样的影响？笔者将在本节中对此进行专题研究。

（一）陈骙其人其书

陈骙，字叔进（又作叔晋，1128—1203），南宋台州临海人，官至枢密院事兼参知政事。陈骙深谙目录学，曾担任秘书监，负责清理编目国家藏书，著作包括《文则》《古学钩玄》《南宋馆阁录》《中兴馆阁书目》等。

陈骙所著《文则》是最早一部专谈文法修辞的专书，在中国修辞学史上具有开创性的历史地位。虽然齐梁时代刘勰的《文心雕龙》已经提出了很多关于文法修辞的问题，其他一些单篇文章也有不少论述，但作为一部成系统的专著当首推《文则》。

陈骙在书中钩稽归纳，对古汉语修辞条分缕析，分为甲、乙、丙、丁、戊、己、庚、辛、壬、癸十条，论及语法、句法、辞格、文章、风格、文体等多方面内容，初步建立了大修辞学体系，体现了现代修辞学界所倡导的广义修辞观。该书有不少值得后人借鉴的地方，《四库提要》评价较为公允，“其所标举，神而明之，存乎其人，固不必以定法泥此书，亦不必以定法病此书”（陈骙，1998：83）。

（二）《汉语札记》与《文则》之关系初探

《文则》中曾提到过一类修辞——“排比”的特点，称为“文有数句用一类字，所以壮文势，广文义也。然皆有法”（陈骙，1998：30）。

在《汉语札记》第二编第四章，马若瑟辑录了 30 个虚词或连用的虚词，集中展示汉语各种文风。书中将这种修辞格命名为“字的重复”，主要特点是借助相同虚词的多次重复，并与其他词语的搭配来起到增强气势的作用。从所征引的大量例句来看，能基本确定这种修辞格就是排比，以字同意同为常见，每句参有几个相同的字。

由于本文篇幅有限，无法全面展示《汉语札记》在讲解排比修辞格时所收录的 30 个汉语虚词与《文则》所收例字的详细比较，下面仅以“曰”字用法为例，来呈现《文则》与《汉语札记》的关系。

表1 例字“曰”

作者	编号	例句	出处	比较
陈骙	1	一曰水，二曰火，三曰木，四曰金，五曰土。	《尚书·洪范》	例句相同数量为三个。陈骙的例句1、2、5与马若瑟的例句1、2、3相同。马若瑟的例句3删去了陈骙例句5的最后一个分句。
	2	曰风，曰赋，曰比，曰兴，曰雅，曰颂。	《周礼·小胥》	
	3	曰雨，曰霁，曰蒙，曰驿，曰克，曰贞，曰悔。	《尚书·洪范》	
	4	春见曰朝，夏见曰宗，秋见曰觐，冬见曰遇，时见曰会，殷见曰同。	《周礼·春官·大宗伯》	
	5	天地之大德曰生，圣人之大宝曰位，何以守位曰仁，何以聚人曰财，理财正辞禁民为非曰义。	《周易·系辞》	
马若瑟	1	一曰水，二曰火，三曰木，四曰金，五曰土。	《尚书·洪范》	
	2	曰风，曰赋，曰比，曰兴，曰雅，曰颂。	《周礼·小胥》	
	3	天地之大德曰生，圣人之大宝曰位，何以守位曰仁，何以聚人曰财。	《周易·系辞》	

《汉语札记》本节的48个例句来源于17部古代作品，其中自编两个例句，算作一类，共计18种；出自《易经》的例句最多，有八句；引自《庄子》《礼记》《左传》等其他作品的从六句到一句不等。

《文则》在本节提供例字共45个，《汉语札记》选用了其中的30个例字，包括“或、也、者、之、得之、谓之、之谓、以、足以、不以、之以、可、可以、为、必、无、莫大乎、而、而不、其、得其、兮、奚、矣、未尝、曰、有、于是乎、然、焉”，约占《文则》本节例字总数的 67%[①]。《汉语札记》本节所列 48 个例句中，有 36 个例句与《文则》的例句基本相同。两书相同或基本相似的例句数占到本节所举例句数量的 75%。

表 2 《汉语札记》与《文则》"排比"修辞格例字与例句数对比

	总例字数	相同例字数	例字的总例句数	相同例句数
《文则》	45	30	56	36
《汉语札记》	30		48	

除"排比"外，在修辞格"比喻"中也发现了类似的情况。《汉语札记》中把用自然事物来作比喻的方法分为五类。其中前三类都能在《文则》中找到对应的理论和例句。《文则》中阐释"喻"的内涵是"《易》之有象，以尽其意，《诗》之有比，以达其情。文之作也，可无喻乎？博采经传，约而论之，取喻之法，大概有十"（陈骙，1998：12）。陈骙将"喻"分为十类，包括直喻、隐喻、类喻、诘喻、对喻、博喻、简喻、详喻、引喻、虚喻。

《汉语札记》认为汉语比喻的第一类指表示"好像"的字"犹、似、若、如"，《文则》中称这类为"一曰直喻：或言犹，或言若，或言如，或言似，灼然可见"（陈骙，1998：12）。两书所说，无论是修辞格含义还是例字都完全一样。

这类比喻即现在所说的"明喻"，这个概念名称系沿用清人唐彪所定的旧名（《读书作文谱》）。陈望道先生（2006：72）指出明喻"在白话里常有'如同'、'好像'等词，在文言里常有'犹'、

① 其余 15 个见于《文则》而未见于《汉语札记》的，分别为：于时、实、曾、俟、有若、斯、则、方且、似、乎、乃、以之、所以、存乎、知所以（参见陈骙，1998：30—36）。

'若'、'如'、'似'等词标明"。直到今天，日本人历来编撰的修辞书里还都根据陈骙的说法，把我们所谓的明喻称为直喻。

《汉语札记》所列例句共 9 个①，囊括了陈骙全部 4 个例句：

> 犹缘木而求鱼也。(《孟子·卷一·梁惠王上》)
> 凄然似秋。(《庄子·内篇·大宗师第六》)
> 譬如北辰，居其所而众星共之。(《论语·为政·第二》)
> 若朽索之驭六马。(《尚书·夏书·五子之歌·第三》)

第二类，"如"字重复使用，举出 7 个例句来展现"如"的用法，其特点为在比喻中以排比的平行句式列举同类的事物，但马若瑟未对这种用法的主要特征加以提炼。如：

> 天子如堂，群臣如陛，众庶如地。(贾谊《新书·阶级[事势]》)
> 如切如磋，如琢如磨。(《诗经·国风·卫风·淇澳》)
> 手如柔荑，肤如凝脂，领如蝤蛴，齿如瓠犀，螓首蛾眉，巧笑倩兮，美目盼兮。(《诗经·国风·卫风·硕人》)

陈骙将这种形式称为类喻，"取其一类，以次喻之。《书》曰：'王省惟岁，卿士惟月，师惟日。'岁月日一类也。贾谊《新书》曰：'天子如堂，群臣如陛，众庶如地。'堂陛地一类也。此类是也"（陈

① 马若瑟对"犹"字又另举四个例子，"犹舍耒而言耕也""犹浊其源而求其清流""犹不琢玉而求文彩""犹象人"。"若"字另举一个例子，"善养生者，若牧羊，然视其后者而鞭之"。

骙，1998：13）。显然两者指的应是同一类比喻，从《文则》例句来看，不仅限于“如”字，范围更广；《汉语札记》取陈骙之要义，但将范围缩小到只有“如”字，增加了“如”字的一些例句。

第三类，当比喻意义较为明显时，表示比喻的标志词可以被省略。这类比喻与《文则》中的类别对应关系比较复杂，请参见下表。

表 3 “比喻”第三类所举例句与《文则》例句对照

《汉语札记》例句	《文则》类别	《文则》例句
名，德之兴也。	简喻（“其文虽略，其意甚明”）	名，德之兴也。
仁，宅也。		仁，宅也。
若金，用汝作砺。若济巨川，用汝作舟楫。若岁大旱，用汝作霖雨。	博喻（“取以为喻，不一而足”）	若金，用汝作砺。若济巨川，用汝作舟楫。若岁大旱，用汝作霖雨。
若作酒醴尔，尔惟麴糵；若（作和）羹，尔惟盐梅。	无	无
鱼相忘乎江湖，人相忘乎道术。	对喻（“先比后证，上下相符”）	鱼相忘乎江湖，人相忘乎道术。

从上表可以看出，马若瑟将陈骙所细分的简喻、博喻、对喻都纳入没有比喻标志词的比喻句一类。所引例句基本相同。书中所归纳的无比喻语词的比喻句其实是现在所说“隐喻”一类。明喻的形式是“甲如同乙”；隐喻的形式是“甲就是乙”，可以用“是”或“也”之类的比喻词，也可以完全不用，但比喻与被比喻的部分关系比明喻更为密切。《文则》也有“隐喻”，认为“其文虽晦，义则可寻”。如《礼记》曰：“诸侯不下渔色（国君内取国中，象捕鱼然，中网取之，是无所择）。”再如《国语》曰：“没平公，军无秕政（秕，谷之不成者，以喻政）。”但陈骙所谓的“隐喻”当属借喻（陈望道，2006：

74)，这与马若瑟所谓的“隐喻”是不一样的。

通过以上两书相关内容的考察互证和例句的鉴别统计，可初步得出结论：陈骙的《文则》是《汉语札记》关于修辞和文风的重要参考资料，也是其收录的例句和典故的主要语料来源。该书重点参考陈骙《文则》，主要表现在以下几个方面：

一是吸收《文则》对风格和文体的理论框架。在论及文章形式与内容的关系、各类文体的特点和典型作品、中国古代文风由简入繁的发展趋势以及文章中长短句节奏的合理安排等方面，《汉语札记》较多地吸收了《文则》的一些理论要点，同时也加入了马若瑟以一个西方语言习得者多年研习汉语后的思考与积淀。

二是有选择地向西方介绍中国古代修辞法。马若瑟没有全面照搬陈骙所归纳的汉语修辞法，而是选取《文则》中那些与欧洲古典修辞法类似，但更能凸显中国特色的修辞格进行了重点介绍，如复叠、排比、譬喻等。此外，还对陈骙的分类体系做了一定的调整和合并，使之更符合欧洲语言学习之习惯。例如在修辞法小类的论析中，陈骙将譬喻分为直喻、隐喻、类喻、诘喻、对喻、博喻、简喻、详喻、引喻、虚喻十类，这种过于细致的划分对外国学习者而言是比较复杂的；马若瑟在此基础上，提出了自己的一些见解，将其精简为五类，分别为直喻、类喻、暗喻、比兴手法、借喻，既提炼了汉语中修辞格“比喻”的特质，同时也简化了外国人学习古汉语修辞的难点。

三是借鉴典型例证教学法，直接引用中国古书的文章例句。《文则》和陈骙另一著作《古学钩玄》教人学习古文章法的特点之一就是通过收集大量的经典例句，将这些丰富的语料做归纳分类，分别提出每类的特点或意义，再举例详证。马若瑟对这种方法甚为欣赏，以此为基础，进一步提出了不重语法理论，代之以提炼语句结构并辅以典型例句来学习汉语的新方法。书中多次直接引用陈骙的例句，比如讲“排比”时，《汉语札记》与《文则》的例句相似度高达75%。最后一节“句法”中的很多例句都直接摘自《古学钩玄》。

结 语

综上所述，通过对《汉语札记》中有关文风与修辞的分析，首先可以发现作者马若瑟如此重视修辞是与其自身的教育背景和当时欧洲的语言学传统分不开的。从他本人接受的耶稣会大学教育来看，修辞学是在耶稣会学院学习时的必修科目之一。在耶稣会著名的《教育计划》（*Ratio Atq. Institvtio Studiorum Sovietatis Iesu*）① 中，为初修士们所列的基本课程中就包括修辞学，像苏格拉底、柏拉图、西塞罗等大师的经典著作是修辞教育中不可或缺的读本。在文艺复兴时代，修辞学不仅保持了古希腊、罗马的古典修辞学传统，同时也适应了当时政治、宗教、语言的大变革。作为一门学科，修辞学一改中世纪教学中不受重视的情况，在当时享有很高的威望，一直是“语法、修辞、逻辑”三学科中最具活力的一种，整个学校的课程也以修辞学为中心，出版的修辞学教材数量繁多，从 14 世纪后期到 18 世纪，有 2500 多种不同的修辞学课本在欧洲出版（姚喜明等，2009：125）。到 16 世纪末，随着印刷术的发明，修辞学的重心也更多地从口头表达转向

① 耶稣会《教育计划》，一译作《教学大纲》《教学法令》等。1599 年正式发布，成为所有耶稣会学校共同的办学规章，一直沿用到 1733 年耶稣会被取缔。《教育计划》规定了严格的教学计划和教学大纲。在初级部，学生按先后顺序学习初级文法、中级文法、高级文法、人文学科、修辞学。在高级部，第 1 年讲授哲学和逻辑学，第 2 年讲授物理学和宇宙学，第 3 年讲授形而上学、心理学和伦理学。在学习上述课程的同时，学生还学习数学、天文学，主要教材是亚里士多德的著作。

书面表达。在17世纪的法国，美文学修辞学（belletristic rhetoric）流派长期占据主流地位，将修辞学涵盖的范围从演讲扩展到写作与批评，并尝试将这三者归入一门课程内，主张把诗学、历史、哲学及其他科学文体作为修辞分析的对象（姚喜明等，2009：168—170）。这几个因素都促使受到欧洲学术熏陶的西方传教士马若瑟在面对汉语时，也特别关注修辞问题。不过，他在书中也多次明确指出不能机械照搬拉丁语法模式和西方修辞术语，要尊重汉语事实，希望引领外国传教士去了解关于中国文风的正确知识。

德国语言学家甲柏连孜对马若瑟注重修辞这一点倍加赞扬，他说“这本书有五分之一是在讲文体风格，我们可以从中感受到马若瑟对中文韵律的敏锐意识。还没有哪一本关于汉语的书像《汉语札记》一样把这些难点讲解得如此清晰透彻……”（Lundbæk，1991：184；参见龙伯格，2009：251）。

本来语法和修辞是两门不同的学科，但在汉语中两者却有着紧密的联系。郭绍虞先生认为：汉语利用词语的单音节性和双音化倾向发展了词组（音句）这种独特的形态，造成汉语的音乐性、顺序性、灵活性、复杂性。这就使修辞作用超过了语法作用，而语法修辞浑然一体，难以分家（郭绍虞，1979：192）。国内大多数语法著作都按西方语法学的惯例，从形式入手分析，把语法和修辞分家。事实上，马若瑟不受缚于西方古典修辞学，反而使他可以比较准确地把握汉语修辞法的特点，也更深入地体会到汉语语法和修辞的紧密关系。因此，他在书中把语法和修辞打通，融修辞分析于刻板的语法分析中，结合修辞来讲语法的方法，真正体现了汉语的人文精神和汉语语法的真实性。这是《汉语札记》区别于早期西方人撰写的语法书的一大特点。后期来华传教士所著的语法书，也多少继承了马若瑟注重修辞的传统，像马礼逊（Robert Morrison，1782—1834）《通用汉言之法》、马士曼（Joshua Marshman，1768—1831）《中国言法》、艾约瑟(Joseph Edkins，1823—1905)《上海方言口语语法》、江沙维（J. A. Gonçalves，1781—1841，亦称公神甫）《汉字文法》等著作当中或多或少地涉及了修辞的相关内容。

《汉语札记》不仅是一部综合性的汉语语法研究论著，而且第一次较为系统地梳理了古汉语的文体、修辞和风格等知识，这在西方人的汉语研究历史上和中国古代修辞学理论西方传播史上都具有不可忽视的开创性意义。以马若瑟为代表的传教士汉学家在学习和研读中国古代经典文献的同时，对中国古代学者已有的语言学研究成果加以适度的改造和利用，将其转化为成书的部分理论依据和语料来源；同时依托自身的欧洲学术背景，结合西方学术体系，对系统梳理中国语言内部特点、语法规则进行了有益的尝试。明清来华传教士正是通过这种中西结合的研究方法，对近代汉语的历史面貌和演变过程进行了积极的探索，他们的著作不仅代表着早期西方人对中国语言的研究成果，同时也是中西修辞学理论接触、交流以及融合的最好代表。

参考文献

De Prémare, Joseph Henri 1831 *Notitia Linguæ Sinicæ*. Malaccæ: Cura Academiæ Anglo-Sinensis.

Lundbœk, Knud 1991 *Joseph de Prémare(1666 - 1736), S.J.: Chinese Philology and Figurism*. Denmark: Aarhus Unversity Press.

陈骙，1998,《文则》，王利器点校，北京：人民文学出版社。

陈望道，2006,《修辞学发凡》，上海：上海教育出版社。

郭绍虞，1979，《汉语语法修辞新探》，北京：商务印书馆。

黎运汉，1990，《汉语风格探索》，北京：商务印书馆。

龙伯格，2009，《清代来华传教士马若瑟研究》，李真、骆洁译，郑州：大象出版社。

唐松波，1988，《语体·修辞·风格》，长春：吉林教育出版社。

姚喜明等（编），2009，《西方修辞学简史》，上海：上海大学出版社。

意大利来华方济会士康和子的《拉意汉词典》(1732)*

李　慧

意大利方济会士康和子（Carlo Orazi da Castorano，1673—1755）于1700年来华，先后在山东临清和北京地区传教。1734年他返回罗马之后不停奔走，力劝教宗和传信部助教坚持禁止中国教徒行祭孔、祭祖等传统礼仪的决议，在“中国礼仪之争”中扮演重要角色。他被认为是当时汉语水平最高、对中国文化了解最深的传教士之一，留下的大量关于中国语言和文化的书信、词典、报告等手稿，对于中国基督教史、中西文化交流史、西人汉语研究史等领域的研究具有很高的价值。1731年康和子完成近1200页的《拉意汉词典》手稿，其年代早、规模大、质量高、抄本多，而如今汉语学界尚无对该词典的专门研究出版[①]。本文试对《拉意汉词典》手稿的写作过程、版本和内容进行介绍，并结合明清时期传教士外汉词典代表作，考察康和子词典在规模、形式、来源、影响方面的特点和学术价值，以期丰富传教士外汉词典，尤其是拉汉词典研究。

---

* 原刊《辞书研究》2018年第5期，第51—62页。

① 意大利学界对康和子研究最早，其中以达仁利（Francesco D'Arelli）教授的研究最为深入，其论文（D'Arelli，1997）中有一部分是对康和子词典手稿Vat. Estr. Or. 4的外观和内容的介绍。笔者在罗马大学的意大利语博士论文（《康和子［1673—1755］拉意汉词典研究》）是国内外首部对康和子词典手稿版本流传、成书过程、各部分内容、体例特点等方面的专题研究（Li，2015）。关于康和子词典的汉语语法的版本和内容，康和子来华经历以及汉学著作概览，请参见李慧（2017）。

一、康和子简介

康和子原名安东尼奥·奥拉齐（Antonio Orazi），1673年出生于意大利阿斯科利皮切诺省（Ascoli Piceno）的山城卡斯托拉诺（Castorano）。1690年加入方济会，改名为卡洛（Carlo）。1695年被祝圣为神父，先后在阿奎拉、那不勒斯、罗马学习神学和哲学。在罗马生活期间，他萌生去中国传教的愿望，于是向传信部提交了赴华申请并获得批准，于1698年4月30日与杨国真（Giovanni Battista da Illiceto，？—1712）、加布里埃莱·达·圣乔万尼（Gabriele Antonio da S. Giovanni，？—1718）和温琴佐·达罗耶泰（Vincenzo da Roiate，？—1705）三人一起前往中国。

他们于1700年到达福建，康和子先后在漳州、福州和江西赣州短暂停留，并开始向当地传教士学习汉语。1702年春，他来到山东临清，也就是当时的直隶教区主教伊大仁（Bernardino Della Chiesa，1644—1721）的主教堂所在地，协助主教管理教区事务，并在周边地区传教。1722年雍正即位后，康和子获准来到北京，住在位于海淀的传信部居所。1733年，康和子应陕西和山西的宗座代牧方济会士方启升（Francesco Saraceni da Conca，1679—1742）请求，回罗马向教廷说明中国教会情况，促使教廷禁止特使嘉乐（Carlo Ambrogio Mezzabarba，1685—1741）来华时制定的“八项准许”①，坚持1704

① 1721年，教宗特使嘉乐来华，为缓和矛盾，嘉乐在宣布教皇谕旨时附加了八条变通的办法，史称“八项准许”，例如允许教友家中供奉祖宗牌位，但牌位上只许写先考、先妣姓名，两旁加注天主教孝敬父母的道理；准许中国对于亡人的非宗教性质的社会礼节；等等。1733年，新任北京主教令教徒遵守“八项准许”，方济会传教士对此无法容忍，遂决定派最了解中国语言和典籍的康和子回罗马说明情况。康和子在若干手稿、书信中都描述过他与耶稣会“礼仪之争”的来龙去脉以及他回到罗马的过程。详见其手稿BAV., Vat. Lat. 12849, f. 249，以及他的自传（Da Castorano，1759）。德国学者柯兰妮以耶稣会士的记述为基础对这段历史有所研究（Von Collani，2016）。

年颁布的禁止中国礼仪决议。

康和子于 1734 年 11 月 12 日到达罗马，居住于阿拉切利圣玛利亚修院（Santa Maria in Aracoeli）。在罗马期间，他不断地拜访传信部部长、圣职部、教宗、各大主教，向他们陈述中国教会情况，力劝他们废除“八项准许”[①]。他的大部分汉学著作也是在这个时期完成的。1742 年 7 月 11 日，本笃十四世颁布“自上主圣意”通谕，重申“自登基之日”禁约，还禁止在华传教士讨论礼仪问题，为旷日持久的“礼仪之争”画上句号。69 岁高龄的康和子回到家乡，于 1755 年结束了辛劳的一生。

康和子的手稿非常丰富，现主要藏于梵蒂冈图书馆、那不勒斯国立图书馆、罗马耶稣会档案馆、方济会总部档案馆和其他欧洲档案馆，内容大多为他的书信、报告，以及对中国语言、文化的介绍和研究。除了《拉意汉词典》手稿以外，他还著有《汉籍述要》(*Parva Elucubratio super quosdam libros Sinenses*)[②]，全部为拉丁文写成，有若干抄本，藏于梵蒂冈图书馆、佛罗伦萨方济会档案馆等地。该作品共有五部分内容，包括一部梵蒂冈所藏若干汉籍的目录和内容提要、孔子传、他自己带回的汉籍的内容提要、方济会中国传教史，以及大秦景教碑译文。可以看出他的确对中国古代经典和传教士所做的汉语著作进行过认真研读。但是在介绍中国典籍和文化时他一直在强调其与基督教冲突的内容，甚至故意夸大中国文化的宗教迷信成分，目的仍是为了说服教廷禁止中国教徒行中国礼仪。

尽管如此，康和子的汉语水平和对中国文化的了解程度在同时代

---

① 康和子将他每次的访问都记录在日记里，日记手稿藏于那不勒斯国立图书馆（BNVEN, Ms. XI B 73, ff. 178r－198r）。手稿已经转写并刊出（Di Fiore, 1989）。

② 关于这部作品的研究和全文转写见达仁利的博士论文，论文的精华部分已发表（参见 D'Arelli, 1996, 1997）。

传教士中被公认是出类拔萃的。无论是在中国还是在罗马，很多传教士都写信向他请教汉语方面的问题。传信部主管东印度事务主教们评价道："康和子神父在传信部所有的工作人员中是最精通汉字和汉籍之人。"（De Vincentiis，1904：126）

二、《拉意汉词典》编纂始末及其版本

早在初入中国开始学习汉语之时，康和子就显示出了过人的语言天赋，仅学习了一年汉语之后就可以主持简单的弥撒（Da Castorano，1759：12）。同行的四位意大利传教士建议康和子编纂一部意汉词典，以方便意大利传教士的汉语学习。康和子认为，与其编纂意汉词典，不如编纂拉意汉词典，因为拉丁语词典能够服务所有的欧洲教士。于是他开始从手头的《卡尔代里诺词典》[①] 中挑选拉丁语词条，抄写成册，并留出空白，以便日后填入汉语释词。这个工作持续到 1703 年他来到山东临清之时，由于教务繁忙，他中断了词典的编纂。直到 1728 年，居住在海淀的康和子收到山东旧仆带来的词典草稿，他想起了昔日的承诺，决定完成词典的编纂。

为了在早期的拉丁文词汇表的基础上填入对应的汉语词，他使用了方济会传教士叶尊孝（Basilio Brollo da Gemona，1648—1704）的汉拉词典《汉字西译》、传教士中传抄的一部西汉词典、一部葡汉词

---

① 卡尔代礼诺（Cesare Calderino Mirani）是 16 世纪意大利维罗纳的语文学家、词典学家。康和子在《拉意汉词典》前言《致读者》（BAV，Vat. Estr. Or. 5，*Ad lectores monita*）中提到他参考的是《卡尔代礼诺词典》的词条，但是并未指明确切版本。据笔者考证，康和子参考的是 1588 版。

典以及若干中国辞书[1]。他虚心请教家中的仆人、周边的农民和各行各业的中国人，以学习专有名词和发音，还得到了一些中国文人的帮助[2]。经过三年的辛勤努力，他终于1731年完成草稿。之后请另外两位中国人帮他誊抄了汉字。1732年完成第一部完整手稿，题为《拉意汉词典》[3]。

据康和子自述，除1731年草稿外，词典共有四份完整稿本和抄本：1732年完成的第一部是他的手稿，被他带回罗马，在他离开罗马回家乡之前，将这部词典留给罗马的阿拉切利图书馆（Biblioteca di Aracoeli），希望该词典能为修院教士服务。1798年2月法军占领罗马后，阿拉切利图书馆书籍大量遗失损毁，这部抄本最终辗转到达梵蒂冈图书馆，编号Vat. Estr. Or. 4（简称"BAV 4"）。

离开中国之前，他又誊抄了一份稿本，并将它留给安东尼奥·德博谢神父（Antonio de Buocher，1701—1765），请他再抄写一份送给当时的北京耶稣会士陈善策（Dominico Pinheirov，1688—1748）[4]，因为后者对康和子的词典十分赞赏，曾请求康和子赠一份予他。后来康和子在罗马收到陈善策的感谢信，说他已收到词典抄本，这就是德博谢神父所抄的第三份。但是如今第二份和第三份已不知去向。

第四份由康和子在返欧航行中誊抄了一半，1735年在罗马完成了另一半。康和子将这份手稿赠予后来的传信部秘书长蒙蒂（Filippo

---

① 作者并未指明他所参考的词典的具体名称、作者和年代（BAV, Vat. Estr. Or. 5A, *Ad lectores monita*, pp. 3－7）。

② BAV, Vat. Estr. Or. 5A, *Ad lectores monita*, p. 9.

③ 康和子在词典手稿的前言《致读者》（BAV, Vat. Estr. Or. 5A, *Ad lectores monita*, pp. 3－15）中详细记述了他编纂词典的过程。《致读者》手稿已由笔者转写（参见Li, 2015：232—245）。

④ 陈善策生平参见费赖之（1995：722—724）。

Maria Monti，1675—1754），并由蒙蒂转交于梵蒂冈图书馆，编号 Vat. Estr. Or. 5A（简称“BAV 5A”）①。

康和子自从回到罗马后就一直向多方请求出版自己的词典②。1736 年，方济会士德埃伍拉（José Maria da Fonseca e Évora，1690—1752）愿意出资帮助康和子采用木刻版的方式来刻印词典。但出版资金被刻字师盗走，出版一事就此终止。如今梵蒂冈图书馆还留存有词典前十七页刻印样本，编号 Vat. Estr. Or. 5B。

除了现存的梵蒂冈手稿外，笔者在伦敦发现了五个年代较晚的抄本，其中两部藏于大不列颠及爱尔兰皇家亚洲学会图书馆（Royal Asiatic Society of Great Britain and Ireland），都是由小斯当东（George Thomas Staunton，1781—1859）带回英国③。另外三部藏于大英图书馆，抄写者和抄写时间都不详④。

这五份抄本中，只有 RAS Box 2 抄本上标注了时间 1745 年以及手稿的所属者——阿德欧达托神父（P. Adeodato）⑤。其他四个抄本上均没有时间、所有者和抄写者信息。但是经过笔者对比之后可以判断，其他这四个抄本都完成于 19 世纪⑥。

---

① 该手稿封面背面贴有蒙蒂手书字条，说明该词典的来历。

② 康和子分别于 1735 年 1 月和 1736 年 1 月两次写信给当时的教宗克雷芒十二世，恳请他帮助出版词典手稿。书信的稿抄本藏于那不勒斯国立图书馆，共五卷本，标题 *De Rebus Sinicis*，72，6；71，ff. 21－22；ff. 33－34。

③ 这两部的藏书号分别为：1）GTS，Box 1，*Latin-Chinese Dictionary*（=RAS Box 1）；2）GTS，Box 2，*Latin-Chinese Dictionary*（=RAS Box 2）。

④ 在大英图书馆的这三部写本的藏书号分别为：1）*Eur. Mss.* 27；2）*Eur. Mss.* 28；3）*Add* 23621。

⑤ 此人或为意大利籍奥斯定会士德天赐（Pietro Adeodato），由传信部派至中国，于 1785 年作为钟表师和机械师为乾隆服务。

⑥ 关于这些抄本的外观描述及其对比分析，详见笔者博士论文第二章（Li，2015：74—83）。

三、手稿 BAV 5A 描述

BAV 4 和 BAV 5A 同为作者手稿，其内容和形式几乎完全一样。虽然 BAV 4 的完成时间稍早，但是 BAV 5A 保存更为完好，内容更为完整，是作者最满意的一份稿本。有鉴于此，本文着重描述这部写本，下文的研究也都以它的内容为基础。

这部手稿大小为 320mm×240mm×80mm，共 616 合叶（folio），即 1232 页。手稿为红色皮制封皮，四边有烫金边框，四角装饰有烫金花瓶。内容分为三个部分——《致读者》,《汉语语法学习手册》(*Manuductio seu Grammatica ad linguam Sinicam addiscendam*)，词典正文。其中,《致读者》和《汉语语法学习手册》部分为欧洲纸，其拉丁文字和汉字均为康和子手迹。词典部分为中国宣纸，拉丁文为康和子所写，汉字以第 585 页为界分别出自两个中国人之手，字体工整、清晰。手稿末尾有一段作者亲笔的文字说明：该手稿一半于 1734 年 1 月到 8 月康和子从中国回欧洲的途中完成，另一半于 1736 年 5 月 20 日在罗马的阿拉切利修院完成。鉴于没有任何记录显示在他回欧洲的船上有中国人同行，可以推测，该手稿的汉字应是康和子在回欧洲之前就请中国人誊写完毕的，他在船上补上了词典的西文部分，回到欧洲后他自己又誊写了拉丁文的《致读者》和《汉语语法学习手册》。封面页（见图 1）译文如下：

既有汉字又有其发音的拉意汉词典，为初到中国的传教士所用，之前附有《汉语语法学习手册》，其中有关于中国人典礼、聚会的礼仪和习俗介绍，在天主的保护和帮助下，由来自阿斯科利皮切诺省的方济会士卡洛·奥拉齐·卡斯托拉诺神父辛勤而作，他为传信部在中国传教33年，该词典为了主更伟大的荣光，也为了方便在中国经商的欧洲商人，如法国人、西班牙人、德国人、莫斯科人、英国人、荷兰人等所用。

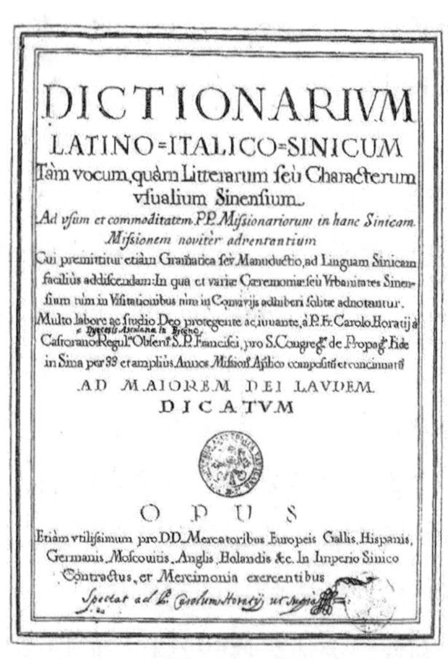

DICTIONARIVM
LATINO=ITALICO=SINICUM
Tàm vocum, quàm Litterarum seù Characterum
vsualium Sinensium.
Ad vsum et commoditatem PP. Missionariorum in hanc Sinicam
Missionem novitèr adventantium
Cui premittitur etiàm Grammatica seù Manuductio, ad Linguam Sinicam
faciliùs addiscendam: In qua et variæ Cæremoniæ seù Vrbanitates Sinen-
sium tùm in Visitationibus tùm in Convivijs adhiberi solitæ adnotantur.
Multo labore ac studio Deo protegente ac iuvante, à P. Fr. Carolo Horatij à
Castorano Regul. Obser. S. P. Francisci, pro S. Congreg. de Propag. Fide
in Sina per 33 et ampliùs Annos Mission. Ap.lico compositum et concinnatum
AD MAIOREM DEI LAVDEM
DICATVM

O P U S
Etiàm vtilissimum pro DD. Mercatoribus Europeis Gallis, Hispanis,
Germanis, Moscouitis, Anglis, Holandis &c. In Imperio Sinico
Contractus, et Mercimonia exercentibus

图1 手稿 BAV 5A 封面页

词典的第一部分《致读者》（pp. 3－15）主要介绍了词典的编纂过程、目的以及使用方法，重点介绍了词典所采用的由他独创的罗马化拼音方案。该方案主要以拉丁语正字法为基础，代替了当时通行的葡萄牙语正字法、西班牙语正字法和法语正字法。康和子认为，拉丁语是欧洲各国通用语，以拉丁语发音和拼写规则为汉字注音，能得到最广泛的应用，如此可以一改当时各种拼写方案并行的不便，实现注音系统的统一。但是事实上他所谓的拉丁语正字法依据的是教会式拉丁语发音，也就是当时的意大利语发音规则，例如“这”字被表示为“ce”，c 的发音为［tʃ］；“热”字被表示为“ge”，g 的发音为［ʒ］；等等。这种拼写方案并没有流行，因为其他方案流传已久，应用广泛，已经有了深厚的基础，而他的词典在传抄的过程中，拼音方案也被替换了。

第二部分《汉语语法学习手册》（pp. 17 – 103）以拉丁语语法的“八种词类”为框架，介绍当时明清官话的语音、名词、代词、形容词、动词、数词、副词、连词、介词，除此之外还介绍了时间、计量单位、礼貌用语等生活用语。

第三部分是词典正文部分（pp. 1 – 1099）。如图 2 所示，每页有一个十八行、两列的表格，一行即一个词条。左边窄列是拉丁语、意大利语条目，上一行字体较大的是拉丁语词，从 A 到 Z 的字母顺序排列，下行较小的是意大利语对译词；右边宽列是条目的汉语对译词，上行为汉字，下行是汉字的罗马化注音。

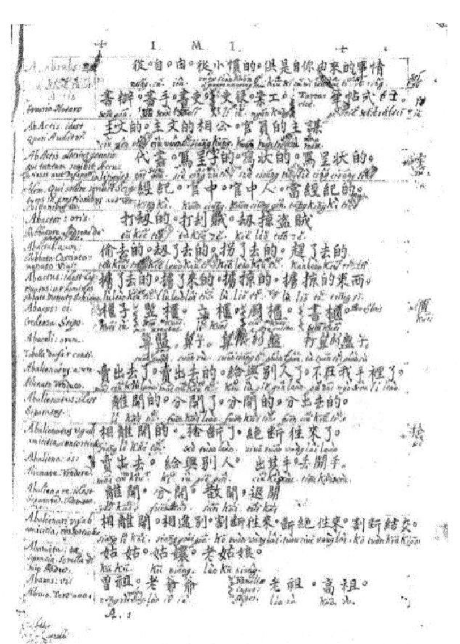

图 2　手稿 BAV 5A 词典正文部分首页

条目中的不同义项或特殊词组被一条竖波浪线分割开。“ ^ ”符号用来替代条目词，以节省空间。如图 3 所示，竖波浪线之前的“点”“烧”“点火”等是词目 Accendo 的本义，波浪竖线之后是拉丁文词组 ^ candelam aut lucernam（点蜡烛或点灯）。

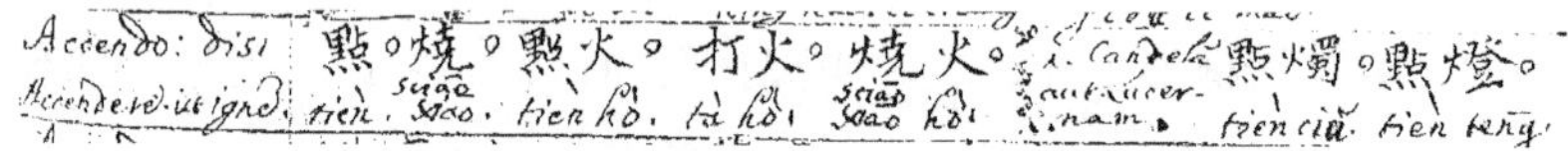

图 3　词条 Accendo（点燃）

有时，作者会加上一些与词条有关的文化注解，比如在图 4 中，右边三行拉丁文注释就提到了《易经》：“题为《易经》的中国经典中有很多关于算命和占卜的内容。”①

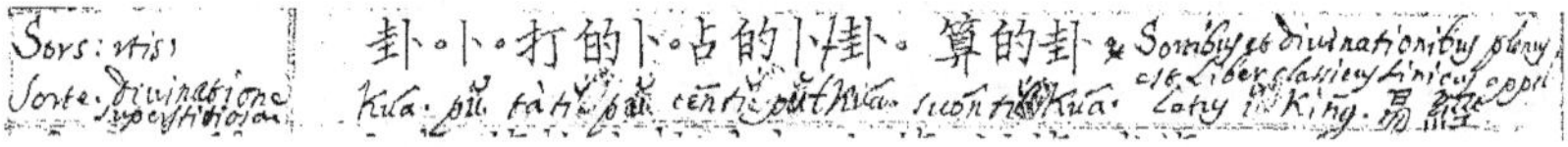

图 4　词条 Sors（命运）

词典中会出现作者亲手添加的汉字。总体来说，康和子的汉字笔画清晰，字形规范，但偶尔也会出现错误，比较严重的错误如图 5 所示，Pontificale 一词当时在传教士文献中常出现的是“教化皇的”，而作者却贴住原文改写成了“教花皇的”。

图 5　词条 Pontificale（教宗的）

词典中的汉语属于口语而非书面语。译词通常为多音节词或词

① 拉丁文转写：Sortibus et divinationibus plenus est Liber classicus Sinicus appellatur i King 易经。

组，有时也会出现口语风格的例句，如“有什么好处不归于天主归并于己”(p. 76)，“这个事情是我手里成的你归了与别人了”(p. 79)，等等。

从注音来看，康和子词典所描述的是以南京地区方言为基础的明清官话，但有时也会标注北方官话发音，如图3中，“烧”字下有两个读音，上一行为 sciao，sci 组合发［ʃ］音，下一行为 siao，词首 s 为［s］音。可见当时官话仍以南京方言为基础，但北方方言发音也在逐渐流行。

四、《拉意汉词典》的学术价值

自从15世纪西班牙传教士在菲律宾遇到讲漳州话的华裔群体起，传教士就开始了外汉词语手册的编纂。16世纪80年代耶稣会罗明坚、利玛窦进入中国大陆，再到17、18世纪，西班牙道明会、意大利方济会、法国耶稣会等各个国家、修会的传教士纷纷来华传教，而编纂、传抄、更新各类辞书的工作从未中断，辞书的规模越来越大，质量也越来越高①。

现存最早的欧汉（官话）词典是罗明坚和利玛窦编纂的《葡汉辞典》，作于1583—1588年间②。荷兰传教士赫尔利尼乌斯（Justus Heurinius，1578—1651）在印度尼西亚的巴达维亚（今天的雅加达）华人区传教时，编写了一部《拉荷汉词典》（*Dictionarium*

① 《高第书目》提供了十分丰富的传教士辞书写本的信息，但是编排较为零散。德国学者托伊尼森根据多部图书馆和档案馆的手稿目录编写了1550—1800年间传教士辞书写本索引（Theunissen，1943）。

② 该词典的详细研究参见杨福绵（Yang，2001）。

Chinense, hoc est, Lingua Belgica juxta Alphabeti ordinem, & Latine & Mandarinice quoque explicati Chinensium characters, 1628）（Kuiper, 2005；译文参见杨慧玲，2012）。多明我会（即道明会）传教士瓦罗编有葡萄牙语《华语官话词典》（*Vocabulario da Lengoa Mandarina*, 1670），以及该词典的西语版本（*Vocabulario de la Lengua Mandarina*, 1680）①。与康和子同时代的耶稣会士赫苍壁（Julien-Placide Hervieu，1671—1746）和马若瑟在澳门也编纂了一部《拉汉词典》（*Vocabularium Latino-Sinicum ad usum Missionariorum Societatis Jesu*, 1728）②，为中国修士学习拉丁语所用。几乎在同一时期，耶稣会士巴多明（Dominique Parrenin，1665—1741）在北京为学习拉丁语的中国学生编纂了一部《拉汉词典》（*Petri Danetii Lexicon Latinum, Sinice conversum*, 1732）③。

如将以上词典的基本特征与康和子词典进行对比，可以更直观地看出康和子词典的一些特点，详见表1。

第一，从规模上来说，康和子词典是从西方传教士入华至18世纪中期以来规模最庞大的外汉词典，拥有词条近1.98万条，远多于其他词典。每个词条内，康和子词典的汉语对译词也是最多的。我们将词典中的一些词条进行对比可以看出，康和子词典的汉语对译词平均为4—7个，明显多于罗明坚-利玛窦、赫尔利尼乌斯、巴多明、赫苍壁-马若瑟词典的1—2个，如表2所示。

① 该词典手稿已由当代汉语言学家柯蔚南（W. South Coblin）转写并添加了汉字和索引（Coblin，2006）。

② 该词典有三个抄本，分别在巴黎耶稣会档案馆、斯德哥尔摩和纽约（Cordier，1904—1924：1636—1637）。

③ 该词典手稿藏于格拉斯哥大学图书馆，编号MS Hunter 392（U. 2. 12）。其完整标题为 *Petri Danetii Lexicon Latinum, Sinice conversum, in usum Gymnasii Pekinensis, a R. P. Dominico Parrenino S. J., missionario Pekinensis, et Bayero dedicatum*。

表 1

	罗明坚-利玛窦	赫尔利尼乌斯	瓦罗	赫苍壁-马若瑟	巴多明	康和子
辞典名	《葡汉辞典》	《拉荷汉词典》	《华语官话词典》	《拉汉词典》	《拉汉词典》	《拉意汉词典》
时间	1583—1588	1628	1670—1680	1728	1732	1732
地点	肇庆	巴达维亚	福建	澳门	北京	北京
抄本数	1	1	4	3	1	7
是否有汉字	有	有	无	有	有	有
罗马化系统基础	葡萄牙语	无	西班牙-葡萄牙语	无	法语	拉丁语(意大利语)
是否包含有前言和语法	无	无	瓦罗著有语法，但不包含在词典内	马若瑟著有语法，但不包含在词典内	无	前言和语法都包含在词典内
附录	有	有	无	无	无	无
词条数	5000/6000	3900	11, 000	约 6000	17, 500	19, 800
汉语译词(个)	1—2	1—2	1—4	1—2(或一句话)	1—2(或一句话)	4—7
汉语风格	口语	口语	口语	口语	口语	口语

表 2

康和子	Caeruleus: a: um，Ceruleo. Turchino. Azzurro.	蓝的。蓝色的。｜ varia nomina 深蓝。月蓝。月白。鱼肚白、靠白、天蓝。翠蓝 intensus remistus。
瓦罗	Açul.	蓝色。el celeste。月蓝，天蓝。el muy fino。大青。ultramarino 石青。
赫-马	Caeruleus, a, um. Adj.	苍也。青也 magni maris, caeli, et montium color 大海，形天，诸大山之色。
巴多明	Caeruleus, a, um.	天蓝色。
康和子	Aedes: ides Fana Idolorum. Vide Phanum.	庙。庙宇。寺。寺庙。宫。堂。庵。观。
赫-马	Aedis, a'dis f.	庙也。庵也。
巴多明	Aedes, is	房屋，宫殿。

第二，从形式上来说，康和子词典最为完备。所有汉语词都有汉字，且所有汉字下都标有罗马化注音，而瓦罗词典完全没有汉字，巴多明、赫苍壁-马若瑟词典没有或仅有个别汉字有罗马注音。康和子词典有一共一百多页的前言和汉语语法，瓦罗和马若瑟都著有汉语语法，并未见其将语法与词典合并成为完整的语言学习工具书。

第三，从内容上来说，康和子词典借鉴了前人成果。康氏词典内容非常丰富，词汇涵盖了社会生活的方方面面，涉及西方语言中的各类专有名词，如地名、机构名、学科名等。明末传教士来华，将西方文化用汉语介绍到中国，他们或创制了新的词汇，或为原词义增添了新的意义，丰富了汉语言。康和子词典中不少词汇的翻译来自前辈传教士汉语著作。以地名为例，康和子词典中地名大多采用了利玛窦

《坤舆万国全图》和艾儒略《职方外纪》的译法①。对于西方特有事物和概念的翻译，康和子所采用的对译词大多与瓦罗的《华语官话词典》一脉相承，如“性学、性理”(philosophia)、“国子监”(universitas)、“公院”(seminaria)、“通鉴、纲鉴”(annales)、“长人”(gigas)、“天文”(mathematica)等等②。

第四，从影响上来说，康和子词典在外汉词典手稿中抄本最多。抄本数量是反映词典影响力的重要依据，在汉外词典手稿中，叶尊孝的《汉字西译》抄本数量最多，据托伊尼森(Beatus Theunissen)统计达到23部(Theunissen，1943)。而在外汉词典中，康和子词典抄本以五部之多位居榜首。值得一提的是，这五部中有三部抄本都伴有一部笔迹相同、装帧相同、字迹相同的叶尊孝的汉拉词典——《汉字西译》的抄本，这可以说明，这两部词典在19世纪前后常以“拉汉·汉拉词典”的形式被成套传抄和流传。

康和子词典质量优良，内容丰富，体例完整，代表了明清传教士入华一百多年来传教士外汉词典发展的高峰。但是该词典仍有明显的缺点。首先，篇幅过大，内容过于繁复，不便复制和传播。其次，如果词典的使用者被定位为欧洲人，那么拉汉词典的功用应是帮助欧洲人“产出”汉语词句，因此应当包含相当数量的例句或语法说明，

---

① 如厄日多(Aegyptus)、亚墨利加(America)、欧罗巴(Europa)、亚勒马尼亚(Germania)、意西巴尼亚(Hispania)、印弟亚(India)、意大理亚/义大利亚(Italia)、如得亚(Giudea)等等。关于利玛窦和艾儒略的西方地名汉译，意大利学者保罗曾做过详细研究(De Troia，2001)。

② 利玛窦、艾儒略常采用直接音译的翻译方法，如加诺搦斯(canon)、落日加(logica)、玛得玛第加(mathematica)、斐录所费亚(philosophia)、费西加(physica)、勒铎理加(rhetorica)、陡录日亚(theologia)等。而瓦罗、康和子时代的词典倾向于摒弃音译而采用意译或音译结合的方案。对于以上几个例词，康和子的翻译为性理/格物穷理之学(philosophia)、性学/体察物性之学(physica)、文法/学文(rhetorica)，超性学/天珠事体之道理(theologia)、大学/国子监(universitas)。

以体现词汇在句中的用法；但是该词典缺乏这些内容，除非读者已经十分熟练地掌握了汉语的句法规则，否则无法通过该词典“产出”正确的句子。最后，作者的罗马化拼音方案太过特殊，无法得到推广。

值得注意的是，与他同时期的法国耶稣会士所编的拉汉词典也都显示出很高的水平，并各具特点：赫苍壁-马若瑟词典延续了马若瑟《汉语札记》中优美的书面白话文风，译词不求多，但求传神；巴多明词典词条多，翻译准确，短句丰富。为何在1730年前后，拉汉大部头词典集中出现？从18世纪起，中国和西方的经济、文化交流无论是深度还是广度都与200年前传教士初入中国大陆时不可同日而语；汉语语法、辞书、句集等著作越来越丰富，为传教士汉语水平的提高提供了更大的方便；传教士汉语神学、科学、文学著作中创制的汉语新词的不断积累，这些都为传教士编纂大型外汉词典提供了可能。

16、17世纪时期的词典多为西汉、葡汉词典，而康和子同时期的这几部大型外汉词典皆是以拉丁语为媒介的。18世纪以后，来华的欧洲人身份越来越多样，词典的编纂也试图能尽量满足更多人的需求，拉丁语作为欧洲学术通用语最能发挥此作用。后来，他的《拉意汉词典》被抄写者删去意大利文，只保留拉丁文，可见康氏词典选择使用拉丁文符合时代需求，与前辈的西汉、葡汉词典比，得到了更为广泛的流传。

结　语

康和子词典是16世纪到18世纪规模最大，内容最丰富，抄本最多，质量上乘的传教士外汉词典，虽有繁复、不便等缺点，但仍代表百年传教士汉学发展成果之积累，也是一部集合中西语言、知识、思想的语料库，值得从文献学、语法学、翻译学、音韵学等诸多角度展开更为细致的研究。

对于传教士词典手稿的研究，笔者认为应将外汉和汉外词典区别对待，因为二者的编纂方法、用途、功能、影响都有所不同。在传教士汉外词典领域，杨慧玲以叶尊孝《汉字西译》、马礼逊《华英字典》为轴，将汉外词典的传承关系理出了一条谱系。而在外汉词典领域，国内外学界仍无专门通论。虽已有罗明坚-利玛窦《葡汉辞典》和瓦罗《华语官话词典》被整理出版，但是上文所举巴多明、马若瑟拉汉词典也都还没有专门的研究。希望本文能以康和子词典为例，为更多外汉词典写本研究抛砖引玉。

参考文献

Archives Jésuites de la Province de France. *Vocabularium Latino-Sinicum ad usum Missionariorum Societatis Jesu*.

Biblioteca Apostolica Vaticana. Vat. Lat. 12849; Vat. Estr. Or. 4, 5A, 5B.

Biblioteca Nazionale Vittorio Emanuele di Napoli. Ms. XI B 69 – 73.

British Library. Eur. Mss. 27; Eur. Mss. 28; Add 23621.

Coblin, W.S. 2006 *Francisco Varo's Glossary of the Mandarin Language*. London: Routledge.

Cordier, Henri 1904 – 1924 *Bibliotheca Sinica*. Paris: Librairie Orientale & Américaine.

D'Arelli, F. 1996 *Un'opera manoscritta per la Bibliotheca Sinica del Settecento: La*

Parva elucubratio(1739) di Carlo Horatii da Castorano O.F.M.. Dottorato di ricerca in orientalistica (civiltà dell'Asia estremo orientale). Napoli: Istituto universitario orientale, Facoltà di lettere e filosofia.

D'Arelli, F. 1997 Carlo Horatii da Castorano OFM e la Parva Elucubratio super quosdam libros sinenses(1739). *Archivum Franciscanum Historicum* 90(1-2).

Da Castorano, C.H. 1759 *Brevissima notizia, o relazione di varj viaggi, fatiche, patimenti, opere, ec. Nell'imperio della Cina, ec.*. Livorno: Per gli Eredi Santini.

De Guignes, J. 1813 *Dictionnaire Chinois, Français et Latin*. Paris: De L'Imprimerie Impériale.

De Troia, P. 2001 Riflessioni sul contributo di P. Giulio Aleni S.J. alla formazione del lessico del cinese modern.In G. Tamburello(a cura di), *Atti del Convegno dell'A.I.S.C.: L'Invenzione della Cina*. Lecce: Congedo Editore.

De Vincentiis, G. 1904 *Documenti e titoli sul privato fondatore dell'attuale R. Istituto (antico Collegio dei Cinesi in Napoli) Matteo Ripa sulle missioni in Cina nel secolo XVIII[e] sulla costituzione e consistenza patrimoniale della antica fondazione*. Napoli: R. Istituto Orientale in Napoli, St. Tip. Cav. Gennaro Salvati.

Di Fiore, G. 1989 *La legazione Mezzabarba in Cina(1720-1721)*. Napoli: Istituto Universitario Orientale.

Kuiper, K. 2005 The Earliest Monument of Dutch Sinological Studies: Justus Heurnius's Manuscript Dutch-Chinese Dictionary and Chinese-Latin "Compendium Doctrinae Christianae"(Batavia, 1628). *Quaerendo* 35(1-2).

Li, Hui 2015 *Il Dictionarium Latino-Italico-Sinicum di Carlo Orazi da Castorano O.F.M. (1673 - 1755)*. Tesi di Dottorato in Civiltà, Culture e Società dell'Asia e dell'Africa, Facoltà di Studi Orientali Sapienza-Università di Roma.

Li, Hui 2017 Il Dictionarium e la Grammatica di Carlo Orazi da Castorano. In

Isabella Doniselli Eramo (a cura di), *Carlo da Castorano: Un sinologo francescano tra Roma e Pechino*. Milano: Luni Editrice.

Masini, Federico 2005 Chinese Dictionaries Prepared by Western Missionaries in the Seventeenth and Eighteenth Centuries. In Xiaoxin Wu(ed.), *Encounters and Dialogues: Changing Perspectives on Chinese-Western Exchanges from the Sixteenth to Eighteenth Centuries*. London: Routledge.

Mirano, C. Calderino 1588 *Dictionariolvm, sive Thesavri lingvæ Latinæ: Et omnium á vocibus Latinis incipientium Dictionariorum Compendium*. Venetiis: Apud Altobellum Salicatium ad Fortitudinis insigne.

Royal Asiatic Society. GTS, Box 1, Latin-Chinese Dictionary; Box 2, Latin-Chinese Dictionary.

Theunissen, B. 1943 Lexicographia missionaria linguae Sinensis 1550 – 1800. *Collectanea Commissionis Synodalis* 16.

University of Glasgow Library. MS Hunter 392(U. 2. 12). *Petri Danetii Lexicon Latinum, Sinice conversum, in usum Gymnasii Pekinensis, a R.P. Dominico Parrenino S.J., missionario Pekinensis, et Bayero dedicatum.*

Von Collani, C. 2016 Carlo Orazi da Castorano and the Jesuits in the Chinese Rites Controversy. *Antonianum* 91(2).

保罗，2007，《17 世纪耶稣会士著作中的地名在中国的传播》，任继愈（编）《国际汉学（第十五辑）》，郑州：大象出版社。

费赖之，1995，《在华耶稣会士列传及书目》，冯承钧译，北京：中华书局。

高柏，2012，《荷兰汉学研究的首座丰碑——赫尔尼俄斯的手稿荷—汉词典与汉—拉〈基督教概要〉》，杨慧玲译，张西平（编）《国际汉学（第二十二辑）》，郑州：大象出版社。

黄河清，1994，《外汉词典中的“释义词”和“释义语”》，《辞书研究》第 3 期。

李慧，2017，《“礼仪之争”的反对声音——意大利来华方济会士康和子的汉学著作》，阎纯德（编）《汉学研究》春夏卷，北京：学苑出版社。

徐时仪，2016，《明清传教士与辞书编纂》，《辞书研究》第 1 期。

杨福绵，2001，《罗明坚和利玛窦的〈葡汉辞典〉（历史语言学导论）》，Michele Ruggieri & Matteo Ricci，*Dicionário Português-Chinês*. John W. Witek（ed.）. San Francisco，CA：University of San Francisco。

杨慧玲，2007，《叶尊孝的〈汉字西译〉与马礼逊的〈汉英词典〉》，《辞书研究》第 1 期。

杨慧玲，2012，《19 世纪汉英词典传统——马礼逊、卫三畏、翟理斯汉英词典的谱系研究》，北京：商务印书馆。

杨慧玲，2016，《梵蒂冈图书馆藏明清中西文化交流史重要文献——对梵蒂冈图书馆藏稿抄本 Borg. cin. 503 的初步研究》，《史学史研究》第 2 期。

近代中国人编英汉辞典的谱系*

内田庆市
沈国威　译

近代汉外字典是来华西方传教士为传教的目的而编纂的，同时也如严复（1902）所说是为了“取便西人之学中国文字者耳”。

传教士编的最早的汉外字典是耶稣会利玛窦和罗明坚的《葡汉辞典》。金尼阁的《西儒耳目资》也是一种音韵辞典。耶稣会士们编的辞典虽然水准极高，但是实际上并没有刊行。日本学者高田时雄（2001）指出，重视文字是耶稣会和其他教派，如多明我会等的显著区别。多明我会的传教对象主要是一般群众，所以他们所学的汉语也以一般民众的口语或俗语为主。

19世纪以前的汉外字典一般以葡汉、拉汉、西汉、法汉等非英语的双语辞典为主；但是19世纪以后，随着新教传教士（如伦敦会）的来华，以及世界范围内英语重要性的提高，英汉辞典成为汉外字典的主流。马礼逊的《字典》（1815—1823）以后，麦都思（Walter Henry Medhurst，1796—1857）、卫三畏（Samuel Wells Williams，1812—1884）、罗存德等都编纂了极具影响力的英汉辞典。

这个时期除了上述正式的辞典以外，为了日常商业活动的需要，还出现了一些简单的会话手册，如《红毛通用番话》《红毛番话贸易须

---

* 原刊《東アジア文化交渉研究》2013年第6号，第3—16页。

知》《夷音辑要》《华英通语》《英话注解》《英字入门》《英字指南》等。这些小册子中使用的外语又被称为“鬼话”“广东英语”或“洋泾浜英语”。详细情况请参见内田庆市、沈国威编著的《语言接触和 Pidgin》。

中国人编纂的英汉辞典以邝其照的《字典集成》为嚆矢。

《字典集成》于 1868 年刊行第一版，现在只能在日本东京御茶水图书馆、耶鲁大学图书馆和澳大利亚米切尔图书馆（Mitchell Library）看到第一版的实物。第二版、第三版分别于 1875 年、1887 年出版。第一版和第二版的书名都是《字典集成》，第三版则改为《华英字典集成》。与第一版相比，第二版、第三版增加了“杂字目录”“杂字撮要”“语言文字合璧”等附录。“语言文字合璧”也曾作为单行本出版（名为《言语文字合璧》）。同样作为单行本由商务印书馆出版的还有“语言文字合璧”中的“英语撮要”。邝其照的字典基本上是从马礼逊、麦都思和卫三畏（主要是麦都思）的辞典中收集素材编写而成的，所以叫作“集成”。关于邝其照《字典集成》的编纂、出版等，可以参考内田庆市、宫田和子、高田时雄、沈国威、司佳等人的研究。

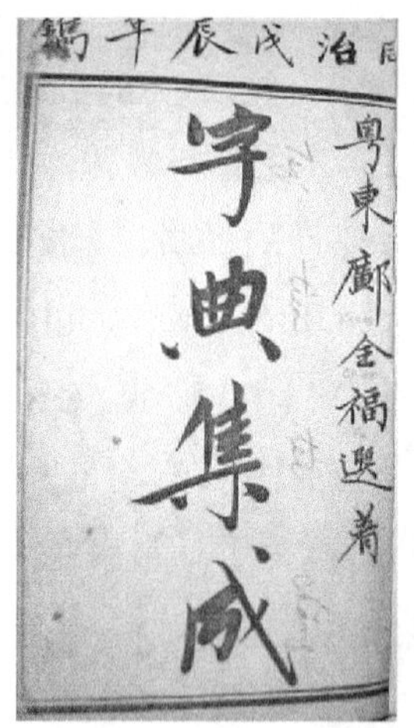

图 1　邝其照编《字典集成》第一版

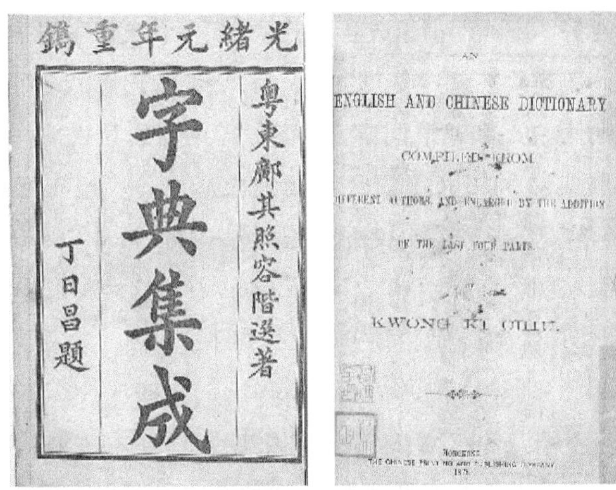
光緒元年重鐫

粵東鄺其照容階選著

字典集成

丁日昌題

AN

ENGLISH AND CHINESE DICTIONARY

COMPILED FROM

DIFFERENT AUTHORS, AND ENLARGED BY THE ADDITION

OF THE LAST FOUR PARTS.

BY

KWONG KI CHIU.

HONGKONG:

THE CHINESE PRINTING AND PUBLISHING COMPANY

1875.

图 2　邝其照编《字典集成》第二版

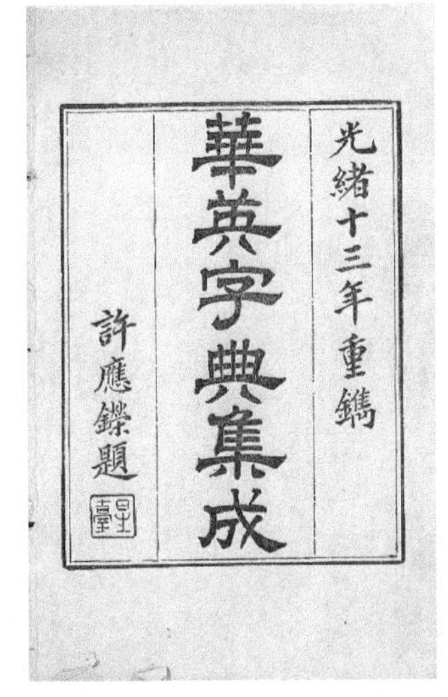
光緒十三年重鐫

華英字典集成

許應鏘題

图 3　邝其照编《字典集成》第三版

19 世纪末，随着中国接受西方近代科学文明的需要日益增进，为了满足中国人学习英语的需要，英语教科书和辞典的编纂成为一个急需解决的重要任务。商务印书馆的创办（1897 年 2 月 11 日）可以说是顺应时势。商务印书馆成立后出版的第一种英语学习书是谢洪赉编译的《华英初阶》和《华英进阶》。以后陆续出版了多种外语教科书（以英语为主）和双语词典。在商务印书馆成立之前，中国人编纂的英汉辞典除了邝其照的《字典集成》以外，还有两种：一是《华英字典汇集》[①]，一是莫文畅（若濂）（Mok Man Cheung）的 *The "Tah TS'z"*（*达辞*）*Anglo-Chinese Dictionary*[②]。这两种辞典原来都是香港文裕堂的出版物，后由商务印书馆接手。

根据《商务印书馆出版中外文辞书目录 1897—1963. 9》（商务印书馆资料室编）和《商务印书馆图书目录 1897—1949》，1949 年以前在商务印书馆出版的英汉辞典有 50 种左右。字典、辞典工具书类的出版，中国有两家著名的出版社，即商务印书馆和中华书局。但侧重点似不同，中华书局的英汉辞典只有十余种（据《中华书局图书总目 1912—1949》有 11 种）。

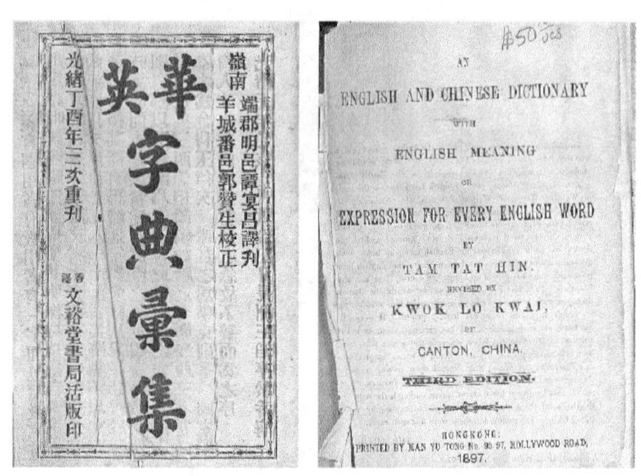

图 4　谭宴昌译刊的《华英字典汇集》

① 谭宴昌（达轩）译，香港文裕堂刊。卷首有 1875 年王韬序。笔者收有 1897 年第 3 次印刷本。见图 4 书影。

② 莫若濂编，香港文裕堂刊，《达辞》，1898 年。

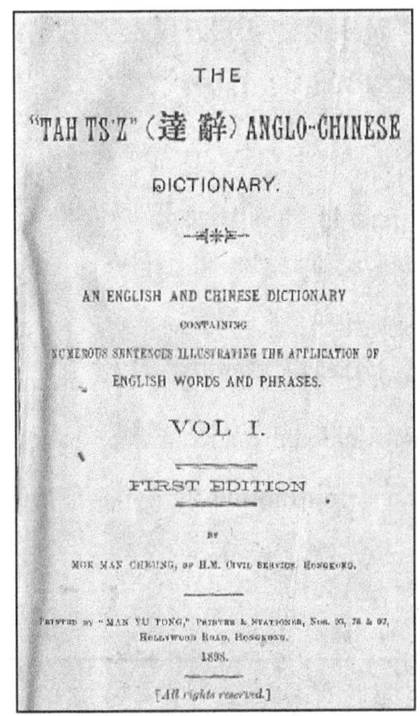

THE

"TAH TS'Z" (達辭) ANGLO-CHINESE

DICTIONARY.

AN ENGLISH AND CHINESE DICTIONARY

CONTAINING

NUMEROUS SENTENCES ILLUSTRATING THE APPLICATION OF

ENGLISH WORDS AND PHRASES.

VOL I.

FIRST EDITION

BY

MOK MAN CHEUNG, OF H.M. CIVIL SERVICE, HONGKONG.

PRINTED BY "MAN YU TONG," PRINTER & STATIONER, NOS. [illegible], [illegible] & 97,

HOLLYWOOD ROAD, HONGKONG.

1898.

[*All rights reserved.*]

图 5　莫若濂编《达辞》

一、商务印书馆英汉辞典的谱系

下面我们对商务印书馆出版的英汉辞典做一个简单的整理：

《商务书馆华英字典》（1899）

《商务书馆华英音韵字典集成》（1902）

《商务书馆袖珍华英字典》（初版 1903）

《英华大辞典》（1908）

《新订英华字典》（1911）

《英华合解词汇》（1915）

《综合英汉大辞典》（1928）

首先从词条［A］的部分观察一下记述内容的变化。

1.《商务书馆华英字典》(1899)

A，亚，阿，一.

A，the letter a. The broad and open sound of this letter is expressed by 亚 or 阿.

A，considered as the article of unity，is in Chinese expressed by 一. between which and the noun，a character is frequently inserted，by which the Chinese reckon the thing referred to，and the therefore it is called a numeral：as，a bottle 一个罇；a dog 一只狗……

商務書館華英字典序

自中日和議成而士夫之策自强者亟曰振商務裕國課暨練兵造鐵路諸武備不知文事脩而武備可自興泰西學堂林立新書日出而人材亦因之日盛至船堅砲利猶其末務是以各國之强非强於武備實强於文事苟中國而欲自强當自培養人材始今各省華英學塾風氣漸開但學者雖有諸書參考類多詞不達義頭緒紛紜惟字典一書實羣書之總匯在初學已學者均不可少前鄺其照曾輯有華英字典洵爲西學津梁然究嫌缺畧未能集乎大成本局心焉惜之用特延聘通人重行譯著更廣爲搜羅而增益之補其不逮蔚爲大觀原書約二萬餘字又爲之增入二萬餘字今書中凡字四萬有奇乃付諸手民易爲鉛印務取字字清澈庶易醒目集既竣遂顏之曰商務書館華英字典書以華字釋英義并以各字聯成句語註詞嫻雅編譯詳明果能日手此編漸窺堂奧斯上備　國家之器使次爲市井之經營將見人材濟濟獨冠五洲此乃中國自强之基愼勿舍本逐末也可爰書此序以爲勸

光緒二十有八年歲次壬寅仲春　　滬上 商務印書館識序

書已給示翻印必究

图 6　《商务书馆华英字典·序》

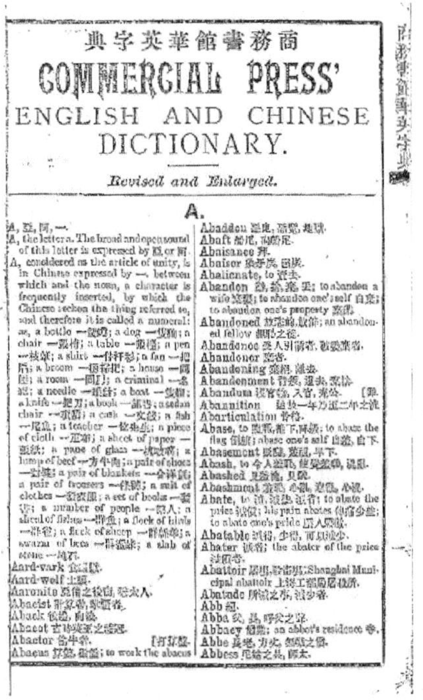

商務書館華英字典

COMMERCIAL PRESS'

ENGLISH AND CHINESE DICTIONARY.

Revised and Enlarged.

A.

A, 亞, 阿, 一.

A, the letter a. The broad and open sound of this letter is expressed by 亞 or 阿.

A, considered as the article of unity, is in Chinese expressed by 一, between which and the noun, a character is frequently inserted, by which the Chinese reckon the thing referred to, and therefore it is called a numeral: as, a bottle 一[illegible]; a dog 一隻狗; a chair 一張椅; a table 一張檯; a pen 一枝筆; a shirt 一件[illegible]; a fan 一把扇; a broom 一[illegible]; a house 一間屋; a room 一間[illegible]; a criminal 一名[illegible]; a needle 一[illegible]; a boat 一隻[illegible]; a knife 一把刀; a book 一部書; a sedan chair 一頂[illegible]; a cash 一文錢; a fish 一尾魚; a teacher 一位先生; a piece of cloth 一疋布; a sheet of paper 一張紙; a pane of glass 一塊玻璃; a lump of beef 一方牛肉; a pair of shoes 一對鞋; a pair of blankets 一[illegible]; a pair of trousers 一[illegible]; a suit of clothes 一[illegible]; a set of books 一[illegible]; a number of people 一[illegible]人; a shoal of fishes 一群魚; a flock of birds 一群[illegible]; a flock of sheep 一群[illegible]; a swarm of bees 一群[illegible]; a slab of stone 一塊石.

Aard-vark [illegible].

Aard-wolf [illegible].

Aaronite [illegible].

Abacist [illegible].

Aback [illegible].

Abacot [illegible].

Abactor [illegible].

Abacus [illegible]; to work the abacus [illegible].

Abaddon [illegible].

Abaft 船尾, [illegible].

Abaisance [illegible].

Abaisor [illegible].

Abalienate, to [illegible].

Abandon [illegible]; to abandon a wife [illegible]; to abandon one's self [illegible]; to abandon one's property [illegible].

Abandoned [illegible]; an abandoned fellow [illegible].

Abandonee [illegible].

Abandoner [illegible].

Abandoning [illegible].

Abandonment [illegible].

Abandum [illegible].

Abannition [illegible].

Abarticulation [illegible].

Abase, to [illegible]; to abase the flag [illegible]; abase one's self [illegible].

Abasement [illegible].

Abash, to [illegible].

Abashed [illegible].

Abashment [illegible].

Abate, to [illegible]; to abate the price [illegible]; his pain abates [illegible]; to abate one's pride [illegible].

Abatable [illegible].

Abater [illegible]; the abater of the price [illegible].

Abattoir [illegible]; Shanghai Municipal abattoir 上海工部[illegible].

Abatude [illegible].

Abb [illegible].

Abba [illegible].

Abbacy [illegible]; an abbot's residence [illegible].

Abbe [illegible].

Abbess [illegible].

图 7　《商务书馆华英字典》正文第 1 页

这本辞典后来又出版了重订本，就是《重订商务书馆华英字典》（1903）。重订本比 1899 年的初版增加了 2 万词条。

A，英文字母首字，一.

A，the letter a. The broad and open sound of this letter is expressed by 阿 or 亚.

A，considered as the article of unity，is in Chinese expressed by 一，between which and the noun，a character is frequently inserted，by which the Chinese reckon the thing referred to，and the therefore it is called a numeral：as a bottle 一个樽；a dog 一只狗……

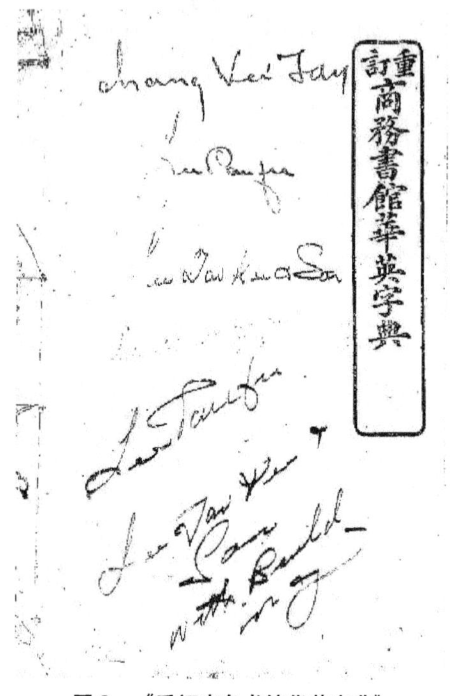

图 8 《重订商务书馆华英字典》

这两部辞典都是根据邝其照的《字典集成》编写（修改增订）的，所以如下所示，记述也理所当然地与邝其照的《华英字典集成》基本相同。

A，亚，阿，一.

A，the letter a. The broad and open sound of this letter is expressed by 亚 or 阿.

A，considered as the article of unity，is in Chinese expressed by 一，between which and the noun，a character is frequently inserted， by which the Chinese reckon the thing referred to, and the therefore it's called a numeral: as a man 一个人……

2.《商务书馆华英音韵字典集成》(1902)

《商务书馆华英音韵字典集成》的蓝本一般被认为是纳韬耳(Austin Nuttall)、罗存德、韦柏士特(Noah Webster)的辞典。特别是纳韬耳的辞典 *Walker's Pronouncing Dictionary* 给当时中国的英汉辞典带来了极大的影响。颜惠庆的《英华大辞典》也是参考这本辞典编纂的。这种情况在日本好像也是如此,例如日本曾在 1885 年将纳韬耳的辞典翻译成《英和双解字典》出版。

A, The first letter of the English Alphabet. 英语字母首字; it's broad and open sound is expressed by 亚 or 阿. A. the indefinite article is expressed by the numeral 一, and is followed by the classifier defining the noun: as a band of robbers 一群贼……

《商务书馆华英音韵字典集成》一部分袭用了邝其照的记述(如"It's broad..."),但是后面的 Article(无定冠词)和量词的说明与邝其照的说明相比有了改进。另外,开头部分的说明("The first letter …")如下所示,取自《华英字典汇集》(其实最早出现在邝其照的《字典集成》中)。

A, the first letter or the English Alphabet; 英国二十六字母首字; the indefinite article, placed before words beginning with the sound of the consonant, as a man, a tree, a book; 此字常作壹字用，即如一人，一个人，一树，一条树，一书，一部书之类，是也，but before words beginning with the sound of vowel, it is written An. 但每逢用于活字之前，加 -N 字于 A 之后为合式. as, An English man, not a English man; 即如壹位英国人是也.

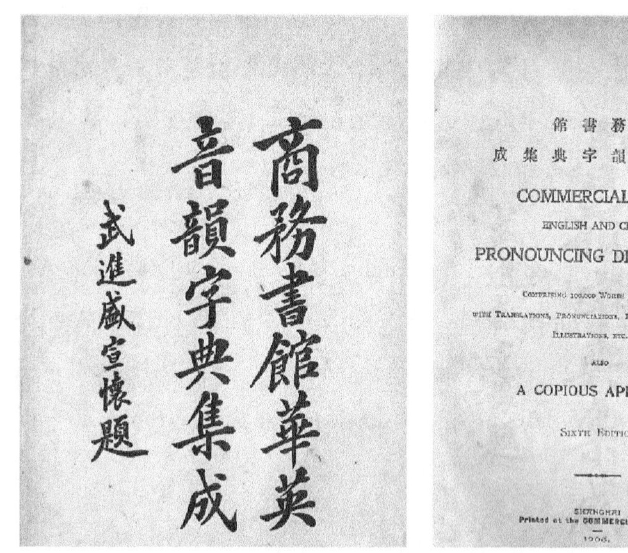

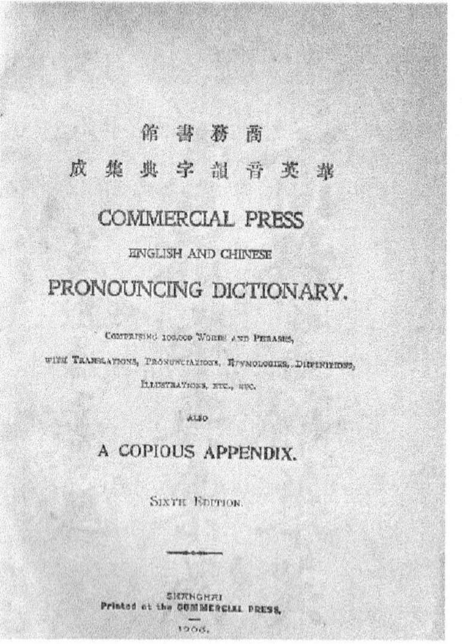

图 9 《商务书馆华英音韵字典集成》扉页

《商务书馆袖珍华英字典》《英华大辞典》《新订英华字典》基本上沿用了《商务书馆华英音韵字典集成》的记述。

3.《商务书馆袖珍华英字典》（初版 1903）

A The first letter of the English alphabet. 英文字母之第一字. A,（文）: a bean. 一粒豆.

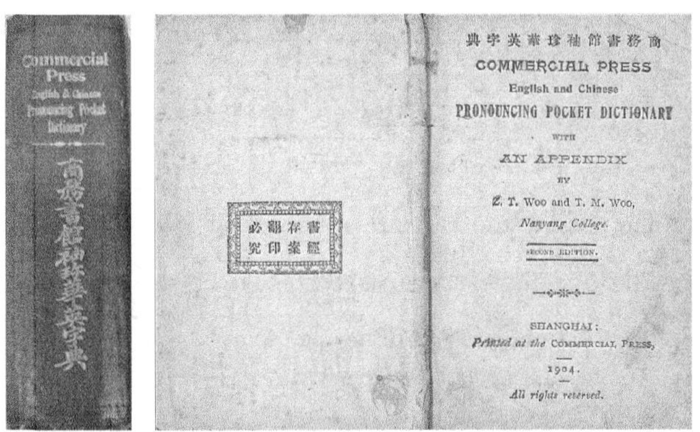

图 10　《商务书馆袖珍华英字典》(1904) 书脊 (左)、扉页 (右)

4.《英华大辞典》(1908)

A. The first letter of the English Alphabet. 英文字母首字：its broad and open sound is expressed by 亚 or 阿.

A, the indefinite article is expressed by the numeral 一, and is followed by the classifier defining the noun：as ：a band of robbers，一群贼.

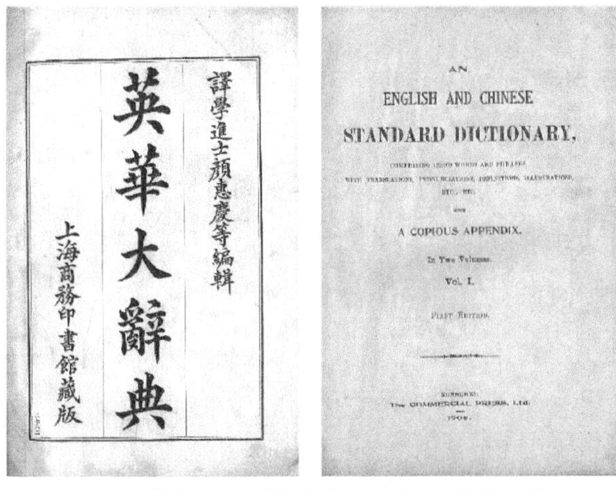

图 11　《英华大辞典》书名页 (左)、扉页 (右)

5.《新订英华辞典》(1911)

A. The first letter of the English Alphabet，英文字母首字. Its broad and open sound is expressed by 亚 or 阿.

A. the indefinite article is expressed by the numeral 一，and is followed by the classifier defining the noun：as，a book 一本书.

6.《英华合解词汇》(1915)

除了一般常用单词及复词以外，这本辞典择要收录了不常见的新字、成语和俗语。

A is the first letter and the first vowel of the English alphabet. 英文字母之第一字及元音之第一字. The indefinite article，contracted from an，and used before words or singular nouns beginning with a consonant sound.

这本辞典和以前的辞典略有不同，基本上是《英华大辞典》的系统。

7.《综合英汉大辞典》(1928)

《综合英汉大辞典》可以说是一本划时代的辞典，这本辞典的正编包括 11 万个词条，1948 年又出版了增订版。词条［A］的记述也与其他辞典不同：

A. a. 英文字母之第一字.

a［代］I 之讹 He，she，it 或 they 之讹.

a［他动］(废，方) Have 之讹.

a［不重读 a：重读］［不定冠词］

……

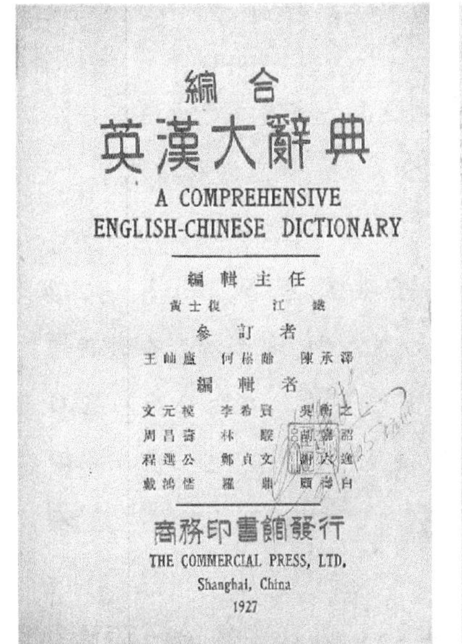

綜合
英漢大辭典
A COMPREHENSIVE
ENGLISH-CHINESE DICTIONARY

編輯主任
黃士復　江鐵
參訂者
王岫廬　何崧齡　陳承澤
編輯者
文元模　李希賢　吳衡之
周昌壽　林騤　[illegible]
程瀛公　鄭貞文　謝六逸
戴鴻[illegible]　羅鼎　顧壽白

商務印書館發行
THE COMMERCIAL PRESS, LTD.
Shanghai, China
1927

此書有著作權翻印必究
綜合英漢大辭典
編輯主任　黃士復　江鐵
發行兼印刷者　上海寶山路 商務印書館
發行所　上海及各埠 商務印書館
國幣部定價：布面大洋拾貳元；全皮面另加實洋伍元
外埠酌加運費匯費
初版　中華民國十七年正月

ALL RIGHTS RESERVED
A COMPREHENSIVE
ENGLISH-CHINESE DICTIONARY
General Editors: S. F. Huang　T. Kiang
Publishers and Printers: The Commercial Press, Limited
Price: Cloth $12.00; Real Leather, $5.00 net extra
Postage extra
1st ed., Jan., 1928

一三九二分

图 12　《综合英汉大辞典》的书名页（左）、版权页（右）①

《综合英汉大辞典》的序言对编辑方针做了如下介绍：

现行英汉字典，十之七八，皆以美国 Webster 氏各种字典为蓝本，韦书之佳固不待言；然如 Century 字典，Standard 字典，亦美国之名著，而吾国依据之者殊鲜；又如英国之 Oxford 大字典，为英文界空前之著述，惟卷帙过繁，购置不易，于是有 Oxford 简明字典，取大字典之精华，重加编次，期便实用，此书简明赅括，世之治英文者无不奉为宝典，而吾国用者独罕，诚足怪也……

① 注意：两者的时间不同！这可能是印刷所花费的时间。

《综合英汉大辞典》的编者在“编辑大纲”中指出：

O. D. （Oxford 大字典），W. N. I. D. （Webster 大字典），N. S. D. （Standard 大字典）及 C. D. C（Century 大字典），皆卷帙繁重，定价昂贵，不适于一般之用，且其中之古语废语及罕用之材料甚多，全译势所不能且亦不必，然以供取材及参考之需，则皆重要之典籍也；C. O. D. （Oxford 简明字典）为 O. D. 之节本，W. C. D. （Webster 大学字典）为 W. N. I. D. 之节本，P. S. D. （Standard 实用字典）为 N. S. D. 之节本，各有新增之材料，内容皆精审丰富而适用，若综合此三书之长而间采 O. D.，W. N. I. D.，N. S. D.，C. D. C. 及他书以补充之，可成一美备之字典，此则本书编辑之准据也。

由此可知，《综合英汉大辞典》是以《牛津简明英语词典》（C. O. D.）、《韦氏词典》（W. C. D.）、芬克和瓦格纳的《实用标准词典》（P. S. D.）等为底本的。

这本辞典的另一个特征是它积极采用了日本的英和辞典，特别是斋藤秀三郎的《熟语本位英和中辞典》（*Saito's Idiomological English-Japanese Dictionary*，日英社，1915）的译词。编者在“编辑大纲”中继续写道：

有时犹虞不足，须参以他书；日本斋藤秀三郎所著英和中辞典[①]，虽往往根据 O. D. 及 C. O. D.，而其自行搜集材料重新编次

① “中辞典”即中型辞典。

之处亦复不少，对于助动词，前置词，接续词，皆有独特之研究，此外常用之语，如 any，as，get，go，have，it，make，so，some，that，the，well 等，亦均有精详之例解，斋藤氏日本英文法大家，故其书多取文法上之说明比较，在字典界尤为特色，本书于斋藤中辞典之长所悉加采纳，凡常用之字比较上述各书之例解，择善而从（例如 a 字大体以 O. D. 为根据而采 C. O. D.，P. O. D 等以补充之；the 字则取斋藤中辞典）。

在《综合英汉大辞典》中，词条［the］的解释如下：

the（重读或单读 thē；在元音前不重读 thê or thĭ；在子音前不重读 thē），【定冠词】此，彼，其（之意，然不必如是译之）注意“The”之意义及用法有五：即 Particularizing（确定一物），Collective（集合复数），Representative（代表单数），Abstractive（代抽象名词），Qualitative（代“such”）是也，此外则多用于成语。

如下所示，完全是斋藤《熟语本位英和中辞典》词条［the］的翻译：

（獨立に發 3 音すれば——ヅイ——子音の前にある時には——ヅア——母音にて始まる言葉の前に在るときは——ヅィ）。【定冠词】この、その、あの、彼の（の意味にて斯くは譯さず）。【注意】“The”には五つの異なる意味、用法あり、即ち、Particularizing（一物確定）、Collective（集合複數）、

Representative（代表單數）、Abstractive（抽象名詞代用）、Qualitative（"such" 代用）の五用あり、又其外に多くの熟語に用ふ。

除了斋藤的辞典以外，"编辑大纲" 明确承认，《综合英汉大辞典》还采纳了《模范新英和大辞典》（神田乃武等编，1919）和《井上英和大辞典》（井上十吉等编，1915）的内容：

（英语之解释）有时且须以第三国之英语字典为参考；日本模范新英和大辞典，注解简洁，学术名辞之译语亦颇审慎，井上英和大辞典解释精密，而留意于英美之特殊惯用语，斋藤英和中辞典注重于单语与成语意义之连带关系，并有其独特之例解，以上三种在日本英语界久称名著，本书亦兼采其长。

二、《字典集成》与《英语撮要》

邝其照《字典集成》的一个特点是收录了若干种 "附录"。如第一版的附录有 "杂字"，即意义分类词汇表；"华英句语"，即短语短句一览。第二版又增加了 "杂字撮要" "语言文字合璧" "水路轮路纪略" 和 "中外年表"。第三版的内容则更加详尽。

第一版 "杂字" 和第二版 "杂字撮要" 的区别在于，第一版只列出了汉语的汉字，而第二版还为英语单词加上了注音汉字。

天文类 Astronomy 亚士拖罗那眉

天 Sky 士佳

青天 Blue sky 布噜士佳

日 San 新

月 Moon 扪

星 Star 士打

商务印书馆后来还出版了《英语撮要》（*The Classified List of Miscellaneous Important Terms*）的单行本。我收藏有一本《增广英语撮要》，是《英语撮要》的增订本，1917 年刊行的第 24 版，381 页。我没有看到初版本，所以具体出版信息也不完全，增订本的版权页上写着“初版 丙午年十一月”，那就应该是 1906 年出的（《商务印书馆出版中外文辞书目录 1897—1963. 9》也是 1906 年初版）。

这本书的内容如下：

第 1 页至第 172 页是所谓的分类词汇表，有“博物之理”“天文及天空气象各类”“天空气息及奇象（内附天时类）”“地舆类”“分属地方及街道类”“中国日本高丽越南及别处港口并地名”“新金山各埠名”“美国最美大之市场”“中海滨及长江地方名”“国名京都名及人名”“时令门”等，共计分了 107 类。

第 173 页至第 319 页是“英语撮要”，由句子和书札构成。

第 320 页至第 330 页是“各城市相隔里数”；第 331 页至第 333 页是“数目语”；第 334 页至第 348 页是“中国出入口货税则 · 进口货物税则”；第 349 页至第 381 页是“中外年表”；最后是“德宗景皇帝宣统”。

另外，我的书架上还有一本《言语文字合璧》，页码标注为第 181 页至第 371 页，好像不是一个全本。这个材料只有“分类词汇”和“中外年表”两个部分。

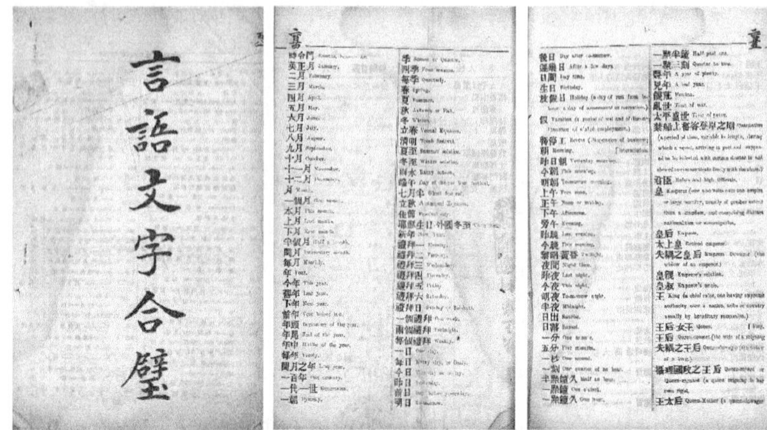

图 13 《言语文字合璧》的书名页（左）、正文（中、右）

“分类词汇”的第二页是一段英文：

> The Miscellaneous Sentences, Forms of letters, Notes, Bills and Petitions, A Table of Distances, The Tariff of Imports and Exports of China, the Latest improvement on the commercial treaty between China and Foreign Countries, and a Historical Sketch of the Chinese Dynasties, in which the dates are harmonaized with the Christian Chronology.

但是没有收录实际的词语，后面就是“中外年表”了。这个中外年表的最后是“穆宗毅皇帝”，即同治（1862，13）①，后面是在位君主光绪（1875），可知本书是 1875 年以后出版的。现在皇帝的在位年数（Length of Reign Yrs）是空白，所以应该是 1875 年出版的。

① “1862”为清同治元年，“13”为皇帝在位年数。

这个《言语文字合璧》与《字典集成》第二版相比，“言语文字合璧”和“语言”的顺序相反，其内容也是以分类词汇表和中外年表为中心，可能是后来的人将《字典集成》的附录部分抽出制作成单行本的。

而实际上，两者的词汇分类方法很相似，所收词语也有很多共同的内容。例如，“教习各艺书馆类”，可以非常明显地看出接受、继承了邝其照《字典集成》的词语。

《言语文字合璧》①：

书馆 School

义学 Charity school

皇家馆 Government school

公家馆 Public school

夜学馆 Evening school

训蒙馆 Elementary school

小馆 Primary school

讲解馆 Grammar school

中馆 High school

女学中馆 Female seminary

训练当教习之馆 Normal school（师范学校）

习贸易馆 Commercial academy, school or college（商业学校）

技艺书院 Scientific school, or Institute of Technology（格致书院或工业学校）

① 括号内为商务印书馆《增广英字撮要》的内容。

大书院 College（高等学校）

大书院 University（大学校）

习耕农馆 Agricultural school or college（农业学校，农学馆）

习传教馆 Theological seminary

水师学堂 Naval academy

陆军学堂 Military academy

律乐馆 Academy of music（音乐馆）

化莠为良之馆 Reformatory or reform school（改过学馆）

瞽目馆 Institute for the blind

聋哑馆 Deaf and dumb institute or an Asylum

《字典集成》（1868）：

书馆 School

义学 Charity school

皇家馆 Government school

夜学馆 Evening school

书院 College

贡院 Imperial school

黉宫 University

育婴堂 Asylum

《字典集成》（1875）[①]：

① 1875 年版中加入了 1868 年版的内容。

翰林院 Imperial academy

乡塾，小学馆 Elementary school

郡学院 High school

贡学院 Grammar school

仕学院，大书院 College

太学院，黉宫 University

技艺院 Academy of science

格物院 Academy for natural philosophy

船政院 Naval academy

武学院 Military academy

通商院 Commercial academy

农政院 Agricultural academy

丹青院 Academy of arts

律乐院 Academy of music

师道院 Seminary for teachers

宜道院 Theological seminary

女学 Female seminary

训瞽目院 Institute for the blind

训聋瘖院 Deaf and dumb institute

训孤哀子院 Orphan asylum

训罪童院 Reformatory

几乎同时期（1875）出版的《字典集成》第二版和线装本的《言语文字合璧》，尽管有若干不同，但我认为两书出于同一作者之手。也许线装本是《字典集成》第二版正式出版之前的“试用本”。

三、与邝其照曾孙的相识

我在2010年末突然收到了一封寄自香港的信件，大意如下：

亲爱的内田先生：

我在互联网上读到了郝明义（Rex How）的文章《打开东亚数字信息的大门》（Opening the Digital Gate in East Asia）。在这篇文章中，他写了邝其照的研究，有一些信息是他从你那里得到的。

我也正在做关于邝其照的调查，因为他是我的曾祖父。我正在试图寻找到更多的关于他的信息。听说你写的书中有一些关于邝其照的信息，你能告诉我怎样才能买到你的著作吗？你能否提供更多的与邝其照有关的情况吗？

致以衷心谢忱。

黄植良（Sam Wong）

香港建设（控股）有限公司（HKC Holdings）执行董事

我经常收到陌生人的电子邮件，但是这个邮件却让我大吃一惊，因为这是来自邝其照后裔的电邮。邮件中提到了郝明义和他的杂志。这位郝先生以前曾来信向我询问关于邝其照的情况。郝先生后来在杂志中写道：

我2002年10月访问日本时，正在进行关于辞典的研究。我了解到现代中国的辞典很多得益于日本的辞典。我想我的调查旅行一定会成为收集邝其照资料的宝贵机会。事实证明我是对的。

例如，我希望找到更多的关于邝其照的信息，他是中国的辞典编纂家，1868年完成了第一本英汉辞典。在过去的那个世纪里，中国经历了战争和社会变革，邝其照的字典也未能保存下来。另一方面，邝本人也被他的同胞们遗忘了。我们很难得到关于他的有价值的信息。在东京期间，我在神保町的旧书店买到了永岛大典写的《兰和英和辞书发达史》。令我高兴的是，在这本书的附录里我发现了邝其照的著作在日本出版的目录。此后不久，一个朋友告诉我日本一位叫内田庆市的先生正在致力于近代东西方语言和文化交流的研究。他的著作成了我获得邝其照信息的另一个宝贵的来源。我直接写信给内田先生，获得了他的著作。

我研究邝其照的经验告诉我网络与书的结合是多么有力。同时我也感觉到，对于东亚，即包括中国、日本和韩国在内的汉字文化圈中，网络会为我们提供有益的、重要的信息。但不管网络变得多么聪明，用拼音文字寻找某些东方的信息仍是一件艰难的工作。例如，我在网上检索 Kwong Ki-chiu，这是邝其照正式使用的英文拼写，但收获甚少。这使我更坚信，东亚应该开发出新的更有效的方法，通过网络共享我们的信息（参见黄秀如等，2002）。

我在拙著《近代における東西言語文化接触の研究》（2001）中对邝其照做了考察。郝明义出版的杂志《网络与书》（*Net and Books*）的第5种是《词典的两个世界》。这是关于18世纪以后的英汉词典的特集，其中有一章叫《文字密林中的身影——九个编词典的人》，“邝其照与《英华字典集成》”就是其中的一节。

后来黄植良给我来过几次信，2013年1月27日我们还在香港见面，进一步交流了关于邝其照的信息。

黄植良在邝其照生活过的美国哈特福德（Hartford）出版的报刊上收集了很多关于邝氏的信息，他和与邝其照有深交的容闳后代也有交往。他把自己撰写的邝其照年谱寄给了我。这是他采访邝氏后人制作的。这个年谱对于研究邝其照极为有用，经他同意，我们把邝其照年谱附在《近代英华华英辞典解题》中了。我们计划今后进一步收集资料，使这个年谱更加丰富。

小 结

以前，我们几乎没有阅览邝其照《字典集成》初版本的机会，因此也就无法对初版和第二版之间的变迁做深入的研究。此次，将两个版本同时用影印的方式出版，这必将极大地推动有关邝其照及其辞典的研究。

参考文献

高田时雄，2001，《カトリック・ミッションの言语戦略と中国》，《文学》第2卷第5号。

高田时雄，2009，《清末の英语學——鄺其照とその著作》，《東方學》第117辑。

宫田和子，2010，《英華辞典の総合的研究——19世紀を中心として》，东京：白帝社。

内田庆市，1998，《鄺其照の〈華英字典集成〉をめぐって》，《關西大學中國文學會紀要》第19号。

内田庆市、沈国威（编），2009，《言語接触とピジン——19世紀の東アジア》，东京：白帝社。
沈国威（编），2011，《近代英華華英辞典解題》，大阪：关西大学出版部。
沈国威，2010，《近代中日词汇交流研究——汉字新词的创制、容受与共享》，北京：中华书局。
司佳，2013，《邝其照与1868年〈字典集成〉初版——兼谈第一本中国人编写的英汉字典及其历史实用价值》，《广东社会科学》第1期。
黄秀如等（编），2002，《词典的两个世界》，台北：网络与书出版。
严复，1902，《序》，罗布存德《商务书馆华英音韵字典集成》，上海：商务印书馆。

近代英华辞典环流[*]

——从罗存德、井上哲次郎到商务印书馆

沈国威

商务印书馆馆史研究著名的汪家熔先生在他的最近一篇论文中指出："《商务书馆华英音韵字典集成》出版于1902年，是中国人编纂的第一部分音节的英汉双解词典。"（汪家熔，2010：103）在此之前，西人编纂的辞典有很多也是采用英汉双解形式的，例如马礼逊、麦都思、卫三畏、罗存德等人的辞典。但是因为他们编纂辞典的主要目的是帮助来华的西方人士学习汉语，故无须在英语的分节等编排上下太多的功夫。而以《字典集成》（初版1868；第二版1875；第三版1887）名噪一时的邝其照，尽管他曾尝试着在几种英语学习书籍中导入重音和音节分写的方法（邝其照，2013），但《字典集成》的英华辞典部分只是简单地列出了两三个对译的译词而已，英语词既不分音节，释义又过于简单。邝其照之后，另外几种中国人编纂的英华辞典，如谭达轩的《华英字典汇集》（初版1875；第二版1887；第三版1897）、莫若濂的《达辞》（1898）、冯镜如的《新增华英字典》（初版1897；第二版1899）等都没有采用音节分写的方式。作为辞典，《商务书馆华英音韵字典集成》（以下根据行文略为《音韵字典》）

* 原刊《關西大学東西学術研究所紀要》2014年第47辑，第19—37页。

确实“是中国人编纂的第一部分音节的英汉双解词典”。可以说这本世纪肇始出版的字典开启了英汉双语词典编纂的新纪元。商务为何能做到这一点？严复在《音韵字典》的序中说：“即彼中善本。如纳韬耳、罗存德、韦柏士特诸家之著。荟萃缀译。以为是编。”编辑英语辞典时参照纳韬耳、韦柏士特等大家的成果毫不奇怪，令人稍感到意外的是严复提到了罗存德。无疑严复指的是罗氏的《英华字典》(1866—1869)，但是该辞典显然不能称之为“彼中”善本，因为这部继马礼逊的《字典》（1815—1823）以后最大、最贵的辞典不是在欧美，而是在香港出版的。严复之后，商务的《音韵字典》就同罗存德的《英华字典》挂上了钩。笔者曾反复指出《音韵字典》的编纂者们并没有直接参照罗氏的字典（沈国威，2010，2011），但是某些误解仍在不断重复着[①]。本文在廓清上述数种辞典出版情况的基础上，通过译词的对比，梳理罗存德、井上哲次郎及中国人编纂的数种辞典之间的传承借鉴关系，证明《音韵字典》直接参考的不是罗存德的《英华字典》，而是井上的《订增英华字典》；并由此透视 19、20 世纪之交，中外出版印刷方面的文化交流及中国通过日本获得西方新知识的历史场景。

一、罗存德及其《英华字典》

19 世纪在中国出版的为数众多的英华辞典中，德国来华传教士罗存德的《英华字典》是一本值得大书特书的辞典。这本辞典代表了 19 世纪西人汉外辞典编纂的最高成就，对其后的英汉辞典以及日

① 元青（2013：99）在《晚清汉英、英汉双语词典编纂出版的兴起与发展》中说“该词典是以罗存德《英华字典》为蓝本增订的，内容丰富”。

本的近代英日辞典的编纂、译词的形成都产生了极大的影响。关于著者罗存德，故友那须雅之（1998b）曾有过深入的调查，最近，熊英（北京外国语大学博士生）、贺楠（关西大学博士生）等又沿着那须留下的足迹进行了追加性调查，罗存德生平事迹已大致廓清。在此仅根据上述研究的成果简述如下：

罗存德于1822年3月19日出生于德国西北部的一个村庄，父亲是个制鞋匠人。罗的双亲都是虔诚的基督徒，并希望儿子能成为一位牧师。1829年罗存德7岁时母亲去世，父亲于两年后再婚，但1833年父亲也不幸去世。这样，罗存德在11岁时便不得不继承了制鞋的家业。在两位叔叔的帮助下，罗存德到18岁为止一直在公立学校学习。

1844年，22岁的罗存德作为公费生进入礼贤会（Rheinische Missionsgesellschaft，简称“RMG”）系统的神学校学习神学和医学直到1847年。在学期间，罗存德的外语才能受到了高度评价。恰好在那时，RMG响应该会派往香港的传教士郭实腊（Karl Friedrich August Gützlaff，1803—1851）[①] 的要求，派遣两名牧师——叶纳清（F. Genähr，1823—1864）和柯士德（H. Küster）去中国协助郭实腊传教。然而，柯士德到中国后旋即病笃去世，RMG遂决定增派罗存德赴华。

1848年5月28日，罗存德到达香港，在郭实腊的领导下从事传教活动，后来又在伶仃湾等地开设医院，进行医疗传教。1850年，罗存德经由英国回国治病。在家乡罗存德与艾薇儿·肯特（Alwine Kind）结婚，并脱离礼贤会。1853年9月，罗存德作为福汉

---

① 又译郭实猎、郭士立等。

会派往中国的第一名传教士携夫人再次来华，于 1854 年 2 月 18 日到达香港。罗存德为福汉会工作到 1857 年，后来该会因资金短缺停止活动。第二次来华后，罗存德的主要精力似乎转移到了教育和文化出版活动方面。罗一生共出版图书 40 余种①。

1854 年 12 月，罗存德作为汉语和德语的翻译与卫三畏等一同乘阿达姆率领的第三次日本远征舰队前往日本，参与日美和约的换文签字活动。这时，他向日本负责翻译的堀达之助赠送了麦都思的两种辞典——《汉英字典》（*Chinese English Dictionary*，1842—1843）、《英汉字典》（*English and Chinese Dictionary*，1847—1848）。

1856 年，罗存德成为伦敦会的会员，1857 年又被英国政府任命为香港政府的视学官（Government Inspector of School），与理雅各（J. Legge）一起参与香港的教育行政。当时香港已经成立了 13 所公立学校（Government School），设置在维多利亚（Victoria）的大书院（Central School）统管这些学校。罗存德首先着手的工作是为中国的学童编写教材②。

罗存德从 1864 年开始着手《英华字典》的编纂工作。1869 年字典完成前夕，罗存德因传教活动方式等与中国传教会（China

---

① 参见那须雅之（1998b）及伟烈亚力（Alexander Wylie，1815—1887）（Wylie，1867：184—186）。伟烈氏辑录了罗存德的著作 21 种，其中汉语著作 12 种，英文著作 9 种。正文部分没有提及罗存德的《英华字典》，但书后“补遗”（Additions and Omissions）中有如下补充信息：Anglo-Chinese Dictionary；with Punti and Mandarin Pronunciation. 4to. Only two out of four parts are yet published. It is advertised to be completed about December，1868；the whole comprising 2000 large quarto pages（p. 282）。蒙台湾大学蔡祝青教授示教。伟烈氏此书的信息截止于 1867 年，关于《英华字典》1868 年编竣的预告来自罗存德字典第二卷卷首的前言（参见沈国威，2011：94）。

② 罗编纂有以下数种教科书：《千字文》（*Thousand Character Classic*）（香港，1857）；《麦氏三字经》（*Medhurst's Trimetrical Classic*）（香港，1857），叶 16；《四书俚语启蒙》（*The Four Books with Explanation in the Local Dialect*）（香港，1860），31 页；《幼学诗释句》（*Odes for Children with notes*）（香港，出版日期不详），叶 17。

Missionary Conference）发生对立，被褫夺神职，同年9月以后黯然返欧回国。罗氏回国后，为了消除罗的影响，出版社（Daily Press Office）接受有关方面的命令删去了《英华字典》的三个序言（详细参见那须雅之前揭论文）。

罗存德于1874年作为牧师移居美国，1893年12月24日在美国去世。

《英华字典》于1866年10月出版第一册Part I，以后每年一册，至1869年四册（Part I—IV）出齐。装订形式有四册分订本和二册分订本（不计在日本重新装订的一册合订本）。

第一册卷首有罗氏的英文序言，日期为1866年4月28日。英文序之后是一篇汉文序言，署：同治丙庚夏四月翰生张玉堂书于九龙官署西斋，钤有“武功将军”“玉堂之章”印二枚[①]。“武功将军”为清代武官名，从二品，可知张玉堂是当地的行政军事长官。张在序中对罗的字典大加赞扬说：

> 其中俚语文言无不悉载、前人所略者译之不厌其烦、所赘者删之不嫌其简、访谘至于迩言、搜罗不遗俗字、重抽旧绪、别出新诠、博采傍稽、合参互证。

张玉堂序中还有“无事常到九龙过访”的表述，可知辞典的编辑是在香港一带进行的，罗存德英文序中的Punti（本地）也可以确定为广州方言。

罗的字典之前，有过马礼逊的《字典》（主要为外国人学中文

① 第一册封面与扉页之间夹有一个出版商的声明，日期为1866年10月15日，由此可知脱稿至印刷完成用了半年时间（参见沈国威，1993）。

用)，麦都思的《汉英字典》《英汉字典》，和卫三畏的《英华韵府历阶》(1844)。张序中的“前人所略者详之……”云云，是否意识到上述辞典不得而知；但是关于俚语、俗字的评价是符合《英华字典》的实际情况的；而“重抽旧绪、别出新诠”则是对罗存德译词创造的极好概括和总结（沈国威，1994：136—146)。这就是说罗在编纂字典时，除了新造以外，采用原有的旧词（重抽旧绪)，或对旧词赋予新义（别出新诠）是该辞典译词创造的主要方法。这同时说明了《英华字典》的新概念移入还可以在旧词新义的范围内进行。而19世纪末，政治、经济、自然、人文科学等领域全面开始导入西方新概念，仅靠旧词新义便已经无法对应了。维也纳的奥地利国家图书馆收藏有罗存德献给奥地利皇帝的四卷本《英华字典》：第二册前有一个序，为其他版本所不见者，落款日期为1867年6月15日（沈国威，2005)。第四册前也有一个序言，落款日期为1869年2月。当时《英华字典》全四册已经完成，只待印刷了，因此可以说这是一篇跋文。在这里，罗氏对整个字典编辑工作进行了回顾：罗存德说，《英华字典》收录了5万以上的英语单词，译词使用了60万以上的汉字。罗认为仅仅标示出等价的译词的做法常常不能从根本上满足学习者、使用者的需要，为此，他尽量给出了每个单词的各种实际的使用情况。

由于罗存德的突然离去，该字典在中国国内的流通受到了极大的影响，现在在中国国内几乎很难看到他的字典和著作。但是，罗存德字典出版当时正值日本处于学术转型期，兰学家转向英语，需要学习英语的工具书，罗存德接受了大量来自日本的订单。现在，仅以公共图书馆计日本就有30家以上的图书馆收藏《英华字典》达70余套之多（宫田和子、飞田良文，1997：1—101)。《英华字典》衍生了多种英和辞典，如柴田昌吉、子安峻编《附音插图英和字汇》（1873）全面参考了罗存德的译词，津田仙、柳泽信大、大井镰吉编《英华和译字典》（2卷，1879）、井上哲次郎的《订增英华字典》则是罗存德辞典的翻刻版。由于《英华字典》对日本近代英语学习史、日语词汇史的影响巨大，所以日本学界很早就开始对该字典，或利用该字典进行相关领域的研究（森冈健二，1969；那须雅之，1995：左页1—20，1997：左页1—26，1998a：左页1—25）。1995年佐藤武义、成泽胜使用日本东北大学藏《英华字典》出版了CD-ROM复刻版；1996年那须雅之从东京美华书院出版了二册复刻本①，并撰写了题为《〈英華字典〉初版の原姿について——その構成内容容をめぐって》的解说。罗存德在中国乃至亚洲近代传教史上的地位如何？他的《英华字典》究竟为近代以后的汉字文化圈新词提供了什么？这些问题都需要我们进行更深入的研究。

二、井上哲次郎及其《订增英华字典》

《订增英华字典》的署名编纂者，日本近代著名学者、哲学家井上哲次郎是福冈县人，幼时以汉学启蒙，14岁学英语，后入东京大学学习哲学。1884年7月至1890年10月赴欧洲留学，回国后任东京大学教授。署有井上哲次郎订增的《订增英华字典》扉页和版权页如图1。

① 那须父亲经营一家小印刷厂，“东京美华书院”是那须为其极具野心的19世纪英华字典复刻计划而设立的出版社。后那须因病去世，实际出版的只有《英华字典》这一种。

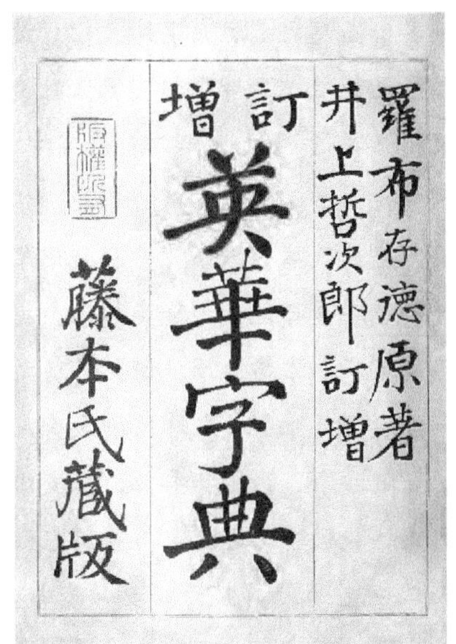
羅布存德原著
井上哲次郎訂增
訂增英華字典
版權所有
藤本氏藏版

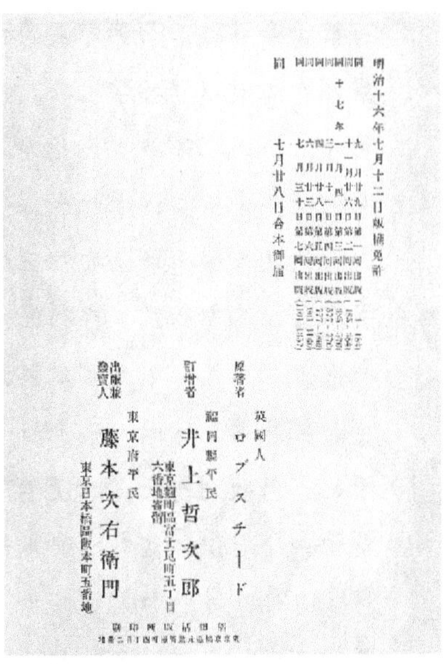
明治十六年七月十二日版權免許
同　九月廿九日第一回出版
同　十一月廿六日第二回出版
同十七年一月四日第三回出版
同　三月十一日第四回出版
同　四月廿八日第五回出版
同　六月廿三日第六回出版
同　七月三十日第七回出版
同　七月廿八日合本御届

原著者　英國人　ロブスチード
訂增者　福岡縣平民　井上哲次郎　東京麹町區富士見町五丁目六番地寄留
出版兼發賣人　東京府平民　藤本次右衛門　東京日本橋區阪本町五番地

图1　《订增英华字典》扉页（左）、版权页（右）

从版权页的信息可知，《订增英华字典》于1883年（明治十六年）7月12日取得版权后，9月29日印出了第1—184页，其后分6回渐次出版，1884年7月28日始出合订本。而井上已于同年2月赴德留学了，也就是说井上并没有等到字典全部出齐就离开了日本。故扉页和版权页是否经过井上确认也不得而知。扉页上写原著者“罗布存德”，版权页写“ロブスチード”（假名复原音为“robusuchido”），这是对罗存德原文名Lobscheid的英文式转写，并想当然地把罗存德误认为英国人。《订增英华字典》含汉文扉页1页，英文扉页1页，井上的汉文叙3页，正文第1—1210页，Appendix共22项，1211—1357页，Errata等2页。井上汉文叙有云：

五万三千黉无不教郭索之文。呜呼，西学之行于我邦，未曾有盛于今日也。而英学实为之最矣。盖英之文运天下殆无比。此我邦人之所以修其学也欤。虽然，治物之工，皆先利其器，独修英学者不先求字典之完备者而可乎？我邦虽既有二三对译字书，而大抵不完备。详于此者，则略于彼。备于彼者，则泄于此。不无啻意义未尽，译语亦往往欠妥，意义既尽，译语又妥而最便象胥家者，其唯西儒罗存德氏所著英华字典耶。世之修英学者，据此书以求意义，则无字不解，无文不晓，左右逢原，何所不通之有。但此书乏坊间，而价极贵。学者憾其难得，书肆藤本氏有见于此，乃欲刷行此书以便学者。谋之于余，余赞其举曰，今夫修英学、磨智识者益多，则我邦之文运骎骎乎，进遂至与英国东西对立分镳，并驰亦未可知也。而此书岂为无裨益于修英学者哉。及印刷成，不揣无文，书其由以为序。明治十六年秋八月巽轩井上哲提

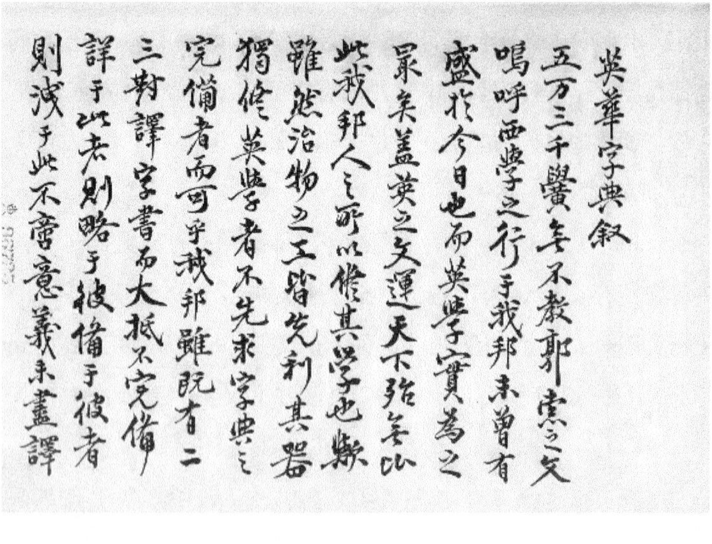

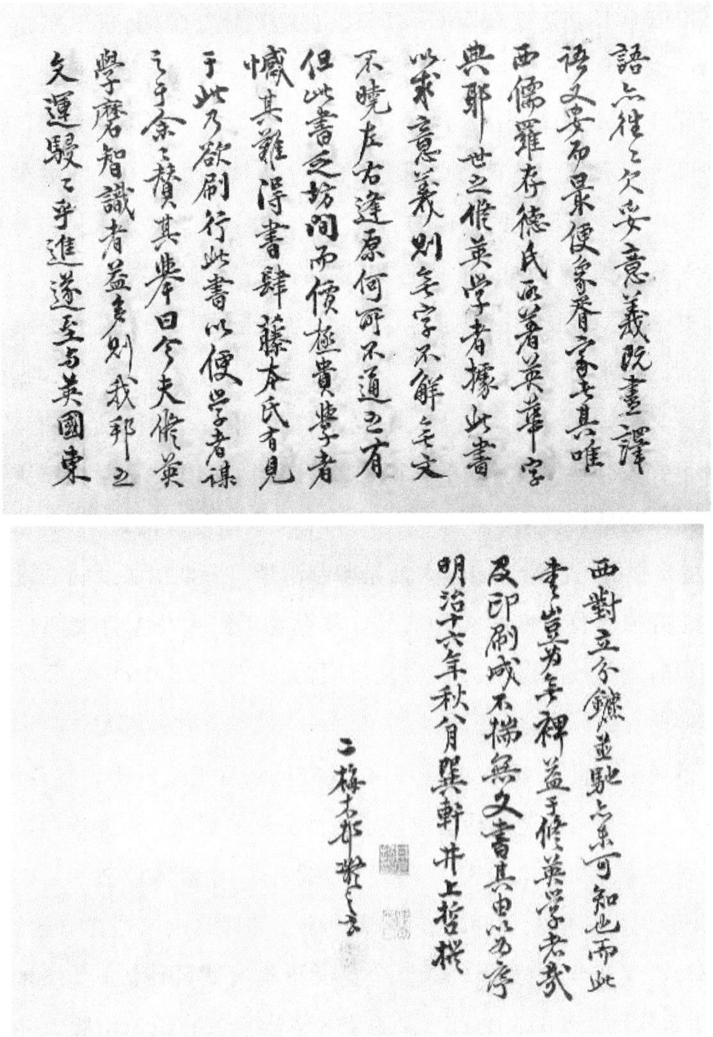

語亦往々欠妥意義既盡譯
文妥而最便參看字書者其唯
西儒羅存德氏所著英華字
典耶一世之修英学者據此書
以求意義則無字不解無文
不曉左右逢原何所不通之有
但此書乏坊間而價極貴學者
憾其難得書肆藤本氏有見
于此乃欲刷行此書以便学者謀
之于余々賛其舉曰今夫修英
學磨智識者益多則我邦之
文運駸々乎進遂至与英國東
西對立分鑣並馳亦未可知也而此
書豈為無稗益于修英学者哉
及印刷成不揣無文書其由以為序
明治十六年秋八月巽軒井上哲撰
二梅杉邨敬之書

图 2　井上哲次郎《英华字典·叙》

作“叙”的时间是明治十六年（1883）8 月。“叙”前面有英文扉页。英文扉页基本上袭用罗存德字典的扉页，仅增加了订增者和出版社的信息。关于订增者，扉页印有：Revised and enlarged by

TETSUJIRO INOUYE, BUNGAKUSHI（文学士）。井上获得东京大学文学士学位是明治十三年（1880）7 月。这个英文扉页应该是第一部分（第 1—184 页）出版时的扉页。从“叙”中“西儒罗存德”的文字可知井上看到了卷首有张玉堂序言的版本，因为《英华字典》只在张的序言中出现过罗存德的名字。因此笔者认为，亲眼见过辞典实物，又具有德语知识的井上绝无把罗的名字错成“罗布存德”的可能。井上对罗存德的字典推崇备至：“意义既尽，译语又妥而最便象胥家者，其唯西儒罗存德氏所著英华字典耶。世之修英学者，据此书以求意义，则无字不解，无文不晓，左右逢原，何所不通之有。”但是井上并没有对字典订增的情况加以任何说明。关西大学内田庆市教授架藏本的扉页粘贴了一张《订增英华字典新闻评语》，收集了日本 7 家主要报纸的评论。内容大抵是印制清晰、分期出版及时、讹误较少，也并未涉及订增的实际情况。井上晚年作《井上哲次郎自传》，对这段时间的情况做了如下回忆：明治十三年（1880）初即将从东大毕业前夕，同学之间盛传井上和另一人将被派往欧洲留学。但井上留学事受阻，直至 1884 年 2 月 15 日方从东京出发赴德。在自传中，井上对这一期间的著述活动也做了颇为自豪的记录：东大毕业第二年刊行《哲学字汇》（1881），其后陆续完成《新体诗抄》（1882）、《心理新说》（译述，1882）、《伦理新说》（1883）、《西洋哲学讲义》（1883）、《东洋哲学史》（1883）、汉诗集《巽轩诗钞》（1884）等（井上哲次郎，2003：8—12）。关于《哲学字汇》编辑出版，井上在《井上哲次郎自传》中也写道：

下面我想谈一下《哲学字汇》的情况。我在东京大学毕业是明治十三年（1880）7 月。第二年即从东京大学出版了《哲学字汇》。明治十七年（1884）增补再版出版，至明治四十四年（1911），又大加修订从丸善书店出版了第三版。为什么会编纂出版《哲学字汇》呢。我们当时还是东大的学生，每当研究哲学，倍感困惑的就是日语里没有哲学的术语。想讨论哲学的问题，用日语则很不容易表达，要使用很多外语的词才能理解。深深感到无论如何应该制定哲学术语。当时我们的前辈学者西周已经制定了很多哲学的术语，但是还不够。加藤弘之博士也认为有这种必要性，对我们大加鼓励。

所以以我为主，我们几个同学开始创造哲学的术语。“哲学”这个词是西周创造的，其他一些心理学的词语也是这样。但是伦理学、美学、语言学等方面的术语是出自我的手。“绝对”这个词原来是佛教的术语，我把它定为 absolute 的译词。“世界观”“人生观”等现在经常使用的词，也是由我首创的。还有一个“人格”，这个词过去也没有。我把 personality 译作“人格”。我的同事中岛力造是伦理学教授，他问我，personality 怎么翻译才好？我回答说就译成“人格”吧。然后中岛在伦理学讲义上使用了这个词，马上就流行开来，还成了法律的术语①。现在的人不知道这些事，创制新的学术用语，特别是哲学术语是一件很不容易的事情。明治以后，伴随着学术的发展新术语的创制是很多人努力的结果，这是一件必须牢记的事情。

每个新术语创造的详情在此暂且从略，只补充说明一两个词。“家族制度”虽然不是一个译词，但也是我首先开始使用的。在罗马时代，罗马帝国非常强大，我认为这是遵循家族制度

---

① “人格”“世界观”“人生观”等并没有在《哲学字汇》初版（1881）、改订版（1884）中出现，直到第三版（1912）才被收录。

的结果。日本的优势也在家族制度这一点上。而且日本的家族制度不是一个一个的家族，而是全国成为一个大家族。我这样一发议论，就成了国民道德上的重大问题，促成了现在家族制度的诞生。“八纮一宇”就是这种扩大了的家族制度。另外，作为伦理上的问题，有“大我”“小我”的说法。“大我”是佛经里的词，而针对“大我”使用“小我”来讨论问题是从我开始的，以前没有人使用“小我”。这些都是《哲学字汇》以外的新词。这些词开始为一般人所使用，为国语的发展做了贡献，这是不能否认的（井上哲次郎，2003：33—34）。

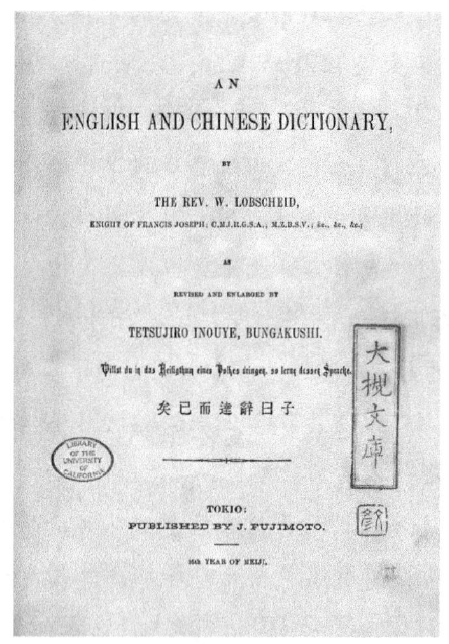
AN
ENGLISH AND CHINESE DICTIONARY,
BY
THE REV. W. LOBSCHEID,
KNIGHT OF FRANCIS JOSEPH; C.M.I.R.G.S.A.; M.Z.B.S.V.; &c., &c., &c.;
AS
REVISED AND ENLARGED BY
TETSUJIRO INOUYE, BUNGAKUSHI.
Willst du in das Heiligthum eines Volkes dringen, so lerne dessen Sprache.
子曰辭達而已矣
TOKIO:
PUBLISHED BY J. FUJIMOTO.
16th YEAR OF MEIJI.
LIBRARY OF THE UNIVERSITY OF CALIFORNIA
大槻文庫

图 3 《订增英华字典》英文扉页

井上在临去世前一年完成的《巽轩年谱》明治十四年（1881）

项下再次提到“发行《哲学字汇》”，可见他对这本术语集非常重视。但对《哲学字汇》之后完成的《订增英华字典》，井上在所有的材料中绝无涉及。井上对这本他极为推崇的英华字典日文订增本似乎并不满意，原编者罗存德信息的错误应该是原因之一。那么井上都做了怎样的“订增”工作呢？

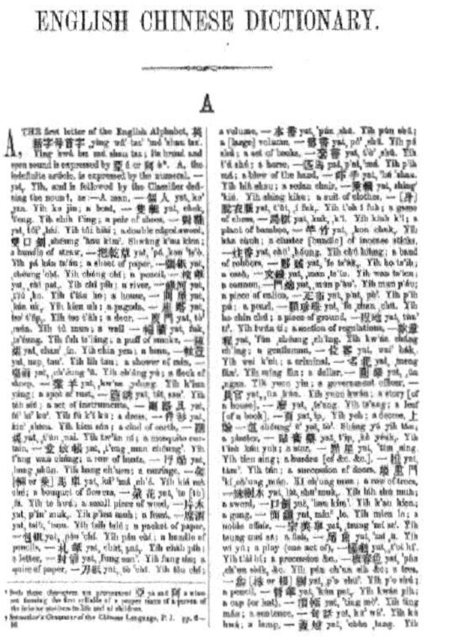

图 4　罗存德字典（左）、井上订增版（右）A 首页

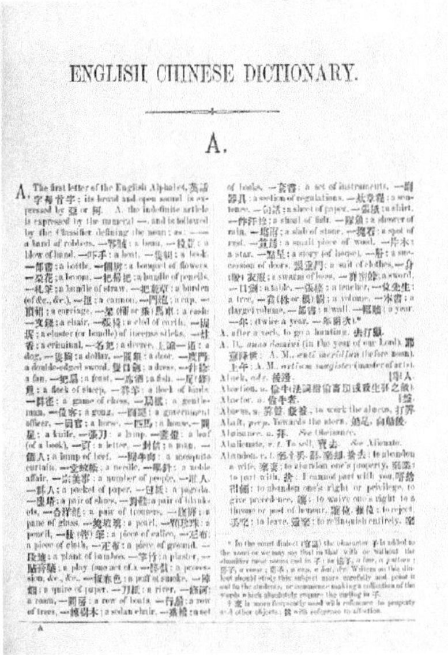

通过对比可以知道，整个字典的订增工作包括：1）去掉罗存德字典中的 Punti（本地）发音和那些方言词；2）把译词按照英语原词的字母顺序重新排列①；3）加上了词类的标识；4）卷末增加了 22 项附录，这些附录主要来自卢公明（J. Doolittle，1824—1880）

① 罗存德原字典的排列方式是按照译词的广东话发音排列。这是因为该字典的一个重要目的是帮助来华西人学习当地的语言。

的《英华萃林韵府》（1872）。井上实际上做了多少工作不得而知，如果问这些工作非井上不可吗？回答则是否定的。从译词的角度看，井上的订增版新增了 6200 条以上的译词[①]。根据宫田和子（2010：121—151）的研究，井上新增的译词占总数的近 9%，主要采自《英华韵府历阶》《英华萃林韵府》等中国出版的英华辞典。笔者也未能在金敬雄教授编制的《井上哲次郎订增译词一览》中找到日本新制、自制的译词和术语。几乎在同一时间段井上主持编写了《哲学字汇》，但匪夷所思的是其中的译词完全没有反映在《订增英华字典》中。

三、《音韵字典》之前的三本英华字典

如前所述，在邝其照开创性的工作之后，《音韵字典》刊行之前，还有几种中国人编纂的英华辞典。较重要的有：谭达轩的《华英字典汇集》、莫若濂的《达辞》、冯镜如的《新增华英字典》。在讨论《音韵字典》之前，先对这三种字典做一简单考察。

1.《华英字典汇集》

《华英字典汇集》由谭达轩编纂，郭罗贵（赞生）校正。文裕堂书局出版。第一版为 1875 年，第二版为 1887 年，第三版为 1897 年。笔者仅见第三版。英文扉页后有作者的英文序 1 页，署 1897 年 4 月 1 日。接下来是编者谭达轩的汉语序，署光绪元年（1875）七月下浣；王韬的序，亦署光绪元年（1875）；校订者郭罗贵的短序，署 1884 年 4 月，郭序似为再版时后加入的。

---

① 参见福岛大学金敬雄教授的未刊博士论文《井上哲次郎の〈訂増英華字典〉に於ける訳語の修整についての考察》。衷心感谢金敬雄教授提供的宝贵研究成果。

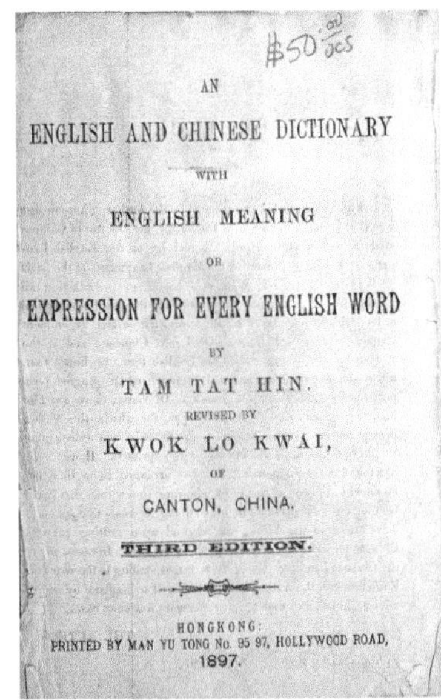
AN
ENGLISH AND CHINESE DICTIONARY
WITH
ENGLISH MEANING
OR
EXPRESSION FOR EVERY ENGLISH WORD
BY
TAM TAT HIN.
REVISED BY
KWOK LO KWAI,
OF
CANTON, CHINA.
THIRD EDITION.
HONGKONG:
PRINTED BY MAN YU TONG No. 95 97, HOLLYWOOD ROAD,
1897.

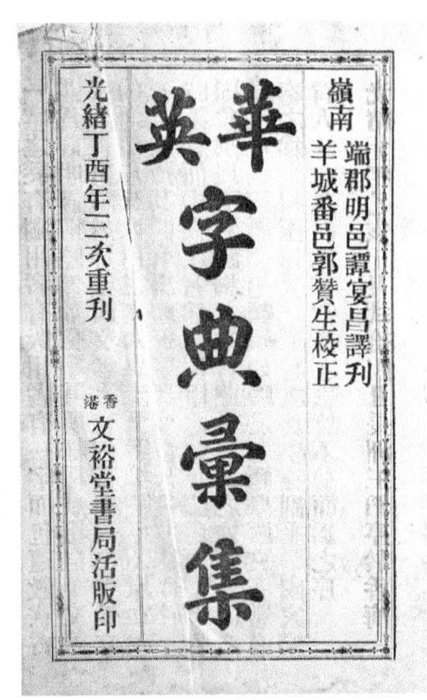
嶺南　端郡明邑譚宴昌譯刊
羊城番邑郭贊生校正
華英字典彙集
光緒丁酉年三次重刊
香港　文裕堂書局活版印

图 5　《英华字典汇集》英文扉页（左）、中文扉页（右）

英文扉页上有：expression for every English word，反映了谭的编纂目的和方针。谭还在英文序言中交代，编纂过程中参考了韦柏士特、伍斯特（Worcester）、纳韬尔、约翰逊（Johnson）的辞典。

王韬在序言中说及学习西学的重要性，并提到了马礼逊、麦都思的英汉字典和卫三畏的《英华韵府历阶》。“此外则自郐以下无讥焉”，言其微不足道。又说谭的字典“可与三西儒相颉颃，如骖之有靳，学西学者当必可奉之为金科玉律”。但并没有提及罗存德的《英华字典》。原因不得而知。

郭在序言中说，应文裕堂主人黄广征之请，校改谭的字典类集，及通商指南。并说检举书中虚实字义，做了详细注释。

《华英字典汇集》第三版用 N、V、T 等英语字母标出了词性，但卷首没有词性略语一览表。

2.《达辞》

《达辞》，1898 年由文裕堂书局出版，上下两卷，2700 余页。民国三年（1914）又出版了《增广达辞字典》，但页数减为 2241 页。《达辞》没有汉语扉页，英语扉页之后是献词，著者序 2 页，英语序 3 页，关于字典的编纂目的、适用范围的说明 2 页。编者莫文畅，字若濂，其详细情况可参考高永伟（2012：297—307）的研究。

《达辞》取自孔子的“辞达而已矣”，自谦文字之拙朴，只供实用。罗存德也曾将这句话用于其《英华字典》的扉页。《达辞》的编纂重点放在英文写作上，词组、短语等长单位远远多于一般译词，且有英文语法的说明项目。

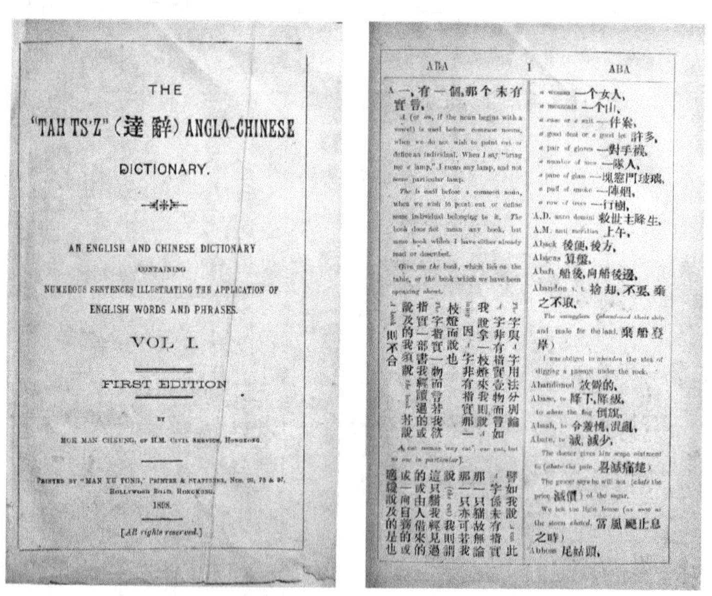

THE
"TAH TS'Z" (達辭) ANGLO-CHINESE
DICTIONARY.

AN ENGLISH AND CHINESE DICTIONARY
CONTAINING
NUMEROUS SENTENCES ILLUSTRATING THE APPLICATION OF
ENGLISH WORDS AND PHRASES.

VOL I.

FIRST EDITION

BY
MOK MAN CHEUNG, OF H.M. CIVIL SERVICE, HONGKONG.

PRINTED BY "MAN YU TONG," PRINTER & STATIONER, NOS. 29, 73 & 97, HOLLYWOOD ROAD, HONGKONG.
1898.

[All rights reserved.]

ABA　1　ABA

A 一，有一個，那个未有實指，

A (or an, if the noun begins with a vowel) is used before common nouns, when we do not wish to point out or define an individual. When I say "bring me a lamp," I mean any lamp, and not some particular lamp.

The is used before a common noun, when we wish to point out or define some individual belonging to it. The book does not mean any book, but some book which I have either already read or described.

Give me the book, which lies on the table, or the book which we have been speaking about.

The 字與 A 字用法分別論 A 字非有指實壹物而言如我說拿一枝燈來我則說 A lamp 因 A 字非有指實那一枝燈而說也 The 字指實一物而言若我欲指實一部書我經讀過的或說及的我須說 the book 若說 A book 則不合

A cat means 'any cat'; one cat, but no one in particular].

譬如我說 A cat 此 A 字係未有指實那一只貓故無論那一只亦可若我說 (the cat) 我則謂這只貓我經見過的或由人借來的或一向自務的或適纔說及的是也

a woman 一个女人，
a mountain 一个山，
a case or a suit 一件案，
a good deal or a good lot 許多，
a pair of gloves 一對手襪，
a number of men 一隊人，
a pane of glass 一塊窗門玻璃，
a puff of smoke 一陣烟，
a row of trees 一行樹，
A.D. anno domini 救世主降生，
A.M. anti meridian 上午，
Aback 後便，後方，
Abacus 算盤，
Abaft 船後，向船後邊，
Abandon v. t. 捨却，不要，棄之不取，
The smugglers (abandoned their ship and made for the land. 棄船登岸)
I was obliged to abandon the idea of digging a passage under the rock.
Abandoned 放僻的，
Abase, to 降下，降級，
to abase the flag 倒旗，
Abash, to 令羞愧，混亂，
Abate, to 減，減少，
The doctor gives him some ointment to (abate the pain. 畧減痛楚)
The grocer says he will not (abate the price 減價) of the sugar.
We left the light house (as soon as the storm abated. 當風颶止息之時)
Abbess 尼姑頭，

图 6　《达辞》的扉页（左）、正文（右）

3.《新增华英字典》

《新增华英字典》封面等见以下书影。

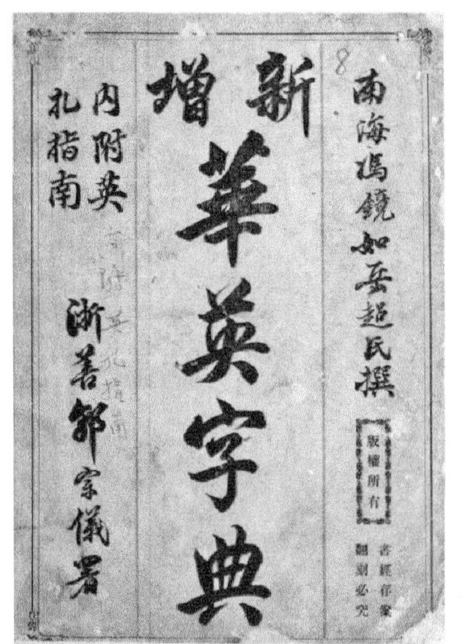

南海馮鏡如晉超氏撰

版權所有

書經存案 翻刻必究

新增華英字典

内附英札指南

浙善鄒宗儀署

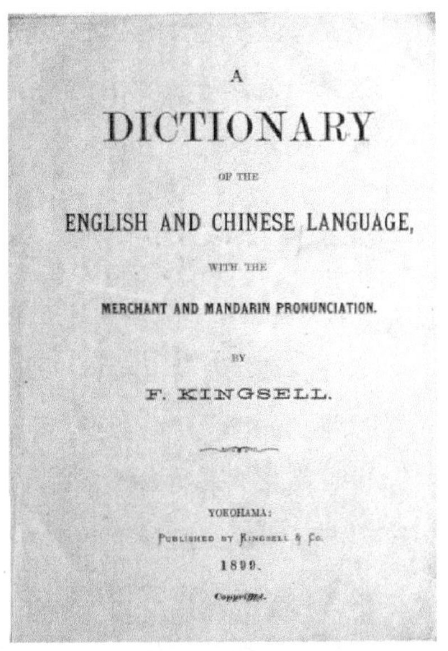

A
DICTIONARY
OF THE
ENGLISH AND CHINESE LANGUAGE,
WITH THE
MERCHANT AND MANDARIN PRONUNCIATION.
BY
F. KINGSELL.

YOKOHAMA:
PUBLISHED BY KINGSELL & CO.
1899.
Copyright.

图 7 《新增华英字典》中文扉页（左）、英文扉页（右）

笔者所见为 1899 年版，1178 页①。卷首有编者序 2 页、汪康年序 3 页、略语表 1 页。正文第 1—1066 页；右起《英札指南》第 1—79 页。两篇序言全文如下②：

冯镜如序言

《英华字典》刱自业师罗存德牧师，中国之涉猎西学者久已视为圭臬，后谭达轩、邝容阶诸氏，复撮而小之，刊行于世，购之者众，而原书几泯焉无传矣。兹特将原本重加增葺，有涉芜秽者，易之以简明，其近日之新字，为是书所未收录者，按序入

① 英文扉页无版次说明。“新增”应该是在底本的基础上“重加增葺”“近日之新字”；或只是重印，并无内容上的增订。

② 原序为草书，承复旦大学陈正宏教授及另一位原山东某大学教授（姓名失记）赐教得以解读，谨致谢忱。

之，盖深知近日之业西学者，与时俱深，因风渐广，其苦于谭邝诸本之简率者，当不乏人。惟恐愿深才浅，有负初心，天壤达人，匡兹不逮，学者幸甚。 编者识

汪康年序言

《英华字典》一书，创自墨克木司及罗存德两先生，后为邝容阶、谭达轩诸君仿辑行世。今之业西学者，靡不案置一部，珍同拱璧。惜乎遗缺尚多，未及原书之半，学子搜精抉华，有余憾焉。南海冯君镜如，为罗存德先生高弟，特将是书善加参订，末以尺牍附编，思行于世，乞序于余。今国家推重西学，士民咸思通变，若夫识各国之政治，译寰球之近事，或探其伎艺，或穷其新理，或明其律法，或谙其器机，博览西籍，彻悟西法，他日维新富强胥赖乎是。固宜鼓舞译学，提倡后进，使通者获其助，塞者诱其聪，则冯君此书裨益匪浅。故余嘉尚之，乐为之序。 丁酉八月钱塘穰卿汪康年题

编者冯镜如（1844—1913），英文 Fung Kingsell，译名“经塞尔”，号岳超，祖籍广东南海（今佛山南海区）人，系清末资产阶级民主革命者冯自由之父。早年来日经商，1878 年在横滨山下町（1899 年前称外国人居留地）五十三番地开了一间印刷用品的文经商店（又名文经活版所，英文名 Kingsell & Co.），专营外国文具及印刷事业（邹振环，2014）。冯镜如在序言中写到“业师罗存德”，这说明他早年曾在香港接受过初等教育，其时罗存德正在香港做视学官。这是三种辞典中唯一提到罗存德的。邹振环在前揭论文中指出，这本辞典是陈少白负责具体编纂的。陈少白并没有说明参考了哪些先前出

版的辞典，但陈说每天工作几小时，前后大约花费了十个月的功夫。显然，在这样短的时间里，他所能做的也不过是对井上的辞典动动手脚而已。下面（图 8）是井上辞典和冯镜如辞典的第一页。

关于两者的传承关系，已脱离了本文的主旨，将另文考察。冯的辞典出版后极受欢迎，多次再版①。

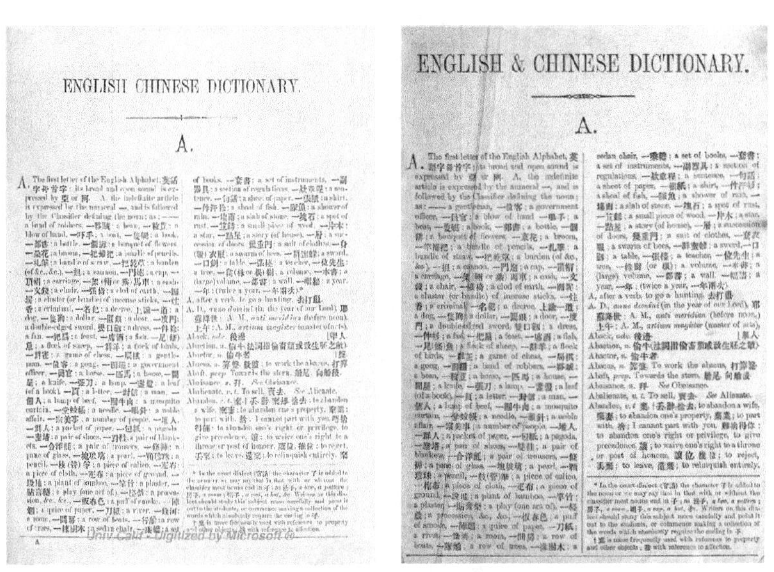

ENGLISH CHINESE DICTIONARY.

A.

ENGLISH & CHINESE DICTIONARY.

A.

图 8　井上哲次郎的辞典（左）、冯镜如的词典（右）

四、《音韵字典》的版本和著者

如书影所示，该辞典的中文名为《商务书馆华英音韵字典集成》，扉页书名由盛宣怀所题；英文名 *Commercial Press English and Chinese Pronouncing Dictionary*。英文扉页上还有“Comprising 100, 000

① 蔡祝青（2012：277—333）说多达 17 版以上。

words and phrases, with translations, pronunciations, etymologies, definitions, illustrations, etc., etc., also a copious appendix”等字句。扉页上的刊行时间是“1903”，而版权页上却是“光绪二十七年正月首版”，即1901年。考虑到卷首序言的时间均为1902年3月，第一版于1902年出版较为合理。扉页以下为编纂者商务印书馆的序、严复序、传教士李提摩太（Timothy Richard）序、辜鸿铭序、传教士薛思培（J. A. Silsby）序（后三者均为英文）、例言、词类略语一览及说明、正文第1—1835页，附录51页。根据宫田和子的调查，《音韵字典》出版后数年之内大致有以下的版次：

表1

扉页的版次与时间	版权页的版次与时间
第一版，1902	光绪二十七年六月版权所有、光绪二十八年正月首次出版
第二版，1903	光绪二十七年六月版权所有、光绪二十八年正月首次出版
第三版，1903	光绪二十七年六月版权所有、光绪二十八年正月首次出版、光绪二十九年十月二次重印
第五版，1903	光绪二十七年正月首版、光绪二十八年八月再版、光绪二十九年六月三版、光绪三十年十月四版
第五版（?），—	光绪二十七年正月首版、光绪二十八年八月再版、光绪二十九年六月三版、光绪三十年十月四版、光绪三十一年五月五版
第六版，1903	光绪二十七年正月首版、光绪二十八年八月再版、光绪二十九年六月三版、光绪三十年十月四版、光绪三十一年五月五版
第七版（?），—	光绪二十八年岁次壬寅孟春初版、光绪三十三年岁次丁未季春七版
第九版（?），1903	光绪二十八年岁次壬寅孟春初版、宣统二年岁次庚戌孟夏九版

刊行后短短的几年已经达到第九版，可见社会需求之大和受欢迎的程度之深。另，版权页其他内容为：原著人罗布存德[1]；增订者、校阅者均为“企英译书馆”；发行者、印刷者为商务印书馆。

关于《音韵字典》的编纂者一直是一个谜，扉页等无编纂者姓名，版权页上的“企英译书馆”也情况不明。卷首落款时间为“光绪二十八年春季”的《例言》第六款为：“附卷列减笔字解，外国语解各等记号皆讲英文者所必需。又以中西地名繁杂，学者每苦检阅无从，兹以谢君洪赉所辑华英地名表殿之卷末，以为译学一助。”由此可推测谢洪赉参与了《音韵字典》的编纂。而根据谢洪赉的传记和商务印书馆馆史资料（胡贻谷，1917；蒋维乔，2011；商务印书馆内部资料；商务印书馆，1997），谢洪赉不仅为商务译注了《华英初阶》《华英进阶》英语教科书，还编译了《商务书馆华英音韵字典集成》。谢洪赉的传记材料提供的信息是：谢洪赉，字鬯侯，别号寄尘，晚年自署庐隐，浙江绍兴人。他的父亲是基督教长老会的牧师，由于受家庭影响，他自幼信奉基督教。1895 年，他以优异成绩毕业于苏州博习书院（东吴大学前身），后在上海中西书院任教，兼做翻译工作。他是 19 世纪末我国少数几个能独立译书者之一。他还是商务早期的股东，为商务创业史做出了重要贡献。赵晓阳（2006）在论文中详尽地列出了谢洪赉的著述 96 种，但是，其中并没有这本辞典，谢本身的其他译著也并不署“企英译书馆”这一名称。

---

① 如上所述，在井上增订版的扉页上著者署名也是“罗布存德”，《音韵字典》依据于此是没有疑问的。《大公报》1903 年 5 月 27 日的广告可见“商务印书馆华英音韵字典集成是书集字语十万余言，注以音韵，标其读法，继之英字注释，华字译义，并缀文法、字类、音韵，以英国名士纳韬耳氏字典为宗，译义循西儒罗存德氏本而增订之，并附图千余幅，以明异物奇器之状，末附英国假借他国俗话解义，减笔字、解志号释略及中西地名表，鸿博精密，昔所未有，凡一千九百十四叶，洋纸铅印，用英国半皮面，题以真金字，甚为美观”。关于《音韵字典》撰著者情况的讨论，亦请参见沈国威（2011）。

商務書館
華英音韻字典集成

COMMERCIAL PRESS
ENGLISH AND CHINESE
PRONOUNCING DICTIONARY.

COMPRISING 100,000 WORDS AND PHRASES,
WITH TRANSLATIONS, PRONUNCIATIONS, ETYMOLOGIES, DEFINITIONS,
ILLUSTRATIONS, ETC., ETC.

ALSO

A COPIOUS APPENDIX.

SHANGHAI
Printed at the COMMERCIAL PRESS.
1903.

光緒二十七年正月首版
光緒二十八年八月再版
光緒二十九年六月三版
光緒三十年十月四版
光緒三十一年五月五版

版權所有

原著人 羅布存德氏
增訂者 企英譯書館
校閱者 企英譯書館
發行者 商務印書館
印刷所 上海北京路 商務印書館

總發行所 上海棋盤街中市 商務印書館

（華英音韻字典集成 定價每部大洋七元五角）

ABBREVIATIONS OF THE "PARTS OF SPEECH"
AND THEIR GRAMMATICAL SIGNIFICATIONS.
編中所用文法之略字表

The words that constitute the English language are classified under eight different heads, called "Parts of Speech," and, independently of the articles *a, an* and *the*, consist of the NOUN or SUBSTANTIVE, the ADJECTIVE, the PRONOUN, the VERB, the ADVERB, the PREPOSITION, the CONJUNCTION and the INTERJECTION; and each word in the Dictionary is referred to one or other of these categories according to its function, thus:—

n.	representing noun.		*adv.*	representing adverb.	
a.	,,	adjective.	*prep.*	,,	preposition.
pron.	,,	pronoun.	*conj.*	,,	conjunction.
v.	,,	verb.	*interj.*	,,	interjection.

As the first four parts of speech vary in inflection or otherwise, these changes are indicated thus:—

n. pl.	representing noun plural.		*ppr.*	representing present participle.	
v. t.	,,	verb transitive.	*pp.*	,,	past.
v. i.	,,	verb intransitive.	*pret.*	,,	preterite.
v. imp.	,,	verb impersonal.			

商務書館華英音韻字典集成
COMMERCIAL PRESS
ENGLISH AND CHINESE
PRONOUNCING DICTIONARY.

A.

A. The first letter of the English Alphabet, 英語字母首字; its broad and open sound is expressed by 亞 or 阿. A, the indefinite article is expressed by the numeral 一, and is followed by the Classifier defining the noun; as: —— a band of robbers, 一羣賊; a bean, 一粒豆; a blow of hand, 一下手; a boat, 一隻艇; a book, 一部書; a bottle, 一個樽; a bouquet of flowers, 一束花; a broom, 一把掃帚; ...

Aard-vark, (ard'vark) n. 食蟻獸

图9 《音韵字典》扉页（左上）、版权页（右上）、词类略语表（左下）和正文（右下）

五、《音韵字典》的底本

《音韵字典》的编纂者在《例言》中对编纂情况等做了说明。第一条中可见"英文字典所当重者三事，曰拼法（或曰正字法），曰音韵（或曰正音法），曰解义。本书为英华字典，更于英文解义之外，增以华文译义。事益繁重。编者以数年之力，撷数十家字典之精华，成此巨帙"，但参考书目的具体情况不得而知；在第五条则说"释义为字典之全神所注，本书并列华英二解，务求简明，大抵以罗氏为宗，博采前贤以补之，新增字义间取诸日本字典"。提到了罗氏和日本的辞典。所谓"罗氏"应为版权页上的"罗布存德"。卷首有严复序言一篇，有云：

商务书馆华英音韵字典集成序

海禁开。中土之习西文者日益众。而尤以英文为独多。盖商业之盛甲于诸邦。日中之市。人物总至。所以售酤取予。必通其言语。而后有以廉其情而劵其利。洎夫同光之际。枢府当轴。沿海疆吏。以交涉之日繁。象寄之才。不可独出于市井。思有以浚其源而澄其流。于是乎 京师海上。讫于闽粤。所谓同文馆广方言馆前后学堂诸制。稍稍兴矣。廿稔以来。中国疆场之事日棘。而政之所宜师资于彼。以自辅其所不逮者。亦日以殷。聪强早知之士。审不通其语言。终无以得彼己之实。则往往奋发于旁行斜上之书。考中西政教学术之异同。此西学之号。所由昉也。洪惟

圣上当阳。历天步之艰难。深知世运方日趋于通。而涂塞耳目。自相媕阿者之终归于无当也。则幡然改易科目。广厉学官

诏求本末兼备之才。与通知外国事者。将尊显之。于是天下

之士。咸卉然向风。思自进于时之所宜。而无封于其故。故综而计之。今之治西文习西学者。盖千万于同光之间者不止也。则亦利禄之路然尔。且夫始于微。终于著。始于简约。终于繁富者。天演之道。何适而不然欤。字典者。群书之总汇。而亦治语言文字者之权舆也。尚忆三十年以往。不佞初学英文时。堂馆所颁。独有广州一种。寥落数百千言。而义不备具。浸假而有五车韵府等书。则大抵教会所编辑。取便西人之学中国文字者耳。即至晚出数种。虽较前为富。然于一字数义。至夫名物动作区别形况之异用。皆绲而不分。学者叩其所不知。而黮暗愈甚。用以迻译。则事义违反。鼠璞相贸。往往多可笑者。故仆畴曩课教南北子弟。常勖其勉用西文字典。不得以华文字典之译义。望文骈迭为之。初学为此。蹶蹶其难。必迟又久。而后从顺。此皆字典之不精。致成学之难期。而译才之乏至如此也。顷者商务印书馆。知时用之所缺。乃延中西淹通之士。即彼中善本。如纳韬耳、罗存德、韦柏士特诸家之著。荟萃缀译。以为是编。虽未谓即臻于精极。要亦不封于故。而知进于时之所宜者矣。上之有以副

明诏之所欲为。下之有以佐劭学者之日力。以视坊市前行之数种。邈乎远矣。夫始于微。终于著。始于简约。终于繁富者。天演之公例也。同类争存。存其最宜者。又天演之公例也。然则是编之独出冠时。而为世之所实贵而竞取者。又何疑焉。侯官严复

严复说“即彼中善本。如纳韬耳、罗存德、韦柏士特诸家之著。荟萃缀译。以为是编”。严复是如何知道“罗存德”的？预售价 30 美元的罗氏《英华字典》即使在出版当时，中国国内也很少能见到，

遑论时隔30余年之后的1902年。笔者甚至怀疑严复是否见过实物，理由是在本辞典卷首的序言中严复只提到《五车韵府》，而没有提及《英华字典》这一专有名。

如前所述，《音韵字典》之前中国人编纂的英华字典有邝其照的《字典集成》、谭达轩的《华英字典汇集》、莫若濂的《达辞》和冯镜如的《新增华英字典》。前三种都没有提到“罗存德”，但如前所引，冯镜如则在《新增华英字典》1899年版卷首加了一篇序言，其中说：

> 《英华字典》剏自业师罗存德牧师，中国之涉猎西学者久已视为圭臬，后谭达轩、邝容阶诸氏，复撮而小之，刊行于世，购之者众，而原书几泯焉无传矣。兹特将原本重加增葺，有涉芜秽者，易之以简明，而近日之新字，为是书所未收录者，按序入之。

冯镜如在这里提到了“谭达轩、邝容阶（其照）”，并指出他们的字典是罗氏字典“撮而小之”的结果。冯镜如说（罗存德）“原书几泯焉无传矣”是真，说“兹特将原本重加增葺，有涉芜秽者，易之以简明”则不可轻信。因为冯的这本辞典也只是井上哲次郎《订增英华字典》的简缩本。总之，可以断定是冯的序言为辜鸿铭、严复等提供了关于罗存德《英华字典》的某些并不正确的信息。在《音韵字典》卷首另有一篇辜鸿铭作的英文Introductory Notes（《绪论》），汉译内容如下[①]：

---

① 此处沿用汪家熔（2010：103—106）的译文，唯个别字句做了调整。汪家熔在论文中说：“本文刊发列于这本词典中的商务印书馆的《序》、李提摩太的《概述》、严复的《序》、辜鸿铭的《绪论》、薛思培的《论英语之重要性》，以免于历史文献湮没。”《严复集》未收严复的这篇序文。

许多外国学者并不轻视为学习汉语的外国学生编纂极有帮助的汉英辞典的工作。但是对于学习英语的中国学生来说，除了邝其照先生以外，还没有其他人可以帮助他们。

邝其照先生的著作只是罗存德辞典的简单浓缩和转录。罗存德的这部精心之作，据我所知，第一版是在香港印刷的。这部辞典颇有一些不尽人意之处：如释义使用了广东口语，又把"demi-god"译成"半个上帝"，成了令人颇为费解的妙译[①]。然而，迄今为止它还没有被人修订完善过。若干年前，井上哲次郎博士在日本重印了这部辞典。我相信，这部重印的辞典在日本明治维新运动中发挥了极大的作用[②]。在日本，有许多受过外国教育的本土人才，他们最近已经出版了更新的大部头的英和辞典。

在中国，商务印书馆——上海的一家由中国人投资和经营的企业——不惜人力物力，对罗存德的辞典进行修订，使其成为迄今为止最赅备、最可信赖的英汉辞典而呈现于读者面前。从我看到的这本《华英音韵字典集成》来判断，它在邝其照先生辞典的基础上有了明显的提高，必能代之以满足中国学生学习英语的需求。

最后，我要提请使用这部《华英音韵字典集成》的中国学生注意，辞典给出的仅仅是对词的解释——有时还是间接性的表

---

① 首先指出这一点的是傅兰雅（于 1890 年在上海召开的中华全国新教传教士第 2 届大会），罗存德《英华字典》中实际译词为"半上帝""半神"，似并无不妥。井上的译词是"半神半人"，今译与井上同（参见沈国威，1994：139）。

② 汪家熔论文所示的翻译为"这部重印的字典在日本对于日本民族目前的维新并没有发挥相当程度的作用"。辜鸿铭的原文为"I believe, it has helped in no considerable degree the present 'Renaissance' of the Japanese nation."，如照原文字面翻译，汪先生的译文是不错的。但考虑到《订增英华字典》在日本明治期所起的巨大作用（例如 1899 年、1906 年曾两次再版），以及辜鸿铭加以引介的旨趣，似有不妥。笔者的美国同事认为恐是辜的笔误，正确的说法应该是"in no small degree"或"no inconsiderable degree"。

述——而不是给出一一对应的“译词”。词典的用途是帮助学生理解词语的涵义，但在英译汉或是汉译英时，你所依靠的不应该是辞典，而是在其他方面的学养。

辜鸿铭

1902年3月于武昌

辜鸿铭在序中说商务印书馆不惜工本对罗氏的辞典进行了修订，使其成为“迄今为止最赅备、最可信赖的英汉辞典”。辜鸿铭的说法并不正确[①]，如下一节所述，编纂《音韵字典》时使用的底本不是罗存德的原版，而是井上哲次郎的增订本——《订增英华字典》[②]。《音韵字典》英语词“分节标音”法是第一次为国内辞典（包括西人编纂的）所采用，借此学习者有可能准确地读出陌生的英语词。严复所指责的此前辞典的“名物动作区别形况之异用。皆绲而不分”的状况也由于标注词类而得到了解决。作为在中国出版的辞典《音韵字典》的另一个“首次”是大量地使用了插图，数量达919幅之多（广告上称“附图千余幅”）。这些插图主要取自韦柏士特的辞典（精美的插图是1864年大规模改订的韦柏士特辞典的一大特色）。如果分析《音韵辞典》的来龙去脉，大致可以这样说：英语释义、分节标音来自韦柏士特辞典和纳韬耳辞典（笔者认为后者占主要部

---

① 从“据我所知（as far as I have been able to learn）”的表述中可知辜鸿铭亦没有见过罗存德《英华字典》的实物。辜鸿铭在《绪论》中说“邝其照先生的著作只是罗存德辞典的简单浓缩和转录”。邝氏的著作应为《华英字典集成》（1887），这是邝其照《字典集成》（1868）的第三版，第一版刊行时罗存德的字典尚未全部完成，无从浓缩和转录（参见邝其照，2013）。对此，宫田和子认为与事实不符，她本人的调查结果证明：邝其照字典第一版的译词与罗存德《英华字典》相重复的不超过50%，第二版以后的比例更低（宫田和子、飞田良文，1997：193—194）。

② 至于井上增订的《英华字典》在日本明治时期所发挥的作用，笔者认为主要在于极大地促进了日本的英语学习进程，而不是提供具体译词。

分）、插图来自韦柏士特辞典、汉语译词间接地来自罗存德[1]。需要指出的是，尽管《例言》中说“新增字义间取诸日本字典”，从译词的实际情况看，《音韵字典》还没有开始系统地参照日本的英和辞典，故新词并不多。但这并不影响“荟萃缀译”的《音韵字典》成为中国第一部近代的双语辞典，虽然仍沿用“字典”旧称[2]。严复称赞该辞典“独出冠时”。

六、三种辞典传承关系小议

那么，罗存德、井上哲次郎、商务印书馆三种辞典的传承关系究竟如何？《音韵字典》是否直接参照了罗存德的《英华字典》？通过对三种辞典的译词进行简单对比，可知三者的关系大概有以下类型：

1）《音韵字典》的译词与罗、井上的译词相一致，如表 2 中（3）Aesthetics。表 2 中这一类的情况几乎都忽略了，其实《音韵字典》的绝大部分译词是这种情况的。正是由于罗存德、井上哲次郎辞典的存在，《音韵字典》才得以在短时间内完成。

2）《音韵字典》使用了罗没有而井上加入的译词。如（18）Bracket，罗存德给出的译词是“双马号”，“括号”首见卢公明的《英华萃林韵府》。井上从卢公明的辞典中吸收了“括号”，《音韵字典》的译词则和井上相同。（28）井上增加了“下议政院”，《音韵字典》也采用了这个译词。（11）（26）亦属于这种情况。上面的例子

---

① 辜鸿铭在序言中指出“从我看到的这本《华英音韵字典集成》来判断，它在邝其照先生辞典的基础上有了明显的提高”。但是这一点不容易证明，因为邝其照的字典和罗存德的《英华字典》很多译词共同来自马礼逊和麦都思的辞典。

② 但严复在致张元济的信中批评说：“商务《英华字典序》，近已草成，其书取名《音韵字典》，‘音韵’二字似不可通，当改‘审音’二字，或有当也。”（王栻，1986：545）

说明了《音韵字典》参照的是井上的增订版，而不是罗存德的原字典。

3）《音韵字典》在罗、井上的译词的基础上，做了增加或修正，如（2）（8）（16）（21）（25）（27）（29）（32）（36）（37）等。《音韵字典》和井上的《订增英华字典》有着更大的相似性，例如词条（32）Condenser，井上加入了罗氏字典中没有的译词"缩表"，《音韵字典》在此基础上又加了"缩度"。

4）《音韵字典》补充、增加了罗、井上的辞典中所不存在的新词条和译词，如（5）（6）（12）（13）（14）（15）（20）（22）（23）（24）（30）（31）（34）（35）（40）等。如《例言》所说，"新增字义间取诸日本字典"，例如（30）（31）的"实验哲学（者）"、（35）的"宇宙论"等；另一些应该是《音韵字典》的编者们自创的，如（40）的"Dumbbells 双铁球（体操器）"。

表 2

序号	英语	罗存德	井上哲次郎	商务印书馆
1	Abattoir	不收	不收	上海工部局屠杀所
2	Adjective (in grammar)	势字	势字	势字，容形字
3	Aesthetics	佳美之理，审美之理	Æsthetics：佳美之理，审美之理	佳美之理，审美之理
4	Allegation	证说，确说，实说，倘塞之词，推倘，托词	证说，确说，实说，倘塞之词，推倘，托词	结连者，归合之法，均输（数学语）
5	Allochrous	不收	不收	杂色的（矿物语）

续表

序号	英语	罗存德	井上哲次郎	商务印书馆
6	Alloxan	不收	不收	酸化尿酸
7	Ammonium	Ammonia：阿摩呢阿［药名］	Ammonia：阿摩呢阿［药名］	阿摩呢阿化合物
8	Ascites	臌胀、水臌	臌胀、水臌	膨胀
9	Astomatous	不收	不收	无口的（昆虫学与植物学语）
10	Astro-meteorology	不收 Astrology：星学	不收 Astrology：星学	气象学
11	Atom	极微之物，小莫能破之物，纤析无可分	极微之物，至小物的，尘埃，微质，小莫能破之物，纤析无可分	极微之物，极小的物，尘埃，微质，小莫能破之物，纤析无可分
12	Atomism	不收	不收	分子论
13	Atomist	不收	不收	分子论者
14	Balanite	不收	不收	似螺介壳之化石
15	Bicycle	不收	不收	脚踏车
16	Blind	牛百叶窗	门帘、百叶窗	百叶窗
17	Board-school	不收 Boarding-school: a school, the scholars of which board with the teacher，搭爨馆，同爨馆	不收 Boarding-school: a school, the scholars of which board with the teacher，搭爨馆，同爨馆	A school, the scholars of which board with the teacher，寄宿学校，同爨馆
18	Bracket	inprinting, nooks, inclosing one or more words，双马号	in printing, nooks, inclosing one or more words，双马号，括弧	a mark used in printing, thus, which called nooks, enclosing one or more words，双马号，括号

续表

序号	英语	罗存德	井上哲次郎	商务印书馆
19	Britzska, Britchka	长车，睡车	长车，睡车	长车，睡车附插图
20	Bureaucratic	不收	不收	自治政体的
21	Capital	出本，发本	出本，打本，发本	出本，发资本
22	Capitalization	不收	不收	运转资本之法
23	Carmagnole	不收	不收	法国改立为民主国之歌舞
24	Cellulated	不收	不收	细胞的
25	Chartism, n.	in England, the principles of a reform party，民政之理	In England, the principles of a reform party，民政之理	In England, the principles of a reform party，民主之理
26	Chemistry	正文不收，补遗，无英文释义 炼法，炼物之学，炼物之理	Chemistry, n. The science which relates to the elements of matter, the proportions in which they unite, the means of their separation and the laws which govern and affect these agencies，炼法，炼物之学，炼物之理，炼用法	Chemistry, n. The science which relates to the elements of matter, the proportions in which they unite, the means of their separation and the laws which govern and affect these agencies，炼法，炼物之理
27	Cohesion	不收 Cohesibility：胶泥之性	the state of being united by natural attraction，胶固力	The state of being united by natural attraction，胶固力，凝结力

续表

序号	英语	罗存德	井上哲次郎	商务印书馆
28	Commons, n.	in England, the lower house of parliament, 民委官会	in England, the lower house of parliament, 民委官会, 下议政院	in England, the lower house of parliament, 民委官会, 下议政院
29	Commonweal, Commonwealth, n.	a state, 国; republic, 民政; the whole body of people in a state, 国民, 民, 百姓, 众	A state, 国, 国家; republic, 民政; the whole body of people in a state, 国民, 民, 百姓, 众	A state, 国, 国家; republic, 民主之政; the whole body of people in a state, 国民, 百姓
30	Comtism	不收	不收	Comtism, n. The Positivism of Comte, 实验哲学
31	Comtist	不收	不收	Comtist, n. A disciple of Comte, 实验哲学者
32	Condenser	Condenser, n. a pneumatic engine or syringe, in which air or other elastic fluids may be condensed, 逼紧气机; a vessel, in which aqueous or spirituous vapors are reduced to a liquid, 擎气甑, 凝气甑; a condenser of light, 聚光镜	Condenser, n. A pneumatic engine or syringe, in which air or other elastic fluids may be condensed, 逼紧气机; a vessel, in which aqueous or spirituous vapours are reduced to a liquid, 擎气甑, 凝气甑, 凝水柜; a condenser of light, 聚光镜; condenser gauge, 缩表	Condenser, n. A pneumatic engine or syringe, in which air or other elastic fluids may be condensed, 压紧之汽机; a vessel, in which aqueous or spirituous vapours are reduced to a liquid, 凝气甑, 凝水柜; a condenser of light, 聚光镜; condenser gauge, 缩表, 缩度

续表

序号	英语	罗存德	井上哲次郎	商务印书馆
33	Constitution	the established form of government in a state，国政，国法；the constitution of the Táits'ing Dynasty，大清会典	the established form of government in a state，国政，国法；the constitution of the Táits'ing Dynasty，大清会典	the established form of government in a state，国政，国法；the constitution of the Táits'ing Dynasty，大清会典
34	Correlation	不收	不收	Reciprocal relation，互相关系对立，相关
35	Cosmism	不收	不收	宇宙论
36	Cucurbite，Cucurbit	a chemical vessel in the shape of a gourd，葫芦甑	A chemical vessel in the shape of a gourd，葫芦甑	A chemical vessel in the shape of a gourd，葫芦甑，化学用之蒸器
37	Current	of a river，流，潺湲；the current of a river 河流	as of a river，流，潺湲；the current of a river 河流	as of a river，流，河流；the passage of the electric fluid from one pole of an air apparatus to the other，电路
38	Cutthroat，n.	a murderer，刺客，刎颈凶匪，凶手	A murderer，刺客，刎颈凶匪，凶手	Cutthroat，a. murderous，谋刺的，谋人命的，barbarous，野蛮的
39	Demi-god	Demi-god，n. half a god，半上帝，半神 the demi-gods of China，菩萨，神 Spirit，term used for God by most of the American missionaries.	Demi-god，n. Half a god，半上帝，半神，半神半人；the demi-gods of China，菩萨，神 Spirit，term used for God by most of the American missionaries.	Demi-god，n. Half a god，神仙，神与人之裔；the demi-gods of China，菩萨
40	Dumbbells	不收	不收	双铁球（体操器）

参考文献

Wylie, Alexander 1867 *Memorials of Protestant Missionaries to the Chinese: Giving a List of Their Publications, and Obituary Notices of the Deceased. With Copious Indexes*. Shanghae: American Presbyterian Mission Press.

蔡祝青，2012，《文学观念流通的现代化进程：以近代英华/华英辞典编纂"literature"词条为中心》，《东亚观念史集刊》第3期，台北：政治大学出版社。

高永伟，2012，《莫文畅和他的〈达辞字典〉》，《词海茫茫——英语新词和词典之研究》，上海：复旦大学出版社。

宫田和子，2010，《英華辞典の総合的研究——19世紀を中心として》，东京：白帝社。

宫田和子、飞田良文，1997，《十九世紀の英華・英辞典目録——翻訳語研究の資料として》，佐藤喜代治（编）《近代語の研究》，东京：明治书院。

胡贻谷，1917，《谢庐隐传略》，上海：青年协会书报部。

蒋维乔，2011，《创办初期之商务印书馆与中华书局》，张静如辑注《中国近现代出版史料》，上海：上海书店出版社。

井上哲次郎，2003，《井上哲次郎集（第8卷）：懷旧録/井上哲次郎自伝》，东京：クレス出版。

邝其照，2013，《字典集成：影印与解题》，内田庆市、沈国威（编），大阪：东亚文化交涉学会。

那须雅之，1995，《W. Lobscheid小伝——〈英華字典〉無序本とは何か》，《文學論叢》第109辑。

那须雅之，1997，《Lobscheidの〈英華字典〉について——書誌学的研究（1）》，《文學論叢》第114辑。

那须雅之，1998a，《Lobscheidの〈英華字典〉について——書誌学的研究（2）》，《文學論叢》第116辑。

那须雅之，1998b，《〈英華字典〉を編んだ宣教師ロプシャイト略伝（上、中、下）》，《月刊しにか》第9卷第10、11、12号，东京：大修馆书店。

森冈健二（编），1969，《近代语の成立・明治期语汇编》，东京：明治书院。

商务印书馆，1997，《商务印书馆百年大事记（1897—1997）》，北京：商务印书馆。

商务印书馆内部资料，《商务印书馆出版中外文辞书目录1897—1963. 9》，北京：商务印书馆资料室。

沈国威（编），2011，《近代英华华英辞典解题》，大阪：关西大学出版部。

沈国威，1992，《大阪外大図書館蔵の〈英華字典〉》，《国語学》第170集。

沈国威，1994，《近代日中語彙交流史：新漢語の生成と受容》，东京：笠间书院。

沈国威，2005，《奥地利国家图书馆藏近代汉译西书》，《或問》第10号。

沈国威，2010，《近代中日词汇交流研究——汉字新词的创制、容受与共享》，北京：中华书局。

汪家熔，2010，《〈商务书馆华英音韵字典集成〉——国人编纂的第一部大型英汉双解词典》，《出版科学》第4期。

王栻（编），1986，《严复集（第三册）》，北京：中华书局。

元青，2013，《晚清汉英、英汉双语词典编纂出版的兴起与发展》，《近代史研究》第1期。

赵晓阳，2006，《中国基督教青年会早期文字贡献者谢洪赉及著述目录》，卓新平、许志伟（编）《基督宗教研究（第九辑）》，北京：宗教文化出版社。

邹振环，2014，《清末政治与文化旋涡中的冯镜如》，《华东师范大学学报（哲学社会科学版）》第3期。

早期英汉词典所见之语言接触现象*

司　佳

发生于晚清社会的第二次“西学东渐”与新教传教士的西来有着密不可分的关系。近代报纸、宗教或世俗杂志的编写，西学著述的合作翻译及印刷出版，字典和教科书的更新，留下了马礼逊、麦都思、伟烈亚力、郭实猎等洋教士的名字。同时这些著述中的遣词造句，留下了中西文化交流碰撞的痕迹：中西文化背景的差异使得对西方物质、科学等概念的阐释成为一种复杂的思想及释义的相互交流。因此，系统地研究其中的翻译过程等于是打开了一个理论和实践问题的宽阔领域。为厘清这一时期语言接触的过程及新词的产生变化，这里利用1820—1920年间在中国的西洋人编写的八种英汉（官话）字典，选取其中近百个概念名词作为考察对象，以为窥豹之管。

一、八种字典

英国伦敦会传教士马礼逊于1807年9月随美国商船至澳门，并继而赴广州。由于当时新教诸教会在中国并无传教基础，两年后，马礼逊到英国东印度公司任职翻译，直至1815年离开。《汉语词典》（*A Dictionary of the Chinese Language*，1815—1823）就是在东印度公

---

* 原刊《复旦学报（社会科学版）》2000年第3期，第60—67页。

司期间编著而成的，共分三个部分。第一部分名“字典”，汉英对照，共三卷，分别于1815年、1822年、1823年印出。第二部分名“五车韵府”，共两卷，于1819年出版。第一卷以标注汉字音标的英文字母顺序排列，对1.2万余个汉字做出注释。第二卷按部首排列，对字形相似的汉字注音标以相区别。卷末还附有索引及楷书、行书、草书、隶书等多种书法的例字。第三部分是英汉字典，单卷本，1822年出版①。

马礼逊在伦敦时曾在一位杨姓的中国人的指导下学习过一年汉语，抵广东后在编著出版字典之前曾翻译过《三字经》《大学》，编过汉语语法书，因此对中国的文化背景及中文字词、语法的特点都有一定的认识。在字典的英汉部分，作者单列一章，比较表音文字和表意文字的优缺点。他认识到汉语是“形所言之义而不达语音”的言语，学人须“音义俱心记”，但同时汉字可表形，并且“字样可恒存”而“不以各地语音不同则辄要更改”。在对英文的例解中，作者常举《论语》《红楼梦》中的句子为例，如learn（学习）的例句是“学而不思则罔，思而不学则殆”；face（脸）的例句是“平儿自觉面上有了光辉”。作者还收录了大量的佛教用语，亦对中国文化的独特之处做了介绍。如解释actor为做戏的，装扮作戏的人之后，进一步讲到分作生、正生、武生、旦、丑、末、正旦、婆脚、花旦、跌旦，并在drama一词后将传统戏曲的“十二科”也一一列出，以与西洋戏剧相对照。

马礼逊的《汉语词典》是出现在中国本土的第一本英汉—汉英字典，篇幅巨大，内容浩繁。英汉部分对所收的每一个英语词条都有

---

① 此书原乃中国基督教三自爱国运动委员会图书馆所藏。本文的资料查阅工作得到了该馆田文载先生的热情帮助，在此深表谢意！

丰富的例解，并大量收录了成语、俗语，使读者得以透过字面放眼深厚的文化背景。由于两种语言的基本构词法和语域的差异及作者所在地方言的影响，作者的翻译用语离当时通行的汉语书面语还有一些距离。但着实为早期来华的新教传教士学习汉语提供了很大的便利，并成为以后的一些洋人所编著的较为系统的英汉字典的参照基础①。

此后的二十年（即 1823—1843）中，几乎无人问津于编著系统的大部头的英汉字典，直至 1844 年卫三畏的《英华韵府历阶》和 1847—1848 年麦都思的《英汉字典》② 出版。

美国公理会传教士卫三畏青年时代在纽约曾学习过出版印刷，1833 年至广东后不久被派任为英国东印度公司在澳门的印刷所的负责人。1842 年，因长期在中国南方和南洋一带传教的关系，卫三畏对粤语和闽语都有一定认识。他把这两种“令陌生人摸不着边际”的方言字词编入《英华韵府历阶》的索引，即汉字按部首排列在先，粤语、闽语、官话三种读音分随其后，但字典的主体部分仍按官话系统编写。采取这种方法的原因在于，卫三畏认为，粤语和闽语中的一些方言字词读音很难用现行汉字写出，即使写出，也不一定符合这个方言字词的本义。而如用音标对汉字注音，只要懂得从索引中循音查字，便可以在字典中找到相应的英语意思和官话的书面表达了。为此，他在导言中还编写了一套“表音法则”，用表格形式列出了一部分方言字的音标注音，以使人们更方便地查寻使用。

伦敦会传教士麦都思 1816 年离开英国，早年在南洋一带传教，是米怜（William Milne，1785—1822）在马六甲开办的印刷所的主要

① 这可以从二十多年后卫三畏、麦都思等人编写的英汉字典中看到，他们在序或导言中屡屡提及马礼逊字典的重要性。

② 在此之前麦都思编过两卷本《汉英字典》，于 1842—1843 年在巴达维亚出版。

负责人之一。他通晓汉语方言和日语、马来语，编有《福建方言字典》（1832）、《英日—日英字典》（1830）、《汉英字典》（1842—1843）、《英汉字典》（1847—1848）及一些供入门之用的汉语日常用语会话集和基础性的语言教科书（Wylie，1867）。在《英汉字典》的序中，麦都思提到了在编写字典的过程中常常困惑他的一个问题，即语词多义，很难找到在两种语言中能恰好对应的概念，一些英语词的引申义用几个汉字似乎也说不太清楚。如果少部分术语名词在汉语中还不能找到，作者便不得不“发明创造”了，如 botanist（植物学家①），麦都思的字典中就译作本草家，识花草者，花师，用“家”“师”表示精通熟悉这一方向的人，而此前马礼逊字典中的解释乃是颇为冗长的谙草花总理之人。但这种情况并不多遇，麦都思在他的序中还提到，这本字典是在马礼逊的英汉字典的基础上编定的，还参照了一位无名氏的拉丁汉译手稿，同时得到了很多中国人的帮助。

1866 年，香港出版了一部两卷本的英汉大字典（*English and Chinese Dictionary*），八开两千余页，由礼贤会传教士罗存德编写。罗氏乃德国人，1848 年至香港传教，1853 年成为在香港的中国福音传道会的主要负责人。在香港工作期间，罗存德除编写过一些宗教杂志及教科书外，在语言方面，著有《英话文法小引》《英华行箧便览》及汉语语法、粤方言词汇方面的手册（Wylie，1867）。系统地编写一部英汉字典是因为数次重印的旧版字典已与“时代需求”不相符合，对英文的汉译总是那些陈旧的词语。西方近代工业革命后产生的新学科、新技术、新事物，使新的术语名词不断添入英语的字典中。然而这一时期中国的词汇手册中却大多没有收入这些科学术语。正如罗存

① 当时中国还没有建立这一专门的科学学科和研究人员。

德在序中所言，一些新事物虽已为中国人知晓，却没有固定的命名收入字典[①]；特别是近代学校的建立，使学生们系统地学习到了外语和西学知识[②]，然而在阅读翻译西方最新的科学著作时，还没有一套完整的学科术语以备查用。因此，罗存德在编著过程中不仅对先前字典中的汉译进行了筛选，主要还添加了各个学科分支的专门的术语名词，并将天文部分交给伟烈亚力负责。如首次收入 photograph（照片）影像；temperature（温度）天气；译 heat（热，热度）为热，热气；将 electricity（电，电学）译作电气；电气之理，电气之道，而此前麦都思的《英汉字典》将其解释成琥珀磨玻璃发火之法，显然还算不上一个专门的名词。

六年后，美国公理会传教士卢公明编写出版的《英华萃林韵府》更系统地收集了专门学科的术语名词。编者在下卷中列出了 50 多个条目，分别介绍物理学、代数学、几何学、地理学、生物学等有关学科的专门术语，另有中西度量衡的转换、方言字词的举例、海关通商专例、佛教及道教中的概念，还以大量的篇幅收集了汉语中的习字俗语，甚至涉及了京城的街道名称和铺面的称呼。一些西方出现的新事物，在这里已有了中文名字的“雏形”，如 steam engine 水汽机；valve 舌门。当然，具体条目的编写不是只他一个人能完成的工作[③]，编者在序中提及的一些“中国专家”功不可没。这位长期居住福建的传教士，到过天津后方才知道闽方言与北方方言竟然形同陌路。在

---

① 1859 年伟烈亚力、李善兰合译的《代数学》《代微积拾级》《谈天》出版，艾约瑟、李善兰合译的《重学》出版，韦廉臣、艾约瑟、李善兰合译的《植物学》出版，创造了这些学科在中国翻译史上的若干个“第一”。

② 1862 年京师同文馆、1863 年上海广方言馆、1864 年广东同文馆和山东登州蒙养学堂等相继创办，课程有西文、汉文、算学等。

③ 大多字典定稿时，编者都向当地的中国人请教，以取舍汉译。这在编者的序言中也均有提及。

《英华萃林韵府》的导言中，卢公明列举了两地语音的主要不同，以便读者在查阅过程中相互参照。

日本东洋文库将 1876 年在上海出版的睦礼逊（W. T. Morrison）的《字语汇解》（*An Anglo-Chinese Vocabulary of the Ningpo Dialect*）列位于方言字典，因卷首就有对宁波土话的音标注音表，对解释英字的中文亦按表格中的规范注音。但细察字义的中文表达，多不是宁波土话，而仅是用方言的读音标注书面的官话翻译，因而这里也将其列入英汉（官话）字典的考察范围。在这本册子的封二上，工整地写着著者的名字"睦礼逊惠理"，序却不是作者的亲笔，因付梓之前睦氏已于 1870 年在北京病故（Mcilvaine，1870：259—260）。他在中国的时间不长，1860 年由美国长老会派遣到宁波传教，十分尽职尽责，1865 年初因身体状况不佳回美国。两年后，睦礼逊将传教注意力放到中国的北方，但在北方居住不久便亡故了。《字语汇解》是以睦氏在宁波收集的方言材料和最初辑成的手稿的基础上，经传教士那尔敦（M. J. Knowlton）修订后出版的。序言无署名，序前有睦礼逊写的关于宁波方言的字母表。其中说到，地方方言不尽能以一般的汉语书面语表达，因而对其意义的理解往往就会间隔一道屏障；而用罗马字母拼音的一套系统，人们只要识字母拼字音，便可直接知晓意思。沿海城市开埠后，许多抵达宁波的外国人对当地并无一本用来学习方言的字典或教科书表示出惊讶，睦氏编写《字语汇解》正是为了满足人们的需要。他初到宁波时便将罗存德、麦都思等人编著的字典、词汇手册拿来对照，选取基本字词，旨在编成一本供人日常生活会话的字典。所以在编选过程中，词义并不求面面俱到，对于英语词的汉解，也尽量挑主要的意思讲，并更贴近生活用语。因此在这本字典中，几乎找不到十分专业的术语名词。

接下来要讲的一本字典不是由传教士所编，而是出于开埠后一位到中国海关任职的英国人之手。他叫司登特（George Carter Stent），1869 年来华，曾在烟台、上海、温州及汕头等口岸任职，1883 年任台南代理税务司。他研究过北京土语，编有《汉英袖珍字典》《汉英合璧相连字典》（中国社会科学院近代史研究所翻译室，1981：456 司登得）。《英汉字典》（*A Dictionary from English lo Colloquial Mandarin Chinese*）的第一版于 1871 年付梓，1877 年出增订版。1905 年出的版本是为了纪念他去世二十周年，由海关税务司赫墨龄（Karl E. G. Hemeling，1878—1925，一译“赫美玲”）在前两版的基础上修订，增补了专业词汇近千条。赫墨龄本人自 1898 年进中国海关后长期在沿海埠口任职，1905 年任盛宣怀的秘书，1917 年中国对德宣战后，北洋政府将其解职。赫氏研究汉学颇有成就，编有《南京官话》《官话字典及翻译手册》（*English-Chinese Dictionary of the Standard Chinese Spoken Languange and Handbook for Translators*，简称《官话字典》）等，其中 1916 年出版于上海的《官话字典》就很值得一提。

在《官话字典》的序中，作者意在将这本字典编成日常会话用语和专业名词术语兼备的大字典。特别要收入的是“新词”，尽可能地涉及所有学科的细小分支，将军事、科技、宗教、民俗、商业、政治等方面的用语全部包含。这样，不论是在街头叫卖的商业小贩，还是书斋里的专业人士，都可从这本字典中受益匪浅。为此，赫氏从在京任海关税务司起便开始收集各方面的词汇材料，包括口语的和书面语的，并请来南北各地的十位中国学者共同编纂。在收入的字词类型上，有“俗”“文”“新”“部定”四种，分别在中文解释的末尾用大括号标出。“俗”是俗语，“文”是书面语。“新”是新词，包括汉语中原有词汇的“旧词新解”和日语借词[①]，作者指出，这些词在其时的日常会话语中占了很大一部分。字典中收入的“部定”词是1909年严复任教育部“编订名词馆”总纂时对专门的学科术语名词做出的“标准”翻译。共近三万条，涉及代数学、逻辑学、心理学、伦理学、经济学、历史学、植物学、有机化学、无机化学、动物学、物理学、机械学、地理学、医学等51门学科。和以前的一些传教士编写的英汉字典及同一时期的其他英汉字典相比，赫墨龄的《官话字典》算得上收录词条最多、学科门类最齐全、规模最大的一部了，并且体例比较靠近现代字典的模式，对一些概念的解释在这里也发生了重要的转变，一些先前飘忽不定的词义在这里也有了归纳总结[②]。

二、一百个词

19世纪70年代后，陆续有中国人自己编的英汉字典问世，商务印书馆在20世纪初也出版了多种英汉字典，但这些都离不开早期新教传教士如马礼逊、卫三畏、麦都思、罗存德、卢公明等人在语言词汇方面的著作。因为在中国，汉英字典和英汉字典的编纂、出版乃始于传教士们学习汉语的需要。两种完全隔膜的民俗风情，两套迥然相异的语言系统，在最初只能以一本字典作为基本的沟通工具时，会碰到一些如何翻译双方特有的物质文明和精神文化的问题——这也是文

① 语言接触和文化传播在时间和空间上的不同形态导致“新词”的产生情况很复杂。近代中国人对于西方新事物、新概念的阐释，或生造一个闻所未闻的词，或从旧有典籍中找出相应的词稍加变意，或倾向留日学生带回来的借词。有的对同一个概念的解释，就有几种情况并存，甚至引起争论。

② 西洋人刚接触汉语，往往口语和书面语并重，这在马礼逊、卫三畏等人的字典中都有所反映，另外传教地域的方言和土话也会影响他们对词义的记录。

化传播交流过程中很实际并且首要、直接的一步。因此不妨参考这些字典作为研究语言接触和新词产生的起点。在书作此文之前，笔者整理了上述的八本字典中近一百个词的释义。以下就试分几类对其中的一些字词做具体的分析，以窥探语言接触的过程和实质。

（一）从衣食到住行

1. 面包、西点

面包和西点当然是外来食品。然而，当这两种形制与中餐的馒头、糕、饼各异的西食在中国露面时，挂的仍是中餐的“牌子”：bread 称面包，也可以叫面头、馒头。在马礼逊的字典中已有面包，拟想此词于 1822 年前已在一定的地域内流传开了。但在 19 世纪中期，除了卫三畏的《英华韵府历阶》中使用面包一词，其他的字典中都还同时有馒头、包子等；在宁波传教的睦礼逊直将其译为馒头。可见其时，“面包”还不为大多宁波百姓所知，在其他一些沿海城市，多少还有人将这种烘烤出的西点的称名混同于蒸笼里的馒头。1905 年司登特的《英汉字典》也将馒头、馒包、面包、馒四词并列，直至 1916 年赫墨龄的《官话字典》才只用面包一词。这也可以从一个侧面反映出中国食文化的根深：全盘接受西食当然没有可能，完全接受它们的新名字也需要一个很长的反复过程，正如这里讲的“面包”，就花了将近一百年的时间。

同样的情况也发生在 cake 一词上。cake 的范围较广，可指在面粉中加入糖、鸡蛋等辅料后烘制而成的各式小点心。上述所提及的八种字典都首先将其译作饼，麦都思始还添了糕，无疑是取其形同于传统糕饼的便利。司登特另将烙饼收作对 cake 的解释，同时他亦把糕饼二字连用。赫墨龄的解释是饼、糕饼。

2. 日历、照片、报纸

中西的历法不同，西方用阳历，中国用夏历。但 calendar 在众字典的解释中，几乎都没逃过皇历、通书这两个表示中国传统历法的词。1848 年麦都思的字典中用的历日一词，是中国旧有的词汇，至迟唐朝已有；罗存德的解释有五个：历书、历日、通书、通胜①、华英月份牌。在 1853 年 8 月《遐迩贯珍》的创刊号的序言之前，有“英华年月历纪并诀”，意在普及西洋历法和方便民众记忆。其下还有一张当年的阴阳历对照表，列出每阴历月的初一所对应的阳历月号。拟想由于通商的需要，这种阴阳历对照的月份牌表或此后逐渐推行开来，1866 年罗存德《英华字典》里始出现了华英月份牌一词，此后卢公明、司登特等人的字典里都有月份牌这一解释，赫墨龄《官话字典》只录此一词——月份牌｛新｝，表示此解在当时是最为通行的了。

西方人研究发明摄影术是在 19 世纪，照片为中国百姓所识当在 19 世纪中期以后。因摄影术刚传入中国时，照片被视为只王公贵族才能享有的奢侈品。至 1844 年麦都思的《英汉字典》里还找不到 photograph（照片）这个词。1866 年罗存德的字典里始译 photograph 为影相，卢公明译其为照书，用旧有的汉语词拼合，都很形象。睦礼逊《字语汇解》译其为小照，疑此词更多恐怕是记了宁波话的音，而非称照片样小。司登特收入两个读音一样的解释：照像，照相，更偏向官话中的动词。但由于他本人在字典的第一版付梓之时（1871），仍是在南部沿海城市任职的，所以与吴方言视此词为名词并不矛盾。赫墨龄在《官话字典》里将名词和动词的解释分开，前

① 因“通书”的“书”字与“输”同音，因而往往用“通胜”避讳。

者为相片、照片，后者为拍照、摄照；摄影，照相。

在中国，报纸的前身是京抄、邸报，用于记录上谕和奏议，定期分送文武官员，与传媒意义上的 newspaper（报纸）相去甚远。马礼逊《汉语词典》出版时，只在马六甲有米怜等人主编的《察世俗每月统记传》一种中文期刊，且更多偏重传教内容。因而在马礼逊的字典中，只有京抄、邸报、辕门报的解释，虽与 newspaper 不符，但也算找到了一种旧有的事物相比附了。卫三畏《英华韵府历阶》中出现了新闻纸，但也没有丢开辕门报，同时其中还解释 news 为新闻[①]，对麦都思译作新闻篇，罗存德译作新闻纸，及卢公明、睦礼逊等人译作新闻纸、新闻篇、新闻报都有一定的影响，赫墨龄的《官话字典》里出现了报纸一词，同时并列的还有新闻纸、报、新闻报、报章。

3. 医院、学校、图书馆

这三者的概念在中西也有很大的差别。拿医院来说，太医院在中国古代是掌医药的官署。隋置太医署，宋改太医局，元设太医院。而以治疗病人为主要任务并设有病房的“医院”这一医疗机构在 19 世纪中期之前还没有大规模地在中国出现，马礼逊和卫三畏的字典里记作医馆，疑是拼合行医者和固定行医地两概念。麦都思、卢公明以教会所办的普济院、施医院、济病院来解释 hospital，罗存德《英华字典》有医馆、医院、医局三词，睦礼逊《字语汇解》里只医局一个。此“医院”“医局”当然不再是官署之名，将旧词赋以了新意。司登特《英汉字典》称其为养病院、医馆，赫墨龄《官话字典》的解释是医院、病院、养病室。

对 school（学校）的解释也很啰唆。编者们将当时人们对学习场所

---

① 新闻一词中国旧有，但意义有所差别。赵升《朝野类要》：“其有所谓内探、省探、衙探之类，皆衷私小报，率有漏泄之禁，故隐而号之曰新闻。”

的称呼如书馆、书塾、辟雍、堂塾、东胶、学房、学馆、学堂等都堆积一上。其中，麦都思的字典里有学效一词，罗存德《英华字典》里有学校一词，为同时期其他字典里所没有。赫墨龄的《官话字典》有学房、学塾、学校、学堂、书馆五种解释，优胜劣汰的结果还在后头。

中国历来多私人的藏书楼，但它和深藏官府的图书一样，一般是不向公众开放的。因而19世纪末对 library（图书馆）的解释自然只局限于书院、书房、书室、文房、书厅、书阁、书楼等词上。19世纪末，维新派人士请求开设公众阅览的场所，以使民众有以求知的途径。因此，现代意义上的有文献分类、管理，供人查考的“图书馆”，一开始时多由藏书楼演变而来，如1902年绍兴徐树兰筹建的古越藏书楼等。1910年京师图书馆开始筹建，1912年开放。1916年赫墨龄的《官话字典》中出现了图书馆一词，但同时并列的还有书楼、藏书阁、文库。图书馆是一个日语借词[①]，源［日］**図書館**；而书楼和藏书阁就是当时指那些大规模的私家藏书之所。文库现在汉语中一般指丛书或用于丛书名，也是一个日语借词，源［日］**文庫**，图书馆的意思，如现在日本有名的“东洋文库”。

（二）新职业和新制度

1. 律师、警察

“律师”一语本是中古译词，指佛教中善解戒律的人，后来亦指传授法律知识的人[②]；而代人写呈文告状的人并不叫律师，也没有这个固定的职业。因而马礼逊将 attorney 释作写呈子的，麦都思《英汉字典》里的代理事者，管事的，及罗存德《英华字典》里的代办者，

① 19世纪末20世纪初，在日本的中国留学生将日译西书所用的词汇，特别是那些在中国还没有确定概念的汉字词汇，大量地直接带入用中文翻译的书籍和中文报纸中。

② 刘献廷《广阳杂记》卷二：“余谓此象可以为刑官，可以为律师。”

替办者，管事者都是指业务或法律事务中的代理人的意思，但这些都不算作一个专门的职业名称。司登特《英汉字典》中有壮（状）师一词，赫墨龄的《官话字典》收代办，替办，律师，壮师｛新｝，大律师｛部定｝，代理权书｛新｝。其中壮师和代理权书是当时流传的新词，大律师是部定词。

警察是一个日语借词，源［日］**警察**，在1916年赫墨龄的《官话字典》中始有出现。在此之前，其他字典皆作衙役，捕役，原差，差役，巡捕，捕快，巡役，巡丁等，貌似繁复，实乃同一个意思。历来的封建王朝不具这种维持社会秩序和治安的武装力量，因此无法找出概念相对应的词。

2. 国会、选举

议会制度起源于英国，18世纪后普遍成为近代资本主义国家中的最高立法机关。鸦片战争以后，一些仁人志士认为国家之所以渐沦为外邦列强的殖民地，乃是由于政治体制的落后。康有为、梁启超主张模仿英、日的君主立宪制，孙中山、章太炎欲学美、法建立民主共和国。这样，parliament（国会、议会）、vote（选举、投票）等词的概念才借助于著述报端逐为人们所知，字典中parliament一词也有了较为固定的对释。如睦礼逊《字语汇解》中释为议政院，司登特《英汉字典》释为国会、议院、公会。其中，“国会”一词在《东西洋考每月统记传》中已有（周振鹤，1998），时在1837年，在介绍美国国情时出现，一年后又作为英国“国政公会”的简称出现。在1855年6月《遐迩贯珍》“花旗国政治制度”中亦有国会、议院二词，但可能都没有继而流行开来。因1844年卫三畏的《英华韵府历阶》中还没有收入这个词，1848年麦都思的《英汉字典》中只有一个形象却冗长的解释商量国事大会，而此后1866年罗存德《英华字典》中的解释是议士会、民委员会、国大公会。1872 年卢公明的《英华萃林韵府》中仍沿袭麦都思字典中的商量国事大会，直到司登特的《英汉字典》里才有国会、议院二词的出现。赫墨龄《官话字典》记国会为部定词，同时还有国民议会，议院二词。

vote（选举、投票）和政治制度也有密切的关系。在司登特《英汉字典》解释其为投名，选举之前，1844 年卫三畏的《英华韵府历阶》中也有选举一词，但此后麦都思、罗存德、卢公明等人的字典里，都是保举人，举荐人，保举贴，落名贴等解释，一眼即可看出不是民主制度下的投票选举，而是受到了传统制度下官场保举的影响。赫墨龄《官话字典》记投票是新词，出占为部定词。

（三）新学科及新术语

1. 哲学、逻辑

哲学乃智慧之学，但这门学问在中西有各自不同的渊源和发展。19 世纪，日本的西方哲学的传播者用中国的“哲学”二字表述源于古希腊罗马的西方哲学学说，即意译希腊语 philosophia 为哲学。但“哲学”二字进入英汉字典已是 20 世纪的事了，在 1916 年赫墨龄的《官话字典》里出现哲学，子学，并记哲学家为部定词。此前的字典中，概将 philosophy 一词解释为道，义理之学，性理，格物穷理之学，博物理学，理学等，偏重讲述中国传统哲学中的心性、性理方面。

逻辑学是哲学的一个学科分支，中西渊源各异。西方的“逻辑”学说随明末清初耶稣会传教士的西来传入中国。明末学者李之藻音译拉丁词 logica（逻辑）为“络日加”，意译其为“名理探”。至清道光四年（1824）出了一本逻辑书叫《名学类通》，但印数极少，鲜为人知。20 世纪初严复译穆勒（John Stuart Mill，1806—1873）的 *A*

System of Logic 为《穆勒名学》，后又出版了一本译英人耶方斯的著作《名学浅说》（此书在1896年被列入《西学启蒙》十六种之一，名为《辨学启蒙》）。因而在1916年赫墨龄的《官话字典》中犹记名学为新词。在这以前，其他字典收入的多是推论、明论之法、推论明理之学、思之理、理论之学、理学等词，更偏重对 logic 的释义。逻辑一词的定名，乃是经过了此后众学者的一番论战直至20世纪40年代才被大体确定下来的，概是因为无法寻得一个汉语词能和 logic 一词的意义完全对应，只能从音译（董志铁，1986）。

2. 经济学、植物学

1915年，严复在给其表弟熊纯如的一封信中指出："欧战告终之后，不但列国之局，将大变更；乃至哲学、政法、理财、国际、宗教、教育，皆将大受影响。"其中的"理财"，就是严复再三考虑的"economics"（经济学，严复译成"计学"）。在这八本字典中，只有赫墨龄的《官话字典》将与 economics 有关的几个词收尽：economic 经济的｛新｝，生计的｛新｝；economics 富国策，经济学｛新｝，理财学｛新｝，计学｛部定｝，国计；economist 计学家｛部定｝，经济学者｛部定｝。以此可见，计学即是严复任教育部"编订名词馆"总纂时拟的部定词，而新词经济学是一个日语借词，源［日］**经济学**。其他字典多收 economic 及 economical，解释同为省俭、俭约、齐家的、合算等几项。

1859年，墨海书馆（London Missionary Society Press）出版了由韦廉臣、李善兰、艾约瑟合译的《植物学》一书，把文艺复兴以后在西方发展起来的普通植物学介绍给国人。中国古代也有对植物的研究，主要是以识别植物的种类，明其实用价值为旨，和近代意义上以显微镜的发明和使用为标志的植物学差别甚大。马礼逊、麦都思、罗存德、卢公明四人的字典中没有 botany（植物学）一词，而只有 botanist（植物学家），分别译成语草花总理之人；本草家、识花草者、花师；草学者、识草木者、博学草木者、本草家；花师、本草家、识花草者，从一个侧面反映了“有家无学”的特殊现象。司登特的《英汉字典》中始有 botany 植物学，而无 botanist（植物学家）；赫墨龄《官话字典》记植物学为部定词，植物学家为新词，可见《植物学》一书出版后，这个学科名词的接受并不复杂，但更易花师、本草家等旧有的称呼却经历了半个世纪。

三、选择的文化背景

任何两种语言发生接触、交流都须通过一定的媒介。或是民间通事充当中间人的角色，或有字典、词汇集等作为一种参照体系，还可能因贸易外交等需要进而开办学校、发行教科书等。发生在近代中国的中英语言接触，就书面材料来讲，字典的编纂要早于其他的形式。1822 年马礼逊编写的大字典减轻了后来的新教传教士对汉语学习的障碍，而 1916 年赫墨龄的《官话字典及翻译手册》详细记录了流传其时的日常词汇及专业术语。在这一百年间，字典版本的更新及各地新字典的出现，字典中所记词义的更换、增补、反复等现象足以说明语言接触产生的新词及这些新词融入汉语词汇的血液中是需要一个过程的。综合所举之例，最后试将这一时期语言接触的类型和特征做一简单归纳。

（一）由音译到意译

因中国有深厚的文化传统，对一般的事物总能说出个名堂来，因而即使是陌生的东西，音译的名字也不会长久存在。其中还有个道理，即表音文字如果是多音节的话，用汉字直接音译，就会显得冗长。另外，音译具有一定的随意性，用于记音的字如果和事物的意义不发生关联，很可能让人看后摸不着头脑，传承也不会稳定。如“德律风”，其中的每个字都说不上和电话有关，三个字的多音节词又是汉语中不常用的，所以有时也可写成“的律风”。而当“电话”这个形义兼具的词一来，前者即被淘汰了。

（二）由意译到音译

这种现象不是很多，一般发生在意译之词不能和原词在意义上相当之时，而这种不能相当，大抵由于文化传统的差异。如“逻辑”一词，从1848年到1916年间的各种字典，已用各种阐释、描述之法将其解释为“推理明论之学”“明论之法”“思之理”等，也有较常用的“名学”“思理学”和部定词“辨学”，但后来的一些学者还是认为这些词皆无法等同于西方的logic，遂经过一番争论拟定从音译。这种情况实属唐玄奘提出的“五不翻”中的一种：在“生善故”[①]中，有“般若”不等于“智慧”一例，也找不到更好的词能表达“般若”之义了。“逻辑”就属此列。

（三）生造词

当无法找到本土事物与外来的实物概念相对应或两者的形制不完全相同时，编译者或找一个中国原有的相近概念做出相仿的解释，或取两个意义相关的字拼合。比如对steamer进行翻译，由于steam的解释是“水蒸气”，因而应解释为“蒸气车”；然而目所能见的是用

① 即翻译的词如达不到原词的完整性，就从原词不译。

火点燃，因此便造成“火蒸车”，逐渐转变为“火车”了。又毕竟由于仅意义相仿，因而新词及日语借词就会时刻对其产生冲击，字义也就常常发生添改。如上述所举的“图书馆”“警察”“面包”“报纸”“医院”等。

（四）移义词

移义词是挪用汉语中原有字词的意思附会在新的事物上，如“律师”“经济”等，看似已有的旧词，却具有特定新义。这也是语言接触中的一种重要现象，这些词的取舍，表征了不同观念的碰撞事实。

（五）过渡词的现象

相比实物概念来讲，翻译抽象的学科名词及制度名词所遇的梗阻就会更多一些。在这些词定型之前，中间往往有一些以描述、阐释之法译成的组合词，称作“过渡词”（周振鹤，1999）。如将“议会”一词解释成“商量国事大会”，以“谙草花总理之人”“博学草木者”等指称“植物学家”。“过渡词”的出现是语言接触的特征，也是必然。我们现在回过头来称其为“过渡词”，然而当时正是通过这些词的释义使陌生者了解到事物的实质，也进一步启发了后来人的修改。

参考文献

Mcilvaine, Jasper S. 1870 Obituary Notice of Rev. W.M.T. Morrison. In Rev. Messrs. S.L. & Justus Doolittle(eds), *The Chinese Recorder(II)*. Foochow: Rozario, Marcal & Co..

Wylie, Alexander 1867 *Memorials of Protestant Missionaries to the Chinese: Giving a List of Their Publications, and Obituary Notices of the Deceased. With Copious Indexes*. Shanghae: American Presbyterian Mission Press.

董志铁，1986，《关于“逻辑”译名的演变及论战》，《天津师大学报》第1期。

中国社会科学院近代史研究所翻译室，1981，《近代来华外国人名辞典》，北京：中国社会科学出版社。

周振鹤，1998，《逸言殊语》，杭州：浙江摄影出版社。

周振鹤，1999，《〈遐迩贯珍〉中的一些过渡性的地理学术语》，《词库建设通讯》（香港）第19期。

试论马礼逊《五车韵府》的编纂方法及参考书*

朱　凤

马礼逊编的《字典》(共三部六卷)不仅为19世纪学习汉语的欧洲人提供了方便,也成了后来想学习英语的中国人和日本人的参考书。特别是第二部《五车韵府》,在出版后的100年中多次再版,备受学习者的青睐①。《五车韵府》如此受欢迎,笔者认为这与它的编排方法和内容是密切相关的。

《字典》的第一部有三卷,洋洋洒洒地收录了4万多字,字头的例句上至中国史书、儒教佛教经典、政府律令,下至启蒙书、坊间小说,应有尽有,包罗万象,被认为是一部百科全书。与第一部相比,《五车韵府》的内容就显得简单得多了。马礼逊的《五车韵府》共有两卷。第一卷为具有查字功能的字典,第二卷为各种检字表。本文的考察对象主要为第一卷。

1817年的《东印度年鉴》(*The East-India Register and Directory*)中有一则马礼逊字典的广告,其中将出版顺序和内容列为(Ride, 1957: 14):

第一部中英字典部首顺序排列

---

* 该论文曾于2008年澳门"马礼逊与中西文化交流国际学术研讨会"上发表,后撰写成日文收录在《モリソンの〈華英字典·英華字典〉と東西文化交流》(东京:白帝社,2009)一书第93—108页中。现将该论文译为中文,并略加修改。

① 马礼逊的《五车韵府》在1865年、1879年和1907年再版。日本的德川幕府也在马礼逊字典出版后马上购买并组织人员翻译。

第二部中英字典罗马字母排列

第三部英中字典

可是在第一部的第一卷完成以后（1815），并没有继续出版第二卷和第三卷。而是先出版了第二部（第一卷 1819，第二卷 1820）。之后又出版了第三部（1821），而将第一部的第二卷（1822）和第三卷（1823）推迟到最后出版。理由何在？这与第一部第一卷出版后的反响是有很大关系的。理由就是对使用表音文字并且是初学汉语的欧洲人来说，第一部字典过于烦琐，他们更需要一部简单明了、查找方便的字典。以罗马字母编排的字典比以部首顺序编排的字典方便得多。为了满足他们的需求，马礼逊不仅改变了出版顺序，而且对字典的内容也做了调整。《五车韵府》中收录的例句基本上以口语单词为主，古典经典尽量不收，适合初学者使用。这就是《五车韵府》出版后受欢迎的原因之一。

马礼逊在编纂《五车韵府》时，究竟参考了哪些书？至今为止很多学者认为马礼逊的《五车韵府》是以中国文人陈荩谟先生的《五车韵府》为蓝本（飞田良文、宫田和子，1991：239；苏精，2005：285—286）。其实事情并非如此简单。本文试图通过考察《五车韵府》编排时使用过的参考书，就它的编排方法和内容做些探讨，并探明马礼逊《五车韵府》的蓝本究竟为哪些书籍。

一、有关马礼逊使用的参考书

马礼逊在《五车韵府》的前言（Preface）中写到，“该字典是以陈先生（Chin Sëen-săng）的《五车韵府》为蓝本而写成的。陈先生将他的一生都倾注于收集《五车韵府》的单词，他在该书出版之前离开了人间”（p. v）。另外他还谈到在编纂过程中，除了陈先生的《五车韵府》之外，还参考过《康熙字典》《分韵》和罗马天主教传教士的字典（*Alphabetic Dictionary of the Roman Catholic Missionaries*）。以下就这些参考书作者、内容、成书背景和与马礼逊字典的关系做一介绍和分析。

（一）有关陈荩谟的《五车韵府》

马礼逊在《五车韵府》的前言中提到的陈先生就是明末清初的嘉兴人陈荩谟（1600？—1692?）。有关陈荩谟先生的生平介绍和业绩，香港大学的冯锦荣先生已有专著论述。据冯锦荣先生（2007）的研究，陈荩谟最初写了《皇极统韵》，并在顺治年间初刻，约于康熙三十年（1691）又将之编成二十二卷，名为《元音统韵》。而未及该书出版，陈荩谟就先辞世而去。

笔者所看到的就是收录在《四库全书》中的《元音统韵》。于康熙五十三年（1714）由慎思堂刻本。除了陈荩谟的《元音统韵》之外，还增加了吴任臣的《字汇补》六卷，共二十八卷。其中收有作者陈荩谟、出版人范廷瑚及该书发掘人潘应宾的序。香港大学的冯平山图书馆藏有《五车韵府》十卷，其实这就是《元音统韵》的第九卷至第十八卷的部分。据香港大学的书志介绍，该书将原本卷端、卷末及版心所题“元音统韵”挖改成“五车韵府”出版，出版社仍是慎思堂。据冯锦荣先生（2007：273）的研究，挖改后的《五车韵府》约于康熙末年至雍正年间（1723—1735）出版，乾隆二十七年（1762）又有江苏松江县玉衡堂新刻本。《马礼逊藏书书目》（West，1998）中没有收录陈荩谟的《五车韵府》和《元音统韵》，不知马礼逊看到的是哪个版本。

马礼逊对原本《五车韵府》出版缘由的理解和认识上有一些地方是有误的。正如冯锦荣先生（2007：244）所指出的，他误将陈荩谟的门人胡含一（Hoo-han-yih）译为含一胡（Han-yǐh-hoo）[①]，即将姓误认为“含”而非“胡”。含一胡这一用法很有可能源于潘应宾的《元音统韵序》中的“幸其门人含一胡君面承先生之训俾令订正”一句。不知为什么马礼逊将“含一，胡君”误解为“含一胡君”，以致弄错了姓和名。其实潘应宾的《元音统韵序》中有再次提到胡含一的地方，“余采药罗浮，晤胡君于湛（原文的字为‘湞’）江”，这一句话就明显地道明了陈荩谟的门人姓胡。如果马礼逊仔细看这一段文字就不会有误了。

另外他对潘应宾的认识也是有误的。他在《字典》第二部（《五车韵府》）的前言中写道：

> Some of Chin Sëen-sǎng's pupils rose to eminent situations in the state; and when the Emperor Kang-he 康熙 projected the formation of his Dictionary, one of them, Pwan Ying-pin 潘应宾 mentioned to that great Monarch the work of his Master.（陈先生的学生中有些人荣升到了政府的显赫地位。当康熙皇帝准备编写字典时，陈先生的一位学生潘应宾向皇帝推荐了自己老师的书。）（p. v）

其实潘应宾并非陈荩谟的学生，也没有向皇帝推荐过陈荩谟的书。他与《元音统韵》的关系，在他为该书写的序中说得很清楚。

---

① 也许是笔误，冯锦荣在他的论文中误将胡含一（Hoo-han-yih）写为胡一含（Hoo-yǐh-han）。

> 当先生书成时，年已垂耄，未获剞劂公世。幸其门人含一，胡君面承先生之训，俾令订正。……忆曩在史馆时，余通家沈学士芷岸为余言幼时曾受业于陈先生，得其学而惜失其书。继蒙皇上以韵学召问，访其书竟不可得。……余采药罗浮，晤胡君于湞江，挟其书讲论，浃旬因益。叹是书之广大精微必能传世。在粤之士大夫思表章绝学，谋付剞劂以公诸海内（潘应宾，1714：1—7）。

也就是说陈荩谟的学生是沈芷岸而不是潘应宾。潘应宾是该书的发掘者，他找到了该书的挟藏人胡含一，并说在粤的文人有意将该书出版。不知何故，马礼逊在自己的前言中张冠李戴，误将潘应宾说成陈荩谟的学生。

由此可见马礼逊对潘应宾的序并没有仔细研读，或者是没有正确理解文章的意思，以致造成了一连串的错误。那么马礼逊的《字典》的第二部，其内容究竟有多少是依据陈荩谟的《五车韵府》的呢？这个问题将在第三章中讨论。

（二）有关罗马天主教传教士的字典

有关这本字典马礼逊在《字典》的前言和日记、书简中经常提到。譬如在第二部第一卷的《手抄本字典拼音对照表》（Orthography of the Manuscript Dictionaries）中，马礼逊就说“我有时候使用的手抄本字典是从皇家协会的藏书中抄来的。这本字典原先是属于威廉·琼斯[①]的”（p. xvii）。

马礼逊手抄的罗马天主教传教士的字典，在高第（Henri Cordier，

① 威廉·琼斯（William Jones，1746—1794）是英国的语言学家，也从事古印度语的研究。

1849—1925）的《高第书目》（*Bibliotheca Sinica*，1904—1924）中也有详细的记载。据高第称马礼逊手抄的罗马天主教传教士的字典是一本汉语—拉丁语字典，收藏在香港的香港大书楼（City Hall Library）①。他还抄录了马礼逊写在手抄字典上的一段文字："这本字典是 1806 年抄写伦敦皇家协会的藏本而得的。这个藏本是威廉·琼斯在印度得到的，据说是从事传教活动人士所撰。"（Cordier，1905—1906：1627）

那么马礼逊使用的这本字典的原作者究竟是谁呢？其实他就是 17 世纪在中国从事传教活动的意大利神父叶尊孝。他在 17 世纪的后半叶由方济会派遣到中国从事传教活动，并在山西省去世。他曾在 1694 年编了按部首排列的汉拉字典，共收入 7000 左右汉字，1699 年他又将该字典按罗马字母重新排列，并将汉字增加到 9000 多字。该字典编成后据说很受当时传教士和汉语学习者的欢迎，多次被抄录。马礼逊的手抄本就是众多抄本之一。叶尊孝本人曾经有过出版该字典的计划，终因出版经费庞大而未果（Folch，1995：155—156）。一百多年之后小德金（Chrétien-Louis-Joseph de Guignes，1759—1845）以这本字典为蓝本出版了著名的《汉字西译》②（*Dictionnaire Chinois, Français et Latin*，1813）。

马礼逊的《五车韵府》中，有很多例句是取自叶尊孝字典的。有关这一点笔者将在以后的章节中详细分析。

---

① 笔者曾在 2003 年向香港的 City Hall Public Library 咨询过该手抄本的下落。据工作人员说，高第所说的香港大书楼是 1869 年至 1947 年间的博物馆兼图书馆，与现在的 City Hall Public Library 没有关系。不过他们在 1962 年曾将马礼逊的相关资料都移交给了香港大学。笔者又向香港大学讯问，可是香港大学也回复没有收藏该手抄本。马礼逊的手抄本目前下落不明。

② 《汉字西译》的书名也并非小德金所命名的。笔者看到的叶尊孝手抄本字典的最后一页上写有"汉字西译终"。很可能叶尊孝在编字典时就已定下这个书名。

（三）《康熙字典》及其他参考书

马礼逊藏书中有许多字典、韵书类的书籍。《五车韵府》编纂时使用的《康熙字典》也在其中。据《马礼逊藏书书目》介绍，马礼逊所藏的是康熙五十五年（1716）刻本。这部字典中留有许多马礼逊的读书笔记。他的字典最后一页上写道“Finished April 9th 1822, Tues. Canton”（West，1998：17）。这个时期正好是马礼逊的《字典》编纂进入尾声的时期。也就是说他在编《字典》的同时，一直在研读《康熙字典》，以至于《康熙字典》成了《字典》最重要的参考书之一。此外，《马礼逊藏书书目》中的《说文解字》（许慎）、《字汇》（梅膺祚）、《正字通》（张自烈）等书籍也是马礼逊编纂《字典》时的参考书。只是马礼逊在《五车韵府》前言中提到的《分韵》却没有在《马礼逊藏书书目》中找到，据马礼逊说是一本很小的字典（p. v）。

二、《五车韵府》的排列方法

在谈到《五车韵府》的字头排列时，马礼逊说“原书[①]是按发音（sound）和声调（tone）编排的，同样的发音只是声调不同就不同卷。而且分得过于细微，以致我求教的所有中国人都感到困惑不解。1812年，我把它分解开来，以现在的音节（syllable）方法来排列”（p. v）。

的确，陈荩谟的《五车韵府》是按平声、上声、去声和入声来排卷的。其中平声、上声、去声各分三十六个韵律，入声分二十个韵

① 即陈荩谟的《五车韵府》。

律，一共一百二十八个韵律，收字四万左右。“公”和“贡”韵律相同而声调相异，一个是平声，一个是去声，所以分属不同卷。这就是马礼逊所说的不便之处。

基于这个观点，马礼逊《五车韵府》的编排采用中西结合的方式。这种排列方法有两个特点：

1）以声母的发音为基点，按同声归类，并以罗马字母的顺序编排汉字的音节。比如 Cha 查，Chae 斋，Chan 毚……

2）每个音节中汉字字头又以一个词根（elementary word）为基点，再以笔画的多寡顺序来排列。比如 Cha 以“查”为词根，渣、楂等为同一音节同义词根的汉字。

下面逐一分析这两个特点。

（一）马礼逊对汉字四声和音节的认识

《五车韵府》一共收入 12,674 个汉字（不包含异体字和俗字）。他把这 12,674 个汉字分别归入 411 个音节。这 411 个音节的分类法是马礼逊多年学习汉语的一个归纳总结。

他发现中国人编字典时按同韵同调（same terminal，same tone）来编排，而欧洲人是按声母（initial sound）来编排的。他曾经在好几本书中写到字母语言（alphabetic language）连接耳目，见字发声；而汉语却重视形和意（figure and meaning of the Character）。发音和声调还没有一个确定的标记方法。没有一个好的中国助手，外国人很难学到正确的发音。虽然声调有用，但在阅读和理解中国书籍或理解口语时并不是很重要的。字典上的声调记号对外国人来说是无关紧要的。所以他劝告学生在掌握一些单词和熟语之前不必过分注意它们。如若需要掌握，最好是亲身聆听老师的发音（p. vii；Morrison，1815：

21)。

尽管这样，马礼逊并没有无视声调。虽然他没有采用按声调排列字头，但在字典中的大多数字头中注上了［ˉ］（平声）、［ˋ］（上声）、［ˊ］（去声）和［c］（破裂音）的发音标记。对入声又是特别处理——将入声的汉字作为一个音节单独排列。

他在编写《通用汉言之法》（*A Grammar of the Chinese Language*, 1815）时，对汉语的音节做过一个分析。他说："我们可以说每个汉字只包含一个音节，如果用我们的罗马字母来区分它们的话，汉字的音节不超过350个。"（Morrison，1815：2）他还按自己的分析在该书中做了一个"汉语音节表"（A Table of Syllables contained in the Chinese Language），收录汉语中336个不同种类的音节，并按罗马字顺序排列。《五车韵府》中也有一个"汉语音节表"（Order and Number of the Syllables），两者对比一下，就可以知道《五车韵府》中的"汉语音节表"是《通用汉言之法》的改良版，汉语的音节增加到411个。也就是说马礼逊把汉语的发音分得更细了。再仔细分析一下马礼逊增加的汉语音节，笔者发现增加的部分大多数是入声。他好像注意到了入声在汉语发音中的特别性，在《五车韵府》中将入声发音的汉字单独排列。

譬如在Ho的音节中，收入包括平声、上声和去声的火、禾、何、苛、贺等字头。而在Hŏ的音节中，单独收入发音为Ho，而是入声的合、盒、郝、豁等字头。

马礼逊为什么要将入声单独分为一个音节呢？他认识到入声比较特别，与其他三个声调相比，入声发音短促，比较容易辨别；书写时也容易与其他三个声调区分开来。于是他在入声的拼音上既继承了手抄本字典的以［ˇ］记号表示入声的方法，又创造了在拼音的最后加上［h］，以示入声的方法。比如以 Heŭh 表示畜、蓄、旭，以 sŭh 表示夙、俗、缩等入声。

其实按罗马字母的顺序编排汉字法并不是马礼逊首创，他参考的叶尊孝的字典也是按罗马字母顺序编排的。他只是将叶尊孝的汉语音节分类做了一些更改和发展，并将拼音法（Orthography）按英语的读法重新组合。他在《五车韵府》的正文前还特意附上了《手抄本字典拼音法对照表》，以供读者参考（pp. xvii－xix）。

（二）《五车韵府》的字头排列

对字头的排列马礼逊设置了两个条件：

1）每个音节中的字头按笔画多寡顺序来排列。

2）按汉语的部首顺序，将词根和它的复合字一起排列。

他认为在许多语言中都有被称为词根的单词，许多字都是由这些词根变化而成，发音也据此而起，就像植物从根生起分枝结叉一样（pp. xi－xii）。汉语也是如此。马礼逊的这种观点正是抓住了汉字复合字中有音符和义符，词根有音符作用的特征。

譬如在音节 chung 下，收入中、充（充）、虫（蟲）、重等 11 个词根，这些词根下又分别收入以下的汉字：

中：仲、冲、忠、衷……（18 个复合字）

充（充）：茺、铳……（9 个复合字）

虫（蟲）：烛、螽……（4 个复合字）

重：揰、种、腫……（25 个复合字）

也就是说马礼逊将同音节下的字头按词根排列，再将词根相同的复合字排在一起，次序严谨、一目了然。他的这种排列方法比叶尊孝的字典要进步得多。叶尊孝虽然将汉字发音归类，并按罗马字母顺序排列，但他并没有意识到汉字中词根有音符作用的特征。

分析了马礼逊的字头排列方法之后，可以知道，他的排列方法主要是参考了叶尊孝字典的罗马字母顺序排列法，并对汉语音节的分类和拼音法做了改良。其次是创造了以相同词根排列字头的方法。至于陈荩谟的《五车韵府》，除了从该书中的 4 万字中选择了12,674个字头以外，好像并没有做更多的参考。

三、《五车韵府》的内容

马礼逊对收入《五车韵府》中的字头都有详细的注解。每个字头下的注解可以分为两个部分。

1）释字。用英文对每个汉字的字体结构及字义加以说明。

2）例句。在每个字头下用汉字造例句。并标上罗马字拼音。加上英文注释。

譬如：

东 [ˉ] From *the sun* and *a tree*; the sun rising amongst the trees. The place where the sun rises, and from which light emanates; the east; the place of honor. A surname. Kaou 杲 is the sun above the trees, *light*. Yaou 杳 is the sun below the trees, *obscure twilight*.

Tung fang 东方 the eastern quarter of the heavens.

Tung kea 东家 the master of a house is thus denominated by a private tutor and others.

Tung se 东西 east and west; a thing; all inanimate things between the rising and the setting sun.

Tung ching se tsew 东成西就 every thing well arranged and brought to a conclusion.

Tung taou yin 东道银 money employed by offenders against the laws to procure mitigation of the harshness of confinement, or of fetters.

那么马礼逊的这些解释和例句是从哪里来的？是否仅仅抄袭了陈荩谟《五车韵府》的内容，并将它们译成英文？下面想就这些问题逐一探讨。

（一）有关释字部分的内容

正如上述字头东那样，马礼逊先给东标上声调记号［ˉ］，表明东为平声。然后再附上解释："从日从木，日从木升。日升之处，光出于东，东方；名誉之处。姓。杲为日在木上，光也。杳为日在木下，黄昏之意。"

这些解释的依据是什么？陈荩谟《五车韵府》中对"东"的解释是这样的：

东方也，动也。阳气动也，于时为春。又姓。舜后有东不訾。又东方、东郭、东门、东里俱复姓。淮南子曰，日拂于扶桑是谓晨明，故东字在木中。若日登于扶桑是为朏明，故杲字日在木上。若日晡则反景上照于桑榆，故杳字日在木下（陈荩谟，1714：2）。

由此可见马礼逊的释字中有一部分参考了陈荩谟的书。另外“从日从木”的释字方法，很明显是受到了《说文解字》的影响。

其实《康熙字典》也是马礼逊释字时的一部重要的参考书。下面以“公”字为例加以考证。

1）马礼逊《五车韵府》

公［ˉ］From Pă，To *turn the back up*，and Sze，*Selfish*，the opposite of that which is selfish and unjust：General；public；just；equitable；fair；the male of animals. A term of respect，addressed to persons；name of certain official situations；a title of nobility；name of certain stars；a surname.（从八，背也，从厶，私也。公之反为私，不正：普遍，公众，公正，平分，公平；雄兽。尊称，称谓；官府之名；爵位；星座名；姓。）

Keun kung 君公 a king，or sovereign of a country.

Seang kung 相公 a state minister.

Sze tow kung 事头公 the master of a shop.

Kung choo 公主 a prince.

Kung fei 公费 public expenditure.

……

2）陈荩谟《五车韵府》

公见公切。无私也，正也。又爵名五等之首曰公。又三公官名也。又尊老皆曰公。妇称舅姑曰公。又官所曰公。“诗南”退食自公。又事也。“诗大雅”王公伊濯。又与功同。“诗小雅”

以奏肤公。又姓。汉有公俭。又公仪、公西、公叔、公行、公输、公都、正公。

3）《康熙字典》

《康熙字典》除了以上陈荩谟的解释之外，还有以下的说明：

《说文》平分也。从八从厶。八犹背也。厶音私。《韩非曰》自营为厶，背厶为公。……《玉篇》方平也。正也。通也。……又星名。

对照了马礼逊、陈荩谟及《康熙字典》以后，可以说马礼逊对“公”的释字，与其说是源于陈荩谟，倒不如说是源于《康熙字典》。也就是说马礼逊《五车韵府》的释字来源是多方面的，陈荩谟的《五车韵府》仅仅是马礼逊编字典时的参考书之一。

（二）有关例句的内容

另外从“东”和“公”的例句中，可以发现马礼逊的例句与陈荩谟《五车韵府》及《康熙字典》中的例句完全不同。陈荩谟《五车韵府》及《康熙字典》中的例句以《书经》《诗经》《史记》等经典及史书为主，而马礼逊的例句却是以简短的口语为主。

也就是说马礼逊的例句并非以陈荩谟《五车韵府》及《康熙字典》等书为蓝本。那么他为什么没有引用这些例句？他的例句又是从哪里来的呢？

其实马礼逊在编《字典》的第一部时踌躇满志，尽可能地收入诗歌、比喻及古典隐喻等例句，他认为只有这样才能帮助远在欧洲又缺少汉语资料的欧洲人学习汉语。可是没有想到第一部第一卷出版后却受到了一些批评，说他的字典太冗长散漫，收入内容过于繁杂。对于这些批评，马礼逊一方面极力反驳，一方面又觉得无可奈何（pp. vii－viii）。特别是当时在广东一带的外国商人，他们学习汉语主要是以实用为主，并不在乎学习中国文化[①]。鉴于这种状况，马礼逊改变了原先的出版计划，先出版了第二部。并决定将第二部字典编得简单易懂，向读者提供一部内容浅易的字典。

马礼逊的这种妥协并不是他的本意。他在《五车韵府》的前言中谈到该字典的例句收入范围时写道："学习者不要期待该字典中词句翻译的精确性，但是（书中收录的）一词多义将为学习者选择正确句子时提供一个线索。也不要期待（作者）会将所有单词的诗歌性、比喻性及古典性的例句毫无遗漏地收入字典。与欧洲人现有的对汉语的需求相比，这些（工作）需要更多的协作，也需要有多方面的才能和不懈的努力。而且（欧洲人）对这方面的期待并没有显得迫在眉睫。这并不是因为与一些欧洲文人已经关注的事物相比，汉语不值得重视，而是因为赶时髦、兴趣爱好和两国的交往并没有带来（人们）对汉语的追求。"（p. xii）（下划线为笔者所加）

马礼逊这席话道出了当时大多数学习汉语的欧洲人的目的。他发现当时大多数的欧洲人为利益所驱而学习汉语，对他们来说学习口语要比学习文学用语重要得多。马礼逊好像感到了理想与现实的距离。为了满足这些学习者的需要，他在这本《五车韵府》中尽量不收文学性强的或古典的例句。不过他还是告诉学习者"中国人是一个固

① 马礼逊的学生 John Francis Davis 就是一个典型的例子。有关 John Francis Davis 的语言观，请参考朱凤（2008：335—352）。

有的民族，他们的思想和理论也是固有的，与欧洲人的思维是完全不同的"①。他在《五车韵府》中对每一个汉字都用英语解释原意，显示了他对学习汉字文化的态度。他始终认为学习汉语不应该只停留在语言本身，而是应该同时学习中国文化。《五车韵府》的释字部分也表明他对汉语初学者的用心良苦。

有关《五车韵府》例句的参考书，有必要考察一下马礼逊从皇家协会得到的手抄本字典。在第一章中笔者已经谈到这本字典的作者是叶尊孝。虽然现在马礼逊的手抄本字典下落不明，但是叶尊孝的字典却还是能看到的。日本东洋文库中就收有一部由一位名叫 Abbe Dufayel 的人所抄叶尊孝字典。现将它的内容与马礼逊《五车韵府》的例句做了一下比较。

表 1

字头	叶尊孝字典②	马礼逊《五车韵府》③
在	cai-kia 在家，so-cai 所在，sien-fu-cai-xi 先父在时，po-cai-leao 不在了，po-cai-go 不在我，hoai-hen-cai-sin 怀恨在心，fang-cai-cho-xang 放在桌上，ping-po-cai-to 并不在多，cui-po-cai-ni 罪不在你，xing-fu-cai-ciang-po-cai-ping 胜负在上不在兵，po-cu-cai 不自在，hao-cu-cai 好自在，tu-cai-go-xin-xang 都在我身上	你去问他在那里，先父在时，罪不在你，都在我身上，不在心上，自在，好自在，安乐在，所在，放在桌上，怀恨在心，在目前，在乎，不在乎，在当面，在家不在家

① "the Chinese are an original people. Their modes of thinking and reasoning are original; and are often widely different from those of Europeans."（p. viii）

② 原书例句为罗马字拼音，汉字为笔者所译。

③ 原书例句按罗马字拼音、汉字、英文注释的顺序排列，这里只列出例句的汉字部分，省略罗马字拼音和英文注释部分。

续表

字头	叶尊孝字典	马礼逊《五车韵府》
宰	Cai-siong 宰相，chu-cai 主宰，ta-cai 大宰，cai-jo 宰肉，xen-cai 膳宰	制宰，邑宰，主宰，大宰，小宰，烹宰，天地者万物之主宰，诸宰，家宰，膳宰，庖宰，屠宰，宰相，宰牛，宰相之容
告	Kao-xi 告示，kao-kia 告假，kao-cu 告诉，kao-cu 告祖，kao-choang 告状，Yuen-kao 原告，pu-kao 被告	上告，控告，原告，被告，禀告，祷告，告状，告发，告解，告厥成功，告假，告示，告身，告诉人知，告讼，告祖，告辞，告于神明
公	kiu-kung 钜公，kia-kung 家公，cun-kung 尊公，kung-ku 公姑，kung-chu 公主，lui-kung 雷公，cie-kung 七公①，siang-kung 相公	君公，相公，事头公，公主，公费，公干，公务，公车，公家，公门，公平，公道，公心，公平正直虽无子悉死为神，公司，公司船，英吉利国公班衙，公所，公所行用，公私，公仔，公私两尽，公爵，公子，周公，周相公，公祖大人，公子家
车	che-hing 车行，che-ciang 车床，fung-che 风车	车床，车轮，车载斗量
尺	San-che 三尺，kio-che 九尺	十尺为丈，咫尺，尺有所短寸有所长，尺蠖，尺寸

从上表的比较中，可以知道马礼逊《五车韵府》中的例句有很多源于叶尊孝字典（加下划线的为与叶尊孝字典一致的例句）。尽管如此，马礼逊还是在例句中加上了自己独特的内容。他在《五车韵府》的例句中加上了许多时代用语（公司，公司船，英吉利国公班衙）、成语（车载斗量）和谚语（尺有所短寸有所长）。这样就使得这本字典非常有实用价值。

① 星座名。

结　论

由于马礼逊在《五车韵府》的前言中写了一句“该字典是以陈先生（Chin Sëen-săng）的《五车韵府》为蓝本而写成的”，加上一直缺乏对陈先生其人其书的研究，致使许多后来人误以为马礼逊《五车韵府》的大部分内容源于陈先生。虽然2007年香港大学的冯锦荣先生发表了相关论文，为究明陈先生其人其书做了一大贡献，但他的论文仅仅停留在陈荩谟的生平介绍上，并没有追究到马礼逊《五车韵府》的具体内容。

通过本文的分析，可以得出以下结论：

1）马礼逊《字典》的第二部虽然袭用了陈荩谟《五车韵府》的书名，并在释字部分做了一些参考，但其大部分内容并非源于陈荩谟。

2）马礼逊《五车韵府》的重要组成部分——例句主要依据的是叶尊孝的字典。马礼逊在这个基础上还加上了许多口语性很强的四字成语、俗谚。与叶尊孝的字典相比，马礼逊的例句在拼音后还加上了汉字，为欧洲人提供了一个既能学习汉语发音，又能学习汉字的机会。

3）虽然马礼逊为了满足当时欧洲人的需求出版了这部以简单易学的口语例句为主的字典，但他仍然坚持自己学习汉语应同时学习中国文化的主张。

4）马礼逊的《五车韵府》出版后多次再版的主要原因就是与第一部字典相比，它具有查字方便、例句简单易学的特征，同时又兼顾介绍汉字文化。

马礼逊的《五车韵府》原本是为初学汉语者准备的字典。由于它的例句不仅简单易学，还有英文翻译，这本字典后来也成了 19 世纪末至 20 世纪初中国人和日本人学习英语的工具书，这是一个马礼逊没能预料到的结果。

参考文献

Cordier, Henri (ed.) 1905 - 1906 *Bibliotheca Sinica*, vol. 3. Paris: Librairie Orientale & Américaine.

Folch, Dolors 1995 Sinological Materials in Some Spanish Libraries. In Mine Wilson & John Cayley, *Europe Studies China*. London: Han-Shan Tang Books.

Morrison, Eliza A. Mrs. Robert 1839 *Memoirs of the Life and Labours of Robert Morrison, D.D.*. London: Longman, Orme, Brown, Green & Longmans.

Morrison, Robert 1815 *A Grammar of the Chinese Language*. Srrampore: The Mission Press.

Morrison, Robert 1819 *A Dictionary of the Chinese Language*, Part II, vol. 1. Macao: Honorable East India Company's Press.

Ride, Lindsay 1957 *Robert Morrison: The Scholar and the Man*. Hong Kong: Hong Kong University Press.

West, Andrew C. 1998 *Catalogue of the Morrison Collection of Chinese Books*. London: University of London School of Oriental and African Studies.

闭克朝，1982，《入声》，武汉：湖北人民出版社。

陈荩谟，1714，《元音统韵・九卷》，清康熙五十三年范廷瑚刻本。

房兆楹、杜联喆（编），1941，《增校清朝进士题名碑录附引得》，北平：哈佛燕京学社。

飞田良文、宫田和子，1991，《ロバート・モリソンの華英・英華字典 A

Dictionary of the Chinese Languageについて》，近代语研究会（编）《日本近代語研究（1）》，东京：ひつじ书房。

冯锦荣，2007，《陈荩谟之生平及西学研究》，《明清史集刊》（香港）第9卷。

济南开发区汇文科技开发中心，2004，《文渊阁　四库全书　原文电子版》，武汉：武汉大学出版社。

潘应宾，1714，《潘序》，陈荩谟《元音统韵》二十八卷，清康熙五十三年范廷瑚刻本。

胜俣铨吉郎，1940，《德川時代の洋書》，《学鐙》第44卷第4号。

苏精，2000，《马礼逊与中文印刷出版》，台北：学生书局。

苏精，2005，《中国，开门！马礼逊及相关人物研究》，香港：基督教中国宗教文化研究社。

苏精，2006，《上帝的人马：十九世纪在华传教士的作为》，香港：基督教中国宗教文化研究社。

朱凤，2008，《John Francis Davisの中国語学習と言語観》，沈国威（编）《漢字文化圏諸言語の近代語彙の形成：創出と共有》，大阪：关西大学出版部。

汉英双语词典的诞生及其早期设计特征*

杨慧玲

中国与欧洲都曾是影响了世界文明进程的文化发源地，这两大文明之间的交往古已有之。然而，若是从交流的广度和深度来看，明末西方传教士入华无疑是一个标志性的里程碑。从最早记载的16世纪下半叶奥古斯丁会的拉达（Martín de Rada，1533—1578）编纂的第一部汉语词典至19世纪初，入华天主教传教士已有两百余年的手稿汉语词典编纂的悠久传统。19世纪初入华的基督新教传教士马礼逊出版了他的《汉英英汉词典》（*A Dictionary of the Chinese Language*，1815—1823）之后，以欧美新教传教士和驻华外交官为主编纂和出版汉语词典进入了一个繁荣时期。《高第书目》列出了数百部自16世纪至20世纪初的汉外词典（包括汉英词典），而这批由西方人编纂的学习汉语的词典迄今仍有待研究。

国内学界对这一阶段以西方业余者为编纂主体的汉语词典仍缺乏客观的认识和评价，对业余者的汉语水平存在质疑，对他们词典编纂的科学性及计划性多有诟病。然而，如果将这些汉语词典置于当时的历史文化背景之下重新审视，利用现代词典学的成果而避免其后视视角，可能会对"业余者"编纂的汉语词典产生全新的认识。

---

* 原刊《外语教学与研究》2010年第5期，第387—393页。

一、入华天主教传教士的手稿汉外词典

汉欧双语词典的编纂传统可追溯至16世纪中叶随着欧洲殖民者进入亚洲地区的欧洲天主教传教士。16世纪至18世纪末入华天主教传教士编写的珍贵手稿汉欧双语词典被欧洲各国图书馆和档案馆深藏，我在欧洲各地寻访到一批具有代表性的手稿词典，现选择其中重要的手稿汉欧词典进行评述。

目前，鉴别后所知最早在中国编写的手稿汉外词典是罗明坚和利玛窦合编的《葡汉辞典》。这部《葡汉辞典》大约成书于1583—1588年间，收词6000余条。这部葡汉词典采用了字母排序法，葡萄牙文词目后有罗马注音和对应的汉语词条，葡萄牙文和汉语的对应单位不局限于字词，也有词组和短句的对应形式。早在中西语言文化交流之初，有这样一部从母语到目的语的双语词典，对欧洲人的汉语学习具有很大的辅助作用。

利玛窦在钟鸣仁和郭居静的协助下还编纂了一部汉葡词典。这部词典已经遗失，通过利玛窦对该词典的描述可知，这部词典的注音体系已经相当成熟，已基本解决了用西文字母给汉字注音的问题。汉字注音体系对汉外双语词典编纂的重要性体现在两个方面：第一，可以用他们熟悉的方式系统地记录汉字的读音；第二，可以编纂一部听到汉字音就可以查阅的汉外词典，利用汉字注音系统实现汉外词典的字母排序法，而这是当时入华传教士最迫切需要的语言工具书。

另一部由耶稣会驻菲律宾传教士齐瑞诺（Petrus Chirino，1557—1635）编写于1595—1603年间的《汉西词典》（*Dictionarium Sino-Hispanicum*）更具有中国特色。这部词典共有83合叶，按汉字书写习惯从右向左、从上向下书写，最初五节以中国的五行“金、木、水、火、土”为部首排列汉字，旁边注罗马注音和西班牙对应词，词典内容基本上按照动物、植物、用品等主题排列，包括一些反义词或近义词表、数字，词典内容逐渐由字、词扩展到短句、长句，还夹杂着一些对话。这部手稿词典更能反映西班牙作者如何向中国人学习汉语和编纂词典的过程。

入华天主教传教士编写的汉外手稿词典的巅峰之作当属方济会传教士叶尊孝的《汉字西译》。叶尊孝发现，如果词典使用者不懂得葡萄牙文或西班牙文，就无法使用利玛窦、万济国等前辈编写的手稿汉外词典，因此，他使用了当时欧洲的通用语——拉丁文编写汉语词典。叶尊孝的《汉字西译》共有两部分组成，第一部分是按部首检索的汉拉词典（1694），第二部分是按注音检索的汉拉词典（约1698—1700）。叶尊孝的《汉字西译》中有中西合璧的汉字部首检索和汉字注音检索体系，成功地解决了汉外词典中汉字词目的检索难题。此外，这两部汉拉词典在收词规模、编排设计、释义和例证等内在质量方面都有很大的突破。自 18 世纪 20 年代起，罗马教廷曾计划出版叶尊孝的词典，但此愿望始终未能实现。

1813 年，经小德金编辑后的《汉字西译》在巴黎编辑出版，这是欧洲本土自 16 世纪以来出版的最实用的一部汉语词典。然而，这部词典的出版却将小德金卷入了一场激烈的“词典之争”中，其最被人诟病之处在于没有给予叶尊孝应有的地位，至今欧洲一些著名的汉学书目中仍将这部词典归在叶尊孝的名下。

上述的汉外双语词典都是手稿形式，是汉外词典史上具有起源性质的、处于发展变化过程中的重要文本。对这些过程中重要文本的描述和观察，有助于我们了解汉外词典史的缘起、主要结构以及汉外双语词典发展变化的动态过程。

值得注意的是，欧洲本土在此之前也曾出版过一些汉外词典，例如基歇尔在1670年版《中国图说》附上的汉法词典，这部词典中只有注音形式的汉字。欧洲出版的第一部有汉字的词典是门采尔（Christian Mentzel，1622—1701）1685年*Miscellanea Curiosa Norembergæ*一书的附录“Sylloge minutiarum Lexici Latino-Sinici”；此外，巴耶尔（Gottlieb Siegfried Bayer，1694—1738）的《汉语博览》（*Museum Sinicum*，1730）也有汉语语法和词典部分。这些诞生于欧洲本土的汉外词典的编者都未曾到过中国，通过耶稣会士或其他天主教传教士间接获取并收集有关中国语言和文化信息，在此基础上编写的汉外“词典”，与罗明坚、利玛窦、万济国、叶尊孝等长期在中国学习并生活的传教士编写的手稿汉外词典相比，具有不同的形态和特征。

二、汉英词典的诞生

1813年巴黎《汉字西译》的出版，终结了自16世纪开始的手稿汉外词典传统。时隔仅两年，马礼逊就在中国澳门出版了他的《字典》，至1823年，马礼逊的六卷本《汉英英汉词典》全部出版。马礼逊《汉英英汉词典》的出版，彻底消除了手稿汉外词典的作用，出版物所能达到的文本一致性、数量上的突破以及流通的广泛性是手稿词典所无法企及的，由此，马礼逊开创了汉英双语词典编纂与出版的新局面。

18世纪末19世纪初，英美对华贸易额的增长以及英美商人与中国官府日益频繁的贸易、政治交往和摩擦冲突，使得驻华英美人士感到学习汉语的迫切性，马礼逊的汉英双语词典应时而生。作为首位入华新教传教士，马礼逊入华前就接到英国伦敦会的明确指示，建议他掌握汉语并编纂汉英词典和翻译中文《圣经》。出于宗教动力以及个人坚韧的品质，马礼逊克服各种时代阻力艰苦学习汉语，入华仅两年后（1809）就以其出色的汉语能力被英国东印度公司聘为译员。英国东印度公司的对华商贸和政治交往均受益于马礼逊出色的服务，因此，东印度公司慷慨斥巨资资助马礼逊出版他的汉英词典，让更多的汉语学习者受益。马礼逊吸取了叶尊孝汉拉词典抄本的精华，参考汉语单语辞书《康熙字典》，同时结合他个人在华的直接生活体验，策划、翻译和编写了一部《汉英英汉词典》。他雇请的中国助手在协助他学习汉语、收集部分口语和书面语的例词例句方面做出了贡献。马礼逊还亲自实践出版汉英词典的印刷技术和方法，最后词典付印时就采用了马礼逊建议的印刷方法。1814 年，英国东印度公司派遣印刷工汤姆斯（P. P. Thoms）到中国筹备并负责印刷汉英词典等事务，从英国运来了现代的印刷机器、字板和其他印刷所需要的材料。马礼逊编纂《汉英英汉词典》费时 13 年，从 1815 年开始到 1823 年出版这部词典又用了 8 年，作为世界上出版的第一部汉英英汉双语词典，正式宣告了汉英词典的诞生。《汉英英汉词典》（1815—1823/1996/2008）共有三大组成部分：第一部分是三卷本的《字典》，它是按照《康熙字典》的部首排序的汉英词典；第二部分是两卷本的《五车韵府》，它是按照英语注音检索排序的汉英字典；第三部分是一卷本的 *English and Chinese*（《英汉词典》）。

马礼逊的《汉英英汉词典》开创了 19 世纪汉英词典史的新局面，具有极为深远的影响。卫三畏来华时就是借助马礼逊的汉英词典学习汉语，他在编纂《汉英韵府》（*A Syllabic Dictionary of the Chinese Language*，1874）时还得到了马礼逊之子马儒翰（John Robert

Morrison，1814—1843）赠送的全套马礼逊词典。翟理斯（Herbert Allen Giles，1845—1935）在开始学习汉语以及编写他的《汉英词典》（*A Chinese-English Dictionary*）时，也常使用马礼逊的词典。不仅外国人利用马礼逊的词典学习汉语，中国人也利用它学习英语。1868 年邝其照出版的供中国人学习英语的词典就是把马礼逊以及其他欧美作者的词典汇编而成的，而邝其照的词典又与 19 世纪末商务印书馆的英汉词典有着千丝万缕的联系。

三、早期汉英词典的设计特征

马礼逊的《汉英英汉词典》标志着汉英双语词典的诞生，卫三畏和翟理斯的汉英词典则体现了汉英双语词典在 19 世纪中期和末期的两个重大发展阶段。通过对这三部 19 世纪早、中、晚期汉英词典的代表进行纵向比较研究，可以把握 19 世纪汉英词典的基本设计特征，初步梳理出 19 世纪汉英词典史的发展主脉络，为全面的汉英词典史研究奠定基础。由于任何词典都是宏观结构和微观结构的有机结合，因此，本文从 19 世纪汉英词典宏观结构的词目排序和检索结构，微观结构的释文信息构成、释义、例证等最具价值的考察点进行比较分析。

（一）宏观结构：词目排序和检索结构

马礼逊的《汉英英汉词典》第一部分《字典》有 47,035 个汉字词目，第二部分《五车韵府》的词目数量有 12,674 个。卫三畏的《汉英韵府》收入 12,527 个汉字词目。翟理斯 1892 年的《汉英词典》收 10,859 个汉字词目，1912 年版词目数量为 10,926 个。如何编排上万个汉字词目，是欧美“业余者”必须首先解决的问题。除了马礼逊的《字典》按《康熙字典》部首法排序，马礼逊的《五车韵府》、卫三畏的《汉英韵府》、翟理斯的《汉英词典》都是按汉字注音字母排序的。

如何让欧美使用者查阅汉字注音排序的汉英词典？这个问题的解决方案直接影响到词典的宏观结构和读者使用。

如果听到一个汉字，不知汉字的部首和写法，想要查找使用这三部词典时，这三部词典的音检能力有较大差异。马礼逊在《五车韵府》中列出了自己注音与前人手稿汉语词典、广州方言的对照表。这个表对于熟悉前天主教传教士注音方案的人非常有用，他们只须类推便可知道马礼逊的注音系统，而马礼逊的注音系统也随着词典的流传，在三十多年间被在华欧美人士广泛使用。翟理斯编写词典时使用的是改编后的威妥玛（Thomas Francis Wade，1818—1895）注音方案，威妥玛-翟理斯注音方案彻底取代了马礼逊的注音方案，成为20世纪最具影响力的注音方案。注音体系被公众的接受程度与汉英词典的音检系统检索效率成正比，因此，马礼逊和翟理斯词典的音检系统都经受住了时间的考验，只有卫三畏词典的音检系统最为薄弱，为此，他1909年用威妥玛-翟理斯注音方案修订了《汉英韵府》。

这三部词典共同也是最为有效的检索方式之一是经由汉语的部首检字法实现形、音、义的全面检索。马礼逊《五车韵府》中最重要的检索表是一个按部首排列的汉字表，所有汉字都有马礼逊词典注音。卫三畏的《汉英韵府》也是通过一个索引表实现注音检索汉字。他在词典后有一个按部首排列的总汉字表，对应的是该汉字在词典正文中的页码，而不是汉字注音。翟理斯1892年、1912年《汉英词典》，在按部首排序的汉字总表上添加了汉字编号，对应该词典正文中的汉字编号。在使用词典过程中，马礼逊检索表存在一些不足。他在总检索表中的注音和词典正文注音不同，因此有时找不到相应汉字；最常见的情况是相同注音下有十几个甚至几十个汉字，查找的范围较大；也存在总索引表中有的汉字在词典正文中未收的情况。卫三畏的总检索表提供了正文页码，除了一例页码误写，其余都可以准确地找到该字，在使用的便利程度上，比马礼逊的词典更进一步。翟理斯的总检索表对应的是汉字编号，虽然没有页码，但是精确到字。因此，从汉字字形检索使用这三部汉英词典时，翟理斯和卫三畏的检索表更为准确有效；然而，若从产生和发展的过程来看，马礼逊的检索表有奠基之功。

如果在写作或者口语交流时，只知道母语词，想要知道目的语的词语和表达方式，只有马礼逊的词典提供了从英文到汉语的索引表。马礼逊的《五车韵府》后有按字母排序的英文索引表，例如 Abacus 后对应的汉字编号 9521、9632，正文中分别在“数”“算”汉字词目下，例证中出现了“算盘”“他会算盘”“这打算盘”等中文词句。这个从母语到目的语的检索表并不完善，它的重要意义在于这是对双语词典双向性检索的一次尝试。

19 世纪的这三部汉英词典在宏观结构方面有两大贡献。第一，这三部汉英词典宏观结构中的音检系统，既有效地照顾了欧美人士按字母排序的词典传统，更充分借鉴吸取了中国单语辞书的部首形排传统，通过设计形、音结合的总检索表，实现其从字音、字形双重检索并使用汉英词典的目的，创造性地解决了双语词典的汉字检索难题。第二，在现代汉语拼音方案产生之前，马礼逊的注音方案、威妥玛-翟理斯的注音方案曾经是当时最为通用的注音方案。按汉字注音排序并检索的汉英词典有赖通用的注音方案而得以存在，而历史上这些汉英词典亦是现代汉语拼音方案的里程碑之作。

（二）微观结构：释文信息构成、释义、例证

由于篇幅有限，在此不能一一展示各词典释文的异同，仅将我的研究结果做一概述。

马礼逊《五车韵府》的释文包含了下述信息：1）（少部分）送气符号和声调符号；2）（全部）汉字顺序编号；3）（部分）汉字的构字信息；4）（全部）汉字和例词都标注读音和提供英文释义；5）英文对应词的词性特征明显；6）（部分）在一些词的释文中包含了文化背景信息；7）（部分）词的释文中提供了语用信息；8）（绝大多数）词目都辅有例证等。

卫三畏《汉英韵府》的释文包含：1）（全部）声调符号；2）（部分）汉字的构字信息；3）（全部）汉语例词例句都是中英文对照；4）英文对应词的词性特征明显；5）（部分）在一些词的释文中包含了文化背景信息；6）（部分）词的释文中提供了语用信息；7）（绝大多数）词目都辅有例证等。

翟理斯的《汉英词典》的释文包括：1）（全部）汉字顺序编号；2）（全部）声调；3）（部分）方言注音；4）（极少数）汉字构字信息；5）（全部）汉语例证双语对照；6）英语对应词的词性特征明显；7）（部分）释义中有文化信息；8）（部分）词的释文中提供了语用信息；9）（绝大多数）词目都辅有例证。

考察发现：马礼逊《五车韵府》的微观结构对卫三畏的《汉英韵府》有很大影响。翟理斯词典的微观结构虽与马礼逊、卫三畏大同，因有不同的侧重点存有小异。马礼逊《汉英英汉词典》最突出的一点是，所有的词组、例证、短语都注了音，而且还收入一些常用

字的不同读音。这种做法是相当超前的，不仅在汉外双语词典史上，即使是在汉语辞书史上也是一个了不起的壮举。给汉语字典全文注音直到民国二十五年（1936）黎锦熙等编纂《国语辞典》时仍然是最大的问题，主编汪怡在辞典序中提到，“到现在止，（字典和辞典）都不过在单字上注音，还没有把复词和短语一律注音之较为完备的书。本书虽不敢说是创作，可是这十数万条，不但逐条逐字都分别四声注音，其有必须标明轻声或音变的……又，文言白话两俱习见，其音则完全不同，如‘白、百、六’等字的注定，也极易发生困难。凡此种种，难以縷数，现不过略举一二，以概其余罢了”（汪怡，1936：28—29）。从实用性和针对性角度考虑，服务于外国人汉语学习的双语词典应该将每个词条的全部内容都标音。

马礼逊和卫三畏词典中系统收入的汉字构字信息，借鉴了《说文解字》对汉字的形体结构的解释和意义演变的部分，可以有效地帮助欧美学习者在理解意义的基础上掌握汉字的写法。卫三畏尤其重视汉字的构字法，除了在微观结构中尽可能地提供汉字字形分析，还在词典序言以及附录中有辅助性文字和图表做进一步说明和示例。翟理斯的词典偶尔出现汉字构字信息。

这三部词典的释义方面：马礼逊参考了《康熙字典》的释义，依据词性和语义上的区别，对它的义项重新进行了归类，这样的归类使得释文从形式和内容上更接近现代词典的释文方式。卫三畏的释义方式基本同于马礼逊，某些重复出现的义项显示出与马礼逊词典的关联性。翟理斯的释义方式基本同于马礼逊的做法，增删义项时多有他个人的理解。马礼逊作为第一部汉英词典的编者，经常找不到恰当的对应词，因此他使用了解释性对应词或描写性对应词来再现意义。卫三畏、翟理斯词典在对应词方面有明显进步，翟理斯词典的翻译在三者中最为精当。

三部词典的例证方面：这三部词典的例证部分都非常丰富，所有的例证都是中英文对译。从例证的来源看，词典作者都注重收集当时时代性强的词语和表达，而不重古旧的用法和表达。我对这三部词典的例证数量做了一个抽样调查①。

表 1　三部汉英词典例词数量统计表（单位：个）

	马礼逊《五车韵府》	卫三畏《汉英韵府》	翟理斯《汉英词典》（1912）
以“C”为首汉字词目数	848	1120	3182
以“C”为首音节的例词	2571	5817	23, 710
每个汉字词目平均例词数	3.03	5.19	7.45
词典词目总数	12, 674	12, 527	10, 926
总例证数 1（平均例词数×汉字总数）	38, 402	65, 015	81, 398
总例证数 2（页码比值推算）②	23, 372	58, 170	112, 904

---

① 在这三部汉英词典的注音方案中，只有以“Ch”为首的音节，而无以“C”开头的音节。抽样时，因为这三部词典都是按注音排序的，总排序方案类似字母文字的A—Z 排序法，以“C”开头的音节部分，马礼逊《五车韵府》共收 848 个汉字词目（不包括异体字），约占总词目数量的 7%；卫三畏《汉英韵府》收 1120 个汉字词目，约占总词目数量的 9%；翟理斯《汉英词典》收 3182 个汉字词目，约占总词目数量的 29%。选取以“C”开头的音节部分为样本调查总例证数量的做法，具有一定的合理性和代表性。

② 如以“C”为首的部分，马礼逊词典页码比是 126/1062≈11%，卫三畏的是118/1150≈10%，翟理斯的是 390/1710≈21%，同理，“C”部分的页码与总页码比值与“C”部分的例词总数与总例词数的比值应基本上相当，由此可以推算出总例词数。

这两种计算方法得出的总例证数量差距较大，毕竟这两种计算方法都是在理想情况下的推测结果。卫三畏自己统计的不重复计算的总例证数量约5.3万个，在此，参考卫三畏词典的总例证数据，第二种方案得出的数值更加接近例证总数。据此推测，马礼逊《五车韵府》的总例证数量为2万多，卫三畏5万多，翟理斯11万多。

例证是释义的延伸，特别是汉字词目与其他汉字结合之后，往往衍生出新词新义。词典例证的丰富程度与词典的规模、质量成正比，这些汉英词典的例证总数量是一个重要的指标，从一个侧面反映了词典的丰富程度及其规模。

综合考察，这三部在19世纪流传最广的汉英双语词典，具有以下共同的设计特征：

1. 都是“业余者”的个人实践

由于时代因素，19世纪活跃在中外政治、文化交流舞台的核心人物是欧美传教士和驻华外交官等“业余者”群体，对于这些“业余者”在汉英双语词典编纂方面的贡献，以往未被国内学者充分重视。科里森（Robert Collison）纵观世界外语词典编纂史，曾对“业余者”的特殊作用做出过如下评论：

> 纵观语言词典编纂史，“业余者”所起的作用格外引人注目。编写一部词典需要付出极为艰辛的努力，最初的动机常常是应需而生的，这种需要或许可以被宽泛地定义为交流……在编纂词典的先驱者中，几乎没有人受过语言学的专门训练，但是，他们敏锐的耳朵，激励着他们奋进的目标，促使他们克服了遇到的诸多困难（Collison，1982：17—18）。

"业余者"个人的选择在词典编纂中扮演着极为重要的作用，"一本词典可能表述出上述（词典类型）特点的不同组合……某些不同的组合是'事理之当然'所决定的，但是某些组合纯粹是作者的决定"（兹古斯塔，1983：303）。在这些汉英词典的宏观结构和微观结构的设计以及内容取舍各个方面，处处体现出"业余者"的个人风格。

2. 都是双语词典，而非双解词典

根据兹古斯塔的类型分类来看，这三部词典都属于共时、一般用途的语文词典。如果再细分，它们都是供以英语为母语的读者求解汉语的双语词典。求解型的双语词典在收词范围上比较宽，通常将"古语、俗语、新词、外来词、科技工艺词甚至个别冷僻词都无妨包括在内，以备读者的不时之需"（黄建华、陈楚祥，2001：25）。此外，这三部词典还具备一些双语学习词典的雏形特征。例如词典编者在确立汉语词目时，对汉语词目进行了数量的控制，基本上以常用的基本词汇为主；释义中提供隐性的语法信息和语用说明；释文中收入大量真实的例证等。

这三部汉英词典都曾广泛借鉴中国单语辞书，如《康熙字典》《说文解字》《佩文韵府》等，然而，没有一部汉英词典简单地照抄或翻译单语辞书的释义和例证。这些"业余"词典编者与词典的使用者同为学习汉语的欧美人士，他们在中国生活数十年，精通两种语言和文化，因此，他们能够站在以英语为母语学习汉语者的角度，以英语语言观念和语法观念为原点观照并分析汉语语言现象，本能地注重中英语言和文化的差异。这是国内汉英双语词典编者所缺乏的一个角度，历史上这批汉英词典的优秀之处尤其值得我们借鉴。

3. 词典之间存在谱系关系

伊尔森（Robert Ilson）冠之以"考古词典学"（archaeological

lexicography）或“词典考古学”（lexicographic archaeology）的词典史研究方法，强调的就是对不同词典之间的谱系关系进行研究（Ilson，1987）。在考察中，我发现马礼逊的《汉英英汉词典》在宏观结构、微观结构方面与叶尊孝的手稿汉拉词典有一定的渊源关系；又进一步发现了马礼逊的词典与麦都思、卫三畏、翟理斯词典的渊源关系。这种单向渊源关系可以解释为谱系关系，马礼逊、卫三畏、翟理斯的汉英词典构成了19世纪汉英词典史最重要的一支谱系。同一谱系中的三部汉英双语词典，同源同法却各有特色，每一位词典作者都在词目编排、检索方式、译义、例证采选和翻译中做出了自己的贡献，在继承之外亦多有创新。作为19世纪这一支谱系的源头之作，马礼逊的汉英英汉词典的奠基之功最大。

结　语

双语词典史的研究，是双语词典学中最为薄弱的一个组成部分。数百年后的今天，要客观评价这些产生于特定历史时期、尝试性的汉语研究与词典编纂实践的产物，评判的尺度和标准也有待探索。科里森（Collison，1982）对词典编纂“业余者”和他们的历史贡献有着高度评价，然而，国内对19世纪以“业余者”为主体编纂的汉英词典多持不同的态度。如何客观评价这批历史汉英词典，仍是研究这一阶段汉英词典史的难点之一。此外，伊尔森提出的“词典考古学”的概念和方法，对19世纪汉英词典史的研究有着积极的借鉴意义。

16世纪至19世纪汉外词典史的研究具有很强的跨学科性。16世纪至18世纪的手稿汉外词典史对19世纪出版的汉外词典（特别是汉英词典）有着重大影响，要追究汉英词典史的根源必须对此前的手稿汉外词典进行考察。这批手稿汉外词典多深藏欧美图书馆，不易为学者所见所用，这增加了对这批欧洲语言的手稿进行研究的难度。此外，这些“业余者”很少津津乐道他们的副业——学习汉语和编纂词典，有关他们的语言学习和词典编纂背景都需要从历史材料中挖掘，这些历史背景知识对于理解他们辞书的编纂也是不可缺少的一个方面。有时词典作者在序言中也会提到自己用到的蓝本词典，但是，所涉及的词典间的继承与发扬关系仍须借助当代词典学的方法去鉴别。19 世纪的汉英词典有极为复杂的影响，例如陈力卫（2008）曾对日本 19 世纪名为《五车韵府》的词典进行过研究，日本三种版本的《五车韵府》实际上是在马礼逊词典的第三部分英汉词典的基础上编译而成的。马西尼研究 19 世纪汉语外来词对现代汉语词汇的影响时，也注意到了中、日、欧美之间“词汇”的互动，事实上，19 世纪汉英词典是承载中西词汇交流的最重要的载体之一。至于 19 世纪中国人学习英语、编写汉英双语词典，也利用了这批外国人编写的双语词典。与商务印书馆的英汉词典有渊源关系的邝其照，他最初编纂词典时先对马礼逊、麦都思等人的汉英词典进行改编。19 世纪汉英词典史研究的重要性和难度，由此可见一斑。

参考文献

Brollo, Basilio 1694 *Han çu si ie. Sinicarum litterarum europea exposition. Dictionarium sinico-latinum, suis fratribus sinicae missionis tyronibus elaboratum per Fr. Basilium a Glemona Ord. Minorum strict. Observ., venetae Divi Antonii provinciae alumnum, A.D. 1694*. Florence: Biblioteca Medicea-

Laurenziana Ms. Rinuccini 22.

Brollo, Basilio 1698 – 1700 *Dictionarium sinico-latinum in quo litterae sinicae ordine alphabetic dispositae explicantur, adiuncto quoque indice ad easdem litteras inveniendas in fine, compositum a Ie Xin-fu, minorita italo, vicario apostolic, Revmo P. Basilio a Glemona Ord. Min. S.P.N. Francisci Reform, et ab alio Ie Xin-fu, Frate Io. Baptista a Serravalle, missionario apostolic in provincial Xensi scriptum*. Florence: Biblioteca Medicea-Laurenziana Ms. S. Marco 309.

Chirino, Petrus 1604 *Dictionarium Sino-Hispanicum*. In Biblioteca Angelica di Roma, MS. Ital-lat. 60.

Collison, Robert 1982 *A History of Foreign-Language Dictionaries*. London: Andre Deutsch.

Cordier, Henri 1904 – 1924 *Bibliotheca Sinica*. Paris: Librairie Orientale & Américaine.

De Guignes, Chrétien-Louis-Joseph 1813 *Dictiònnaire Chinois, Français et Latin*. Paris: De L'Imprimerie Impériale.

Giles, Herbert Allen 1912[1892] *A Chinese-English Dictionary*. London: Bernard Quaritch.

Ilson, Robert F.(ed.) 1987 *A Spectrum of Lexicography*. London: John Benjamins Publishing Company.

Kircheri, Athanasius 1670 *La Chine Illustrée de plufieurs Monumentes*. Amsterdam: Ches Jean Jansson à Waesberge & les Heritiers d'Elizée Weyerstraet.

Masini, Federico 2005 Chinese Dictionaries Prepared by Western Missionaries in the Seventeenth and Eighteenth Centuries. In Xiaoxin Wu(ed.), *Encounters and Dialogues: Changing Perspectives on Chinese-Western Exchanges from the Sixteenth to Eighteenth Centuries*. London: Routledge.

Mentzelio, Christiano 1685 *Lexici Latino-Sinico-Characteristic*. Norimbergæ: Anno

M DC LXXXV.

Morrison, Robert 1815－1823 *A Dictionary of the Chinese Language, in Three Parts*. Macao: Honorable East India Company's Press.

Ruggieri, Michele & Matteo Ricci 2001 *Dicionário Português-Chinês*. John W. Witek(ed.). San Francisco, CA: University of San Francisco.

Williams, Samuel Wells 1874 *A Syllabic Dictionary of the Chinese Language*. Shanghai: American Presbyterian Mission Press.

陈力卫，2008，《马礼逊〈华英、英华辞典〉在日本的传播和利用》，张西平等（编）《马礼逊研究文献索引》，郑州：大象出版社。（日文版：2009，《日本におけるモリソンの〈華英・英華字典〉の利用と影響》，近代语研究会（编）《日本近代語研究（5）》，东京：ひつじ书房。）

黄建华、陈楚祥，2001，《双语辞典学导论（修订本）》，北京：商务印书馆。

汪怡,1936,《序二》，全国国语教育促进会审词委员会（编）《国语辞典》，上海：商务出版社。

杨慧玲，2007，《叶尊孝的〈汉字西译〉与马礼逊的〈汉英词典〉》，《辞书研究》第1期。

雍和明，2003，《交际词典学》，上海：上海外语教育出版社。

雍和明等，2006，《中国辞典史论》，北京：中华书局。

张西平等，2003，《西方人早期汉语学习史调查》，北京：中国大百科全书出版社。

张西平主编，2008，《马礼逊文集》，郑州：大象出版社。

周有光，1960，《马礼逊的〈中文字典〉和官话拼音方案——拼音史料笔记之一》，《中国语文》第1期。

兹古斯塔（编），1983，《词典学概论》，林书武等译，北京：商务印书馆。

俄罗斯汉学家出版的早期汉语词典*

柳若梅

19—20世纪，俄罗斯汉学家编写了大量汉语词典。但由于当时出版经费拮据、缺少汉字字模、印刷条件简陋，也由于俄罗斯整体文化环境的限制，这些词典大都以手稿的形式保存着，有幸得以出版者寥寥。关于俄罗斯汉学家的早期汉语词典，苏联和俄罗斯学者在关于俄罗斯汉学史的研究论著中都有所论及，近年来随着汉语教学规模在俄罗斯的不断扩大，也有不少学者从历史学角度论及这一问题，国内关注俄罗斯汉学的学者也注意及此，既有总括性介绍，也有对手稿词典的社会语言学分析研究。但到目前为止，关于俄罗斯东正教驻北京使团成员所编汉语词典的研究，大都从历史学、社会学的角度出发。本文从词典编纂理论出发，分析这些词典所体现的词典类型和词条编排特点，并结合俄语词典的历史，发掘这些汉语词典与俄语词典史的关系，分析这些词典与明清字书、韵书之间的内在联系，再现俄罗斯汉学家在词典编纂方面的成就和他们对中俄文化交流的贡献。

---

* 原刊《辞书研究》2013年第1期，第60—67页。

本研究为教育部哲学社会科学后期资助项目“俄罗斯早期汉语教学史”（09JHQ038）阶段性成果。

一、俄罗斯汉学家编纂的早期汉语词典

1715 年起派驻北京的俄国东正教驻北京使团，被称为“俄罗斯汉学家的摇篮”，至 19 世纪末 20 世纪初共派出 18 届，近 200 年间东正教驻北京使团的团长、教士、学生在汉语学习、汉学研究方面取得了很大成就，为俄罗斯汉学在 20 世纪的发展奠定了坚实的基础。

俄罗斯汉学界把第 9 届东正教使团团长比丘林（Н. Я́. Бичу́рин）尊奉为“俄罗斯汉学的奠基人”，因为自比丘林起，俄罗斯东正教驻北京使团成员在语言学习、中国研究方面所取得的成就较此前的近百年有较大的提升。比丘林本人也因其在汉语、中国历史文化研究方面的成就而于 1829 年被推举为圣彼得堡科学院通讯院士。在华生活的十余年间，比丘林编写了多部汉语词典。遗憾的是，受当时条件的限制，比丘林的汉语词典都未能出版。比丘林之后入华的第 10 届东正教使团，严格按科学周密的工作指南展开工作，其随行人员大都学有所成，在汉语学习、研究方面也多有造诣，俄国最早设立的汉语教研室——1837 年设立的喀山大学东方系汉语教研室的第一任和第二任教授，都出自第 10 届东正教使团。1840 年，喀山大学东方系派已获得硕士学位的瓦西里耶夫（В. П. Васильев）随第 12 届使团入华，要求他利用在华的十余年时间“掌握西藏语、学习梵语、汉语和满语，补充蒙语方面的知识”“研究中国、西藏、满族和蒙古地区的文学、历史、地理和统计、宗教、科学和艺术、贸易和工业”（Скачков，1977：206）。在华十年的东正教使团生活为瓦西里耶夫日后的汉语词典编写奠定了基础。1850 年 11 月，喀山大学东方系汉语教研室的第二任教授沃依采霍夫斯基病逝。1851 年 1 月起瓦西里耶夫开始在喀山大学教授汉语和满语。1855 年喀山大学汉语教研室并入圣彼得堡大学东方系后，瓦西里耶夫一直主持汉语教研室的工作。他不仅编写了大量教材，为了帮助学生的汉语学习，还于1866年编写并石印出版了汉语词典《汉字的编排体系——第一部汉俄词典试编》（Васильев，1867），这是在俄国出版的第一部汉俄词典。从1869年起，第14届东正教使团随团大学生佩休罗夫（Д. А. Пещуров，1858年入华）开始在圣彼得堡大学任教，教授汉语、中国概况等课程。19世纪末叶前后，由于西方列强在中国的势力不断扩大，俄国也不甘示弱，加大了在包括中国在内的远东地区的扩张力度，因此汉语人才需求激增。此时对于欧洲和美国的汉语学习者来说，汉语词典特别是汉英词典并不鲜见；但在俄国，瓦西里耶夫的词典由于印数有限，还是难得一见。为帮助圣彼得堡大学学生以及一些对中国感兴趣的俄罗斯人学习汉语，佩休罗夫利用圣彼得堡科学院印刷厂的汉字字模，编纂出版了《汉俄字汇》（1887）；1888年，佩休罗夫将52个词条补入《汉俄字汇》，出版了《汉俄字汇补》。除新增的52个词条外，新词典还将新旧版本所收词条根据发音整理出一份总词表和勘误表。《汉俄字汇》及其补编共收录汉字4997个。1891年，为辅助圣彼得堡大学东方系的汉语教学，佩休罗夫继承瓦西里耶夫的汉字排列体系，在圣彼得堡再次编纂出版了一部汉俄词典——《汉俄画法合璧字汇》。

19世纪下半叶中国处于复杂的国际关系中，俄罗斯人在华活动也日渐增多。1858年《中俄天津条约》的签订使俄国获得了在华自由传播东正教的权利，俄罗斯东正教驻北京使团成员的宗教活动不再仅限于为俄俘后代及在京俄罗斯人举行圣事，转而开始在中国人中传播东正教信仰。1861年《中俄北京条约》的签订使俄国与西方各国一样获得了向中国京城派驻公使馆的权利，俄罗斯东正教驻北京使团终止其俄国驻华外交代表处的职能，宗教活动成为其主要工作内容。第14届使团司祭伊萨亚（Исайя Поликин）在传教和圣事汉语化方面投入大量精力，传教成果显著，他所翻译的东正教手册，在其去世后由其他教士整理出版。为方便与中国居民的交往，伊萨亚于1867年编写出版了《俄汉俗话词典》，"多年以来，这部词典一直是所有汉语初学者必备的案头工具书，是每一位来华旅行的俄罗斯人的必备书，也因此，该词典第一版很快就销售一空"（Попов，1879：II）。驻俄公使馆翻译波波夫（П. С. Попов，1886年始任俄驻华总领事），在伊萨亚词典一书难求之时，于1879年在圣彼得堡石印出版了《俄汉合璧字汇》，词典中所有的汉字由当时驻俄公使馆工作人员"桂荣、塔克什讷、赓善、王锡庚、石汝钧助其缮写"（Попов，1879：序言），漂亮整齐。该词典针对俄罗斯人与中国人的日常交往，共收俄文词语1.5万个左右，与伊萨亚词典在选词和翻译上，都存在一定的承继关系。

《俄汉合璧字汇》的编纂使波波夫积累了汉语词典编纂经验，1882—1888年间，波波夫全力整理曾先后在华生活33年（曾任第12届俄罗斯东正教驻北京使团司祭、第13届和第15届团长）的卡法罗夫（П. И. Кафаров，教称 Палладий，中文文献中称"巴拉第"）留下的汉语词典手稿①，后编为《汉俄合璧韵编》，于1888年在北京同文馆出版。该词典被公认为俄罗斯人早期汉语词典的最高成就，是其编者卡法罗夫数十年来积累的汉语知识的总结。与俄罗斯人编写的其他汉语词典相比，该词典所针对的对象更为宽泛，编写目的也不再仅为应用于教学，而是要帮助俄罗斯人了解"世界上这个古老、独

① 该手稿现藏于俄罗斯科学院东方文献研究所档案馆：разр. I，оп. 1，No. 48（1-4）。

特、强大的国家”（Попов，1888：V），“该词典在19世纪末享誉欧洲，成为各国汉学家必备的工具书之一。法国汉学家沙畹这样评价该词典：当中国的词典也不能提供帮助时，卡法罗夫的词典经常是最终的论据……伯希和在法兰西学院的教学中也使用该词典；俄罗斯当代汉学家谢缅纳斯认为，当其他词典难以对阅读历史文献有所帮助时，信息丰富的《汉俄合璧韵编》的百科性质使之成为无可替代的帮手”（Алексеев，1958；Семенас，1979；Panskaya，1977：36）。

19世纪后半叶以来西方各国在中国的利益瓜分，到19世纪末20世纪初愈演愈烈，甚至竞相推行起“机会均等”“划分势力范围”等主张。在俄国日益活跃的对华活动中，语言障碍问题再次凸显出来。为解决这一问题，第18届东正教驻北京使团团长英诺肯提乙（Еп. Иннокентий），集前人卡法罗夫《汉俄合璧韵编》、英国外交官翟理斯《汉英词典》等词典之大成，于1909年在北京出版了《华俄词典》[①]。1914年，作者又在《华俄词典》的基础上略作调整，于1914年缩编出版了《华俄便携词典》。

俄罗斯东正教驻北京使团存在近三百年，留下的汉语词典数量众多，以上所罗列的只是有幸得以出版的几种。东正教入华传教士编写的汉语词典，构成了俄罗斯汉语学习与应用的基础。1838年，比丘林在其汉语语法书《汉文启蒙》中，首次确立了汉字的俄文注音，卡法罗夫在《汉俄合璧韵编》中对比丘林的俄文汉字注音系统略加改造，后来在此基础上形成了汉字“传统的俄文注音法”，1955年鄂山荫（И. М. Ошанин）主编的《华俄词典》、1983—1984年出版的《大华俄词典》都沿用了这一注音系统。

---

① 俄国主教英诺肯提乙编辑，耶稣降生一千九百零九年，《华俄字典》，大清宣统元年（1909）岁次己酉，北馆印字房印。

俄罗斯人编纂出版的早期汉语词典以汉俄词典居多，瓦西里耶夫、佩休罗夫（2部）、卡法罗夫、英诺肯提乙（2部）所编的都是汉俄词典，只有伊萨亚和波波夫的是俄汉词典（见表1）。

表1 俄罗斯人编纂出版的早期汉语词典

序号	出版时间	出版地	编者	词典名称
1	1866	圣彼得堡	瓦西里耶夫	《汉字的编排体系——第一部汉俄词典试编》
2	1867	北京	伊萨亚	《俄汉俗话词典》
3	1879	圣彼得堡	波波夫	《俄汉合璧字汇》
4	1887—1888	圣彼得堡	佩休罗夫	《汉俄字汇》
5	1891	圣彼得堡	佩休罗夫	《汉俄画法合璧字汇》
6	1888	北京	卡法罗夫，波波夫	《汉俄合璧韵编》
7	1909	北京	英若肯提乙	《华俄词典》
8	1914	北京	英若肯提乙	《华俄便携词典》

二、词典类型

（一）小型词典多为结构类型单一的双语词典

词典学理论认为，双语词典的类型，取决于词典编纂的宗旨：有助于理解原语（original language）的文句；有助于理解对原语的描述；有助于造出译语的文句（兹古斯塔，1983：410—421）。俄罗斯人编纂出版早期汉语词典的宗旨显然属于第三者。从词典类型上看，瓦西里耶夫的《汉字编排体系——第一部汉俄词典试编》、佩休罗夫的《汉俄字汇》和《汉俄画法合璧字汇》都是为圣彼得堡大学东方系的汉语教学服务的教学词典，在编纂时囿于科学院印刷厂的汉字字模数量，其规模有限、结构单一。在俄罗斯东正教驻北京使团脱离了政治和外交功能后，《俄汉俗话词典》的编者伊萨亚在北京传教的过程中为融入中国人的日常生活，解决俄罗斯人与中国人的交往需要而编纂出版了该词典；《俄汉合璧字汇》的编者波波夫也是有感于中俄交往的日益密切，为方便俄罗斯人在华活动而编写词典的。这两部俄汉词典的编写目的和词典类型也都比较单一。英诺肯提乙的《华俄便携词典》虽然是在北京出版，但只是为了在有限的场合满足来华俄罗斯人的实用需要，词典规模不大、结构简单。

（二）大型词典类型复杂，具有单语词典语言描写的特点或百科辞典的特性

卡法罗夫和波波夫的《汉俄合璧韵编》、英诺肯提乙的《华俄词典》考虑到了通用汉语的中国社会的文化和历史与俄罗斯存在着本质差异。原语与译语所处的文化背景差异使得这部词典在某种程度上承担了单语词典的语言描写任务，如在英诺肯提乙的《华俄词典》中，词条的词头包含语音信息——在右上角标明声调，如“道^{4}”，在词目中第一项以俄文注音“Дао”，词条中还描述了词目的语法意义，以注释的方式列出了“道”的量词词类特征——Числительное рек, мостов, стен, ворот, бумаг и т. п.（表示河、桥、墙、门、纸张等的数量）。语言是文化的载体，汉语和俄语所承载的文化背景之间差异巨大，如果一些内容在原语和译语之间难以找到合适的对应词，就必须做出详细的注释，而大量详细注释会使词典在某种意义上超越语文词典的内容，而具有百科辞典的特征。很多汉字的内容在俄语中不

能找到对应词，这一问题只能通过注释解决。如在《汉俄合璧韵编》中的词条“东”，表示方向时与俄语“восток”完全对应，但在汉语中“东”还有“敬”意，这一含义在俄语中则没有对应词，因而该词条中有这样的注释：В древности почетная сторона была не южная，какныне，авосточная.（中国古代以东方为敬，而不像现在以南方为敬）。该词典“东”的词条中还有这样的注释：По расперделению Китайцев восток принадлежит к дереву，т. е. раститель ности.（中国人认为“東”从“木”，即植物）。《汉俄合璧韵编》体现了编者基于多年在华生活而对汉语和中国文化的深刻理解，因此后代学者谓之堪称“中国文化的百科全书”。

三、词条的排列顺序

俄罗斯汉学家编纂出版的早期汉语词典，在排列顺序上体现了中俄文化的交融。

（一）按俄文字母顺序排列并附 214 部检字表

现代词典学理论认为，“按原语字母顺序排列词条，这是双语词典词条排列的根本原则”（兹古斯塔，1983：473）。俄罗斯人早期编纂出版的词典，一方面毫无例外地反映了该原则，不仅两部俄汉词典（《俄汉俗话词典》《俄汉合璧字汇》）完全从译语出发按俄文字母排序，汉俄词典——《汉俄合璧韵编》《华俄词典》尽管是以汉字为词目，但每个汉字均用俄文注音，全书是按俄文字母顺序排列。不过，这些词典在按俄文字母顺序为词条排序后，大都在附录中设有汉语 214 部首表和部首检字表。这样，俄罗斯人从其母语俄语出发检索查阅，在得到俄语词语的汉语对应词后，需要了解中国字的字形结构特点时再查阅附录的部首表，这反映了俄罗斯人对汉字构成的认识。大多数外国人编纂的早期汉语词典都具有这一特点。

（二）结合偏旁部首原理与同根词编列方式独创主笔画排列法

中国字书的编排方式有三，即按“义”排列、依“声”排列、以“形”排列。前两者均要求词典使用者具有辨识汉字之“义”或“音”的能力。对于音义生疏的汉字，只有以“形”检索。自东汉许慎《说文解字》分析汉字字形，将9353个汉字归为540部后，这种以字形为原则的编检方式逐渐被广泛地用于字书编纂中。对于外国人学习认读汉语来说，面对生疏的汉字，通过字形特点检索是一种有效的方式。佩休罗夫在1887年和1888年相继出版的《汉俄字汇》，在词条排列上就采取了按汉字214部分部排列的原则。《汉俄字汇》按笔画数量从多到少，共收入汉字4997个（这大约是圣彼得堡科学院印刷厂当时所拥有的汉字字模数量）。词典使用者遇到生疏的汉字，可以根据汉字字形查找汉字，了解其意义。

将汉字的字形规律特点作为词典排列顺序的原则，除直接继承中国语言学者的成果外，俄罗斯汉学家编纂出版的早期汉语词典，还反映了他们融合中俄词典编纂文化为一体的独创性成就。瓦西里耶夫于1866年石印出版的《汉字的编排体系——第一部汉俄词典试编》便是这样一部词典。瓦西里耶夫考察汉字的构成后发现：汉字有单一结构和复合结构，复合结构的汉字大都由单一结构的汉字构成，即单一结构的汉字保持原样或经过变化，拥有意义，组成复合结构的汉字。单一结构的汉字，或由一画构成，或由多画构成，或一画和多画相交织，请看如下几组：一⊥工土王主生圭住；丨丁十千干牛丰手手；丿厂厂广产；口日白目百自首；人大太犬夭天矢夫失夫。在每一组中，都有最主要的一画，这个主笔画是为汉字分类并建立排列顺序的基础。按这种汉字划分的体系，先下后上、先右后左，在主要笔画的确定出现疑问时，则看最后一画……“点”画和“捺”画，看其是否处于右下位，如“史”字，其主笔画就是“捺”，而不是“撇”。如果复合结构汉字由几组笔画构成，则看其最下方或最右侧的属于哪一组，如“唐”和“后”因最后的笔画都是“口”而都属于“口”组，“旁”的末位笔画是“方”因而归于“方”组……（Пещуров，1891：VII—VIII）按照瓦西里耶夫教授的规则，汉字结构中共有如下19个基本笔画：一、卜、L、人、フ、八、乀、卜、乂、一、丶、㇏、乙、乀、L、乀、L、乙（丁）、丁（∠）。瓦西里耶夫之后的俄罗斯汉学家佩休罗夫继承这种汉语词典词条排列方式，于1891年在圣彼得堡出版了《汉俄画法合璧字汇》。佩休罗夫认为，瓦西里耶夫的汉语词典排列系统，是承继了法国传教士汉学家加略利（Giuseppe Maria Calleri）在《字声总目》（*Systema Phoneticum Scriprurœ Sinicœ*）[①] 中的词条排列体系，同时把汉字的主笔画由加略利词典中的9个扩展到19个，以收录更多的汉字。

瓦西里耶夫的汉字排列系统也是对《说文》以来中国字书以“形”排列的继承。他把中国明清字书已通行的从字形入手以214部编排词条的方式，按外国人所便于接受的数量，将部首归为19类。中国字书的214部排列法和瓦西里耶夫的主笔画排列法，都是从字形

---

① 加略利，意大利传教士，1833年入华，中文修养很好，留下的汉语语言成果有：1841年澳门出版的《字声总目》，1842年伦敦出版的《中国语言百科》（*The Encyclopedia of the Chinese Language*），及1842年巴黎出版、1844年澳门-巴黎出版的《中国语言的百科字典》（*Dictionnarie encyclopédique de la langue chinoise*）。

入手，以部首为关键手段，识别汉字。当然，这种相近只是表面的，其内在的机理完全不同。瓦西里耶夫的体系只是单纯地由观察字形而来。在每一部首内部，瓦西里耶夫的排列规则是先下后上、先右后左、末笔决定，而《说文》则是按汉字书写的笔顺原则。因而形成了瓦西里耶夫、佩休罗夫的“一上工土王主生圭住”，而《说文》则是“一上示三王玉”的顺序。瓦西里耶夫单纯从汉字字形中找有特征的主笔画，主笔画从第一个“一”到第十九个“∠”之间，没有内在的联系；而《说文》的部首系统则是从“一”而始，以“亥”而终，其中体现了“亥而生子，复从一起”的中国传统思想（赵振铎，2000：81—96）。

按字形排列词条的词典编纂方式，不是汉语词典或中国古代语言学家独有的，也非瓦西里耶夫的独创。俄语词典编纂史上第一部国家编纂出版的词典，1789 年至 1794 年间出版的《俄罗斯科学院词典》（*Словарь Академіи Россiйской*）①，和俄语词典编纂史上最重要的词典，弗拉基米尔·达里（В. И. Даль）1863—1866 年出版的《大俄罗斯语详解辞典》（*Толковый словарь живаго великорусскаго языка*）②，都不是按字母顺序排列，而是按词根，将同一“词族”或“派生词群”归并成一个词条组合。

达里认为词典中按照词群编排词条的顺序，有助于理解词语的精髓，展现词的构成规律（Даль，1999［1863—1866］：X）。他试图揭示词与词之间的语义联系，在整体上呈现词语和整个语言的语义特性

① 这是第一部俄语详细词典，由专门从事语言收集研究的俄罗斯科学院编，共 6 卷，收词 43, 357 个。1783 年开始词典编纂工作，1794 年结束，历时 11 年。

② 该词典的出版是俄罗斯文化史上的重大事件，达里第一次将生动、简单、清晰的民间词语纳入词典，共收入词语 20 万条，其中有 8 万条是达里由民间收集而来。这部词典被认为超越了俄国官修的 1789—1794 年《俄罗斯科学院词典》和 1847 年出版的颇具影响的《教会斯拉夫语俄语词典》，是俄语词典编纂史上的里程碑。

和构词特性，有利于词典使用者学习和掌握同族词。从第一部俄语词典的诞生到达里词典的出版，按词根排序在俄国已有半个多世纪的历史，赴华前就已经在喀山大学取得硕士学位的瓦西里耶夫，在着手为俄罗斯人学习汉语编写词典、解决汉字识记困难时，很自然地想到自己的母语词典中是怎样在词语之间建立联系，从而回避零散逐个识记汉字的乏味与艰难。在瓦西里耶夫《汉字的编排体系——第一部汉俄词典试编》和佩休罗夫的《汉俄画法合璧字汇》两部词典中，其"主笔画"就如同达里词典中的词根，将一类汉字集合为一个字的组合，而所有的汉字加在一起，只有 19 个组合。组合的数量很少，使俄罗斯人不再觉得汉字过于繁难，这全都得益于瓦西里耶夫的创举。

结　语

尽管中国与俄国分处亚欧，汉语与俄语所承载的文化有着质的不同，但从词典编纂上依然可以发现相通之处。自东汉末年许慎分析字形结构，挖掘汉字的本义，根据字义确定部首、排列词条，至宋代郑樵完善"六书"理论，字书编纂与六书本义相辅相成，中国词典编纂史上挖掘字形结构与字义之间关系的研究日渐成熟。而在俄国，以词根为核心，词典编纂者们着力探寻词与词之间的派生关系和词源联系。中俄之间对于词典编纂理论的理解，虽有千年之隔，却又相通相融，俄语词典中的词根、汉语词典中的部首，举一而牵一族。这种不同文化之间的内在相通，被俄罗斯汉学家充分地运用在了汉语词典的编纂上，在倡导文化互通共生的今天看来，有着颇为精彩的意趣。

参考文献

Panskaya, L. 1977 *Introduction to Palladii's Chinese Literature of the Muslims*. Canberra: Faculty of Asian Studies, Australian National University Press.

Алексеев, В.М. 1958 *В старом Китае*. Москва: Изд-во Восточной Литературы.

Васильев, В. П. 1867 *Графическая система китайских иелогрифов: Опыт первого китайско-русского словаря*. Санкт-Петербургъ: литография И. Тиблена и К°.

Даль, В. И. 1999 [1863 – 1866] *Толковый словарь живого великорусского языка*. Москва: Издательство "русский язык".

Иннокентий, Еп. 1909 *Полный китайско-русский словарь, составленный по словарямъ*. Пекин : Пекинская духовная миссия. (《华俄字典》)

Иннокентий, Еп. 1914 *Карманный китайско-русский словарь*. Пекинъ: Тип. Усп. monастыря при Русской Духовной Миссии. (《华俄便携词典》)

Исайя, П.И.1867 *Русско-Китайский Словарь разговорного языка: Пекинского наречия*. Пекин.

Ошанин, И.М. 1955 *Китайско-русский словарь*: Более 70, 000 слов и выражений. Москва: Государственное издательство иностранных и национальных словарей.

Ошанин, И.М. 1983 – 1984 *Большой китайско-русский словарь: По русской графической системе в четырех томах*, Около 250, 000 слов и выражений. Москва: ГРВЛ. (《华俄大辞典》)

Пещуров, Д.А. 1887 – 1888 *Китайско-русский словарь*. Санкт-Петербургъ: Типография Императорской Академии Наукъ. (《汉俄字汇》)

Пещуров, Д. А. 1891 *Китайско-русский словарь: По графической системе*. Санкт-Петербургъ: Типография императорской Академии Наукъ. (《汉俄画法合璧字汇》)

Попов, П.С. 1879 *Русско-китайский словарь*. Санкт-Петербургъ. (《俄汉合璧字汇》)

Попов, П.С. 1888 *Китайско-русский словарь*. Пекинъ: Типография Тунъ-Вэнь-Гуань. (《汉俄合璧韵编》)

Семенас, А.Л.П.И. 1979 Кафаров как лексикограф. П.И. Кафаров и его вклад в отечественное востоковедение Текст: К 100-летию со дня смерти. Материалы конференции. Ч.1. Москва: Наука.

Скачков, П. Е. 1977 *Очерки истории русского китаеведения*. Москва: Издательство “Наука”.

柳若梅，2010，《清代入华俄罗斯汉学家的满汉语词典手稿散论》，《辞书研究》第 4 期。

赵振铎，2000，《中国语言学史》，石家庄：河北教育出版社。

兹古斯塔（编），1983，《词典学概论》，林书武等译，北京：商务印书馆。

《洋汉合字汇》汉译释词的语言特点*

王铭宇

澳门圣若瑟修院天主教遣使会葡萄牙籍传教士江沙维于19世纪上半叶编著并出版多部汉学著作，刊本可考者凡七种，其中1829年版语法书《汉字文法》、1831年版葡汉词典《洋汉合字汇》（*Diccionario Portuguez-China*，简称《洋汉》）和1833年版汉葡词典《汉洋合字汇》（*Diccionario China-Portuguez*）是专为葡语母语者编写的三卷一套汉语教材[①]。江氏“是当时葡萄牙传教士中最出类拔萃的人物，汉学造诣最深”（施白蒂，1998：16），对其后19世纪西人汉语教材的编写影响深远（宋桔，2010）。盖因使用葡语，阻碍了江氏著作的流传，如威妥玛曾在《寻津录》（*The Hsin Ching Lu*, *or*, *Book of Experiments*，1859）中说，汉语教科书中最好的大概要数江沙维的《汉字文法》，但因为这本书是用葡语写成的，几乎没有英国孩子愿意去学。江氏著作的研究价值至今未能引起国内学者的足够重视。内田庆市（2011）首次从汉语史的角度考察江氏《汉字文法》，指出《汉字文法》的中文对话呈现出北京话的特征。笔者进而对江氏葡汉词典《洋汉合字汇》进行全面梳理，发现《洋汉》收条数目甚巨，

* 原刊《汉语学报》2019年第3期，第88—94页。

① 江氏另四部著作为拉丁语法书与拉汉词典，亦有极高的研究价值：*Grammatica Latina ad usum sinensium juvenum*（《辣丁字文》，1828）、*Vocabularium Latino-Sinicum*（《辣丁中国话本》，1836）、*Lexicon manuale Latino-Sinicum*（《辣丁中华合字典》，1839）、*Lexicon magnum Latino-Sinicum*（《辣丁中华合璧字典》，1841）。

其汉译释词也呈现出北京话语法特征，且记录大量北京话口语词汇[①]。

19 世纪上半叶，以传教士为主体的西人汉学家多认为“被称为官话的方言一般是在江南和河南使用”[②]，直到 19 世纪下半叶，威妥玛在《语言自迩集》（*Yü-yen Tzŭ-êrh Chi*，1867）中才宣扬了“北京官话的胜利”（高田时雄，2001）[③]。江沙维从未涉足内地，于 19 世纪初在澳门采用北方话编写教材、词典，在当时是殊为奇特的事情，个中缘由须另文探讨，但其著作的价值已不言而喻。近年来虽有一批包括满汉合璧文献、清宫档案、官话正音教材、西人编写的北京话教材等北京话研究的新材料被挖掘出来（刘云，2013），但这些材料均不包括西人词典类文献。故此，本文将这部沉寂于澳门图书馆的材料披布出来，考释其编纂背景、体例，分析其汉语对译词语的方言属性，考察其所记录的北京话词汇的特点，同时探究其之于汉语史、清代官话以及早期北京话等研究的价值，抛砖引玉，冀学界对这份新出材料做更深入细致的研究。

---

① 江氏的汉葡词典《汉洋合字汇》以字立目，汉语词条趋半文半白，鲜见口语词汇，详见王铭宇（2018）。

② 马礼逊认为“江南”和“河南”是朝廷的所在地，因此从官话成为中国文人的标准语言来看，这些地方的方言要比其他省份的方言显得优越，而一种满式汉语方言（“鞑靼汉语”Tartar-Chinese Dialect）正在逐渐形成，如果清朝持续长久的话，这种方言最终会占领先地位。参见马礼逊《华英字典》第一部《字典》导论，转引自沈国威（2011：26）。直至马礼逊的继任者伦敦会传教士艾约瑟在他的《汉语官话口语语法》（1857）以及之后 1864 年的修订版中指出，官话有南北和西部之分，北京官话是通行于北京的官话。

③ 19 世纪后半叶北京话材料大量可见，如明治时期日本汉语教科书等（张美兰，2007；陈明娥、李无未，2012）。

一、《洋汉》编纂概况

《洋汉》[①] 澳门圣若瑟修院 1831 年版，8 开本，正文共 872 页。葡文名可直译为《葡汉词典：一般官话和古文》，想见作者的初衷是要编写一部葡语与汉语官话（口语）及文话（文语）对照的双语词典。江氏在《洋汉》序言中对“官话”有如下论述（笔者译）：

> 就帝国范围内而言，汉语可归纳为：中国官话（mandarino）、福建话（fokien）和广东话（cantão）。我学习的是第一种，即中国官话。原因是它最普遍也最简单。说它最普遍是因为在整个帝国范围内所有具有一定文化的人都能听懂，尤其是官员。另外，在北部和东部省份，即使是一般老百姓也能听懂官话。说它最简单，是因为官话的发音和我们语言的发音最为接近，尤其是没有入声（tom entrante）。如果有学生想要了解另外两种方言，那么官话学习可以作为一个中间的步骤，起到参考比较的作用。

序言所言“没有入声”，是为南北官话的一大区别特征，显见江氏心目中的中国官话为“北方官话”，而非当时大多数西人更为推崇的“南官话”或“南京官话”。

《洋汉》正文分为两栏，左栏为葡语条目（凡 2 万余条），右栏为对应的汉语释义（总计 20 余万汉字）。释义时首先出现的是葡语

① 本文据澳门民政总署图书馆藏本，索书号 LR/G6261di。

条目在汉语中的通俗（vulgar）表达，其次是传统（classica）表达，两种语体之间用符号“△”隔开；同义或近义的释词之间用符号“。”隔开；汉字之间会出现符号“↓”，代表“或”，意思是该符号前的汉字可以替代位于符号后面的汉字。见下例①：

【AFEMINADO】男不男女不女。二不楞。二尾子人。半彪子。带着一脸的粉气△巾帼之态

【AFAGAR】顺毛摵撒。铺拉。□欢喜欢△抚慰↓弄

【ABANDONADO】舍了的。无依靠的。舍个儿。无门走△孑身。只身无靠。茕茕孑立

以葡语词条AFEMINADO（今译“似女流的”）为例，其汉语释义（包括词汇、短语，甚至句子）在符号“△”之前均为口语，但内部还是有“官”“俗”之分：男不男女不女、带着一脸的粉气为官话，二不楞、二尾子人、半彪子则为俚俗“乡谈”；“△”之后的释义为趋于书面语的文话，但并非严格意义上的文言，半文半白而已。徐世荣《北京土语辞典》收入“二尾子”，即两性人；“二不愣子”指言行粗鲁、有些痴傻的人；“半彪子”戏称言行不严肃、不庄重、喜欢开玩笑的人。《洋汉》AFEMINADO这一条的释义便包含了三个北京话口语词汇，说明词典尽可能地记录下了当时鲜活的口语，既有更为通行、有教养的官话，也有引车卖浆者流的土话。

---

① 取自原刊本的词例，可作繁简对应者则用简体，倘会引起歧义则照录原字，“□”表漫漶不清。

二、《洋汉》汉语释词的语法特征

太田辰夫（1969）提出七个北京话语法特点，学界一般认为这七个特点基本上是妥当的，特别是前六项准确地反映了北京话的特征（山田忠司，2015）。这些特征，《红楼梦》《儿女英雄传》《三侠五义》《语言自迩集》中差不多都具备，可以说它们基本上是以北京话为基础的，但细部上也有一些差异和出入（太田辰夫，1991：231）。本文选用前六个特点来观察《洋汉》，结果如下。

（1）第一人称代词的包括式和排除式用“咱们”和“我们”来区别：《洋汉》中仅出现 1 例“咱们”，对译葡语词条 Eu（第一人称单数“我”）；“我们”可见 13 例。

（2）介词“给”：《洋汉》中可见大量用作动词、表被动的“给”，如给他吃，给人打斧头；作介词的“给”仅几例，如我新近借给你一张纸。

（3）句末用助词“来着”：《洋汉》见 2 例，不见你作什么来着，论个她说什么来着。

（4）句末不用助词“哩”而用“呢”：《洋汉》可见句末“呢”十余句，有表示疑问的“呢”，如你作什么呢；选择问句后的“呢”，如是大的是小的呢；指明事实，如人还有这么糊涂呢。

（5）有禁止副词“别”：《洋汉》仅见 1 例，别叫人见辟别样儿。禁止副词“不要”可见 60 余例，“不必”13 例。

（6）程度副词“很”作状语：《洋汉》中“很”（刊本作“狠”）作状语，如很良善；也可见作补语的“很”，如忙的很。两种用法均非常多，不分伯仲。有 1 例用“多着呢”表示“很”，如小道儿多着呢。

通过以上观察，可见《洋汉》在特点（4）和（6）上表现明显，

(2)(3)和(5)的用例极少(几乎是孤例),特点(1)没有表现。由此可以初步判断,《洋汉》具有一定的北京话性质,但远不够典型。

为进一步弄清《洋汉》的方言属性,有必要选取具有一定时间跨度的北京话相关资料与《洋汉》做比较。本文主要选取:a. 清代满汉双语教材《清文指要》(1809,三槐堂重刻本)(张美兰、刘曼,2013);b. 威妥玛《语言自迩集》(1867,初版)(内田庆市、冰野步、宋桔,2015);c. 吴启太、郑永邦《官话指南》(1881,初版)(内田庆市、冰野善宽,2016);d. 江氏在《洋汉》之前已出版的《辣丁字文》(1828)与《汉字文法》的刊本(1829)及手稿[①]也一并纳入参照。篇幅所限,本文择三个北京话特征(如下),考察它们在《洋汉》及诸材料中的分布情况,挂一漏万,管窥《洋汉》口语释词的语言特点。

(7)禁止词:"别"

《清文指要》中表禁止用"不该当"。

《辣丁字文》无表禁止之"别",表禁止均用"不要",多达27例。

《汉字文法》刊本及手稿均不见"别",表禁止均用"不要"。

《洋汉》中葡语条目 Nao façàs, como quem e despede 对应的汉译为不要行辞别样子。别叫人见辞别样儿△不可示别。按:"不要"和"别"在《洋汉》中均为官话口语,"不可"为文话。

《语言自迩集》表禁止的"别"有70多例,表禁止的"不用""不要"各1例,那你不用管我,不要你偏说短处。

《官话指南》中无表禁止之"不要",而"别"有60多例。

北京话里禁止词"别"是"不要"的合音,较早的用例可见于《满汉成语对待》(1702)、《红楼梦》(程乙本,1792)(江蓝生,

---

① 内田(2011)指出,《汉字文法》手稿本的内容包括《汉字文法》刊本的第三章、第四章的一部分、第五章《问答》全五十一节以及第六章《俗语》的一部分。

1991)；另说“别”是“不必”合音化而来（李焱、孟繁杰，2007）。从以上比较来看，“不要”是清代早期通语成分，在19世纪上半叶还较为常用，至19世纪后期的北京话，全部为“别”所替代。江氏的《辣丁字文》《汉字文法》和《洋汉》表禁止均用“不用”，“别”仅一例，说明江氏著作所采用的语言是趋于一致的。

（8）儿（“日”的变化形态）

《清文指要》只用“今日、明日、前日、昨日”。

《辣丁字文》“今日”8例、“昨日”4例、“前一日”1例、“明天”2例。

《汉字文法》手稿和刊本可见用法完全一致的“前日、昨日、那一日、日子”，也可见刊本把手稿中的“昨日”改为“昨天”、“今日”改为“今天”、“日子短了”改为“天短了”。

《洋汉》中葡语词条Dia（天）的释义为日子。天△日、Hoje（今天）释义为今日|天△本日。此|是日、Antehontem（前天）译为前日。先两天△前二日、Todos os dia（每天）对译为天天。每日。日日△日、Ha 3 dias（三天前）对译为大前日。前三天。有三天。三天头里△前三日。按：在《洋汉》的释义体系中，“日”原本为文话，“天”和“日”在口语中可并用。

《语言自迩集》“今儿、明儿、昨儿”使用频率最高，“今儿个、明儿个、昨儿个”居次，两者见于各章且常混用；“今天、明天、后天”仅见于“词类章”；“今日、明日、昨日”未见。

《官话指南》“明儿”5例、“昨儿”12例；“明儿个”10例、“昨儿个”13例；“明日”9例、“昨日”5例；“明天”6例、“昨天”7例。

从《洋汉》的释义看，“X日”继承自文言，偏书面语体，为官话早期通语成分；在口语中“X日”和“X天”都可以说。在《辣丁字文》和《汉字文法》中，“X 日”和“X 天”可互换，并无强弱之分。北京话“今儿、昨儿”等是由“今日、昨日”等变音而来（太田辰夫，1991：242），早在《红楼梦》中已见，在《语言自迩集》初版中“今儿、昨儿”已全面替换了“今日、昨日”，后者在第二版仅见 3 例，均用于书面语的结构中，如焉有今日，今日且吃今日饭，正是“X 日”源于书面语，很难再用于北京话口语的例证。“今天、昨天”等可以认为是从南方引进的，在《洋汉》中与“今日、昨日”并用，在《语言自迩集》中保留用例，到《小额》（1908）已能看出普通话化的倾向（太田辰夫，1991：300）。

（9）第二人称敬称“您”

《清文指要》主要使用满语词“阿哥”。

《辣丁字文》“你纳”8 例，未见“您”。

《汉字文法》手稿与刊本可见用法一致的“你纳”5 例；也可见刊本将手稿中的“你”改为“你纳”4 例；见 1 例刊本将手稿“你老人”改为“你老人家”；未见“您”。

《洋汉》Vocemecê（您）释义为你纳。尊驾。先生。太爷△仁兄。足|台下。君。子。

《语言自迩集》多用“你纳”，77 例；次用“您”26 例；“您纳”仅 3 例。

《官话指南》未见“你纳”；“您”有 330 例；“您纳”19 例。

“你纳”未见于非北京话材料，江氏《辣丁文法》应是目前所见记录“你纳”最早的文献。《洋汉》明确记录下“你”的敬称为“你纳”等，但未包括“你老”和“你老人家”（《儿女英雄传》没有“您”，用“你老”和“你老人家”）。就以上文献比较来看，北京话的“你纳”自 19 世纪上半叶始用于第二人称敬称，至 19 世纪后半叶逐渐被“您”和“您纳”取代，“您纳”的用例一直未超过“您”。

通过以上观察，《洋汉》（及《拉丁字文》《汉字文法》）所记录的语言还远未呈现其前《红楼梦》、其同时期《儿女英雄传》和其后《语言自迩集》所带有的那种浓郁的“京腔”。这恐怕与帮助江氏翻译的汉语母语者的个人方言背景相关。《洋汉》出版于清道光年间，其时正是占有统治地位的满人汉语与汉人固有的官话（通语）相融合的阶段（赵杰，1996：12），《洋汉》也恰恰呈现出北京话向更大范围扩散，与通语交融的样貌——带有初步的北京话特点（不匀质），主体仍保留南北通语用法，恰是研究官话、北京话演变的珍贵材料。

三、《洋汉》中的北京话词汇

《洋汉》中多处提及与北京相关的名词，如“我有书信来往到北京”“菜市口”“上白云观”“从京里来”“京报”“顺天府”“豆汁儿”“哈巴狗儿”，也有源自满语的旗人语，如“哈拉（har）”“褡裢（daliyan）”“笔贴式（bithesi）”（胡增益，1994），汉语译者似与京师关系紧密。通过穷尽式的查找，《洋汉》可检出1100余条词语在现代北京话词典中有据可查（《洋汉》中或有当时使用而后湮灭的词语，尚待进一步考察）[①]。以下分类胪列（“[ ]”内为现代北京话）。

（10）儿化词语（未知为儿化韵还是儿尾），如：

几角儿，舍个儿，雀儿，随和儿，傲古德样儿，料估先儿，

---

① 参考多部北京话方言词典，包括陈刚《北京方言词典》（北京：商务印书馆，1985），高艾军、傅民《北京话词语》（北京：北京大学出版社，1986），徐世荣《北京土语辞典》（北京：北京出版社，1990），齐如山《北京土话》（北京：北京燕山出版社，1991）。

挺胸膈儿，哈拉味儿，偷油婆儿，帽沓儿，死胡衕儿，揭戈渣儿，街口儿，烟锅儿，烟袋嘴儿，哈吧狗儿，娇贵儿，告白帖儿，股朵儿，连襟儿，汗褟儿，咂咂儿，门插关儿，没了影儿，了吊儿

（11）带“子”后缀的词语，如：

阳沟子，印局子，钱搭子，扑灯蛾子，吹胖闹架子，火门子，锣喝子，狗掐子，脑凿子，缺心眼子

（12）与现代北京话词汇词形、词义均一致（有些仅词缀“子”或儿化之别），如：

门子，含糊，窝囊，包元儿，贪多嚼不烂，空儿，忑，讨人嫌，日头，横竖，不论，罢了，拉倒，拉扯，架势，得脸，不敢当，打点，招呼，帮补，找补，拿事，主意，合式，头里，磕头礼拜，迷瞪，揪，在行，打伙儿，打发，了吊儿，一溜儿，哈拉，判官头，纳罕[儿]，挨墙靠壁[儿]，合群[儿]，纳闷[儿]，驳[儿]，回去，二不楞[子]，肉皮子[儿]，嘴头儿[子]

（13）与现代北京话的词汇同源但词形不一致，如：

舍个儿[舍哥儿]，冒失[冒失鬼]，开岔儿/开气[开衩儿]，心肝[心肝肉儿]，说开[说开了]，发楞[发愣]，买哄[买好儿]，瞎摩[瞎摸海]，傻不楞腾[傻不愣登]，躁踏[糟蹋]，眼前[眼面前儿]，破谥儿[破闷儿]，妆模作样[装模作样]，藉你

的光[借光儿]，利害[厉害]，打伙计[打伙儿]，办嘴[拌嘴]，一蒙亮儿[蒙蒙亮儿]，矬子[矬羓子]，末末了儿[末了儿]，拔了尖儿[巴尖儿]，说和[说和人]，遭了什么瘟[遭瘟]，树柯子[树棵子]，支楞[支棱]，使性[使小性儿]，光人[光身人儿]，打一个印[打印子]，耳朵软[耳软]，打误撞[误投误撞]，吊猴[调猴儿]，咁辣子[哈拉子]，哈的热气[哈气]，小分子的事[小分之事]

(14) 现代北京话词汇的词义发生引申或改变，如表1所示：

表1

《洋汉》葡语释义	现代北京话释义
手势儿手势	[手势] 一种手指暗语
半彪子有脂粉气的男子	[半标子] 戏称言行不严肃、不庄重、喜欢开玩笑的人
不正经不正派	[不正经] 特指斥妇女行为放荡，有不正当的男女关系
栽跟头摔跤	[栽跟头] 借喻失败；认输；丢脸
挠头挠头动作	[挠头] 因棘手而为难；称头部毛发蓬乱
打伙计结盟	[打伙计] 男女恋爱甚至不正当男女关系

由上观之，现代北京话词汇有些是由自由结构词汇化而来，如“藉你的光→借光儿、哈的热气→哈气、打一个印子→打印子、耳朵软→耳软、拔了尖儿→巴尖儿”；由“~子”形式演化为“~儿”，即儿化，如“兜子→兜儿、肉皮子→肉皮儿”；保留“~子”的构词方式，如“嘴头儿→嘴头子、二不楞→二不楞子”；用字不同，多为一音之转，如“咁辣子→哈拉子、纥绌→疙瘩、破谧儿→猜闷儿、舍个儿→舍哥儿”。《洋汉》没有为汉字标音，但偶一“别字”也会透露

出北京话读音的演变，如《洋汉》中常见连词“和”，但有两处应用“和”却写作“含”：你含他一块儿去 | 这个含那个都。江蓝生（1994）考察清末北京话课本《燕京妇语》，推测《燕京妇语》时代旗人口语中“和”已经有阳平［xan］的读音。那么从《洋汉》将“和”记作“含”来看，“和”在旗人口语中读作阳平［xan］应发生得更早。

《洋汉》所记录的北京话词汇，有些属北京话特有，如“打闲儿、老好子、吹胖、沙燕子、挑三和四、累掯、瞎诈庙、蜡头儿”；有些地域上未必只流通于京师，或为北方数省通用之语，如“可不是、尥蹶子、串门子、河涯儿、省油的灯、拔火罐儿、大发、当家、多咱、糊弄、老爷、挑眼、窝囊、营生、贪多嚼不烂、爷们儿、顺当、结吧、搭帮、棉花团子、就地、寒碜、跟斗、嗓子眼、溜钩子、窟窿、滴流、漏馅子、说开、铺盖卷儿、褒贬、罗锅子、摆弄、缠磨头、一把子”；有些本属南方官话的词汇（如“胰子”来自南方官话），现如今还保留在江淮官话中，如“架势、麻利、铺盖、嘴巴、螺蛳、霸道、打发、打总、蝈蝈儿”；有些还保留在南方方言，如湘语“布头子”、闽语“有脸、配搭、遭瘟”、赣语“帽沓儿”、吴语“仰八叉”（许宝华、宫田一郎，1999）。

《洋汉》中所见北京话词汇只是其汉译释词总体的冰山一角，词典更多的是保留了元明以来南北通语的词汇、语法，如“学馆、学房、学堂”“不论、不管”“札营、搭营、下营”“堆起来、摞起来”；老旧的成分，如“背晦、掩（掩门）、办嘴、料估（《清文指要》早期版本已记入）”；老旧的用法，如“打整齐、打啸子”“作成功、作尖”“发烦、发软心”；甚至特殊的句式，如“把他看轻了、把他变坏了、把他成人、把米入仓廪、把犯人解官”“留下他在这里、存一个念头在心里、湾船在澳门”等。

正如《官话指南》中所言："京话有二：一谓俗话；一谓官话。其词气之不容相混，犹泾渭之不容并流。"以上分析的所谓北京话用法和词汇，一部分属通行于京师的官话，另一部分则为俚俗的土语词汇，对于《洋汉》的作者而言，两者均为流通于中国北方大部分地区的"一般官话"。从现代的角度看，北京话是只在北京及其周围地区通行的方言，但从历时演变来看，整个清代，历经300年，北京话才逐渐形成并作为通用语使用。北京话的来源相当复杂，既有元明以来一直与汉语各方言密切接触的南北通语，也有旗人从东北带来的与东北少数民族密切接触的汉语方言，两种方言在清代于北京城汇合，前者在城外，后者在城内，再经过长期交流融合，才逐渐融为一体，成为现代北京话（林焘，1987）。《洋汉》呈现的北京话语法特征并不典型（或者说初现北京话特征），但北京话口语词汇已大量可见（词汇更为敏锐地反映了社会变化），本文推测《洋汉》的汉语编者或为北京城外（周边）的汉人，其语言呈现出城内旗人汉语向城外通语使用地区扩散并与之融合过程中的真实面貌。

参考文献

陈明娥、李无未，2012，《清末民初北京话口语词汇及其汉语史价值——以日本明治时期北京官话课本为例》，《厦门大学学报（哲学社会科学版）》第2期。

高田时雄，2001，《トマス・ウェイドと北京語の勝利》，狭间直树（编）《西洋近代文明史と中華世界》，京都：京都大学大学学术出版会。

胡增益（编），1994，《新满汉大词典》，乌鲁木齐：新疆人民出版社。

江蓝生，1991，《禁止词"别"考源》，《语文研究》第1期。

江蓝生，1994，《〈燕京妇语〉所反映的清末北京话特色（上）》，《语文研究》第4期。

李焱、孟繁杰，2007，《禁止副词“别”来源再考》，《古汉语研究》第1期。

林焘，1987，《北京官话溯源》，《中国语文》第3期。

刘云，2013，《早期北京话的新材料》，《中国语文》第2期。

内田庆市，2011，《19世纪传教士江沙维的对汉语的看法——葡萄牙遣使会的语言政策之一》，《東アジア文化交渉研究》第4号。

内田庆市、冰野步、宋桔（编），2015，《語言自邇集の研究》，东京：好文出版。

内田庆市、冰野善宽，2016，《官話指南の書誌的研究》，东京：好文出版。

山田忠司，2015，《北京话的特点——围绕太田博士提出的七个特点》，远藤光晓等（编）《现代汉语的历史研究》，杭州：浙江大学出版社。

沈国威（编），2011，《近代英華華英辞典解題》，大阪：关西大学出版部。

施白蒂，1998，《澳门编年史：十九世纪》，姚京明译，澳门：澳门基金会。

宋桔，2010，《清末佚名〈語言問答〉研究》，《或問》第19号。

太田辰夫，1969，《近代漢語》，中国语学研究会（编）《中国語学新辞典》，东京：光生馆。

太田辰夫，1991，《汉语史通考》，江蓝生、白维国译，重庆：重庆出版社。

王铭宇，2018，《江沙維〈漢洋合字匯〉初探》，《中國語研究》第60号。

许宝华、宫田一郎（编），1999，《汉语方言大词典》，北京：中华书局。

张美兰，2007，《明治期间日本汉语教科书中的北京话口语词》，《南京师范大学文学院学报》第2期。

张美兰、刘曼，2013，《〈清文指要〉汇校与语言研究》，上海：上海教育出版社。

赵杰，1996，《北京话的满语底层和“轻音”、“儿化”探源》，北京：北京燕山出版社。

麦都思的辞典编纂及其影响*

陈力卫

麦都思是英国传教士，少年时代就学习印刷技术，作为伦敦传道会的一员，继马礼逊、米怜之后，1817 年 7 月 12 日来到马六甲，协助米怜发行中文杂志《察世俗每月统记传》，并负责管理印刷所。当时的马六甲是向中国传教的前线基地，他在那里努力学习中文，除官话以外，米怜还劝他学习福建话。一年多后，他的福建话进步很快，已可以用来布教（苏精，2016：10）。1819 年 4 月 27 日被按立为传教士后，麦都思不仅在马六甲活动，后来又转往槟榔岛，1822 年 1 月 7 日前往巴达维亚——自 1822 年米怜去世后，他所在的巴达维亚成了伦敦传道会的印刷据点——且一直在此从事传教长达 21 年，直至 1843 年转赴上海。

1835 年麦都思首次踏上中国国土，在香港、广东、福建转了一圈后，翌年 4 月返回英国。在英期间，出版了著作《中国：现状与将来》（*China: Its State and Prospects*，1838），总结了此前的传教活动。该书有一幅插图描绘了他与中国人朱德郎交流学习的情形（图 1）①。

---

* 本稿最早以“辞書は伝道への架け橋である——メドハーストの辞書編纂をめぐって”为题收在郭南燕编著的日文版《キリシタンが拓いた日本語文学》（东京：明石书店，2017）中；翌年改写为中文，题为“麦都思的辞典编纂及其影响”，收在王宏志主编的《翻译史研究（2017）》（上海：复旦大学出版社，2018）第 7 辑中，本次重刊依据中文版，做了个别字词的订正，并以脚注的形式增补了一些最新成果。

① 伟烈亚力在《1867 年以前来华基督教传教士列传及著作目录》中“麦（转下页）

1838 年 7 月末，两人同行离开伦敦，11 月 5 日抵达巴达维亚。

图 1　麦都思与朱德郎

鸦片战争后的 1843 年，他来到新开港的上海，并将巴达维亚的印刷所移至此地，改创为墨海书馆，在王韬等中国士人的协助下，出版了大量西学新书。《六合丛谈》《谈天》《地理全志》《大英国志》《重学》《植物学》《西医略论》等地理、历史、科学书籍均在此出版。1852 年将修订后的《新约全书》、1853 年将《旧约全书》出版发行，史称“文理译”，广为流传，甚至影响到日本。

（接上页）都思”一项的最后附有朱德郎的简介，称其为广东人，1836 年随麦都思一起去英国，协助麦都思正在从事的《圣经》翻译工作。在英期间，感受到基督教友人的善意，学习英语，开始醉心于了解上帝的世界。1838 年 7 月 20 日麦都思为之举行了施礼仪式。同年 7 月 31 日随麦都思离开伦敦，11 月 5 日抵达巴达维亚。其后又在 1839 年 1 月作为伦敦传道会的助手转赴广州。后因中英战争，返回故乡，脱离伦敦传道会（参见伟烈亚力，2011）。

1856年因长期劳累，麦都思离开上海回国休养。1857年1月22日抵达伦敦，两天后却驾鹤西去，30日在伦敦郊外阿布尼公园举行葬礼，并安葬于此。

他很早便被称许颇具语言天赋（苏精，2016：9），官话、福建话、广东话、上海话都是在其传教地习得的，他在巴达维亚还学会了马来语，而荷兰语则早就是其生活语言了。在巴达维亚期间，他还自学了日语和朝鲜语，甚至对台湾原住民的语言也很关注。据伟烈亚力《1867年以前来华基督教传教士列传及著作目录》介绍，麦都思一生著述颇丰，有中文59种，马来文6种，英文27种。其中编译了以下6种对译辞书，而且除（2）外，均由他自己亲自印刷而成（伟烈亚力，2011：32—46）：

（1）*An English and Japanese, and Japanese and English Vocabulary*（Batavia，1830）

（2）*A Dictionary of the Hok-këèn Dialect of the Chinese Language*（Macao，1832）

（3）*Translation of a Comparative Vocabulary of the Chinese, Corean, and Japanese Languages*（Batavia，1835）

（4）*Dictionary of the Favorlang Dialect of the Formosan Language*（Batavia，1840）

（5）*Chinese and English Dictionary*（Batavia，1842—1843）

（6）*English and Chinese Dictionary*（Shanghae，1847—1848）

第一本辞典是1830年在巴达维亚刊行的《英和·和英词汇》，作为首部由外国人编辑的英和·和英辞典而受人瞩目，其目的当然是向日本布教。但从上述经历来看，他在马六甲最先学的是福建话，向中国布教本应是其主要目的，怎么会最先出版一本日语的对译辞典呢？后面我们会讲到，实际上是（2）《福建方言字典》编辑在先，却因当时的种种情况一再延迟，结果反倒出版在（1）之后。(3)《朝鲜伟国字汇》的刊行则是放眼朝鲜半岛，为将来前去传教的传教士做好语言学习的准备。(4)《台湾虎尾垄语辞典》本是荷兰人统治台湾时，由传教士编写的原住民语言与荷兰语的对译手稿，麦都思将之英译后出版，也是因其一心向往台湾，为将来传道所做的准备工作。(5)《华英字典》和（6）《英华字典》当然是为了不忘其初衷——去中国布教所编写的。基督教新教伦敦会在中国传教的最初开拓者马礼逊早早就有向琉球诸岛布教的想法[①]，为实现这一目标，麦都思则是在遥远的南洋之地一边专心用马来语传教，另一边则心向北方，欲将台湾、琉球、日本、朝鲜都置于神的庇护之下，具体投入这一系列的辞书编纂工作之中。

一、《英和·和英词汇》

英国人对日本的关心可以追溯至 17 世纪初，那时他们在长崎的平户设有商馆并从事贸易，但随着江户幕府开始镇压天主教徒并实施禁教政策，英国商馆不得不撤离日本。经过一段漫长的空白期，到了 19 世纪初，为了再次通商，曾有过几次尝试，试图靠近日本口岸，但均未果。在这一背景下，伦敦会最初的两位传教士马礼逊和米怜早就将日本置入视野，1817 年便做出了以下决议，主张向日本布教：

---

① 据马礼逊夫人（Eliza Morrison），1811 年 1 月 7 日马礼逊在澳门给伦敦传道会的信中写道："几天前我拜访了从琉球群岛来中国进贡的船，我可以通过书写汉字和三位使臣交流，但听不懂他们的口语。……我准备送给他们几份《耶稣救世使徒行传真本》。发现有这么多人都能读懂中文，真是鼓舞人心啊！而传播《圣经》最好的办法就是把《圣经》送到每个人的手上。"（参见 Morrison，1839；马礼逊，2008：165）

我们非常渴望关注重要的日本列岛，尽可能收集一切有关的信息，如果有可能，循序渐进地准备将来我们中间有人乘船前往日本，以便学习日语，并确认中文《圣经》要经过哪些修改与调整才能适用于该国，或者是否需要一部全新的日文版《圣经》①。

同属伦敦会的麦都思当然也是抱有同一志向的。在其做出决议后的第十年，即 1827 年，几个荷兰人从日本来到巴达维亚，麦都思十分兴奋，他从他们那里得到了几本日文书②，开始学习日语，终于在三年后的 1830 年编辑出版了世界上第一本《英和·和英词汇》(图 2)。

---

① 据米怜称，他与马礼逊两人将决议定名为“恒河域外传道团临时委员会（The Provisional Committee of the Ultra-Ganges Missions）决议”，1817 年 11 月 2 日两人联名在决议最后的第 15 条里宣言如下：“XV... We consider it as highly desirable to keep in view the important islands of Japan, to collect all possible information respecting them. And if possible, to prepare, by gradual steps, the way for a voyage, by some of us, to that country at a future time; in order to attain some knowledge of the language, and to ascertain what alterations and modifications, the Chinese version of the Scriptures must undergo, before it can be useful in that country, or whether an entirely new version may not be necessary.”（Milne，1820：201；米怜，2008：93)。

② 据苏精（2014：99)：“1827 年 2 月，麦都思获得荷兰驻日本长崎商馆前主管长狄斯特（Colonel De Sturter）借予一批日文书籍，他雇用十二名华人在数月中抄录 8 种日荷、日中等双语字典及其他图书。”但这里可能人名有误，当是引领医师西伯尔德(Philipp Franz von Siebold，1796—1866）去江户参府的商馆长约翰·威廉·施图勒(Johan Willem de Sturler，1774—1855)。有关这批书籍，杉本（1989：107）也指出，“霍夫曼在柯歇斯（Jan Hendrik Donker Curtius，1813—1879）《日本文法试论》的《绪言》中提到，1824—1826 年作为商馆长在日的 J. W. de Sturler‘收集了很多有益的日本书籍，为了将之用于日语研究，其子 W. L. de Sturler 赠送与我’”。由此可知，这些带回荷兰的书籍最终为莱登大学教授霍夫曼（Johann Joseph Hoffmann，1805—1878）所利用。

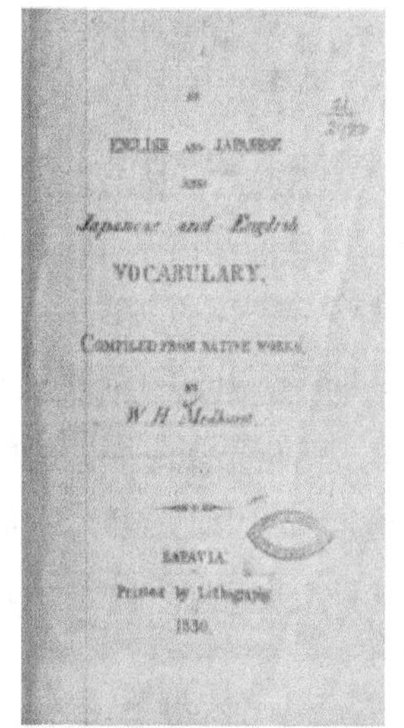

AN
ENGLISH AND JAPANESE
AND
Japanese and English
VOCABULARY.
COMPILED FROM NATIVE WORKS.
BY
W. H. Medhurst.
BATAVIA.
Printed by Lithography.
1830.

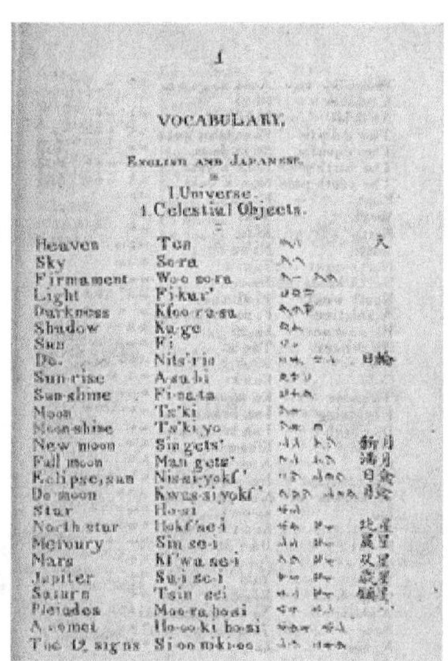

1

VOCABULARY.

ENGLISH AND JAPANESE.

1. Universe.
1. Celestial Objects.

Heaven	Ten	天
Sky	Sora	
Firmament	Woo sora	
Light	Fikar'	
Darkness	Kfoo rasu	
Shadow	Kage	
Sun	Fi	
Do.	Nits'rin	日輪
Sun-rise	Asahi	
Sun-shine	Finata	
Moon	Ts'ki	
Moon-shine	Ts'ki yo	
New moon	Singets'	新月
Full moon	Man gets'	満月
Eclipse, sun	Nissi-yokf'	日食
Do. moon	Kwas-si yokf'	月食
Star	Hosi	
North star	Hokf'se-i	北星
Mercury	Sin se-i	
Mars	Kf'wa se-i	
Jupiter	Sui se-i	
Saturn	Tsin sei	
Pleiades	Moo-ra hosi	
A comet	Ho-oo-ki hosi	
The 12 signs	Si oo mikioo	

图 2 《英和·和英词汇》封面（左）、英和之部（右）

上海发行的《六合丛谈》一卷四号上登载有伟烈亚力写的《麦都思行略》一文，作为其略传，特别提到了这本辞书的编辑：

> ……麦君又以日本僻在东洋，密迩中土，而耶稣之道，久未播及，思有以化其众。丁亥（1827），得日本书，乃勤习其字，至庚寅（1830），悉其梗概，作日本字汇，第一编以英文为主，而以日本字译之，第二编以日本字为主，而以英文译之（伟烈亚力，1857：7）。

这本辞典由献辞、序文、目录、英和之部（第1—156页）、和英之部（第157—344页）组成。英和之部按传统的意义分类——天文、地理、人伦等14门类，每个单词按英语，日语罗马字表记、片假名（有时附汉字）的顺序排列（参见图2），共收录4948条词。而和英之部则按日语传统的“伊吕波”顺序排列，每条词的排列与英和之部正相反，按日语的片假名（有时附汉字）、罗马字表记，英语对译的顺序，约收录7000条词（加藤知己、仓岛节尚，2000：361）。

《英和·和英词汇》序文中说："编者从未去过日本，也从未有过和日本人交谈的机会。但是，承蒙来自日本的几位绅士的好意，披见了数册日本的书籍——特别是日中两种文字并用的书籍——才得以用中文知识编纂出以下的单词表。"（Medhurst，1830：iii）这里所说的"来自日本的几位绅士"当是指本书第350页脚注②提到的施图勒一行。而且，序中还说："编者是严格按照手中现有日本人编著的最好的著作来做这项工作"①，由此可以看出麦都思利用的书籍、辞典等都是当时在日本流通的刊行本。

拙稿着眼于这一编辑过程，首先就该辞典的和英之部所依底本，重新检讨杉本つとむ提出的和兰辞书《兰语译撰》（*Nieeuw Verzameld Japans en Hollandsch Woordenboek*，1810），发现这一底本只能解释其三分之一的出处，尚须找出其他作为底本的辞典（陈力卫，2015：436）；特别考虑到其英和之部的编辑，发现同为中津藩主奥平昌高在江户刊行的《兰语译撰》姊妹篇的兰和辞书《巴斯达特辞书》（*Nieuwe-Gedruct Bastaardt Woorden-Boek*，1822）亦是其重要参考之一。实际上，检索麦都思1827年7月20日致伦敦传道会的书简，就会发现其中也已提到该辞典②。

最新的研究中，苏精（2014：99）的鸿篇巨制《铸以代刻：传教士与中文印刷变局》认为麦都思1829年还通过费瑟尔（Johannes

① 书名上的"compiled from native works"字样也是强调这点。

② 麦都思信中提到的"日本书籍"："其中还有《巴斯达特辞书》，主要收录来自法语和拉丁语的外来词，同时对译有日语和中文的意思。"（Appended to this was a Dictionary of Bastard Dutch words, taken principally from the French and Latin, which had also the Japanese and Chinese meanings annexed.）

Frederik van Overmeer Fisscher，1800—1848）抄写到在长崎编撰的兰和辞典《道译法儿马》（1811—1816）。这最先是由荷兰商馆长道富（Hendrik Doeff，1777—1835）编写的，但他在 1817 年返回欧洲的航海途中，不幸遭遇海难，其带回的抄本失于大海之中。后来，作为商馆员的费瑟尔在日本期间（文政三年至文政十二年，1820—1829）又重新制作了罗马字版的兰和辞书，1829 年回国途径巴达维亚时，让英国传教士麦都思花了大钱抄写，但尚未抄写完毕便中途收回，回到荷兰后将之献给国王，并因此当选为院士。

至今为止，日本学者如杉本全然否定其作为《英和・和英词汇》参考书使用的可能性，认为"（那是）十五册本的大部头，基本不可能拿到海外去"（杉本つとむ，1985），所以，费瑟尔带出的这本辞书是如何为麦都思所利用的，成了最为紧要的课题。也就是说，这本辞典不仅成为麦都思编辑《英和・和英词汇》时日语罗马字表记的直接参考，之后也成为荷兰人研究日语的直接材料。后来长崎出岛荷兰商馆所藏的兰和辞典被火灾烧毁后，还专门向本国要求据此重抄一本寄来。1856 年 4 月，荷兰莱登大学的霍夫曼教授专门为此花费了一个月时间抄写制作了一复本（不含片假名和平假名部分）送给日本，使之终于重返故乡①（笔者另备别稿详述其过程②）。

这本小型的石印版辞典出版后，1832 年就在创刊第一年的《中

① 东洋文库所藏的当是其抄本：Doeff，Hendrik，comp.，*Nederduitsch-Japansch woordenboek vervaardigd door-*? Volgens het afschrift door J. F. van Overmeer Fisscher gedurende de jaren 1826－1829 te Desima daarvan genomen en in de boekerij van de Koninklijke Akademie van Wetenschappen berustende. ... 1.－2. d.（Leiden，1856）。

② 此稿之后，有以下两篇论文论及此事：陈力卫，2023，《〈ドゥーフ・ハルマ〉のもう一つの流れ：フィッセルのローマ字本の位置づけ》，《国語と国文學》第 100 卷第 1 号，东京：明治书院；陈力卫，2023，《出島からバタビヤへの日本知の伝播：蘭和辞書をめぐるメドハーストとフィッセルとの交流》，《成城大學経済研究》第 239 号。

国丛报》上登载了书讯，该文一开头就极为乐观地指出："日本统治者改变他们（锁国）政策的日子或将不远了。"（*The Chinese Repository*，1832：109—110；朱玛珑，2017）两年后裨治文（Elijah Coleman Bridgman，1801—1861）又在《中国丛报》上介绍了日语字母发音，用的也是这本辞典前言部分的字母表。之后，我们知道这本辞典马上为关注日本的外国人所利用。然而过了 20 多年，才为日本人所认识，由精通汉学、兰学和法语的村上英俊（1811—1890）将其日语假名的罗马字对音以及和英之部的一部分语词介绍到自己的《洋学快捷方式佛英训辨》（安政二年，1855）中，称"面独比尔私氏（麦都思）千八百三十二年（天保三年，1832）著述邦语对照之词书"（村上英俊，1855），且在安政四年（1857）将其英和之部翻刻为《英语笺：一名米语笺》，文久三年（1863）再将和英之部翻刻为《英语笺后篇》出版，为近代日本由兰学向英学转换做出了巨大的贡献。但他两次涉及的麦都思辞典，出版日期上都令人生疑。头一次说是 1832 年，第二次则是在日本翻刻版上标注的出版年及献词上的年份——都是印作 1839 年（参见图 3），但笔者跑遍欧美亚各大图

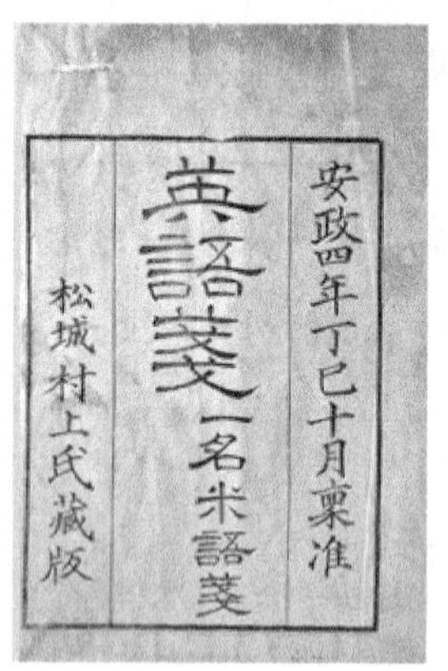

安政四年丁巳十月稟准
英語箋 一名米語箋
松城村上氏藏版

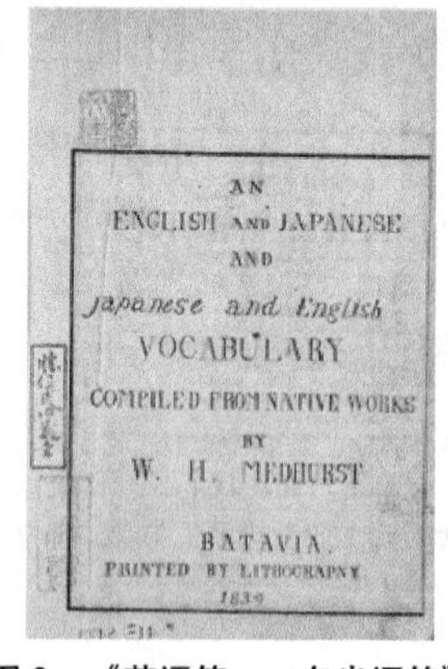

AN
ENGLISH AND JAPANESE
AND
Japanese and English
VOCABULARY
COMPILED FROM NATIVE WORKS
BY
W. H. MEDHURST
BATAVIA.
PRINTED BY LITHOGRAPHY

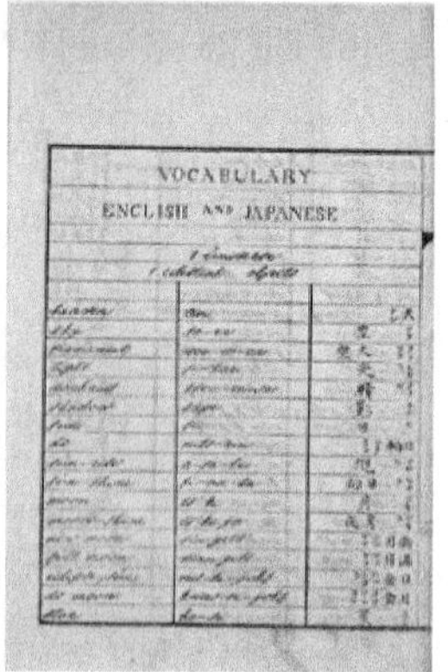

VOCABULARY
ENGLISH AND JAPANESE

图 3 《英语笺：一名米语笺》

书馆，调查了 30 多种辞典原本，至今尚未发现村上所说的 1832 年或 1839 年的版本。

明治以前来日本传教的外国人，或多或少都受到这本辞典的影响。俄国人格斯科维奇（Iosif Antonovich Goshkevich，1814—1875）编的日俄辞典《和鲁通言比考》（1857）在参考书中列出其名，显然受其影响。美国人平文所编的《和英语林集成》（1867）也是设英和、和英两部，明显是受到麦都思辞典的影响，而且在译词上也有所反映①。

前记拙稿中是将这一辞书评价为“作者依靠自己的中文能力所编辑出来的”（陈力卫，2015：441），这种能力当然最先反映在下面这本《福建方言字典》中。而且上述那种英和、和英两部构成的编法其实早就孕育在麦都思的胸中，直到 1830 年才得以在《英和·和英词汇》中实现。

二、《福建方言字典》

前面说过，麦都思 1817 年来马六甲时首先学的是官话，之后才学习福建话，1819 年就已经可以用福建话来传教了。《福建方言字典》（图 4）实际上是他最先编辑的辞典，但其出版过程几经周折，苏精（2016：8—20）对此做过详尽的介绍。这里我们依次简单描述如下。

麦都思在 1820 年 6 月 26 日致乔治·伯德（George Burder，1752—1832）的信中告知：自己编辑的《福建方言字典》小册子已经开始印刷了。但由于马六甲的传教士之间发生内纷，实际上没能印刷完，3 个月后他只好选择离开，带着原稿转到没有印刷所的槟榔岛，

---

① 明治学院大学图书馆所藏的麦都思的这本辞书中有平文的签名和铅笔书写的痕迹，最近的研究也证实了这一点（参见飞田良文、多田洋子，2015）。

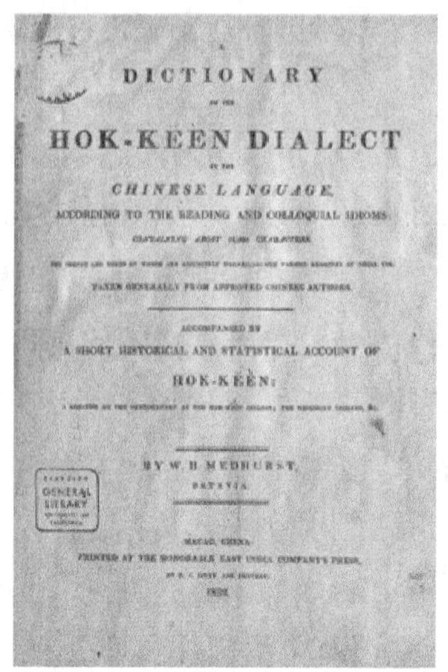
DICTIONARY

HOK-KEEN DIALECT

CHINESE LANGUAGE,

ACCORDING TO THE READING AND COLLOQUIAL IDIOMS:

ACCOMPANIED BY

A SHORT HISTORICAL AND STATISTICAL ACCOUNT OF

HOK-KEEN;

BY W. H. MEDHURST,

MACAO, CHINA:

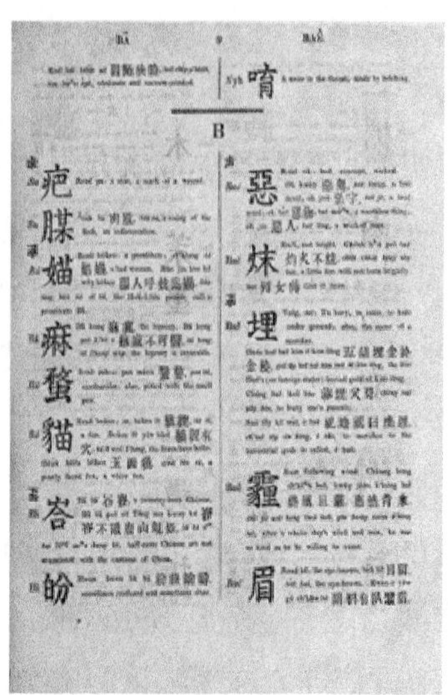

图 4　《福建方言字典》

最终于翌年 1 月又移到巴达维亚。在那里他将《福建方言字典》加以扩充。1823 年 5 月 30 日在致伦敦传道会的信中，他说《福建方言字典》已经基本脱稿，送到了马六甲，但尚未付印。这是其个人的著书，且有 600 多页，必然会影响其他作品的印刷。因为有这些因素，恐怕要得到伦敦传道会的许可才行。时值马礼逊赶来处理米怜的后事，有半年时间待在马六甲，他很看重这本方言辞书，答应协助出版印刷，并提议先在新加坡印刷。该提案虽然获得通过，可因诸事纷纷，最终并没能付梓。

1829 年马礼逊在澳门印刷出版了自己的《广东省土话字汇》（*Vocabulary of the Canton Dialect*）后，才将同为方言对译的《福建方言字典》推荐给英国东印度公司。公司答应免费印刷该辞典，但条件是要马礼逊父子担任校对等工作。1831 年 5 月 31 日马礼逊的报告中说东印度公司已经开始印刷该辞典了。但是，好事多磨，其印刷迟迟不见进展，印到 320 页便中断了，1834 年 8 月 23 日印刷所关闭，《福建方言字典》的活字等都保存到广州去了。

此后又过了一年左右，1835 年 6 月，麦都思首次踏上中国国土，停留约半年时间，和郭实猎、裨治文、马礼逊儿子马儒翰一起，修订前一年去世的马礼逊翻译的《圣经》。同时，他为出版《福建方言字典》获得了百余人的预订，委托同样擅长印刷的美国传教士卫三畏来担当印刷工作①。在克服了重重困难后终于印出来的时候已经是 1837 年 6 月 1 日了。于是我们在这本辞典上看到的是三种不同的日期：麦都思的谢词及序文标记的是 1831 年，封面印刷的是 1832 年，夹在谢词与序文之间的卫三畏的告示（advertisement）却是 1837 年，这正反映了该辞典纡余曲折的出版史。

这本福建话的对译辞典是一大著，8 开本，有扉页、谢词、告示、序文、福建省历史与统计、福建话发音标记、正文（第 1—758 页）、部首一览表、部首索引等，总共有 860 页，收录 1.2 万余字。词头字标有福建话的漳州发音，并据此按英文字母顺序排列。

另外，当时马礼逊编撰的《华英·英华字典》（*A Dictionary of the Chinese Language*，1815—1823）已经出版②，事实上，1818 年马

---

① 卫三畏 1833 年来华，一方面负责印刷工作，一方面学习研究汉语和日语。1844 年由澳门的香山书院出版了《英华韵府历阶》，随后 1848 年又出版了《中国总论》。1853 年、1854 年作为佩里舰队的翻译去过日本。1856 年辞去教会职务，作为外交官成为美国驻华公使馆员，还编辑有《汉英韵府》。1877 年回国后，任耶鲁大学的汉学教授。

② 著者前言里写道：本辞书的完成花费了 13 个年头，其中“Part I: Vol.1 (Macao: East India Company's Press, 1815), Vol.2 (London: Kingsbury, Parbury, and Allen, 1822), Vol.3 (London: Kingsbury, Parbury, and Allen, 1823); Part II: Vol.1 (Macao: East India Company's Press, 1819), Vol.2 (Macao: East India Company's Press, 1820); PART III: (London: Black, Parbury, and Allen, 1822)”。作为近代华英、英华字典的嚆矢，该辞典对后世影响极大。卫三畏在自己的辞典《英华韵府历阶》序言和参考书目中都提及这本辞典，如后所述，麦都思的《英汉字典》也是全面继承这本辞典后才有所改订的（参见陈力卫，2008，2009）。

六甲就藏有马礼逊的华英字典，即1815年在澳门刊行的、根据《康熙字典》编辑的第一部《字典》的第一卷（Milne，1820：214）。1819年第二部按拉丁字母顺序排列的《五车韵府》也已经出版，所以，它们对同以《康熙字典》为底本的《福建方言字典》到底有多大影响是一个值得关注的问题。宫田和子（2010：63—64）曾比较了“侧”“侵”“依”“仪”“伪”“倭”这几个字，说是有几分类似，但本稿拿图4中的“疤”“麻”“猫”“埋”“霾”“眉”来比照两辞典，却看不出与马礼逊相一致的地方。实际上，这一点在麦都思的序文中交待得很清楚：“在本书和马礼逊博士的字典中，每个词的释义有可能是不同的；出现这种情况，我们不应该认为这是作者有意和他之前的学者有所区别。作者并没有过度借鉴前人精心编写的这些著作，而是遵照了一个完全独立的权威，那就是通过本土字典确定单词的含义，并且通过引证阐明含义……”① 所谓“本土字典”也就是其序言中提到的《十五音》（1818）。

宫田（2010：64）和苏精（2016：12—16）都提到麦都思其实是准备编辑该辞典的“英华”部分的；事实上，麦都思自己也在序文中这么说过，最终却未能实现。具备华英、英华两种形式的辞典当然可以举出后来分别刊行的（5）《华英字典》和（6）《英华字典》，但一册之内兼具两方的却是上面我们描述的(1)《英和·和英词汇》。在这一意义上说，《福建方言字典》的英华部分的编辑方式究竟是否影响到《英和·和英词汇》的英和部分，还是令人关心的问题。苏精（2016：16）说，麦都思在1832年11月的报告中称英华部分进行到“G”的时候，“某些坏家伙（some wicked fellows）把原稿偷去了

① 译文依据沈国威编《近代英华华英辞典解题》（2011）一书序文。

一半”。如果这一阐述是事实的话，那就是说麦都思原本计划是按英文字母顺序来排列英华部分，这就完全不同于按意义分门别类的《英和・和英词汇》的英和部分了。

三、《朝鲜伟国字汇》

麦都思编写第三本辞典时就已经将目光转向朝鲜半岛，他充分利用已有的知识开始挑战新的语言。仅看英语题目就可知道，这是集汉语、朝鲜语、日语三国语言为一体的辞典。比如图5左侧封面上的英文题目是：

> Translation of a Comparative Vocabulary of the Chinese, Corean, and Japanese Languages: to which is added the thousand character classic, in Chinese and Corean; the whole accompanied by copious indexes, of all the Chinese and English words occurring in the work. By Philo Sinensis. Batavia: Printed at the Parapattan Press. 1835.

我们根据藤本幸夫为日本雄松堂书店出版的复刻版所写下的详细解题《〈朝鮮偉國字彙〉について》（1979），可以知道其概略，紧接着封面的反面是英文序言，然后是朝鲜字母转写表（Corean Alphabet），占有三页分量，折叠在辞典内。接着才是按A、B、C……顺序排列的《英・朝比较词汇集》，各语词上分别标有该词在“倭语类解”和“千字文”的页数及行数，兼具索引功能。我们从该书（图5）的后封面向右翻开，扉页之后是汉字标题“朝鲜伟国字汇”。马上后面就依次排着《倭语类解上》《倭语类解下》《朝鲜千字文》《汉字依部目录》，至此和《英・朝比较语汇集》左右相合并到一起。

TRANSLATION

OF A

COMPARATIVE VOCABULARY

OF THE

CHINESE, COREAN, AND JAPANESE

LANGUAGES:

TO WHICH IS ADDED

THE THOUSAND CHARACTER CLASSIC

In Chinese and Corean;

THE WHOLE ACCOMPANIED BY

COPIOUS INDEXES,

OF ALL THE CHINESE AND ENGLISH WORDS

OCCURRING IN THE WORK.

BY

PHILO SINENSIS.

BATAVIA:

PRINTED AT THE PARAPATTAN PRESS.

1835.

The following vocabulary appears to have been originally composed by a native of Corea, for the purpose of facilitating the acquisition of the Japanese language to those of his countrymen who should visit Japan; and as the Chinese language is common to both nations, he has made that the basis of the work. Thus the Chinese character is first written at the top of the page, then follows the sound of that character, expressed in Corean letters; after that comes the Corean word, both in the vernacular and learned idioms, and finally the Japanese, all expressed in Corean letters. That which has been aimed at in the translation is, to give the meaning of each Chinese character at the top of the page, for the purpose of ascertaining which, the Chinese above has been compared with the Japanese below, and both referred to Chinese and Japanese Dictionaries. An attempt has also been made to express the sounds of the different Corean letters, by the help of a Japanese and Corean alphabet brought from Japan, and of an English and Corean alphabet which appeared in a periodical publication at Canton; in fixing the sounds regard has been had to the known sounds of the Chinese and Japanese words employed in the work, and though the translator has never yet seen or conversed with a Corean, yet he hopes he has not greatly erred in thus [illegible] to elucidate their language. The Corean alphabet, with the scheme of orthography annexed, will, it is hoped, be sufficient to enable the student to decide on the power of the English letters employed; and the different indexes which follow will assist in the search for any given word. The English and Corean index will be found to contain almost every primitive or important English word, to which the vernacular Corean is joined, with figures of reference, the first shewing the page, and the second the line in which the given word is to be met with. The Chinese index is arranged according to the Chinese radicals, and is also provided with figures, pointing out the page and line, in which the character is to be found. The translator is induced to put forth the present work, merely as a help to those students who may wish to turn their attention to the Corean language, and who may not be possessed of better assistance. Should the least facility be hereby afforded for the attainment of a language of which hitherto little has been known, and should the advancement of knowledge and religion in these dark regions of the earth be in the smallest degree forwarded hereby, the translator's end will be abundantly answered.

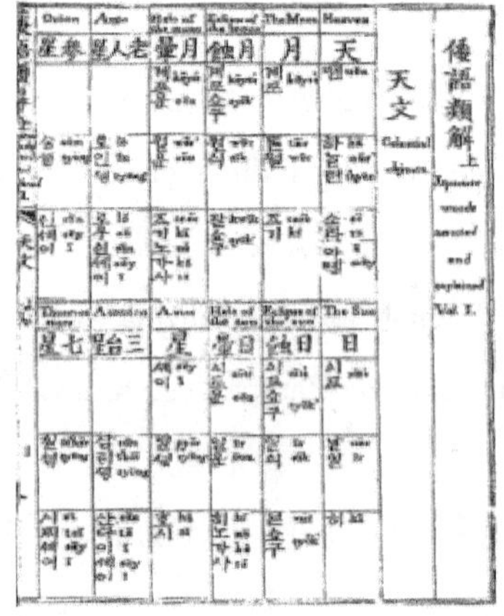

图 5 《朝鲜伟国字汇》

在这本辞典的印刷上，麦都思大显身手。据苏精（2014：100）考证，从英文标题到《英・朝比较语汇集》部分用的是洋纸，以金属活字印刷；而自《朝鲜伟国字汇》到《汉字依部目录》为止则用的是中国纸，以石版印刷，之后合二为一订为一册。藤本幸夫（1979：8）也是认为从英文标题到《英・朝比较语汇集》用的是金属活字，而汉字部分的《倭语类解上》《倭语类解下》《朝鲜千字文》

《汉字依部目录》则都是木刻版。特别是朝鲜字母转写表中，英语是金属活字，朝鲜语则用的是木活字。

序文中说是为学习朝鲜语编纂的这本辞典，虽然英文题目上有汉语、朝鲜语、日本语的字样，像是三国语的词汇对照表，而实际上却并没有单独显示汉语和日语。这里说的“Chinese”应该是指用汉字书写的汉字语词，而日语则指的是用朝鲜语书写后再用罗马字转写的日文对译的读音。

也就是说，作为底本的洪舜明《倭语类解》本来就是一本18世纪初为朝鲜人学日语而编辑的对译词表，如图6所显示的汉字词“见”字，不管对朝鲜语也好，或对日本语也好都是共通的，其下面分为两行朝鲜语，右侧表示朝鲜语的训和音，左侧则是日语汉字音。“○”记号之下则同样用朝鲜语标注出日语的训读（miru）来。

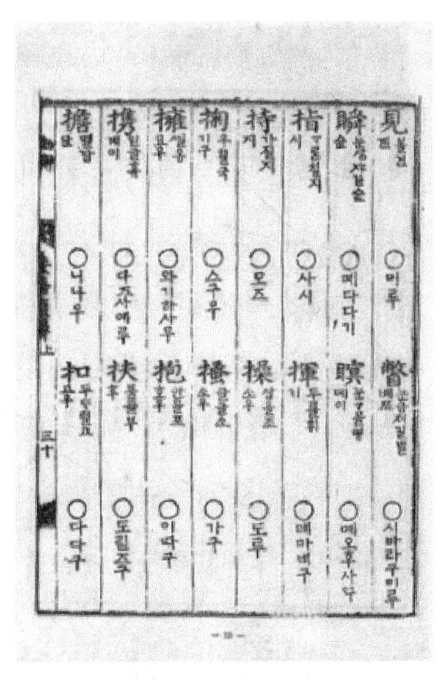

图6 《倭语类解》

麦都思《朝鲜伟国字汇》中，如前面图5《倭语类解上》“天文”第一条所示，一个词条共设5栏，第一栏是英语对译“Heaven”，第二栏是汉字词“天”，第三栏是日本汉字音“tien”，第四栏是朝鲜语的训读“ha，nar”和音读“thyon”，第五栏则配上日语对译的训读音“so ra，a mey”。也就是除了第一栏加了英语以外，记载内容与洪舜明《倭语类解》相同。

如此看来，《英·朝比较语汇集》是可以当索引来用的，不仅是朝鲜语，同时也具备英和辞典或英汉辞典、汉日辞典的功能。只要你会一门外语，就可以顺藤摸瓜地了解其他 3 种语言，是极为便利的设计和编辑。但因为用的底本是一个世纪前编辑的朝鲜语和日本语对译词表《倭语类解》（收 3409 条词）（木村晟、片山晴贤，2000），以及学习汉字用的基础教材《千字文》，所以地域上和时代上便不自觉地受到制约，语词的范围也就很受局限了。

本来《倭语类解》一书是世上罕见的所谓稀觏本之一。德国波鸿鲁尔大学（Ruhr-Universität Bochum）的斯文（Osterkamp Sven）调查了波鸿鲁尔大学所藏的西伯尔德手稿（编号 1. 145. 001），发现其中写到，“日本仅存有两本”《倭语类解》，而“我有可能搞到其中一本”（Sven，2015）。过去一直认为《倭语类解》的传本只有两种——驹泽大学濯足文库藏本和韩国国立中央图书馆藏本，但 2010 年在英国曼彻斯特大学附属约翰赖·莱兰兹图书馆（John Rylands Library）汉籍特藏中发现了西伯尔德所持有的《倭语类解》。而且麦都思编辑的这本辞典所附《千字文》依据的也是当时书法大家韩濩（号石峰，1543—1605）的《韩石峰千字文》（1583）的日本重刻本（朝鲜国韩濩书/朝鲜千字文/书林赤松阁藏版，刊记为“大阪书林/顺庆町心斋桥角河内屋茂兵卫/四轩町千草屋新右卫门求板”）①。按说这两种书的底本都不是麦都思能轻易入手的，好在后者有和刻本，

① 据斯文（Sven，2015：49 注 5），麦都思使用的当是本书第 350 页脚注②提到的施图勒的藏书。如果是这样的话，麦都思早在 1827 年就已经将之抄写完毕了。实际上，他在给伦敦会的信中也提到了这点：“在其他著作中，我也见到了在中国广为人知的《千字文》，并带有朝鲜语的翻译，还附带着朝鲜语字母。我也抄写了它，希望它能对我们今后可能会迈进朝鲜的一些传教士是有用的。”（“Amongst the other books, I also met with the ‘Thousand Character Classic,’ so well known in China, with a Corean translation, and a Corean alphabet annexed; this I have also copied, with the hope of its proving useful to some of our missionaries, who may in future have their steps best towards Corea.”）（参见 Medhurst，1827）

早在 1827 年麦都思就通过施图勒藏本抄到手了；《倭语类解》则是通过另外一个路径。

说到这一步，就不能不提到另一位重要人物了。他就是遭到日本幕府驱逐出国的医师西伯尔德。他在遣返回国途中，自 1830 年 1 月 28 日至 3 月 15 日在巴达维亚停留了 47 天，在那里与麦都思朝夕相处①。八耳俊文（2005：29—30）通过调查麦都思致西伯尔德的书信也证实了这一点。西伯尔德所携带的和兰、兰和、汉和辞书等丰富的日本书籍，麦都思当然不会放过。虽然从时间上看已经来不及用于《英和・和英词汇》（标有 3 月 24 日献辞），但据斯文（Sven，2015：45）所云，他赞同浜田所做的推断：编辑这本《朝鲜伟国字汇》所使用的《倭语类解》应该是从西伯尔德藏书中抄写下来的（浜田敦，1977：198—207）。而事实上，西伯尔德是准备将自己所藏《倭语类解》编入"日本丛书"在欧洲出版的②。

关于书名《朝鲜伟国字汇》中的"伟国"，有两种说法：日本方面的研究一直是认为麦都思把"倭国"错写成了"伟国"，而浙江大学的陈辉（2006：175—182）则主张是麦都思有意识地按"倭"的别音，选择了"伟"字。那么我们来看看有没有这种可能性呢？首先，马礼逊《五车韵府》中"wei"（第 604 页）和"wo"（第 610 页）两处都收有"倭"字，且做出同样的解释。如：

Read Wei and Wo. Read Wo, it denotes the Japanese; as 倭人 Wo

---

① 据斯文（Sven，2010：369）转引自吉町义雄（1977：155—182）。

② 但是，我们在上海《伦敦会图书目录》（*Catalogue of the London Mission library*, Shanghae, 1857）麦都思藏书中发现第 96 页载有：219 倭语类解 Wei yu luy keae Vocabulary in the Corean Character; 220 朝鲜千字文 chaon senn tseen tsze wan The Thousand Character Classic in the Corean Character 两书，不知是否为当时的抄本。

jin, a Japanese. 倭国 Wo kwǒ, Japan. Read Wei, yielding appearance. A man's name. 倭迟 Wei ch'e, appearance of returning from a distance.

麦都思是否正确地理解并区分了“倭”的“wo”“wei”这两种读音，我们可以从他自身编辑的词典中寻找答案。上一本《福建方言字典》也好，之后的《华英字典》也好，“倭”都只读作一个“wei”音（前者的方言音“wo”中亦无此字）。他在《福建方言字典》中将形容词“倭迟”误解为“Japan”（参照图 7），虽然后来在《华英字典》中订正为“倭国”（宫田和子，2010：64），但读音却一直只用“wei”，从未有过“wo”。所以本为不同读音的“倭”字，他都读作“wei”（参照图 8 左），并将其释义为“yielding”（顺从的；服从的），即与汉字“和”相通；而同一辞典的不同页中当然也收录了“伟”字。所以说这两个字的意义区别他当然是很清楚的。

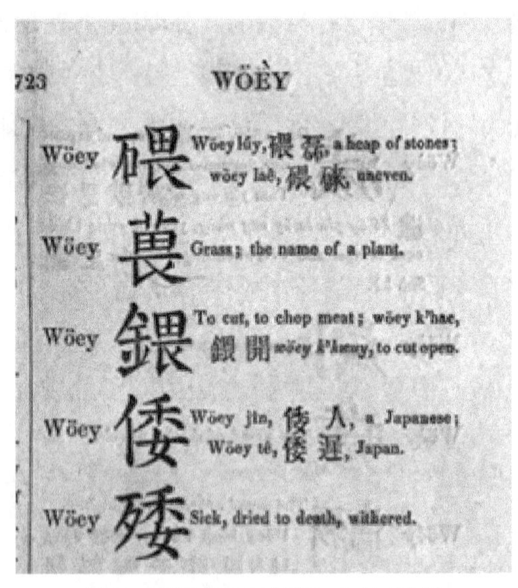
723 WÖÈY

Wöey 碨 Wöey lûy, 碨磊, a heap of stones; wöey laê, 碨[illegible], uneven.

Wöey 葨 Grass; the name of a plant.

Wöey 鍡 To cut, to chop meat; wöey k'hae, 鍡開 wöey k'haey, to cut open.

Wöey 倭 Wöey jîn, 倭人, a Japanese; Wöey tê, 倭遲, Japan.

Wöey [illegible] Sick, dried to death, withered.

图 7 《福建方言字典》中的“倭”

20 STR. 8.

倧 Tsung, A divine person of antiquity.

傯 Tsùng, Wearied. 倥傯 k'hung tsùng, poor and distressed.

倅 Tsúy, To assist, an assistant; a company of a hundred men.

倳 Tsaé, To stick, to stab.

[illegible] Tŭh, To move, to strike.

倲 Tung, Feeble. 儱倲 lung tung, weak.

倭 Wei, Yielding. 倭人 wei jin, a Japanese. 倭國 wei kwŏ, Japan.

STR. 10. 23

做人 tsó jin, to act the man.

傯 Tsùng, Poor and distressed. 倥傯 k'hung tsùng, worn out.

偨 Tsze, Uneven. 偨傂 tsze sze, irregular.

㑈 Tŭh, Rude. 傏㑈 tang tŭh, insolent.

偳 Twan, Small. 仯偳 chaou twan, little.

偉 Wei, Great, extraordinary. 俊偉 tsun wei, a hero. 傀偉 kwei wei, extraordinary talent. 英偉 ying wei, an extraordinary man.

图 8 《华英字典》中的“倭”

这种读音上的错误，在麦都思那里似乎一直没有被认识到，到了最后一本《英华字典》时，如图 9 所记，他将“Japan，the country of”译作“日本，委国”，而后者的标音仍是“wei kwŏ”，而且紧接着的下个词“Japanese 倭人”也同样标作“wei jin”。由此可见，他自始至终都是把“倭”字读作“wei”的，从这个意义上说，与“伟”的同音意识是很强的。

JAPAN, the country of, 日本 jih pùn, 委國 wei kwŏ; japan ware, 漆器 tseĭh k'hé.

JAPANESE, 倭人 wei jin.

图 9 《英华字典》中的“倭”

事实上，麦都思的误读甚至也传染给了没去过中国且也不会汉语的西伯尔德，他在 1841 年的行文中将“倭语类解”也读作“wei jü lui kiai”（Sven，2015：44）①。

另一方面，最先出版的《英和·和英词汇》中，如图 10 所示，英和部分用的是“Japan 日本”对译，而和英部分将“ヤマト”立项，释义分两种：一是“Japan”，二是将重点放在汉字“和”的意义上，解释为形容词用法“harmonious”（和谐）。特别是“ヤマトコトバ”（日语）解释为“an amicable discourse”（友好的交谈），完全是按照“和”的字面意思做出的误解。反过来说也就是，他意识中没有把“和”字视为日本的简称，这在《福建方言字典》和《华英字典》“和”字释义上所反映的都是一样的。

Japan	Nip-pon	日本
Nagasaki	Na-ga-sa-ki	
Jedo	Ye-do	
Sagalien	Sa-ga-ri-in	
Corea	Ka-oo ra-i	高麗
Do	Ts'ya-oo sen	朝鮮
China	Ka-ra, Tsi-na	
Do.	Mo-ro-ko-si	
The great wall	Ts'ya-oo s'ya-oo	長城
Lew-kew	Li-oo ki-oo	琉球
Formosa	Ta-i wan	臺灣
Jezo	Ye-zo	

Yama batsi	A wasp
Yama-to	Japan, harmonious
Yama do-ri	A jungle fowl
Yama-to ko-to-ba	An amicable discourse

图 10 《英和·和英词汇》：“英和の部”第 5 页（上）；“和英の部”第 271 页（下）

---

① 见西伯尔德书信：“中文标题为‘倭语类解’的朝鲜书籍很珍贵，不幸的是为我们认识得太晚，以致没能收入我们编写的日本丛书中去。”（Maxime dolemus，praecipuum librum Coraianum，cui Sinensis titulus ‘*Wei jü lui kiai*’ scriptus est，sero a nobis esse cognitum，qua re impediti sumus，quominus hujus quoque exemplum exscriptum in Bibliotheca nostra Japonica traderemus.［Siebold 1841：8］）引文见吉町义雄（1977：155—182）。

所以，如果按陈辉主张的那样，本书题目的“伟国”是麦都思有意为之的话，那其前提就是必须意识到“倭”字所具有的贬义（如“倭寇”等），但从上述辞典描述中我们看不出麦都思有这种意识，而且从他对日本的了解来看，即从他所得到的日本书籍范围上看，他更不可能知道陈论文所举的赖山阳对“倭”字的厌恶感。退一步而言，从麦都思对“倭”的误读来看，的确是容易和“伟”混淆的，尽管声调并不一样，也就是说有可能出现无意中的误写。陈论文另外还主张作为传教士一般要抬高所去传教的国家名字，既然麦都思没有意识到“倭”的贬义，那么当然也就无所谓褒贬了。再退而言之，至少他还可以选择大家已知的“日本”这一正式国名。

这本辞书的署名不是“Medhurst”，而是“Philo Sinensis”（爱华者）。那是郭实猎常用的笔名。1827 年他作为传教士来到巴达维亚时，麦都思曾奔走接待。翌年 6 月他去了新加坡。后来 1835 年，两人在香港一起改译《圣书》，有过许多接触。郭实猎还关照过日本漂流民，向他们学习日语，1837 年就在新加坡出版了世界上第一本用日语翻译的圣经《约翰福音之传》（高谷道男，1942：8）。

麦都思不知是从何时开始学习朝鲜语的，但从本书第 362 页脚注①中的信我们知道，1827 年他抄写了带有朝鲜字母的《千字文》，且 1830 年初又抄写了《倭语类解》，5 年后就能出版这本辞典，显示出他的语言天赋的同时，也看得出他对朝鲜传教的满腔热情。

四、《台湾虎尾垄语辞典》

麦都思编辑辞典的热情不断高涨，继上本辞典后，他在 1840 年又出版了《台湾虎尾垄语辞典》，将目光转向了台湾。该辞典前面有一简短前言（introduction），讲述了编辑这本辞书的经过。首先，巴达维亚的荷兰牧师赫维尔（W. R. van Hoëvell）于教会委员会文书馆（Archives of the Church Council at Batavia）内发现了这本题为“Favorlang woord boek, by Gilbertus Happart, 1650.”的手稿，经调查后才知道原编者哈帕特（G. Happart）为荷兰人传教士，1649—1652年在台湾从事传教活动，受教会指示编制了这本台湾赤坎（Sakam）语或虎尾垄（Favorlang）语的对译辞典。于是，麦都思马上开始将其原稿译为英语出版，主要因为这是“有关台湾话的现存的唯一的情报源”（perhaps as the only means now existing to gain knowledge of the Formosan language），会“有助于传教士的活动”（that it would soon have to be acquired by Missionaries）（Medhurst，1840：4）。

如上所述，已经出版过《福建方言字典》等3本辞典的麦都思，与当地荷兰统治者保持着良好的关系。如图11所示，1840年他以下面的英语名出版了这本辞典（苏精，2014：86）：

> Dictionary of the Favorlang Dialect of the Formosan Language, by Gilbertus Happart; Written in 1650. Translated from the Transactions of the Batavia Literary Society: by W. H. Medhurst. Batavia: Printed at Parapatian. 1840.

笔者调查了现藏于莱登大学图书馆（Universitaire Bibliotheken Leiden）的这本辞典，索书号为F43/8186/17149498，版式较前三本小，为15.9cm×9cm×2.5cm，类似袖珍词典。词头为台湾虎尾垄语的罗马字转写标音，释义均译为英文，等于成了一本台英对译辞典。之后，1842年赫维尔又将荷兰语原本登载在《巴达维亚艺术科学学会会报》（*The Royal Batavian Society of Arts and Sciences*）第18卷上（图12）[①]。在《台湾虎尾垄语辞典》出版10年后的1851年，卫三畏还在《中国丛报》上报告了这一信息（Williams，1851：545）。或许是受这一报告的影响，1896年在台湾传教的英国人甘为霖（William Campbell，1841—1921）再次根据英译版将之编辑出版，成为今天广为流传的版本（图13）（Campbell，1896：121；参见吴国圣）[②]。

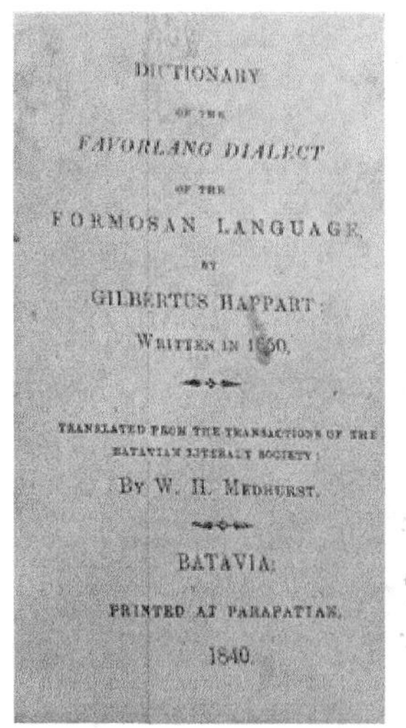

DICTIONARY

OF THE

FAVORLANG DIALECT

OF THE

FORMOSAN LANGUAGE.

A, and; as *chak a to*, fire and water: *bacsâm a to*, heaven and earth.

A-á, a twig, a branch; as *a ósk*, a twig of a bamboo: *a-a barén*, a branch of a tree.

A-dack, a peg, as that on which arms are hung; *a dack a balasok*, a hanger; from *ammadag*.

A-apáchâ-a, a step; from *ámmapeg*.

A-avig, a word or speech uttered quietly, as if one were ashamed or abashed; from *ámmevig*.

Arron, a roll, any thing rolled up; *arron a bido*, a roll of writing; *arron a badnige*, a sheet of paper rolled up; from *ámmarron*.

6

A-árras, a step, a pace; from [illegible]

A-ilijt, the stalk or stem of coarse grass.

A-omo, a lady's fillet for the hair.

Abak, a small boat, or sampan.

Abás, the sea.

Abi, pinang: or betel nut.

Abissâs, travelling apparatus: from *Mabissas*, to make ready.

Abo, ashes, or cinders.

Ach, rust; *ach a dippa*, the rust of iron; *ach a barrieg*, the rust of copper; *ach*, and *inach*, *ino-ach-en*, injured by rust.

Achâchab, five and five, by fives.

Achâû-an, a fire place.

Achieb, the body.

Achó, not yet; as *acho alon ja ina*, *rammies mamaba*, I do not yet know it, by and bye I shall know it; written also *achai*, and *achipo*.

Achod, enough.

Adam, a certain small bird, less than a sparrow; variegated with a long tail; from whose cry future good or bad fortune may be presumed: if it cries out twice, or four times, it betokens misfortune; but if once, or thrice, or five times, then good success; if any thing above this, it intimates a still

图11　《台湾虎尾垄语辞典》

① 据吴国圣，具体出版信息为：Happart，Gilbertus. 1842［1650 ori.］. "*Woord-boek der Favorlangsche taal*, *waarin het Favorlangs voor*, *het Duits achter gestelt is*"［Dictionary of the Favorlang language in which Favorlang precedes Dutch］. Verhandelingen van het Bataviaasch Genootschap van Kunsten en Wetenschappen 18，pp. 33－381。

② 甘为霖，生于苏格兰，1871年作为传教士来台湾，自清朝末期到日本统治时代主要在台南从事布教活动。同时亦研究当地语言，特别是尽力于盲人教育，在台湾史研究方面也留下了不可磨灭的业绩。

DER FAVORLANGSCHE TAAL.

EERSTE DEEL.

Waarin het Favorlangs voor, het Duits achter gestelt is.

A, schijnt, ende te beteikenen; *chaû a to*, vier en water: *boesûm a ta*, hemel en aarde. *Maibas so-o* gelijkzijn.

A-d, een tack, als: *a bok*, een tack van een bamboes: *a-o barón*, een tack van een boom; wort gebruijkt van telgen en tacken, t'sij groot of klein.

A-dach, een hangsel, als daar men geweer aanhangt; *adach o balasaû*, een houwer; van *ûmmadag*.

A-apách-a, als *tatta isan*, een trap; van *ûmmapag*.

A-enig̃, een woord of reden, die stillekens, als met schroom en bedeestheid uitgebracht

图 12 《台湾虎尾垄语辞典》荷兰语版（1842）

HAPPART'S FAVORLANG VOCABULARY

a, and; as *chau a to*, fire and water; *boesum a ta*, heaven and earth.

a-a, a twig, a branch; as *a ook*, a twig of a bamboo; *a-o baron*, a branch of a tree.

a-apach-an, a step; fr. *ummapag*; syn. *tataisan*.

a-arras, a step, a pace; fr. *ummarras*.

a-arrit, the tress of a woman's hair.

a-auton, a measure or instrument to measure with, as salt; fr. *moet*.

abak, a small boat or sampan.

abas, the sea.

a-bauch, a bowl.

abi, pinang or betel-nut.

abissas, things ready for travelling; to make ready.

abo, ashes or cinders; lime.

ach, rust; *ach o dippa*, the rust of iron; *ach o barrieg*, the rust of copper; *ach*, and *inach*, *ino-ach-en*, injured by rust.

achachab, five and five, by fives.

achau-an, a fireplace; the hearth.

achi, semen.

achieb, or *bag*, the body.

acho, not yet; *acho man o micham*, I have not yet eaten or drunken; *acho aban ja ina*, *rummies mamaba*, I do not yet know it, by and by I shall know it; also written *achai* and *achipa*.

broad leaf; *tummaabbi-alallabach*, as it has two leaflets on the side, and one on the top, a resemblance being supposed to the *lallabach*, a green leek; *madorka ja adda*, as it is now, one and a half or two spans high; *gummasor tummabaron summatis*, when it has attained its full length; *tummedinnis*, when the ear begins to form; *paikon ja adda*, when the ear is perfect, and hangs bent down; *tummaberook ja adda*, when the ear is half ripe; *machiech ja adda*, when it is quite ripe, and nearly scorched.

addabon, a calabash; *chachied*, ditto; *tabo*, a large calabash, wherewith to scoop up water.

addad, a piece, an end; *addad o ariem*, a piece of a lemon; fr. *paddat*, to cut or break; syn. words, *kattach*, *bitil*, *barbar*.

addas, and *addas o rima*, the palm of the hand.

a-een, a stink.

A-enig, a word or speech uttered quietly, as if one were ashamed or abashed; fr. *ummenig*.

aga, or *alam*, all kinds of missile weapons, as spears, javelins, etc.; fr. *magga*, to cast.

aggan, a crab.

agganak, seems to mean, it is done; when any end is reached.

ai, he, that, here, there; but nothing remote; syn. words, *ai-i*, *ai-ies*, *ai-inies*, *ailo*, *ailo-ies*, and *ailemons*.

图 13 《台湾虎尾垄语辞典》英语版（1896）

书名中的“Formosan Language”当指台湾语，麦都思在自己最早出版的（1）《英和·和英词汇》英和部分（前出图10）中收有：

Formosa　Ta-i wan　タイワン　台湾

这一词条。当然，之前的马礼逊《五车韵府》（1819）中，已经有“台”字的熟语“台湾 Formosa”之对译。而虎尾垄语（Favorlang dialect），或称虎尾语、法佛朗语、法波兰语、华武垄语，为台湾中部原住民平埔巴布萨族所用的台湾南岛语言，属巴布萨语语族，归类在排湾语群（Paiwanic），已被认定失传，现没有人使用。

这本《台湾虎尾垄语辞典》的翻译出版，与本稿涉及的其他5种辞典不同，它不是麦都思自己主动计划要编辑的辞典，而是在意外发现200年前的荷兰语与台湾方言对译辞书手稿之后的一种翻译，当时，麦都思肯定也是梦想着何时能去台湾传教，才立刻着手将手稿译成英语出版。这当然是凭借着他自身的福建话知识和荷兰语能力才得以完成的。从结果上来看，这一出版不仅彰显了前人（荷兰传教士哈帕特）的努力，无疑也是为保存这一语言留下了珍贵的记录。但如果站在传教的立场上来看，这一出版无法反映麦都思自身对这一语言的认识程度，19世纪中叶的他恐怕也不知道该辞典能否具体运用于实际。要是知道这一语言已趋于消亡，并将失去实用价值的话，他该会抱有何种感慨呢？

五、《华英字典》

麦都思编纂的第五本辞典终于返回初心。他在20余年的传教生活中时时都感到需要一本汉英对译辞典。这本华英字典便是经他自己之手在巴达维亚编纂出版的最后一种作品了。

CHINESE AND ENGLISH

DICTIONARY;

CONTAINING ALL THE WORDS IN THE

CHINESE IMPERIAL DICTIONARY,

ARRANGED ACCORDING TO THE RADICALS.

BY W. H. MEDHURST,

MISSIONARY.

VOL. I.

BATAVIA:

PRINTED AT PARAPATTAN.

MDCCCXLII.

CHINESE AND ENGLISH

DICTIONARY.

THE 1st RADICAL.

一 Yih.

CHINESE AND ENGLISH

DICTIONARY;

CONTAINING ALL THE WORDS IN THE

CHINESE IMPERIAL DICTIONARY,

ARRANGED ACCORDING TO THE RADICALS.

BY W. H. MEDHURST,

MISSIONARY.

VOL. II.

BATAVIA:

PRINTED AT PARAPATTAN.

MDCCCXLIII.

CHINESE AND ENGLISH

DICTIONARY.

VOL. II.

THE 112th RADICAL.

石 Shih.

TWO STROKES.

图 14　《华英字典》

麦都思1841年致伦敦传道会的信中，就该辞书的编纂动机是这么说明的：之前虽然有马礼逊的华英辞典，但其部头大、价格不菲；当时在传教地巴达维亚的学校有200多位学生，学习语言亟需华英辞书，但昂贵的马礼逊辞典定价20英镑，根本不是学生所能买得起的。于是，他决心编辑一本“简明且廉价”的辞书，采纳马礼逊华英辞典中“每个字与例句”，最终仅以其八分之一的价格得以出版（苏精，2014：100—101）。

该辞典英文题全称为“Chinese and English Dictionary; containing all the words in the Chinese imperial Dictionary, arranged according to the radicals.”。第一卷1842年出版，第二卷1843年出版。麦都思在序文中说，该辞典以《康熙字典》为底本，按汉字部首排列，并标示读音和汉字词英译。他打算先编辑华英辞书，然后，“将之颠倒过来则比较简单”，再编英华辞书。事实上，麦都思承认该辞典采用了马礼逊华英字典及其他辞典的例子，而且连声调符号也都按照马礼逊使用的拼写。

比如，图15：

書 Shoo, A book, a record, a writing; to write; the art of writing. 六書 lŭh shoo, the six kinds of writing. 書契 shoo k he, books, memoranda. 一本書 yĭh pún shoo, a book. 書經 shoo king, the historical classic. 四書 szé shoo, the four books. 書信 shoo sín, a letter. 書在紳 shoo tsaé shin, he wrote it on his girdle. 書院 shoo yuén, a college. 書札 shoo chă, an epistle. 書法 shoo fă, the method of writing. 文書 wăn shoo, an official document. 書致 shoo ché, a bond. 書帙 shoo chĭh, a wrapper for a book 書架 shoo këá, a book-shelf. 書櫃 shoo kweí, a book-case. 書目 shoo mŭh, the index of a book. 書辦 shoo pán, a writer in a government office. 書生 shoo săng, a scholar; used for the first personal pronoun. 書童 shoo tŭng, a boy to take care of books

图15 《华英字典》第356页

词头“书”后先标记读音“Shoo”，然后是英文释义“A book，a record，a writing；to write；the art of writing”。接着便是名词、动词和短语，一共列出 19 条。除“六书”“书契”选自《康熙字典》外，其他则多从马礼逊字典取例。如《五车韵府》所收的 15 条词中：

> 文书、清书、四书、书致、书帙、书厨、书架、书柜、书衣、书目、书办、书手、书生、手书、书童

除去加底线的 5 条词外，其他 10 条都被麦都思收到自己的辞典中去。

第一卷 648 页，印刷完成于 1842 年 10 月；第二卷 838 页，也在 1843 年 5 月印刷完毕。两册均印刷了 600 部。这一规模的辞书印刷是麦都思大显身手的时候：他先用活字排印英文部分，空出汉字所占的余白，然后再在空白处用石版印刷补齐中文部分。由于其“符合迅速、低廉和清晰的目标”，这部 1500 多页的鸿篇巨制得以在一年多内印出，且廉价发行（苏精，2014：101）。

过去日本学者杉本つとむ（1989：209）认为该辞典是在上海印刷的，这种看法明显有误。麦都思是在巴达维亚印刷完第二卷后才启程前往中国的。

六、《英华字典》

麦都思最后编纂的辞典正是他在上一本前言中所预告的、同为两卷本的《英华字典》。如图 16 所示，原书名为 *English and Chinese Dictionary. In Two Volumes*。第一卷出版于 1847 年，第二卷出版于翌年，由上海墨海书馆印刷。版式近乎现行 A5 版，只是横幅略窄于

15cm，为21cm×13.5cm。

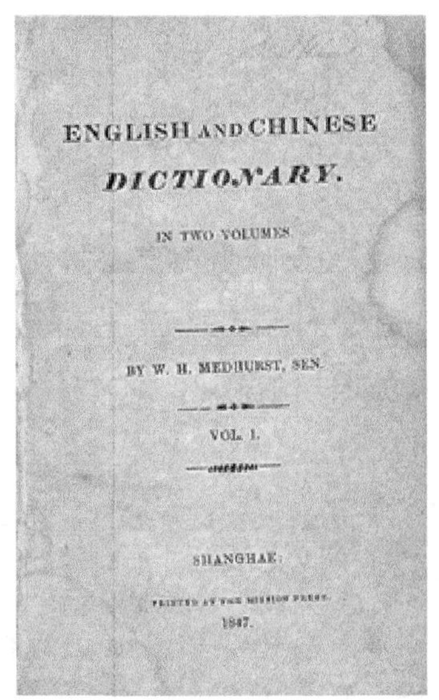

ENGLISH AND CHINESE

DICTIONARY.

IN TWO VOLUMES.

BY W. H. MEDHURST, SEN.

VOL. I.

SHANGHAE:

PRINTED AT THE MISSION PRESS.

1847.

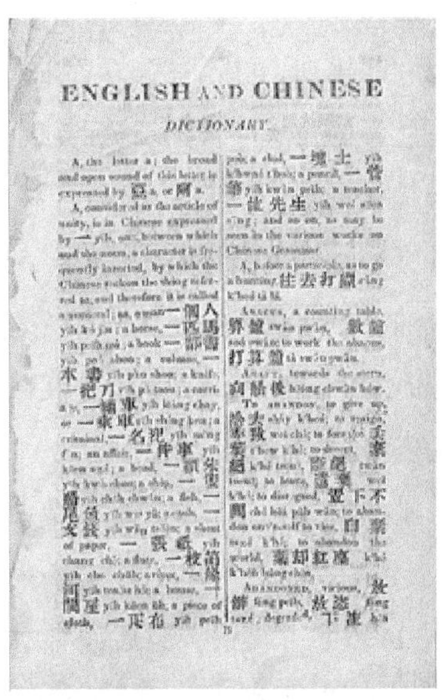

ENGLISH AND CHINESE

DICTIONARY.

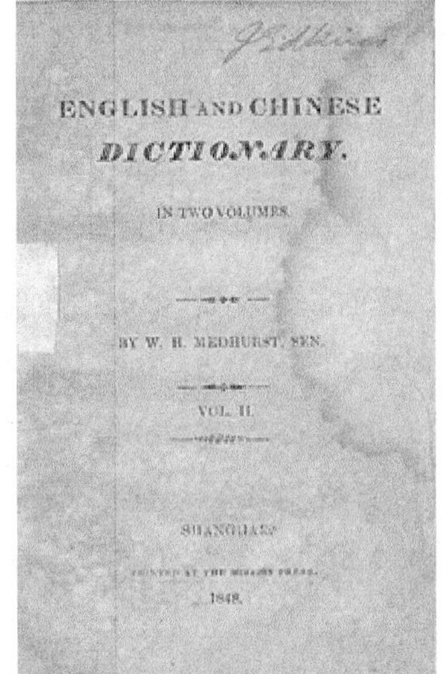

ENGLISH AND CHINESE

DICTIONARY.

IN TWO VOLUMES.

BY W. H. MEDHURST, SEN.

VOL. II.

SHANGHAE:

PRINTED AT THE MISSION PRESS.

1848.

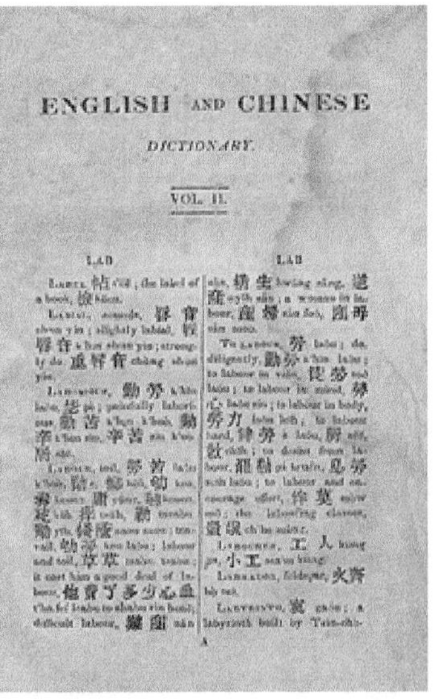

ENGLISH AND CHINESE

DICTIONARY.

VOL. II.

LAB LAB

图16 《英华字典》

序文有6页，一开头就说：这部辞典与上部《华英字典》一样都是以《康熙字典》为底本，将《华英字典》中译出的英文，再按字母顺序排列，展示在公众面前的就是这本《英华字典》。他除了借鉴马礼逊的英华字典外，还参照了一本拉丁语和汉语的手稿字典①。这当是指在澳门活动的葡萄牙神父阿方索·贡萨尔维斯（中文名：江沙维）编写的《辣丁中华合字典》，或是指他1844年去世前几天完成的汉拉字典手稿。因为较之马礼逊的英华字典的短句译法，这本《辣丁中华合字典》不仅双音节词多，而且出版在澳门，对已经在上海的麦都思来说更易入手。

紧接着序文之后是中文发音和正字法的概说。正文1页横排2段36行，第一卷自A—K，为第1—766页，第二卷自L至Z，为第767—1436页。英语词条后面有中文对译及其罗马字标音，还有相关的中文类义语词和短语。例如图17，"book"一词后列有"书""册""籍""书本""书册""典籍""书卷""书籍""书契""简策""文籍"等相关的汉语译词及发音。还有"books made of bamboo 竿牍""a book basket 书簏""a book chest 书笥""a book press 书厨，书柜""a bookshelf 书架"，及"contained in books 篇什所载""there is a benefit in reading books 开卷有益"等包含"book"的语词和短句。

这部辞书两册正文共1436页，同样印了600部。对当时刚开始使用手动印刷机的上海墨海书馆来说，是最为繁重的一项工作。著者序文中也提到，由于采用了凸版印刷，铸造了10万个活字，在时间和费用方面虽然花费颇多，但版面看起来较以前印刷的辞典更为清晰（苏精，2014：192）。

---

① 据沈国威（2011：58）编《近代英华华英辞典解题》一书序文。

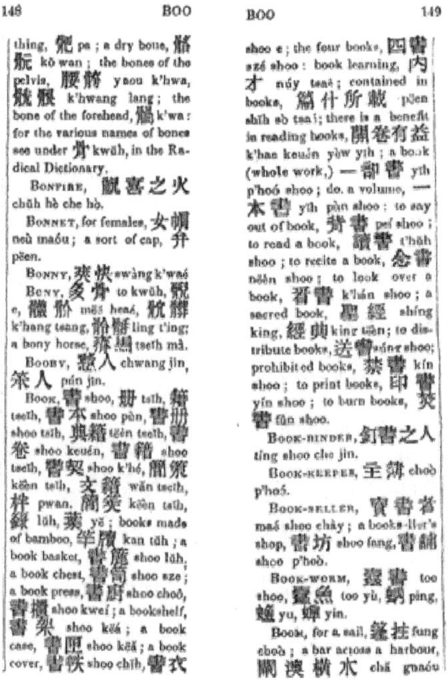

图 17　《英华字典》第 148—149 页

这本辞典尽管没有在日本被全文翻刻出版，但仍被以各种形式利用。事实上，19 世纪最大规模的《英华字典》（1866—1869）的编者罗存德在自己的辞典尚未完成之前，1855 年为校正英译文本的《日美和亲条约》，随第三次日本远征舰队走访日本，当时就将麦都思的《英华字典》和《华英字典》这两套辞书送给了编辑第一本英和辞典——《英和对译袖珍辞书》（1862）的主编堀达之助（那须雅之，1995），故其对日本英和辞典有多大的影响就自然成了一个不可回避的课题（吴美惠，1988：34—35）。远藤智夫（1996：47—59）调查和比较了《英和对译袖珍辞书》与几本英华字典的影响关系，发现在抽象译词方面其与卫三畏的《英华韵府历阶》一致度为 2.0%，与马礼逊《英华字典》的一致度为3.5%，而与麦都思《英华字典》的一致度则为9.8%，也就是说参照麦都思辞典的可能性最高，具体例子如“意思”“解明”“谨慎”“极微”“事故”“事情”“信任”“崇拜”“必要”“比喻”等，都可以作为引自麦都思辞典的佐证①。

麦都思的《英华字典》可以说是在全面继承马礼逊辞书的基础上发展起来的。他与马礼逊同属伦敦传道会，处处拜马礼逊为师，笔者（陈力卫，1995：316—336）曾做过调查，在他的《英华字典》中随处可见马礼逊辞书影响的痕迹，比如马礼逊辞书（英华之部）将“orang outang”译作“猩猩”，后来的麦都思辞书当然照搬，通过这一渠道也影响到日本的《英和对译袖珍辞书》。

这部辞典的影响也反映在后续的英华字典中，除罗存德外，比如中国人邝其照最初编辑的英华辞典《字典集成》（1868）也深受其影响，而明治十四年（1881）日本人永峰秀树训译的《华英字典》就是根据《字典集成》再版（1875）的点石斋本翻刻的。所以可以说它以间接的形式将麦都思的汉语译词传入日本。

最为人知的是明治时期学贯中西的中村正直，他也是从胜海舟那里借到麦都思的这本英华字典，用了3个月抄写下来——现在，其十册抄本收藏在早稻田大学图书馆里（图18）②。中村在明治五年（1872）曾将约翰·穆勒的 *On Liberty* 译作《自由之理》。“自由之理”这4个字虽然没有出现在麦都思辞典的“liberty”条目中，却出现在“franchise”和“privilege”的对译中，这三个词在意思上都有相通之处，或许中村是受之启发而译作书名的吧（陈力卫，

① 最新的研究有：肖江乐，2021，《〈英和対訳袖珍辞書〉の研究》，东京：武藏野书院。

② 早稻田大学藏《英漢字典/W. H. Medhurst》，http://www.wul.waseda.ac.jp/kotenseki/html/bunko08/bunko08_c1021/index.html（检索日期：2017年8月1日）。

1995：323）。

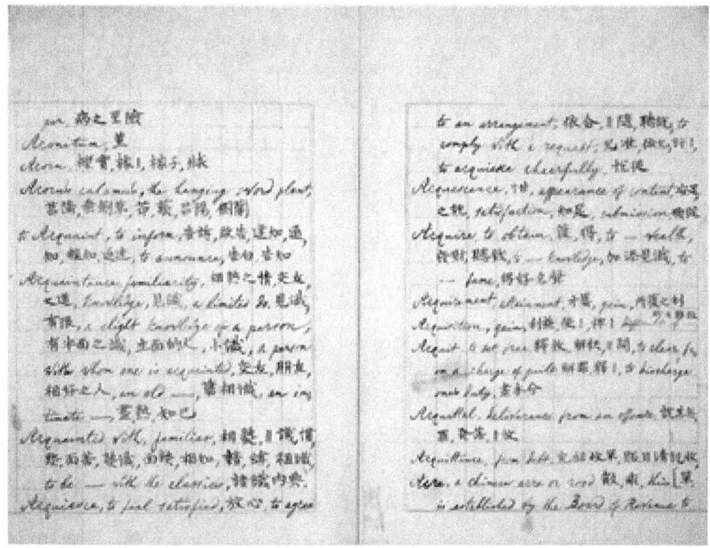

图 18 中村正直手抄本《英华字典》

结 语

从以上 6 本辞典的编辑过程，我们可以看出，无论哪本辞典都有既成的底本做参照，麦都思基本上是从英译做起，同时依靠最初习得的中文能力步步为营、逐渐展开的。

第（1）本《英和·和英词汇》所使用的底本——《兰语译撰》正是兼顾了这两方面的要素。作为和兰辞书，麦都思只须将荷兰语译成英语后就可制成和英辞典。何况日语部分全部都是用汉字词来对译的，这种汉字词又多是近似同时代中文的白话语词，且标有日语片假名读音。所以对他来说真是可以将之称作“兰中日辞典”，想要学习和理解日语部分一点也不觉得困难。

第（3）本《朝鲜伟国字汇》也同样是利用了这两点。作为底本的《倭语类解》和《千字文》都是以汉字为词头的既成工具书，凭着他的中文能力，将之英译是没问题的，加上编辑（1）《英和·和英词汇》的经验，日语的读音也容易辨别和理解。通过这一辞典的编辑，他愈发强化了一个认识：只要是中文汉字词就能通行东亚各国。这一点与本文开头提到的马礼逊见到琉球使者的感受一样，他们不知道中文汉字到底能通用到什么地方或哪个国家。

第（2）本《福建方言字典》具有划时代的意义，他拜以为师的马礼逊编辑的《广东省土话字汇》毋宁说是受其刺激所成的。虽然出版的过程曲折而漫长，又费了许多辛苦，但至少其个人的努力成分为多，且不同于早先出版的马礼逊辞典。他在1820年代就策划要编成华英·英华辞典的模式，这一模式不仅在其《英和·和英词汇》中得到反映，最终也具现为（5）《华英字典》和（6）《英华字典》，保持着其辞典编辑的体系性。再者，如前所述，（2）（5）（6）的辞典底本都是同一《康熙字典》，其好处是不仅可以从标音及释义上比照马礼逊辞典，还能带有一种权威性。尽管是百年前的字典，但只要发挥其字形与字义不变的利点，将发音标为当地或当时的读法，即可活用。当然，这里面也包含有某种危险性，如本文第三节所展示的“倭”字一样，一旦读错，一直到最后还改不过来。

第（4）本《台湾虎尾垄语辞典》稍显特殊。虽然编辑方法与前面几本辞典共通，仍是基于既成辞书（*Favorlang Woord boek*）的英译，但从荷兰语译作英语的只是释义部分，而面对以罗马字标音的台湾原住民语言，他能够多大程度地发挥自己的中文能力（或福建话知识）来理解这一语言我们不得知晓，想必其艰辛难以言状。与之前的日语和朝鲜语辞典不同，哪怕没有去过该国，没有说过该语言，但至少有汉字这一共通项。从这一意义上来说，第（4）本辞典反倒没有一点汉字的凭借，仅靠荷兰文为依据。再加上之前编辑的辞典，日语、朝鲜语、中文都是作为活的语言用于同时代的，而翻译出版这本200年前的辞典到底对实际的布教起到什么作用，或出版后当时的人们如何利用之，至今也没有得到任何反馈和验证。当然，为研究虎尾垄语提供了基础资料。

编撰辞书对于早期传教士来说，是传教事业必不可少的一步，亦是开拓者的一种使命。东亚各国汉文汉字的通行宛如拉丁语在欧洲的作用一般，正是基于“中文对两个民族（朝鲜、日本）都通用”（Chinese Language is common to both nations）（《朝鲜伟国字汇·序》）这一认识，麦都思才能突飞猛进地连续编辑了6种对译辞典，这一功绩怎么褒扬都不为过。只是其中还有不少问题值得我们去认真探索，比如充分吸收了日本兰学养分而编成的第（1）本《英和·和英词汇》里已经有不少是日本独特的汉字词，且与当时的中文有着语义上的差异。这些如何反映在其后编辑出版的第（6）本《英华字典》里，即有必要辨别清楚哪些词本来是按日语的汉字理解吸收进来的。换句话说，我们应该认识到当时日本的兰学译词有可能很早就通过这本辞典传入了中文。

参考文献

Campbell, William(ed.) 1896 *The Articles of Christian Instruction in Favorlang-Formosan, Dutch and English from Vertrecht's Manuscript of* 1650*: With*

Psalmanazar's Dialogue Between a Japanese and a Formosan and Happart's Favorlang Vocabulary. London: K. Paul, Trench, Trübner & Co. Ltd..

Medhurst, Walter Henry 1827 LMS/UG/BA, 2. D., Medhurst to the Directors, Batavia, 20 July 1827.

Medhurst, Walter Henry 1830 Introduction. In *An English and Japanese, and Japanese and English Vocabulary*. Batavia.

Milne, W. 1820 *A Retrospect of the First Ten Years of the Protestant Mission to China*. Malacca: Anglo-Chinese Press.（中文版：米怜，2008，《新教在华传教前十年回顾》，北京外国语大学中国海外汉学研究中心翻译组译，郑州：大象出版社。）

Morrison, Eliza A. Mrs. Robert 1839 *Memoirs of the Life and Labours of Robert Morrison, D. D.*. London: Longman, Orme, Brown, Green & Longmans.（中文版：马礼逊，2008，《马礼逊回忆录》，北京外国语大学中国海外汉学研究中心翻译组译，郑州：大象出版社。）

Sven, Osterkamp 2010，《新発見の欧州所在倭学書とその周辺》，丽泽大学语言研究中心（编）《日韓言語学者会議：韓国語を通じた日韓両国の相互理解と共生》，东京：丽泽大学语言研究中心。

Sven, Osterkamp 2015，《シーボルトの朝鮮研究——朝鮮語關係の資料と著作に注目して》，《國際シンポジウム報告書〈シーボルトが紹介したかった日本〉》，东京：国立历史民俗博物馆。

The Chinese Repository 1. 1832. Canton：Proprietors.

Williams, S.W. 1851 List of Protestant Missionaries to the Chinese, with the Present Position of Those Now among Them. In *The Chinese Repository* 20. Canton: Proprietors.

八耳俊文，2005，《入華プロテスタント宣教師と日本の書物・西洋の書物》，《或問》第9号。

浜田敦，1977，《近隣諸國に關する情報：朝鮮》，岩生成一（编）《シーボルト“日本”の研究と解説》，东京：讲谈社。

陈辉，2006，《麦都思〈朝鲜伟国字汇〉钩沉》，《文献》第1期。
陈力卫，1995，《从英华字典看汉语中的日语借词》，陈少峰（编）《原学（第三辑）》，北京：中国广播电视出版社。
陈力卫，2008，《马礼逊〈华英、英华辞典〉在日本的传播和利用》，张西平等（编）《马礼逊研究文献索引》，郑州：大象出版社。（日文版：2009，《日本におけるモリソンの〈華英・英華字典〉の利用と影響》，近代语研究会（编）《日本近代語研究（5）》，东京：ひつじ书房）。
陈力卫，2015，《メドハースト〈英和和英語彙集〉（1830）の底本について》，中山绿朗（编）《日本語史の研究と資料》，东京：明治书院。
村上英俊，1855，《洋學捷徑佛英訓辨》，江户：达理堂藏梓。
飞田良文（监修）、多田洋子（编），2015，《英語箋 前編 村上英俊閲　研究・索引・影印》，镰仓：港の人。
高谷道男，1942，《カール・ギュツラフの略傳と日本語譯聖書》，善德《約翰福音之傳》，东京：长崎书店。
宫田和子，2010，《英華辞典の総合的研究——19世紀を中心として》，东京：白帝社。
吉町义雄，1977，《施福多〈日本文庫及日本文學研究提要〉》，《北狄和語考》，东京：笠间书院。
加藤知己、仓岛节尚（编），2000，《幕末の日本語研究 W. H. メドハースト英和・和英語彙：複製と研究・索引》，东京：三省堂。
木村晟、片山晴贤，2000，《解題・倭語類解》，《近世方言辞書・第5輯倭語類解》，镰仓：港の人。
那须雅之，1995，《W. Lobscheid小伝——〈英華字典〉無序本とは何か》，《文學論叢》第109辑。
杉本つとむ，1985，《日本英語文化史の研究》，东京：八坂书房。
杉本つとむ，1989，《西洋人の日本語発見》，东京：创拓社。
沈国威（编），2011，《近代英華華英辭典解題》，大阪：关西大学出版部。

苏精，2014，《铸以代刻：传教士与中文印刷变局》，台北：台湾大学出版中心。

苏精，2016，《麦都思〈福建方言字典〉出版的曲折历程》，《中国出版史研究》第3期。

藤本幸夫，1979，《〈朝鮮偉國字彙〉について》，Philo Sinensis（编）《朝鮮偉國字彙》，东京：雄松堂书店。

伟烈亚力，1857，《麦都思行略》，《六合丛谈》第1卷第4号，上海：墨海书馆。

伟烈亚力，2011，《1867年以前来华基督教传教士列传及著作目录》，倪文君译，桂林：广西师范大学出版社。

吴国圣，《17世纪台湾 Forvorlang 语字典（Woord-boek der Favorlangsche taal）：编纂过程初探》，http://ip194097.ntcu.edu.tw/giankiu/GTH/2007/fldc/lunbun/p02.pdf（检索日期：2017年8月1日）。

吴美慧，1988，《〈英和対訳袖珍辞書〉の訳語に関する一考察：メドハーストの〈華英字典〉との関係》，《国語学研究と資料》第12期。

远藤智夫，1996，《〈英和対訳袖珍辞書〉とメドハースト〈英漢字典〉：抽象語の訳語比較（A～H）》，《英学史研究》第29号。

朱玛珑，2017，《卫三畏与黑船来航前中国口岸英文报刊中的日本》，西方经验与近代中日交流的思想连锁2017年度工作坊论文集，台北："中研院"近代史研究所。

十九世纪上半叶基督新教传教士在汉语词汇史上之地位*

——以郭实猎中文译著中之旧语新词为例

庄钦永　周清海

中外文化交流的结果之一，是汉语新词大量增加。最近二十多年来，中外学者研究近现代汉语新词的专著论文相继出现，然而，由于所使用的语料缺乏19世纪上半叶基督新教传教士中文译著这个重要环节，一些研究成果出现了两种偏差：其一，例如意大利汉学家马西尼《现代汉语词汇的形成》、香港中国语文学会统筹出版的《近现代汉语新词词源词典》（简称《词源词典》），在追溯近现代汉语新词词源时，仅使用明末清初耶稣会士的几种中文译著①、1840年至1898年中国人出使泰西时的观察记录等语料，从而将一些原是耶稣会士所

---

*　原文发表在日本关西大学近代东西言语文化接触研究会刊行的《或問》第17号，2009年12月。2010年做了一些修改，收入庄钦永、周清海《基督教传教士与近现代汉语新词》，新加坡青年书局出版。现据后者略作修订，并改正一些错字。

①　马西尼《现代汉语词汇的形成》所参考明末清初耶稣会士之文献有：利玛窦的《坤舆万国全图》（1602）；欧几里德著，利玛窦口译、徐光启（1562—1633）笔受的算学书《几何原本》（1607）；傅汎际（Francisco Furtado，1589—1653）口译，李之藻笔述的逻辑学译著《名理探》（1631）；邓玉函（Johannes Schreck，1576—1603）口授，王徵（1571—1644）译绘的力学及重学译著《远西奇器图说录最》（1634）；艾儒略的世界地理书《职方外纪》（1623），与介绍西国风土人情之《西方答问》（1637）。《近现代汉语新词词源词典》使用耶稣会士之译著凡7种，其中4种和马西尼一样，少了利玛窦的《坤舆万国全图》、艾儒略的《西方答问》，增加了南怀仁的《坤舆图说》（1674）、《西方要纪》（1659），以及樊守义（1682—1735）的《身见录》（1720）。

创造的词语，特别是天文、地理与神学术语，当作是二百多年后新教传教士所创译，把创制的荣誉双手捧给新教传教士。其二，由于缺乏大量使用19世纪新教传教士的中文译著，因此又将一些原是新教传教士所创制的新词误以为是晚清中国人所创造，或明治维新期间日本人所创制，之后在19世纪末20世纪初传入中国。这种偏差导致新教传教士在汉语词汇学史上毫无地位。本文就以19世纪三四十年代新教传教士郭实猎[①]中文译著中的词语为例，做比较深入的词源考证，从而重新评估新教传教士在创制汉语新词一事上的贡献，以及他们在汉语词汇学史上的地位。

一、郭实猎其人及其译著

郭实猎是普鲁士籍基督新教传教士。1803年7月8日出生在普鲁士波马拉尼亚（Prussia Pomerania）一个名为皮里斯（Pyritz）[②] 的小镇。大约15岁时，这个家境贫困的青年人心中，萌发了长大成人后要成为一名传教士的念头。后来，普鲁士王腓特烈三世（Emperor Frederick William III）提供他一份奖金，让他在柏林神学院学习两年。1824年，21岁的他终于实现了自己的愿望，正式成为荷兰传教会属下的宣教士。

① 晚清中国人有将Karl Fiedrich August Gützlaff之名译为“郭士立”（例如贝青乔，1968：101），这译名后来沿用下来（例如李志刚，1985：100；季平子，1998：187）；又有译作“郭士利”（如夏燮，1988：49）。本文中，我们采用了“郭实猎”，因为那是他生前自己所取的汉名。英国伯明翰大学图书馆所收藏的郭实猎档案（Gützlaff Papers）中，有两通英文书函，郭氏亲笔之签名均作“郭实猎”。又在郭氏所撰写的《常活之道传》序末有“郭实猎敬纂并序”，且有两方印，一方有“郭印”字样，另一方则有“实猎”字样。

② 今日称为Pyrzyce，在今天波兰什切青（Szczecin）东南部约30里。

1826年9月，郭氏从荷兰的鹿特丹启程东航。翌年1月，抵达印度尼西亚的巴达维亚，开始他在东南亚的传教事业。1827年到1830年间，他在印度尼西亚、马来半岛、暹罗等地进行活动。1829年年初，他辞去荷兰传教会的职位，成为一名独立传教士，准备到中国传教。1834年12月，郭氏担任英国驻华商务监督的中文翻译。1831—1839年间，他大部分时间穿行在中国沿岸，展开频繁之活动，替英国东印度公司、英商搜集情报，或协助鸦片走私买卖，同时也散发基督教宣传书刊，前后超过10次。

鸦片战争期间，郭氏出任英军的翻译与向导员。英军占领定海、舟山、宁波等地之后，他受委出任宁波知县与英国驻舟山的商务监督。1843年8月，他担任香港首任总督璞鼎查（Sir Henry Pottinger，1789—1856）政府属下的中文秘书，直到1851年8月9日撒手尘寰，安葬在香港九龙铜锣湾跑马地（Happy Valley）坟场，享年48岁。

在中国近代史上，郭实猎是一个颇具争议性的人物。英国汉学家魏理（Arthur Waley）说他是一个“牧师和海盗、小丑和天才、慈善家和骗子的结合体”。在19世纪30年代，为了宣传基督教教义，他在美国报刊上大力宣传，吸引了美国圣经公会（American Bible Society）与美国劝世小书会（American Tract Society）在财务上积极支持中国宣教事业。为了冲破中国传统夏夷大防的堡垒，化解中国人文明独尊的虚骄心态，他又与广州的一些外商倡议成立在华中国益智会（Society for the Diffusion of Useful Knowledge in China），且与美部会传教士裨治文当任该会之中文秘书，拟就一系列中文书刊的出版计划，借以向中国人介绍西方科学与文明以及灌输世界历史地理的新知。

新教传教士在东南亚的出版事业，前后共维持了三十多年。撇开巴达维亚不谈，单在马六甲、新加坡两地，就印刷出版了17位译著者、130多种中文书刊，其中有26种即是郭实猎所译著，占总数之24.07%，成为当时中文著译产量最多的新教传教士。因此，有学者认为19世纪30年代的中国宣教史是属于郭实猎的，这绝非虚言（Pan，1987：3）。这也是我们之所以选择郭实猎中文译著之旧语新词作为研究对象，来看新教传教士在近现代汉语词汇史上承前启后之角色的原因。

在还未进入探讨之前，我们先将郭实猎中文译著按其出版年份先后罗列于下。著者有时使用"爱汉者""善德者"的笔名，有些则未署名。除了个别说明外，它们都由新加坡坚夏书院刊行：

《东西洋考每月统记传》（月刊：1833—1834、1835，在广州刊行；1837—1839，在新加坡刊行）

《诚崇拜类函》（1834）

《大英国统志》（两种，同名异书：一在1834年刊行，出版地不详，引作《大英国统志［燕京］》；一在1838—1839年间由坚夏书院出版）①

《救世主耶稣基督行论之要略传》（1834）

《是非略论》（1835）

《耶稣神迹之传》（1836）

《耶稣之宝训》（1836）

《正教安慰》（1836）

《关系重大略说》（1837）

---

① 以往学界仅知道庋藏于美国哈佛大学哈佛燕京图书馆以小说体裁写成的《大英国统志》。2014年初，笔者赫然发现英国利兹大学图书馆庋藏有一册以散文体裁写成、内容全然迥异的英国史地书，书名同样叫作《大英国统志》（参见庄钦永，2015：23—32）。有关小说《大英国统志》的研究，请参见熊月之（2004：52—58）、李晓杰（2009：256—270）、黎子鹏（Lai，2016：59—75）。

《救世主耶稣新遗诏书》（1837，在巴达维亚刊行。与麦都思等合译。1839 年、1840 年新加坡坚夏书院重镌）

《古今万国纲鉴》（1838）

《犹太国史》（1839）

《圣书注疏》（1839）

《制国之用大略》（1840，刊刻地未详）

《贸易通志》（1840，刊刻地未详）

《万国地理全集》（1844，香港福汉会刊行）①

二、新教传教士在汉语新词史上的承前角色

在汉语词汇学史上，19 世纪上半叶基督新教传教士扮演了一个非常重要的承先启后的角色。首先，他们重新启用耶稣会士、明清中国士人学者著作，以及在澳门、广州一带流行的一些旧词新语。

（一）重新启用耶稣会士所创制的新词

明嘉靖四十一年（1562），葡萄牙天主教会在澳门建立了教堂。万历八年（1580）以降，耶稣会士罗明坚、利玛窦等来到澳门，随后许多传教士陆续进入中国内地宣教，直到乾隆三十八年（1773）清廷取缔耶稣会为止，前后两个多世纪。为了传播基督教，一方面，传教士积极学习中国文化，包括学习汉语；另一方面，他们热心传播天主教教义，传授西方的世界地理与先进的科学技术新知。这是西学

① 学者均认为《万国地理全集》是 1838 年或 1842/1843 年在新加坡刊行，唯据庄钦永之考证，它应是在 1844 年由香港福汉会刊行（参见 Barnett，1973：203；熊月之，1996，1994：140；庄钦永，2006/2007：26—39）。有关《万国地理全集》的新词研究，可参见庄钦永（2020：23—33）。

东渐及创译汉语新词新语的第一阶段。在著译书刊时，他们和中国学者合作，一起创造了许多天文、地理、历法、数学以及神学等新词术语（冯天瑜，2004：15—17、191—208）。除了耶稣会士外，明清中国人，特别是居住在澳门、广州等地的中国人，也创造了许多新词来指称当时传入中国的西方新事物、新概念。

约两个世纪后，新教传教士也足涉神州。就如耶稣会士一样，他们努力学习汉语，编纂汉英双语词典；撰写一些宣教、世界历史地理书刊，传播基督教、世界历史、地理新知和西方科技文明。新教传教士在译著时，参考了明清天主教传教士、中国士人之译著，也采用当时在广州、澳门等地流行的旧词新语。例如，马礼逊在编纂《华英字典》时，就参考了利玛窦口译、徐光启笔受的《几何原本》；中国人所撰写的《对数阐微》《天下地舆全图》《数理精蕴》（1723）等近代科学书，以及《水浒传》《红楼梦》等小说（陈力卫，2008：24）。又如，马礼逊、米怜、麦都思等在翻译中文《圣经》时，参考了耶稣会士的一些神学译著，特别是庋藏在大英图书馆那部巴黎外方传教会白日升神父（Jean Basset，1662—1707）的《新约》（部分）中文译稿。1837 年刊行的《救世主耶稣新遗诏书》，把希腊语 Pharaoh（古埃及国王之尊称）音译作“法老”，就是袭用这位 17 世纪下半叶在中国四川宣教的天主教传教士所创造的译词[①]。郭实猎也

---

① 《福保禄宗徒与罗玛辈书》（和合本译作《罗马书》）第 9 章《圣差保罗寄罗马人书》（1840a：11 下）有一段经文，白神父是这样翻译的：“盖《经》语法老：‘我特兴尔以显著我德于尔，欲我名传闻于普天下。’是以任意矜怜，任意锢硬矣。”麦都思、郭实猎等的中文圣经修订本《救世主耶稣新遗诏书》（1837）沿用了白氏所创造的外来词：“盖《经》内上帝法老云：‘吾欲显权势胜尔，又欲扬我名天下。故特立尔，正为此意也。’如是上帝随意怜悯，又随意加硬人也。”。按：《救世主耶稣新遗诏书》初刻本 1837 年在巴达维亚刊行，笔者所参考的是 1840 年新加坡坚夏书院版本。又，《近现代汉语新词词源词典》（2001：66）“法老”条下之书证取自 1871 年王韬的《漫游随录》，已是很晚的使用例证。

不例外。下面我们仅略举几个具体例子来说明。

（1）—（2）古经、新经。意大利耶稣会士艾儒略《西学凡》（1995：16上）云："其他《古经》《新经》浩繁广衍，所刊行于西土者，不可枚举。"基督教《圣经》由《旧约全书》《新约全书》组成。"古经"即指《旧约全书》，而"新经"则指《新约全书》。郭实猎在《救世主耶稣基督行论之要略传》（1834b：7下）中，就沿用这两个译词："已论皇上帝降诰于人，古圣人纪录其命，及纂天启书，所纂耶稣降生之前，谓《古经》或《古遗诏书》；所纂辑救主升天之后谓《新经》，或《新遗诏书》，两者为《圣书》。"

（3）福音。基督教徒称耶稣所说的话及其门徒所传布的教义。意大利耶稣会士艾儒略《天主降生言行纪略》（1623）（2002：23）："《新经》乃天主降生后宗徒与并时圣人纪录者，中云万日略（译言好报福音）经，即四圣纪吾主耶稣降生，在世三十三年，救世赎人，以至升天、行事垂训之寔，诚开天路之宝信经也。"郭实猎《耶稣之宝训》（1836b：24上）："基督之福音，即耶稣之道理，乃上帝之德，救诸信民。"

（4）一体三位。绝大多数耶稣会士将拉丁语 trinitas 这个神学术语译作"三位一体"①，但也有少数译作"一体三位"的，例如王丰肃（Alfonso Vagnone）《教要解略》（1615）（2002：211）云："天主一体三位之意，信经已概言之，但未述其详，则或不能无疑于心矣。"郭实猎《赎罪之道传》（1836a：7下—8上）即沿用王氏之译

① 例如杨廷筠（2003：198）在那部阐明天主教道理，兼辟佛教的护教著作《代疑篇》（1621）里就说："盖天主原为至灵，自照本体无穷之妙，内自生一无穷妙之像，与己全同。独有生于受生之分，生者为父，受生者为子。又父子相慕，共发一爱，为神圣也。故位分而为三，体合而为一，三位无大小先后之别，共一性也、一主也、一体也。……此三位一体之说也。"

语："上帝一体三位：上帝父、上帝子、上帝圣神。自含有三位，共一主，上帝自子为耶稣也。"

（5）赤道。利玛窦（2001：225）把环绕地球表面与南北两极相等距离想象的经线称为"赤道"，在《坤舆万国全图》（1602）注记中，他写道："别有南北半球之图，横割赤道，盖以极星所当为中，而以东西上下为边，附刻左方，其式亦所创见。"郭实猎《诚崇拜类函》（1834：23下）云："兄到下州府实力埠头，经营不既，因此地方近赤道，天气甚暑，统年为夏气而已。"

（6）微地。指海洋中连接两块陆地的狭窄陆地，今译"地峡"。"微地"这词始见于利玛窦《坤舆万国全图》（2001：219）："若亚墨利加者，全为四海所围，南北以微地相联。"《万国地理全集·亚默利加大地》（1844：70上）即沿袭这译词："此大地［亚默利加大地］自北七十度，袤至五十六度。其长二万七千里。其大地分两方：一曰南，一曰北，由巴拿马微地相连。"

（二）重新启用中国人所创制的新词

（7）显微镜。1590年，荷兰制镜工匠约翰逊（Z. Janssen，1580—1638）制作了第一台复式显微镜。1625年，欧洲人利用这种新科学仪器观察蜜蜂的微细构造，并给了它一个名称：microscopium（李约瑟，1986：550）。显微镜何时传入中国，史书没有明确记载。不过，应该不会迟于17世纪中叶，因为明末光学仪器制造师孙云球（约1630—1662）就曾以"察微镜"[①] 来指称这种西方新仪器。清顺治十五年（1658），那位"喜作词曲及小说，备极淫亵"（董含，

① 曹允源等总纂《吴县志》卷七十五下《列传艺术二》（参见戴念祖，2001：493）。

2000：680）的李渔（1611—1680）在其《十二楼》中，就对这种“西洋国所产”的新光学仪器进行了非常细腻的描绘[①]：

> 显微镜。大似金钱，下有三足。以极微极细之物置于三足之中，从上视之，即变为极宏极巨。虮虱之属，几类犬羊；蚊虻之形，有同鹳鹤。并虮虱身上之毛，蚊虻翼边之彩，都觉得根根可数，历历可观，所以叫做“显微”，以其能显至微之物而使之光明较著也（李渔，1991：82）[②]。

《东西洋考每月统记传》（1997：175）的编者就沿用流行一二百年的旧词，云：“将查虫，欧逻巴博学者以显微镜阅之，愈加虫之形如犬猫一样。”

（8）国籍。“国籍”是一个法律名词，是英语 nationality 的汉译词。清康熙四十六年（1707），罗马教廷反对中国教徒敬孔祭祖，引起康熙皇帝极大的不快，他下了一道谕令，驱逐教皇特使、法国巴黎大学神学博士颜珰（Charles Maigrot，1652—1730）及浙江代牧何纳

---

① 有学者就认为李渔应该是创制“显微镜”这个新词的人（参见戴念祖，2001：498）。后来，刘廷玑（2005：180）《在园杂志》（1715）也使用了“显微镜”这一词语：“自西洋人入中华，其制造之奇，心思之巧，不独见所未见，亦并闻所未闻。如风琴、日规、水轮、自鸣钟、千里眼、顺风耳、显微镜、雀笼之音乐、聚散之画像等类，不一而足。”按：周振鹤（2008b：322）在《显微镜与望远镜》一文指出，乾隆十四年（1749）清宫档案里就记载了“西洋人刘松龄看得铜显微镜一件”之事。马西尼《现代汉语词汇的形成》云，1868 年在上海江南制造局工作的林乐知（Young John Allen，1838—1907）所主编的《教会新报》就已经“以现代意义‘microscope’使用过‘显微镜’这词”（马西尼，1997：252—253）。《词源词典》（2001：282）之书证则取自 1835 年郭实猎所编纂的《东西洋考每月统记传》。

② 关于《十二楼》之刊行年代，孙楷第《李笠翁与〈十二楼〉》云：“笠翁作此集，在《无声戏》之后。杜濬给他作序，在顺治十五年戊戌，但成书也许更靠后一点。”（参见李渔，1991：5）

笃（Giovanni Donato Mezzafalce，1661—1720）等出境，并规定今后所有外国传教士必须遵守利玛窦时所定的规矩，向内务府领票，方准留居中国。翌年，总管内务府为核查发给西洋传教士印票一事致函兵部一纸咨文，其中一段文字云："奉旨：其表示永不返回之西洋人，发给印票，钤总管内府印，写明西洋人国籍、年龄、会别、来华年限、永不返回西洋，因进京朝觐，特颁给印票字样。"[①] 这是我们目前所见使用"国籍"这一新词的最早例证。郭实猎与麦都思翻译的《救世主耶稣新遗诏书》中就沿用了这一词语。《圣差言行传》（和合本译作《使徒行传》）第 22 章 27—28 节云："副将近前曰：'尔实告我，果罗马人否?'曰：'是。'副将曰：'使费多银，我上罗马国藉。'"

（9）红宝石。红色透明的刚玉，硬度大，用来做首饰和精密仪器的轴承等。英语作 ruby。《程赋统会》（1717）"土产：珠、青红宝石、黄鸦鹘石（每大雨，冲沙中拾取）、水晶、青米、蓝石、龙涎香"（刘斯枢，1995：14 下；马礼逊、米怜，1823：第 4 章第 7 节；Morrison，1822：371；Bridgman，1841：432）。《万国地理全集》（1844：27a—27b）卷十二《五印度国》记载印度矿藏云："山内及沿河寻着钢钻、红宝石、石榴珠、嫩黄玉、金色玉、珊瑚、青碧玛瑙。"

（10）红木。学名：*Caesalpinia echinata*。盛产于巴西，豆目豆科苏木属的一种物种，也叫巴西苏木。这种树的木纹直而且木质非常致密坚韧，树干富含水溶性的红色染料成分，古时主要被当作染料，也

① 《总管内务府为核查发给西洋传教士印票事致兵部咨文》（1708 年 4 月 12 日）（中国第一历史档案馆、澳门基金会、暨南大学古籍研究所，1999b：74—75）。按：《词源词典》所列举之书证取自 1903 年上海刊行，汪荣宝、叶澜编之《新尔雅》（第 97 页），这是很晚的使用例证。

是高级的家具材料。乾隆二十年（1755）造办处“油木作”记载：“于二月初六日将瀛台香扆殿现设自鸣钟一对配做红木香几，画得高一尺七寸，面宽一尺五寸二分，进深一尺一寸八分香几纸样一张呈览。”①（张荣，2016：8）《万国地理全集》（1844：77a）卷三十六《巴悉国》记载巴西主要出口货物云：“其国出红木。”

（三）沿用当时澳门、广州日常用新词

（11）火船。1787 年，美国人约翰·菲奇（J. Fitch，1743—1798）把蒸汽机用作船舶的动力，建成了一艘轮船。10 年后，谢清高（2002：264）《海录》记述了他在美国所见：“其国出入多用火船，船内外俱用轮轴，中置火盆，火盛冲轮，轮转拨水，无烦人力，而船行自驶。”郭实猎《贸易通志》（1840b：44 上）在介绍英国之先进科学时也沿袭了这译词：“英吉利人始造輾轆之路，尚加火机，造火车，就像火船一盘［般］。”

（12）黑奴。自 16 世纪以降，澳门出现了中国人前所未见的社会景观。在这个位于中国南部边陲、广东省珠江口西岸之地，出现了许多远从非洲贩卖过来的黑人奴隶。这些“仅堪肩负力使，别无他长，亦无知识”的黑奴，不仅是澳门葡萄牙人购买用作家中的奴仆，就连中国“内地将官，间亦有收买一二，充兵作使者”（庞迪我、熊三拔，1996：100—101）。对于这些被欧洲殖民主义者以最黑暗、最野蛮的手段掳掠过来的奴隶，在夷夏之辨的意识形态下，明清中国人对这些“非我族类”、给澳门带来许多社会问题的黑人奴隶，有蔑称之

① 《近现代辞源》“红木”条下之书证引 1897 年戴德江《地理志略》，这已经是很晚的例证（参见黄河清，2010：328）。

为“黑鬼奴”① “黑番奴”② “黑夷奴”③ 及“鬼奴”④，也有叫他们作“黑奴”的。例如，明嘉靖四十四年十二月（1565 年 12 月—1566 年 1 月），即葡萄牙人正式入居澳门后不到 10 年，有一位仕途不得志的安徽休宁作家叶权（1522—1578）旅居在澳门。他写了一篇《游岭南记》，其中有一段文字细致描绘澳门葡萄牙人出门时，是如何威风凛凛：“随四五黑奴，张朱盖，持大创棒长剑。剑之铁软而可屈，纵则复伸。”（叶权，1987：45）⑤ 郭实猎《万国地理全集·花旗或兼摄邦国》（1844：73 上）提及美国南部时云：“在南方之地，多有黑奴，受万苦，遭千难，而该主不释之，是乃该国不得取之重责矣。”

三、新教传教士在汉语新词史上的启后角色

在翻译泰西新事物、新概念时，新教传教士固然可以复用明末清初耶稣会士中文译著、中国古籍里的一些词语，以及 18 世纪末 19 世纪初在澳门、广州一带流行的一些新词新语。但是，经过了两个多世纪，地理大发现时代已经结束，人类对世界空间的认识获得了很大的

---

① 《香山县丞吴兆晋为饬将逃入内地黑奴讯明给领约束事下理事官谕》（1798 年 9 月 12 日）：“本月初二日，在属内麻湾地方，见有黑鬼奴一名，独自行走，只得带回禀明。”（参见刘芳，1999：19）

② 屈大均《广州竹枝词》：“十字钱多是大官，官兵枉向澳门盘。东西洋货先呈祥，白黑番奴拥白舟。”（参见雷梦水，1997：2736）

③ 《广州将军哈丰阿等奏报查明澳门炮台各情形折》（1835）：“住澳夷人共五百余家，男丁大小一千余人，黑夷奴二百余人。”（中国第一历史档案馆、澳门基金会、暨南大学古籍研究所，1999a：267）

④ 例如潘有度《西洋杂咏》（1812）：“头缠白布是摩卢，黑肉文身唤鬼奴。”（参见蔡鸿生，2003：75）

⑤ 这是我们所见最早使用“黑奴”的书证。又，清中期著名史学家、文学家赵翼（1727—1814）《檐曝杂记》（嘉庆十五年［1810］写成）卷四《诸番》里也说：“黑奴性最憨，且有力，能入水取物，其主使之下海，虽蛟蛇弗避也。”（赵翼，1982：66）

扩展。他们所处的时代、所见到的世界，与明清耶稣会士、中国人所知道的世界截然不同。人们知道在地球南部有大洋洲、新西兰，比较清楚非洲的地理概况，也知道在世界各地方有各种不同的珍禽异兽、奇花异草，等等。历史走了很长的一段路程，世界政治地理完全改观了，欧洲列强在各处占有许多殖民地，欧美等国的政治发展已是面目全非。而且，自18世纪以降，欧洲在科学技术方面取得了重大的突破。新的机器和生产方式给人们带来了翻天覆地的变化。人类已经进入蒸汽时代，蒸汽机的发明促成了火车、轮船、铁路等等的建造。因此，在记述人类地理知识的进展，世界历史改变，以及许多新的科技发明等新知时，一两百年前创译的新词，已不足以表达，因此新教传教士唯有另创更多新词新语来表述这些新事物、新概念。这是新教传教士在汉语词汇史上所扮演的重要启后角色。

基本上，在创制新词时，新教传教士采取两种主要方法：采用汉语旧词来表示新义和创制新词新语。一开始，新教第一位传教士马礼逊便主张，在翻译西方新事物、新概念为汉语时，应该尽量以中国人所熟悉的文化背景及其思维方式表达出来（内田庆市，1999：2）。在很大的程度上，马氏的这种翻译观影响了其同僚米怜、麦都思以及郭实猎等传教士。郭实猎在一通写给美国劝世小书会的信中就说：

> 在（文字）风格上，我们必须完全符合中国人的口味。……一般上，翻译文字显得很生硬，很少读者能明白其中的含义。……倘若是一本准备向中国人传达思想意识的译著，最好的方法是将所要传达的思想意识通过中国人的表述模式表达出来，不然，这些翻译文字只是一堆亦英亦中的术语（Anglo-Chinese

jargon）罢了（Gützlaff，1838：132—133）。

郭氏的意思是，在译介西方新概念、新事物时，应该尽量避免使用中国人不熟悉的生硬新译名（尤其是音译词），而应该尽可能使用他们所熟悉的、相应的近义词，这样，中国人才能理解它们的意涵，否则，它们便成为亦英亦中的混血儿：表面上看，它们是中文，但中国人却无法理解它们所要表达的意思。换一句话说，郭实猎并不主张广泛使用音译词来表示外国的制度、职衔、政府机构等等，而是要将它们译为中国人所能理解的近义词。因此他把英国外交部译作“英国理藩院”①、美国总统译为“国主”或“统领”；以中国哲学上“圣人”一词来翻译《圣经》中为上帝宣讲信息的先知；以佛教界指称出家男子的“僧”来翻译天主教神父；以中国人熟知的“菩萨”来指称非基督教信仰的异邦神明（包括居住在犹太人周围外邦人的神明以及希腊神话里的人物）；等等。郭氏的这种翻译法的确比林则徐（实为梁进德所译）在《四洲志》所用的译法来得高明。晚清中国人在阅读《四洲志》时，肯定无法了解“勃列西领”（President，总统）、“甘弥底阿付撒布来”（Committee of Supply，预算委员会）、“甘文好司”（House of Commons，下议院）等音译词究竟是什么意思。徐继畬在《瀛寰志略》中绝少采用《四洲志》的音译词，而多沿用郭实猎创制的译词，正是对郭氏这种译法的肯定。

在郭实猎中文译著中，有许多神学、天文、科学术语，也有世界史的词语。毋庸多言，其中有一些是他沿袭伦敦会传教士马礼逊、米怜、麦都思等所创制的新词。例如：米怜以中国周初封建贵族分封制

① 参见《亚非利加浪山略说》，《东西洋考每月统记传》（1997：123）道光甲午年五月（1834年6月），叶54上。

下的封建贵族之称号“公”“侯”“伯”“子”“男”等来对译欧洲贵族的五个贵族爵位 duke、marquess、earl（或 count）、viscount、baron。在《察世俗每月统记传·全地万国纪略》（1820：17 下）介绍欧洲各国地理位置等概况后，米怜说：“上所说之各国，不论大小都有公、侯、伯、子、男等爵。”《是非略论》（1835：22 下）中郭实猎也采用这些译词：“盖大英国有大位五爵，公、侯、伯、子、男各位与国师等，年年集会，合一体称上家，为国家之政，商量办事决断。”又如，马礼逊在《古圣奉神天启示道家训》（1832：1 下）使用“设计”来对译英语 design 一词①，“未造之先一个使造者必另在。虽然人不知道制时辰表之法，他尚且可见有故意设计策，使各机关相合为一用，且既见有故意设计之作，必有一位立意制造者也”。《万国地理全集·默西可》（1844：75 上）也沿用这个以旧瓶装新酒创造的新词：“所有巴拿马微地窄狭，故此巧士设计开河，连东西洋大海，而造通中国之通短路。但因山硗之硬，未知可否？若果能如愿，其利无穷。”

在郭实猎中文著译中，汉语新词新语的数量非常多，涉及领域也很广，文化内涵丰富多彩。限于篇幅，下面我们仅挑选一些比较具有代表性的新词，借以略窥郭实猎在创造汉语新词的贡献之一斑。

（一）域外宗教性新词

（1）夏娃。《圣经》故事中人类始祖亚当的妻子。耶稣会士据希

---

① 近代汉语“设计”的意思是指做事设下计谋，陷害他人，多有贬义。例如，曹雪芹《红楼梦》：“（金桂）一面隐忍，一面设计摆布香菱。”（参见钟兆华、白维国，1995：750）

伯来语 hawwa 音译作“也襪”[①]“厄袜”[②] 等。新教传教士据英语 Eva 音译作“以法”[③]“依活”[④] 等等。郭实猎则据希伯来语音译作“夏瓦”[⑤] 外，也音译作“夏娃”。例如，《关系重大略说》（1837：3 上）云：“亚坦称其妇名曰夏娃，因系万生之母矣。”在创造“夏娃”这个音译词时，郭实猎使两个汉字在字面上形成合理的语义组合，“夏”是汉人之姓氏，而“娃”字使人联想到它是一个女性名字，也因此它战胜了其他音译词，流传至今。这是郭实猎比马礼逊在创造新词上成就高超的例证之一。

（2）禁果。《圣经》中上帝禁止亚当、夏娃采食知善恶树的果子。两人因偷食了这种果子被逐出伊甸园。郭实猎在《圣书注疏》（1839a：3 上）第一次使用了“禁果”这一新词：“园内有蛇甚狯，诱女人食禁果，逐俾其夫食也。”

（3）以色列人。19 世纪 10—30 年代，新教传教士将犹太教、基督教《圣经》中指称雅各布和他十二个儿子的后裔译作“以色耳人”“以色耳以勒”。今天我们使用的“以色列人”则是郭实猎所创译的。《正教安慰》（1836c：10 下）卷四云：“上帝曰：‘末日，我以圣神感万人类，列以色列人！请听此言，上帝缘耶稣示灵异神迹，征诸庶

---

① 罗明坚《天主实录》（1584）（2002：30—31）：“次成一男，名曰哑当，后生一女，名曰也襪，使之配偶。此二人者，乃普世自祖。”

② 苏若望（João Soeiro）《天主圣教约言》（1610）（2002：286）：“天主初生万物，先开辟天地，化生物类之诸宗，然后化生一男一女，男名亚党，女名厄袜，即此二人为万民之元祖。”

③ 马礼逊《问答浅注耶稣教法》（1812：4 上）：“神既造亚大麦及以法，置之于园中。”

④ 《东西洋考每月统记传》（1997：124）：“始祖之名，男称亚大麦，译曰土，因以土而生故也；女称依活，译曰活，因为万人之母故也。”

⑤ 爱汉者《赎罪之道传》（1836a：13 上）：“我始祖之名，男曰亚坍，女曰夏瓦，出乐园之时，生两子。”

民，而汝等杀之。’”

（4）大教主。郭实猎创造了“大教主”这个新词来指称天主教罗马教廷中最高一级的主教。《万国地理全集》（1844：58上）卷二十一《罗马教皇之国》记述天主教选举教皇制度云：“遇有崩时，其大教主集会，各舒其志了，即择教皇续其大统也。”流行了一段时间后，这一新词就消亡了。今天我们称这些分掌罗马教廷各部门和对许多重要教区有领导权的主教作“枢机主教”，或“红衣主教”（因他们穿红色礼服）。

（5）天后。宋莆田林愿第六女，卒后成为海神。由于民间传说她屡显应于海上，拯救遇难信徒，因此，康熙时封她为天后。郭实猎将“天后”这专有名词基督化，用来指称天主教教徒所敬拜的圣母玛利亚。《万国地理全集》（1844：58上）卷二十一《是班牙国》记述意大利教堂云：“其数繁多，各处建高大之殿庙，而设天后与各圣人之偶像，勤拜恭崇。”

（二）域外非宗教性新词

1. 西方科学新译词

（6）万里镜。除了沿袭自17世纪30年代就已经广泛使用的“千里镜”外，郭实猎也创造了“万里镜”这一新词来指称望远镜。《诚崇拜类函》（1834：53上）：“唯设其序，令诸星辰秩然，递更循环，创兹甚可奇之关机［机关］为天皇上帝，人以万里镜已量度其相距，甚可惊骇，为万世不易之定序矣。”

（7）蒸船。新教传教士将西方先进交通工具、英语叫作steamship意译作“炊气船”“水蒸船”（Morrison，1822：409），郭实猎在《是非略论》（1835：29上）中则将三音节词“水蒸船”压缩为双音节词“蒸船”：“我久闻大英国之人，高才技艺，但此蒸船机巧，更胜时辰表机械百倍。”

（8）铁轚辘路。今译“铁路”。在谈到比利时贸易概况后，《万国地理全集·北义国》（1844：61下）云：“今亦制铁轚辘路者，以速经商。”

（9）—（12）陆星、巧星、威星、焰星。道光丁酉年十二月（1838年1月）《东西洋考每月统记传》（1997：305）刊出《星宿》一文，其中有一段云：“两次得寻见之新星，其初次之所见者有四：一曰陆星，二曰巧星，三曰威星，四年限周太阳以旋转焉。亦有焰星，距太阳六百七十五兆里，三年八月限周太阳旋转。”① 文中之“陆星”“巧星”“威星”“焰星”，今分别译作“谷神星”“婚神星”“智神星”与“灶神星”，它们为19世纪初天文学家所观察到的四颗小行星。第1号小行星谷神星，也是最大的小行星，是1801年意大利天文学家皮亚济（G. Piazzi）所观察到的，第3号婚神星则是德国天文学家哈丁（L. Harding）所观察到的，第2号智神星、第4号灶神星则为德国天文学家奥伯斯（H. Olbers）分别于1802年、1807年发现的。

2. 西方政治、经济、社会、文化之新译词

（13）民族。“民族”是指具有共同语言、共同地域、共同经济生活以及表现于共同文化上的共同心理素质的人的共同体。《词源词典》在该词目条下之书证引1899年梁启超等所编辑的《清议报》，其实，1834年郭实猎在《救世主耶稣基督行论之要略传》（1834b：74下）中就已经使用了这一新词。该书“煞语”说：“盖皇上帝符

① 从文章风格看，《星宿》一文显然是郭实猎之作品。

玺证据耶稣之教训为天之谕，言言实实，略无粉饰，故申谕中外诸民族，悔罪伏奉耶稣救世者之教也。”① 这是我们目前所见“民族”一词最早的使用例证。

（14）议会。英语 parliament 的对译，指的是某些国家中的最高权力机关或最高立法机关。学者对这词语之首见年代有不同的说法。刘正埮、高名凯等编《汉语外来词词典》以为它源自日本，马西尼从之；也有认为它始见于 1857 年英国伦敦会伟烈亚力所主编的《六合丛谈》，或 1894 年黄庆澄的《东游日记》（高名凯等，1984：389；近现代汉语新词词源词典编辑委员会，2001：308—309；Masini，1993：211）。实则，这新词并非日本人所创，也并非迟至 1857 年才出现。1838 年，郭实猎在其《古今万国纲鉴·英吉利国史》（1838：61 上）中就已多处使用这一词语，例如卷十一论述英国国王义华都王号第三者（爱德华三世）去世后，说：“世子登位，立志强服五爵士民矣，故此百姓结党，立议会，自操权焉。”

（15）—（17）上家、下家、国师。“上家”“下家”即英语 Upper House、Lower House 之仿译词，今译“上议院”“下议院”；“国师”，即英语 archbishop 之意译词，今译“大主教”。《是非略论》（1835：22 下）中郭实猎介绍英国议会组织结构及其职能时云：“盖大英国有大位五爵，公、侯、伯、子、男各位与国师等，年年集会，合一体称上家，为国家之政，商量办事决断，并各城各邑各墉，抢选聪明能干人两三位，或乡绅、或商贾、或武官、或文职，代民办事，赴京都管理国事，参酌商议，俾得自行奏封，口奏折奏，劾包拦词

① 按：方维规（2002：560）认为“民族”这一词语在《东西洋考每月统记传》道光十七年九月（1837 年 10 月）号《约书亚降迦南国》一文中就已经出现了，唯对于它是否就是汉语中的第一次使用，“一时很难做出定论”。黄兴涛（2002：169—170）、冯天瑜（2004：396）都持此说。

讼，惟此体会议之人称下家。”

（18）绅士之会。鸦片战争前，新教传教士将英语 the House of Commons 意译作“缙绅公会”，也有译作“绅房”“乡绅房”等等。《万国地理全集·大英国》（1844：63 下）中郭实猎则使用了“绅士之会”：“自古以今，设大爵公侯之议会，按例商议政事，又立绅士之会，询问及政务，以筹办国饷。即如各大臣国愿办国务，则进公会，解明其意。”这新词后来被 19 世纪 50 年代出现的“下议院”所取代。

（19）神权。奴隶社会、封建社会的最高统治者宣扬他们的统治权力是神所赋予的，所以把这种统治权力叫作神权。《词源词典》“神权”条下之书证取自梁启超《饮冰室合集》（1902）。其实，在《饮冰室合集》刊行之前将近 60 年，郭实猎在《万国地理全集·日本》（1844：24 下）中就已经创制了这一新词，他说：日本“自古以来，王者两位治国也。古时真王，现操神权，在殿内如僧度生，并不似人，乃似木像”。

（20）商务。英语 business affairs 之意译词。马西尼（1997：237）以为这个新词“来自日语的原语汉字借词”，始见于 1879 年黄遵宪的《日本国志》。《词源词典》（2001：221）在这条目下之书证引自 1890 年黄遵宪《日本杂事诗》。其实，创制“商务”这一新词的并非日本人，也非中国人，而是普鲁士人郭实猎。在《古今万国纲鉴·英吉利国史》（1838：56 上）中，郭氏说：“如此百官甚鼓厉［励］贸易商务，国民之所聚集，水陆衢会，舟车之所辐辏，商旅之所赴市，设关置尹，以佐国家经费。”

（21）—（24）担保会、海担保会、火担保会、命担保会。19 世纪时，英语叫保险公司作 insurance company 或 insurance society。郭实猎将后者译作“担保会”。在《贸易通志》（1840b：51 下—52 下）中，他向中国人介绍“中国所无”（魏源，1998：1991）的西方保险制度时说，“其担保会异样不同：一曰海担保会……二曰火担保会……三曰命担保会……”。“海担保会”“火担保会”“命担保会”，今天我们分别称作“海上保险公司”“火险公司”和“人寿保险公司”。

（25）—（26）公银铺、商贾钱铺。《万国地理全集》（1844：73 上）卷三十二《花旗或兼摄邦国》谈到 1837 年美国银行倒闭事件云：“于道光十七年，其国毫无欠项，所有前项清楚缴还。嗣后该公银铺以及商贾钱铺一统关歇，其损甚重。而该国家千［干］累，削骨难填，所费过其收，展转驳难，无可解矣。”引文中的“公银铺”“商贾钱铺”，今天分别称为“国家银行”和“商业银行”。

3. 西方人日常生活新译词

（27）—（28）加非、加匪。咖啡树起源于东非埃塞俄比亚。13 世纪时，阿拉伯人将咖啡焙制成饮料，并出口赢利。17 世纪中叶，咖啡树引种到荷兰，随后传入欧洲各国。郭实猎在翻译英语 coffee 时，使用了三个不同的音译外来词。除了沿用马礼逊《华英字典》中之“咖啡”[①] 外，在《万国地理全集》（1844：62 上、78 上）中也创译了“加匪”“加非”[②]，例如卷二十三《大英国》谈到英国人之饮食文化时云“庶民日食三餐，早用茶、加匪等饮物，以及馒头、饼饵，布以牛油”，卷三十七《海隅群岛》则另创一个新音译词“加

---

① 例如，在向中国人介绍英国人的饮食习惯时，郭实猎《大英国统志（燕京）》（1834a：18 上）说：“早餐食茶，调牛乳、白糖，兼面头，傅牛油矣。大餐食肉菜。晚餐再食菜、咖啡与米、水各项肉也。此是三餐也。”在《贸易通志》（1840b：20 下）中，他又说：“西里米大洲出咖啡。”

② 按：魏源《海国图志》在辑录《万国地理全集》时，除了一些地方沿用“加非”外，绝大多数将之易作“珈琲”（例如第 495、526、1786、1790、1802 页），或易作“加菲”（例如第 1406 页）（参见魏源，1998）。

非”，“但此时失了该大藩属，则留心以修此岛也，故此所运出之白糖、烟、加非、酒等货，一年共计银二千万圆”。《词源词典》在“加非”条下之书证取自1866年张德彝的《航海述奇》，实则这新词之创制权应归郭实猎其人。

（29）可可。英语cocoa之音译词。可可起源于美洲热带地区。随着地理大发现，这一重要经济作物才传播开来，先传入西班牙，17世纪中叶，再传入法国，并欧亚非各国。《万国地理全集》（1844：77上）卷三十六《巴悉国》谈到巴西之出产云：“其国出红木、加非、可可（两样系饮物之料，比茶水更有滋味）、棉花、白糖、药材、牛皮、烟焉。”

（30）饼果。今译“面包果”。这是一种原产于大洋洲热带地区的常绿乔木。由于其果实肉白色，质粗松如面包，所以英语叫作breadfruit，现代汉语仿译词作“面包果”。在介绍太平洋西南部的美拉尼西亚岛群时，《万国地理全集·南亚齐亚》（1844：79下）云：“其山自然出椰子、芋薯、饼果等物。”

4. 世界历史、天文地理新译词

（31）群岛。海洋中成群的岛屿。英语作archipelago或islands。艾儒略《职方外纪》（1996：67）译作“诸岛”，《察世俗每月统记传》则译作“群洲”“各岛”①。1834年刊行的《大英国统志（燕京）》（1834a：22下）中，郭实猎第一次使用“群岛”这个汉语新词，云：“默是科海隅（Gulf of Mexico，墨西哥湾）前有大群岛，或大或小，乌面之人为其农夫，向来为奴，如今大英国家释之，及为家佣也。”《万国地理全集·海隅群岛》（1844：78上）也云：“在北有

---

① 例如译Bermuda Islands作“比耳母大各岛”（百慕大群岛）、Bahama Islands作“巴下马各岛”（巴哈马群岛）（参见博爱者，1817：122a，1821：8b）。

巴夏马之群岛（Bahama Islands，巴哈马群岛），又在东离大地九百有余里者，亦有百慕他群岛（Bermuda Islands，百慕大群岛）。”

（32）地内火山。英语 oceanic volcano 之意译词，今译“海底火山”。1820 年，印度尼西亚班达群岛（Kepulauan Banda）的桑厄昂岛（Pulau Sangeang）上的桑厄昂（Sangeang Api，又名 Gunung Api）海底火山喷发，造成的破坏很大。《万国地理全集·南海各小岛》（1844：33 下）记载这天灾云：“万他（班达群岛）不离远［有］地内火山，时时出火烬、大石，地震灭其地矣。”

（33）海沟。这词指的是两侧坡度陡急，分布于大洋边缘，深度超过 6000 米的狭长的海底凹地。《万国地理全集》（1844：6 上）卷三《大洋》云：“海之两地间窄狭，即如犹长河连两海，谓之海沟。”经过了约 160 年，今天，我们仍沿用这一地理名词来翻译英语地理学名词 trench。

（34）长颈鹿。这是一种生活在非洲，也是陆地上身体最高、样貌奇特的动物。《词源词典》在“长颈鹿”这一条目下的书证引艾周昌编注的《中非关系史文选（1500—1918）》中的一段写于 1866 年的文字。其实这段文字出自徐继畬《瀛寰志略》（2007：285）卷八《阿非利加南土》。再进一步追溯，发现它实为徐氏依据郭实猎《万国地理全集》改写而成。《万国地理全集·南亚非利加》（1844：68 下）在介绍南非地理概况时，云：“此地被西国人等早横巡来往者，故知其形势。……在此地，虎、狮、象、兕、河马、鹿、麂，与长颈鹿（正是各兽之最高者）以及驼鸟，濯濯自在也。”因此，创造“长颈鹿”这一新词的荣誉应双手奉还给郭实猎了。

（35）—（36）半地、半土。今译“半岛”。在《万国地理全集》（1844：57 上、6 下）中，郭实猎创造两个译词来翻译英语

peninsular："半地""半土"。例如，卷二十《以他里》描述意大利半岛之地形时说"以（以他里［意大利］之简称）乃半地，其形像似靴子"，卷四《土山》"地者深入海，独有微地与大地相连，谓之半土"。《词源词典》在"半地"条目下引魏源《海国图志》作例证（按：《词源词典》所引《海国图志》之文字实辑录自《万国地理全集》），证明"半地"实是郭实猎所创制，这是正确的。唯在"半土"条下之书证引马礼逊《外国史略》，却是值得商榷。《词源词典》"例证引用文献"载《外国史略》之成书或刊行年代为 1843 年，其实它是在 1848 年至 1852 年之后写成[①]。因此，很显然的，书中之"半土"之出现肯定比《万国地理全集》来得晚。

（37）珊瑚石盘。英语 coral reef 的意译词，今译"珊瑚礁"。《万国地理全集》（1844：79 下）卷三十八《南亚齐亚》记述太平洋三大岛群之一美拉尼西亚之地理概况时说："其大洋海茫茫，一望无涯。所有各群岛疏散……四围以珊瑚石盘，近之惟难焉。"

（38）爵会。英语 senate 之意译词，今译"元老院"。郭实猎把古罗马共和国最高行政机关、掌管军事大权的统治核心组织意译作"爵会"，因为其绝大多数成员都是贵族。《古今万国纲鉴》（1838：76 下）卷六《长者霸罗马国》记载公元前 44 年，那位野心勃勃的统帅和政治家尤利乌斯·恺撒（前 100？—前 44）征服了法国、英国、荷兰等地区后，成为终身独裁者。就此，元老院共和派大惊失色，并派人刺杀了他："自此以来，恺撒有天下，大有权势，宽贷诸敌。忽一日，赴国之爵会。有人爱自主之理，刺之。"

---

① 《词源词典》"例证引用文献"载《外国史略》成书于 1843 年。不确，正如邹振环（2007：86、88—89）所指出，该书多处提及 1845、1846、1847 年发生之事，我们因此认为该钞本应该是在 1848 年至 1852 年之间编译而成。

（39）香水。《万国地理全集》（1844：52 上）卷十九《西省如左》记载普鲁士如勒山省（Jülich，于利希）的出产时说："省会可伦（Cologne，科隆），在莱尼河边……居民五万丁，造香水、绸缎。"郭实猎把当时英语 Cologne water① 意译为"香水"，而不是直译作"可伦水"，正是他的意译翻译观的反映。

5. 历史名词、人物专名

郭实猎在汉语词汇史上的另一个重要贡献是为汉语词汇系统添加了一些域外历史名词、人物专名、历史地名，以及世界地名等之汉译名。限于篇幅，我们仅列举数个以兹说明。

（40）恺撒。公元前 60 年，Gaius Julius Caesar 与庞培、克拉苏结成三头政治（联盟），后来他成为古罗马终身独裁者。Caesar 源自希腊语 Καῖσαρ，郭实猎《古今万国纲鉴·长者霸罗马国》（1838：75 下）依据希腊语把这位娶了埃及艳后克利奥派特拉七世的姓名译写作"恺撒"："当是之时，两将军，一名声高著，一扬四海，光德誉天下矣：一曰潘沛，一曰恺撒。"这一译名一直沿用至今。

（41）拿破仑。马礼逊把法国政治家和军事家，法国皇帝 Napoléon Bonaparte（1769—1821，也称拿破仑一世）之名字音译作"拿破戾翁"或"破拿霸地"（《法兰西国作变复平略传》）（参见博爱者，1820：36 下）。郭实猎则音译作"拿破仑"。《万国地理全集》（1844：55 上—55 下）卷二十一《法兰西国》载："乾隆五十四年，百姓难当其苦，于是庶民怨其主长，遍地混乱，而将其帝经定死罪，斩之。方弃绝王帝，而民众自择其主。此时获胜之将军，自称皇帝，名曰拿破仑。"今天世界历史书都把这位雨果口中的"西方的穆罕默

① 休·慕瑞（Murray，1839：107）记载科隆出产"The liquor called Cologne water"。

德”叫作“拿破仑”，这是郭实猎对创造汉语新词所做之贡献的肯定。

(42) 居鲁士。今天世界历史教科书中把古波斯帝国国王（前558—前529），阿契美尼德王朝的创立者 Cyrus（约前600—前529）译写作“居鲁士”。这实源自郭实猎《古今万国纲鉴·居鲁士王之史》（1838：41上）：“当是之时，马太族服波斯民。居鲁士苦劝庶民背叛也。商议已定，百姓悦服居鲁士，幕［募］兵攻马太族。”

(43) 尼布甲尼撒。即新巴比伦王国国王 Nebuchadnezzar（希伯来语Nəḇūḵaḏneṣṣar，前604—前562）。他曾多次发动侵略战争，占领叙利亚、腓尼基和巴勒斯坦。公元前586年攻陷耶路撒冷，俘大批犹太人而归。马礼逊、米怜合译的《神天圣书·耶利米书》（1823：22章7节）中将其名字译写作“尼布加尼撒耳”。1838年，郭实猎在《古今万国纲鉴·波斯国史》（1838：32上）中，改译作“尼布甲尼撒”：“嗣后巴庇伦国王，名称尼布甲尼撒，立全像，高六丈，阔六丈。召诸侯、总督、监督、按察使，并布政使、通政使司会设其像，敷布命曰：‘庶民听琴鼓之乐，即伏拜王也。倘敢违，必拨火炉也。’”翌年，郭在《犹太国史》（1839b：87下）中，又改“尼”作“坭”，译写作“尼布甲坭撒”。今天我们使用的“尼布甲尼撒”即源自郭实猎的《古今万国纲鉴》，这是鲜少人注意到的。

6. 世界地名的译写

在世界地名译定方面，郭实猎的贡献是不小的。《古今万国纲鉴》《万国地理全集》《东西洋考每月统记传》中所译述的国名、地名、大洋、山川、河流、海湖等等不计其数。下面我们仅列举两个例子以兹说明。

(44) 雅典。Athens 是古希腊伊奥尼亚人建立的奴隶制城邦，今天是希腊的首都。中国清朝史籍音译作“阿赛年”“阿丹纳”。新教传教士则音译作“亚氏尼亚”[①]“啞哌呢啞”[②]“亚天”[③]“亚天士”[④]等等。由于这城是以阿西娜女神命名，因此郭实猎使用具有女性味的“雅典”来译写这地名。《古今万国纲鉴·希腊列国拒挡波斯国军》（1838：55上）载：“盖雅典城为舟车之所辐辏，商旅之所聚集，国民商议，以广其海港，免得水风害船也，设使敌侵国，有海镇可以抵挡之矣。”今天我们仍然使用郭实猎所创译的这个汉译地名。

（45）—（46）巴勒、巴黎。位于法国北部盆地的中央，横跨塞纳河两岸，距河口375公里的Paris，自公元987年即为法国首都。19世纪时，它是世界最繁华的著名大都市之一，也是法国政治经济贸易文化中心。19世纪二三十年代，新教传教士有将这地名译写作“巴耳以士”，也有作“巴哩”“巴利士”等等。郭实猎则译写作“巴勒”，如《万国地理全集·佛兰西国》（1844：56上）云：“其京都系巴勒。居民九十万九千丁，乃欧国各城之第次，众好繁花［华］乐逸之士所集会也。”也译写作“巴黎”，如《古今万国纲鉴·破鲁西国史》（1838：37上）云：“且法兰西军侵鄂罗斯国之时，弁兵冻饿，遂良民捐其金银，奉王一齐驱逐法兰西皇帝，征服其国，凯旋于巴黎京都，复夺所失之省也。”最终，“巴黎”战胜其他汉译地名，流行至今。

---

① 《神天圣书·使徒行传》（1823：17章16节）：“保罗在亚氏尼亚候伊之来，见邑壊偶，其心激动。”

② 米怜编《察世俗每月统记传》（1817：121下）：“上古在西边呃唎嗶国之京都啞哌呢啞，有一位贤人，名曰地阿知你士。”

③ 米怜编《察世俗每月统记传》（1821：24下）：“盖古西边厄利革国，各神之数有三万，而又代代加增，以致其国之儒门中一位讥之云：‘若入京都亚天寻人难遇，寻神则皆易。’”

④ 《察世俗每月统记传》（1821：11下）：“在厄利革国之京亚天士，有一位大将军名扶是因者。”

今天我们在世界历史书或报章上所常看到的一些国名如“阿拉伯”“牙买加”“海地”“冰岛”“危地马拉”，城市名如“汉堡”“悉尼”，河流名如“易北河”(Elbe River)、“勒拿河”（Lena River)、“叶尼塞河”（Yenisei River)，沙漠如“撒哈拉”等等都是郭实猎所创译的。限于篇幅，就不一一列举了。

小　结

从1811年马礼逊在广州刊行第一本宣教小册子《神道论赎救世总说真本》至1842年《南京条约》签订，其间，基督新教传教士马礼逊、米怜等著译了《圣经》，撰写了不少宣教书刊，宣传基督教教义，也编写了一些世俗性书刊，向晚清中国人灌输世界史地、西方科技、文化等新知。在这些传教士中，无论从书种、篇幅，及其对晚清经世学者思想之影响等方面看，郭实猎都是占有一席重要之地位的。他的中文著译中之词语，有些沿袭明末清初耶稣会士著作中的词语，特别是天文、地理及神学术语，有些沿用明清中国学者著作中之用语，以及当时郭实猎生活周遭所流行的新语，这是他承前之一面。但是，当郭实猎无法从上述途径找到对应之词语时，他就得自己创制一些新词来记述一些新事物、新概念了。这是郭氏在汉语词汇发展史上启后的一面。

郭实猎所创制的汉语新词有两大类，即神学词语，及非宗教性词语。在这众多新词中，有些在创制后不久便夭折了（如“蒸船”“上家”“下家”“火担保会”“半地”“半土”“爵会”等)；有些则为晚清中国士人学者所接受，也因此流传了一段或长或短的时间，最后才被其他新词语所替代（如“加非”“陆星”“巧星”“巴勒”等)；

有些则经过了漫长的一百六七十年的历史长河，在不同的时期，战胜各种不同新词，逐渐被人们接受，以致沿用至今（如“禁果”“长颈鹿”“议会”“可可”“群岛”“海沟”“恺撒”“尼布甲尼撒”“雅典”“巴黎”等)。

在好长的一段日子里，从 1958 年高名凯和刘正埮第一本外来词专著《现代汉语外来词研究》的出版，到 1980 年王力的《汉语史稿》、1984 年高名凯等编写的《汉语外来词词典》，由于种种原因，特别是没有机会使用 19 世纪上半叶新教传教士译著等语料，更由于学者不太注重词语的追根溯源工作，以致没能认清一些新词的身份，也把它们的出生年份、出生地与国籍给搞错了（王力，1980：516—521；参见周振鹤，2008a：147)，也因此错误地将创制它们的功劳归给日本人，或是晚清中国人。这篇论文主要是以郭实猎中文译著中之新词旧语作为例子，从而观察新教传教士在汉语词汇发展史上所扮演的承前启后的角色，重新奠定新教传教士在汉语词汇发展史上应有之地位，弥补汉语词汇发展史上空白的一页。

参考文献

Barnett, Suzanne Wilson 1973 *Practical Evangelism: Protestant Missions and the Introduction of Western Civilization into China, 1820 - 1850*. Ph.D. thesis, Harvard University.

Bridgman, Elijah C. 1841 *A Chinese Chrestomathy in the Canton Dialect*. Macao: S. Wells Williams.

Gützlaff, Charles 1838 Labors of Rev. Mr. Gützlaff. In *Thirteenth Annual Report of the American Tract Society*. New York: American Tract Society.

Lai, John T. P. 2016 "Supreme Nation": The British Image in Karl Gützlaff's Novels *Shifei lüelun* and *Dayingguo tongzhi*. In Gang Song(ed.), *Reshaping the Boundaries: The Christian Intersection of China and the West in the Modern Era*. Hong Kong: Hong Kong University Press.

Masini, Federico 1993 *The Formation of Modern Chinese Lexicon and Its Evolution toward a National Language: The Period from 1840 to 1898*. Berkeley: University of California Press.

Morrison, Robert 1822 *A Dictionary of the Chinese Language, in Three Parts*, Part III. Macao: Honorable East India Company's Press.

Murray, Hugh 1839 *The Encyclopædia of Geography*. Philadelphia: Lea & Blanchard.

Pan, Scott Shao-chi 1987 *An Appraisal of Karl (Charles) Gützlaff and His Mission: The First Lutheran Missionary to East-Asian Countries and China*. M. Th. thesis, Lutheran School of Theology at Chicago.

艾儒略，1995，《西学凡》，《四库全书存目丛书》子部第 93 册，济南：齐鲁书社。

艾儒略，1996，《职方外纪校释》，谢方校释，北京：中华书局。

艾儒略，2002，《天主降生言行纪略》，钟鸣旦等（编）《耶稣会罗马档案馆明清天主教文献（第四册）》，台北：台北利氏学社。

爱汉者，1834，《诚崇拜类函》，新加坡：坚夏书院。

爱汉者，1835，《是非略论》，马六甲：英华书院。

爱汉者，1836a，《赎罪之道传》卷二，新加坡：坚夏书院。

爱汉者，1836b，《耶稣之宝训》，新加坡：坚夏书院。

爱汉者，1836c，《正教安慰》，新加坡：坚夏书院。

爱汉者等（编），1997，《东西洋考每月统记传》，黄时鉴整理，北京：中华书局。

贝青乔，1968，《咄咄吟》，台北：文海出版社。

博爱者（编），1817，《察世俗每月统记传（卷三）》，马六甲。

博爱者（编），1820，《察世俗每月统记传（卷六）》，马六甲。

博爱者（编），1821，《察世俗每月统记传（卷七）》，马六甲。

蔡鸿生，2003，《清代广州行商的西洋观——潘有度〈西洋杂咏〉评说》，《广东社会科学》第1期。

陈力卫，2008，《马礼逊〈华英、英华辞典〉在日本的传播和利用》，张西平等（编）《马礼逊研究文献索引》，郑州：大象出版社。

戴念祖（编），2001，《中国科学技术史：物理学卷》，北京：科学出版社。

董含，2000，《三冈识略·卷四·李笠翁》，《四库未收书辑刊（四辑·贰拾玖册）》，北京：北京出版社。

方维规，2002，《“民族”辨——兼论民族主义与国家》，陆晓光（编）《人文东方：旅外中国学者研究论集》，上海：上海文艺出版社。

冯天瑜，2004，《新语探源——中西日文化互动与近代汉字术语生成》，北京：中华书局。

高名凯、刘正埮，1958，《现代汉语外来词研究》，北京：文字改革出版社。

高名凯等（编），1984，《汉语外来词词典》，上海：上海辞书出版社。

郭实猎，1834a，《大英国统志（燕京）》，出版地、出版社不详。

郭实猎，1834b，《救世主耶稣基督行论之要略传》，新加坡：坚夏书院。

郭实猎，1838，《古今万国纲鉴》，新加坡：坚夏书院。

郭实猎，1839a，《圣书注疏》，新加坡：坚夏书院。

郭实猎，1839b，《犹太国史》，新加坡：坚夏书院。

郭实猎，1840a，《救世主耶稣新遗诏书》，出版地、出版社不详。

郭实猎，1840b，《贸易通志》，新加坡：坚夏书院。

郭实猎，1844，《万国地理全集》，香港：福汉会。

黄河清（编），2010，《近现代辞源》，上海：上海辞书出版社。

黄兴涛，2000，《近代中国汉语外来词的最新研究——评马西尼〈现代汉语词汇的形成〉》，《文化史的视野》，福州：福建教育出版社。

黄兴涛，2002，《“民族”一词究竟何时在中文里出现?》，《浙江学刊》，第

1期。
季平子，1998，《从鸦片战争到甲午战争》，上海：华东师范大学出版社。
近现代汉语新词词源词典编辑委员会（编），2001，《近现代汉语新词词源词典》，上海：汉语大词典出版社。
雷梦水等（编），1997，《中华竹枝词》，北京：北京古籍出版社。
李晓杰，2009，《十九世纪早期来华新教传教士所描绘的英国：〈大英国人事略说〉与〈大英国统志〉》，复旦大学历史系、出版博物馆（编）《历史上的中国出版与东亚文化交流》，上海：上海百家出版社。
李渔，1991，《李渔全集（第九卷）》，杭州：浙江古籍出版社。
李约瑟，1986，《江苏的光学技艺家》，潘吉星（编）《李约瑟文集》，沈阳：辽宁科学技术出版社。
李志刚，1985，《基督教早期在华传教史》，台北：台湾商务印书馆。
利玛窦，2001，《坤舆万国全图》，朱维铮（编）《利玛窦中文著译集》，香港：香港城市大学出版社。
刘芳，1999，《葡萄牙东波塔档案馆藏清代澳门中文档案汇编（上册）》，章文钦校，澳门：澳门基金会。
刘斯枢，1995，《程赋统会·序》，《续修四库全书》第834册，上海：上海古籍出版社。
刘廷玑，2005，《在园杂志》，北京：中华书局。
罗明坚，2002，《天主实录》，《耶稣会罗马档案馆明清天主教文献（第一册）》，台北：台北利氏学社。
马礼逊，1812，《问答浅注耶稣教法》，广州。
马礼逊，1832，《古圣奉神天启示道家训》，马六甲：英华书院。
马礼逊、米怜译，1823，《神天圣书》，马六甲：英华书院。
马西尼，1997，《现代汉语词汇的形成》，黄河清译，上海：汉语大词典出版社。
内田庆市，1999，《“西学东渐”与近代日中欧语言文化交流——以〈伊索寓言〉的译介为例》，《词库建设通讯》（香港）第20期。

庞迪我、熊三拔，1996，《奏疏》(1616)，钟鸣旦等（编）《徐家汇藏书楼明清天主教文献（一）》，台北：方济出版社。

善德者，1837，《关系重大略说》，新加坡：坚夏书院。

苏若望，2002，《天主圣教约言》，《耶稣会罗马档案馆明清天主教文献（第二册）》，台北：台北利氏学社。

王丰肃，2002，《教要解略》，钟鸣旦等（编）《耶稣会罗马档案馆明清天主教文献（第一册）》，台北：台北利氏学社。

王力，1980，《汉语史稿》，北京：中华书局。

王韬，2001，《漫游随录》，上海：汉语大词典出版社。

魏源，1998，《海国图志》，陈华等点校注释，长沙：岳麓书社。

夏燮，1988，《中西纪事》，长沙：岳麓书社。

谢清高，2002，《海录校释》，杨炳南笔录、安京校释，北京：商务印书馆。

熊月之，1994，《西学东渐与晚清社会》，上海：上海人民出版社。

熊月之，1996，《〈海国图志〉征引西书考释》，钱伯城（编）《中华文史论丛（第五十五辑）》，上海：上海古籍出版社。

熊月之，2004，《鸦片战争以前中文出版物对英国的介绍——介绍〈大英国统志〉》，《安徽史学》第1期。

徐继畬，2007，《瀛寰志略校注》，宋大川校注，北京：文物出版社。

杨廷筠，2003，《代疑篇》，郑安德（编）《明末清初耶稣会思想文献汇编（第三卷）》第29册，北京：北京大学宗教研究所。

叶权，1987，《贤博编》，凌毅点校，北京：中华书局。

张荣（编），2016，《养心殿造办处史料辑览（第七辑·乾隆朝）》，北京：故宫出版社。

赵翼，1982，《檐曝杂记》，李解民点校，北京：中华书局。

中国第一历史档案馆、澳门基金会、暨南大学古籍研究所（编），1999a，《明清时期澳门问题档案文献汇编（二）》，北京：人民出版社。

中国第一历史档案馆、澳门基金会、暨南大学古籍研究所（编），1999b，《明清时期澳门问题档案文献汇编（一）》，北京：人民出版社。

钟兆华、白维国，1995，《红楼梦语言词典》，北京：商务印书馆。

周振鹤，2008a，《〈东西洋考每月统纪传〉在创制汉语新词方面的作用》，《逸言殊语（增订版）》，上海：上海人民出版社。

周振鹤，2008b，《知者不言》，北京：生活·读书·新知三联书店。

庄钦永（编），2015，《“无上”文明古国：郭实猎笔下的大英》，新加坡：新跃大学新跃中华学术中心，八方文化创作室。

庄钦永，2006/2007，《郭实猎〈万国地理全集〉的发现及其意义》，李金强（编）《近代中国基督教史研究集刊》第7期，香港：香港浸会大学。

庄钦永，2020，《郭实猎〈万国地理全集〉中的汉语新词》，《语文建设通讯》（香港）第122期。

庄钦永、周清海，2009，《基督新教传教士创制汉语新词的贡献（1807—1843）》，李金强等（编）《自西徂东——基督教来华二百年论集》，香港：基督文艺出版社。

邹振环，2007，《西方传教士与晚清西史东渐——以1815年至1900年西方历史译著的传播与影响为中心》，上海：上海古籍出版社。

《语言自迩集》中的清末北京话口语词及其贡献*

张美兰

《语言自迩集》（下文径称《自迩集》）是英国人威妥玛在华期间在中国人帮助下编写的一部供西方人学习北京官话口语的教材，1867年出版（第一版）。威妥玛以北京话口语为对象，第一次用西文字母给北京话口语标记声韵调，并对变调、轻声、儿化等各种语流音变现象做了记录和注解。本文对《自迩集》中的北京口语词进行了调查，在此基础上讨论该书所揭示的北京口语词面貌。本文所引《语言自迩集》文本，是张卫东依据《语言自迩集》（1886，第二版）的译本，所引处仅标注页码。口语是最方便的交际形式，口语词汇是交际的核心部分，学习北京官话的重要内容就是学习北京口语词汇。《自迩集》不仅记载了大量的口语词，而且注释了这些词的词义，可以说是较早的北京话口语词注解书。由于词汇的表意性质，词汇与地域、历史、文化、习俗等关系密切，因此《自迩集》在显示北京口语地域方言特点上也有着独特的价值。

一、大量记载了当时的口语词并注释了词义

《自迩集》所记口语大都出现在书中的第三章《散语章》、第四

* 原刊《北京社会科学》2007年第5期，第83—88页。

章《问答章》、第五章《谈论篇》、第六章《践约传》、第七章《声调练习》，少部分出现在第八章《词类章》。

1. 主要方式是随文作注

（1）这一座庙的势派儿不小呢。chê[4] i[2] tso[4] miao[4] ti shih[4] p‘ ai[4]-’ rh pu[4] hsiao[3] ni.【注】势派儿 shih p‘ ai-’ rh：可以用来说人，也可以用于任何庆典或队伍，诸如出大殡、婚礼等等。（p. 174）

（2）你若这样儿的不实诚，竟是明明儿的叫我再别往你家去的意思啊！【注】实诚 shih-ch‘ êng，实在的，可信赖的：不实诚 pu shih-ch‘ êng，虚情假义；在这里几乎可以说是“客套”（ceremoniously）。（p. 263）

（3）草鸡是下蛋，公鸡是打鸣儿。【注】打鸣儿 ta ming[2]-’ rh，啼叫：鸣 ming，任何鸟儿或兽发出的声：也表示其他声音；打 ta，充当动词。（pp. 300 – 301）

（4）我们才要动身往这儿来，想不到遇见个讨人嫌的死肉，刺刺不休，又不要紧，这么长、那么短的，只是说不完。【注】死肉 ssŭ jou，死了的肉，没有活劲儿的人：谁要是不小心让人说是个“死肉 ssŭ jou”，谁就会遭人厌恶。（p. 263）

（5）幸而昨儿，把所吃所喝的全吐了，不然，今儿也就扎挣不住了。【注】扎挣 cha[2] chêng，努力使自己支撑住。（p. 245）

（6）还有一种更不好的人，说父母上了年纪儿了，老背晦了，吵闹着强要分家的。【注】晦 hui[4]，景象暗淡模糊：老背晦 lao pei hui，老得是非颠倒、走向黑暗；老得只会说傻话、做傻事。（p. 225）

（7）请菜。我可不布，都没外人，自取罢。……我看诸公都不动筷儿，我不能不布一布。您何妨尝一尝？【注】布 pu，分发，分配。（pp. 210 – 212）

(8) 正经的事情上，丝毫不中用。若是淘气很能。一点儿空儿不给，常叫他在跟前儿服侍，还好些儿；若不然，就淘气的了不得，真是个闹事精！【注】淘气 t‘ao² ch‘i，蠢事傻话，调皮捣蛋，情绪高涨。(p. 243)

(9) 第二天带着可山的倭㑩，嘴里吹着喇叭，蜂拥的来了，把那庙团团围住，围的水泄不通，口口声声要莺莺出来答话。【注】可山的倭㑩，山上所有的匪徒。注意“可 k‘o”的特殊用法，在这里相当于“全 ch‘üan”，全部，或“满 man”，完全。比较下句：“可着身上都不舒服”，全身不舒服；“可着京城的道儿都不好走”，京城每一条道儿都是坏的；“可屋子全得（tei³）糊”，整个儿房间都必须裱糊。(p. 301)

(10) 你看这一件，颜色儿黑，毛道儿厚，又平正，而且风毛出得齐截，面子的缎子又厚，花样儿也新鲜，又合如今的时样儿。【注】齐截 ch‘i chieh，平整匀称，就像刀切的似的；又，表示完整，或准备就绪的状态。(pp. 237 - 238)

按：在《自迩集》中随文注释的北京话口语词多达 100 余条。我们将专文介绍，此不一一列举。

2. 在第七章《声调练习》中直接指出词及其词义

(1) 阿哥 a⁴ ko¹：(满语 a-gê) 哥哥。皇上的儿子称 ako；老大叫“大阿哥”，老二叫“二阿哥”，依此类推。(p. 342)

(2) 产业 ch‘an³ yeh⁴：财产；本指创造收益的。(p. 344)

(3) 砢碜 k‘o¹ ch‘ên³：指人或物，丑陋的，非常难看的。(p. 345)

(4) 刻搜 k‘ei¹ sou¹：搅扰；使烦恼。(p. 363)

(5) 吹嗙 ch‘ui¹ p‘ang³：吹牛皮，吹捧某人的才干、地位等。(p. 379)

(6) 哈什马 ha^4 shih^2 ma^3：蛙干，或类似可食的，产于满洲。(p. 355)

(7) 颟顸 man^1 han^1：拖拖拉拉，优柔寡断；两字从不分开用。(p. 355)

想来你是自己不觉罢咧。我实在替你害羞。与其这么颟顸着，索性把实在的光景告诉人家，他也好歇了心另外打算哪。【注】颟顸 man^1-han^1，闲混，没尽全力。这个双音节词里的两个字，彼此不能分开。(p. 231)

颟顸 man^1 han^1，拖拖拉拉的；反义词是"简决 chien chüeh"，迅速果断地做出决定。(p. 372)

(8) 打嘎儿 ta^3 ka^2' rh：玩球；嘎儿 ka' rh，一种木球，用球棍击打。(p. 362) 按：嘎儿，又称嘎嘎儿，一种儿童玩具，是一个蛋形木球。陈刚编《北京方言词典》(1985：83、49) 录为"尜尜儿"，又录有"打尜尜儿"。尜、嘎为同音异写体。

(9) 嘎杂子 ka^3 tsa^2 tzŭ：脾气烦人的家伙；不可爱的；很重的骂人的话。(p. 362) 按：《北京方言词典》(1985：89) 收有"生杂子 gǔ záz"。而"生杂子"当为"嘎杂子"的同词异写。

(10) 瞎咧咧 hsia^1 lieh^2 lieh^2：小孩子哀诉；成年人伤感地哀诉，即如其酒后说的话；又，胡说八道。注意：第一个咧 lieh 要重读。(p. 369)

他例有：

双生 shuang^{4}shêng^1：双胞胎。(p. 387)

没影儿 mei^2 ying^3' rh：没有迹象；字面上是，没有影子，或诸如此类的东西。(p. 401)

言语 yen^{2}yü^3：话；言论；口头语言。(p. 400)

咱的 tsa^{3} ti：为什么？为什么这样？(p. 394)

打盹儿 ta^{3} tun^{3}' rh：打瞌睡；小睡。注意：打 ta，在盹 tun^{3}之前近于 ta^{2}；儿 êrh 并入、同化为 tu-rh。(p. 393)

3. 释义既在随文作注（A）中出现，又在《声调练习》（B）中部分揭示

（1）A. 但只往这儿来了，无缘无故的，就这么样骚扰啊，我心里也不安哪！【注】骚 sao^{1}，本义是骚动，开始运动；烦躁不安，可以是主动的，也可以是被动的；这里读 tsao^{1}：骚扰 tsao^{1} jao^{3}，使人烦躁，给人带来麻烦。(p. 263)

B. 骚扰 sao^{1} jao^{3}：在北京话里，嘈扰 tsao^{1} jao^{3}，指惹来麻烦。(p. 383)

（2）A. 刚刚儿装得下。kang^{1} kang^{2}-' rh chuang^{1} tê^{2} hsia^{4}. 【注】注意第二个“刚 kang^{2}”的声调。(pp. 139－140) 刚刚儿和你的性情相对。【注】刚刚儿 kang-kang^{2}-' rh：恰好。(p. 155)

B. 刚刚儿 kang^{1} kang^{2} êrh：刚才；刚好儿。(p. 363)

（3）A. 我定规了明年出远门儿。wo^{3} ting^{4} kuei^{1} liao ming^{2} nien^{2} ch‘ u^{1} yüan^{3} mên^{2}-' rh. 【注】定规 ting kuei：定，已经决定或规定。规 kuei，作为行动的明确的方式。(p. 121)

B. 定规 ting^{4} kuei^{1}：制定规章；确定规程。(p. 391)

4. 解释整个句义中涵盖了对词义的解释

（1）谁想，张生心里是七上八下的，看什么都不合式，就靠着桌子找寻他们的不是。【注】找寻他们的不是，找毛病，试图把他们置于错误之地，寻找他们的［不是］。(pp. 296－297) 按：找寻，指故意挑毛病，寻衅。不同于一般的“寻找”，是北京地域口语词。

（2）他两个儿子没有一个是材料儿的，这宗儿样儿的人我决不要他们咯。【注】材料 ts' ai²liao，字面上是，物料儿；他们两个没有一个是好的、有用的材料做的，就是说，不是忠诚的人。（p. 185、187）按：不成材料，比喻人不中用。人没本事。有贬义的成分。

（3）牲口身上驮的东西就叫“驮子 to⁴-tzŭ”。驴驮子，骡驮子，都说得，马驮子可不说。（p. 106）牲口驼的东西叫“驮子 to⁴-tzŭ”，那是头里说过的；人肩膀儿上挑的东西叫“挑子 t' iao¹-tzŭ”；人背上背的东西叫“背子 pei¹-tzŭ”。（p. 131）按：驮子，牲口驼的东西。

（4）那饭得了罢？还没得 tê²，得' tei³一会子呢。那么咱们还上街走一走罢。【注】我想那饭做好了罢？罢，在这里等于英语的“Eh?”。（p. 90）按：这儿“好了”就是对北京口语词“得了”的解释。同时对句末语气词“罢”也从编者母语英语的角度对习得的第二语言汉语进行语用方面的解释。

（5）别给丢那一根棍子。pieh²kei³ tiu¹na⁴ i⁴ kên¹kun⁴-tzŭ.【注】我们也可以说“别丢那根棍子 pieh tiu na kên kun-tzŭ”（don't lose that stick，别遗失了那根棍子），但是，在南方官话里，这句话的意思就是“不要扔它（don't throw it away，别丢弃它）”。（p. 127）按：这里指出相对于南方官话的“扔”，北京话则说“丢”。说明了“丢”的地域特征。至今“扔”“丢”还是这么南北分布着。《北京土话》（1991：98）中有：“丢，失落也，遗失也。……北京用此字时极多。如失落物件曰‘丢了东西’。”

（6）他们俩很对劲儿。t' a¹ mên lia³ hên³ tui⁴chin⁴-' rh.【注】他俩相处得（融洽，和谐）非常好。字面上是：他们俩力气相当。最初这种说法据说是这么发现的：他们的力气既然相当，不分彼此，于是就不必想着向对方吹牛，就能相处融洽了。（p. 163）按：该注文中解释了“对劲”一词语义的认知来源。

(7) 这个光景可了不得：情形可怕。光景 kuang ching^{3}，情况，环境；“景”单用，更精确地说，可适用于指风景，景色。(p. 191) 拆开一看，就说：呀！怎么还是一首诗呢？详细看完了恍然大悟，说：光景是今儿晚上来看我的病。【注】光景是，很可能是，情况表明是。(pp. 312－313) 按：光景，作名词用，指情形，情况。在明代已有此义。但是用作副词表“可能”“大概”，这是清代新出现的用法。

(8) 他没落儿了。t‘ a^{1} mei^{2} lao^{4}-’ rh liao.【注】译按：英文课文的意思是：他无家可归（或，他没有可以求得帮助或庇护的人和地方），被抛弃在世界上。(p. 140) 按：“没落儿”，又作“没落子”，没有着落。《官话指南》中有：“听着，有一个乡下人很穷，没落子，心里盘算，打算要上京当老公去，又尊贵，又弄钱，这么着他就到了京里，拜在一个老太监门下当徒弟。”

二、指出了北京口语词的特殊表达特点

《自迩集》记录了当时北京口语词的口语读音，如邀（称）、大夫的“大”、颜色的“色”、辩嘴的“辩”等。也记录了当时北京口语词的特殊用法，如“所”“趴虎儿”等。

1. 北京口语词流行的表达或特有的表达

(1) 称一称昨天买来的米。ch‘ êng^{1} i^{4}ch‘ êng^{1} tso^{2} t‘ ien^{1}mai^{3}lai^{2} ti mi^{3}.【注】也可以说“约一约 yao^{1} i yao^{1}”，而且这样说也许更流行些。(p. 95) 称 ch‘ êng^{1}，是用秤去约重量；“平一平 p‘ ing^{2}i p‘ ing^{2}”，是用天平去称重量。小提秤另有叫法。(p. 95) 按：称，可以说“平”，但北京口语多说“约”或“邀”。至今如此。白宛如（1979：

176）指出“邀”，通常写作“约”，其本字为“䕶”：《广韵》药韵，䕶，忧缚切，“度也”。《集韵》也写作“蒦”。

（2）不是在大名府那个地方儿遇见贼了么？不是贼，是乡勇变了。【注】乡勇 hsiang yung，乡间勇士。变 pien，转变，变换，这里是兵变（mutinied）。（p. 430）不论甚么差使，一扑纳心儿的办，勇往向前行了去。【注】勇 yung^3，勇敢；又，一个“勇”，或指非正规兵。（p. 223）按：清末“勇”即地方武装的士兵。威妥玛在随文作注中注出了“勇”的这一特殊意义。日本汉语教材《急就篇》（1904）有用例：“常备军调到河南去了，勇大概都裁了罢。”

（3）船家说：今儿站船要早些儿，前边儿河底下有个漩窝，这时候儿风刮得利害，小心些儿，到草桥我们就好湾船了。【注】站船 chan^3 ch‘ uan，抛锚，进港停泊。注意“站 chan”的声调。这可能是北方话特有的表达方式。（pp. 319－320）

（4）这人我所不记得：这个人是这么一个人，是我不记得的一个人；加“所 so”有加强肯定语气的作用。（p. 191）我好些天总没看书，《通鉴》是差不多忘了，那《汉书》所全忘了。【注】所全忘了，几乎全忘记了；所 so，在这里用作如“全 ch‘ üan”（全部，全都）那样的加强语意的词；这种表达方式是北京话特有的，外地人几乎弄不懂。（p. 432）

按：所，副词，全也。“所”的这个用法在清末民初的域外汉语教材、小说中多见，如《北京官话伊苏普喻言》（4 例）、《官话指南》（9 例）、《生财大道》（10 例）。这是一个比较陈旧的词，现在少用。周定一（1979）在《所字别义》中指出：这个“所”在 20 世纪中期年岁较大、土生土长的北京人当中还在使用，但现在北京话中已经听不到了，也不见报道于其他方言。《自迩集》给予注释，这一信息很宝贵。在清末外国人编的汉语教材，清末民初反映日常生活的京味小说中有一些用例。

（5）当时又有个和尚，是个一只虎，也跑来看莺莺，不料被斧子头儿绊了个太趴虎儿。【注】一只虎，一只眼是瞎的；北京俗语；可用以指“一只眼的人”。趴虎儿 p‘a^{1} hu-’ rh；字面上是，蹲伏着的老虎；俗语指跌倒摔扁了脸的人：趴 p‘a，未被本地字典所承认。（pp. 297－298）

2. 北京口语词语音上的特殊表达

（1）大夫挂匾了。tai^{4} fu^{1}kua^{4} pien^{3} liao.（p. 160）自从有病，那个大夫没治过？【注】大 tai^{4}，只在“大夫 tai-fu”一词里这么读，医生。（pp. 248－249）按：“大夫”的“大”读 tai^{4}。是当时北方人对医生的专称。南方当时用“郎中”或医生。《官话指南》中有：“我们的大夫都是行本地的医道，不通外国的医术，您请施医院的德大夫来治，那不是很妙么。”《官话指南》中有 23 例“大夫”，在南方官话九江书会版中有 10 例被改为“郎中”，11 例被改为“医生”。《官话类编》第 92 课：“请大夫/医生/郎中怎么请得及？”【注】“大夫 is used in the North for physician, but not in the South. It is heard in Western, but not in Eastern Shantung. How it came to supplant the more regular and proper term 医生 is not certainly known. 郎中 is the common term in the South, and is also found in books. It probably came into use in the same way as 大夫.”（第 249 页）。这也反映出当时的北方话用的是“大夫”。《自迩集》还把口语语音给记载下来了。

（2）那可过逾费心了！可就是分量太沉，我提溜不动，怎么好？【注】提溜 ti^{1} liu^{1}，用手提着，带在身边或从地上提起：本短语中“溜 liu”的涵义难以揭示；这或许是北方口语所特有的。注意：提

ti^{1}，不读 t‘ i^{2}，同于第四章，问答章之二，36。（p. 286）按：“提溜”，亦作“提留”“抵溜”“滴溜”，皆同词异写，可证“提”的读音。如元代无名氏《错立身》戏文第 12 出“空滴溜下老大小荷包”，蒲松龄《富贵神仙》俚曲第 6 回“伸过来一只妙手把官人抱挡，就像是那二三岁的孩子，轻轻的一把儿抵溜”。

（3）底根儿。ti^{4} kên^{1}-’ rh.【注】注意：“底”是 ti^{4}，不是 ti^{3}。（p. 127）我们俩，底根儿相好，而且又连了几层亲，如今许多年没得见面儿了。【注】底根 ti^{4}kên^{1}，在根儿上，从一开始。（p. 229）按：“底根儿”之“底”读第四声，非第三声，威妥玛注音甚确，故该词又作“蒂跟儿、地根儿”等词形写法。《北京话词语》（2001：215）收有该条，但引例晚。据考证，时间副词“底根儿”表示原来、最初之义，在元曲已有用例。马致远《吕洞宾三醉岳阳楼》第一折有“（正末唱）我底根儿把你来看生见长”。今天北方有些地区口语中仍有使用。

（4）前儿个，顶城门儿就起了身，直走到晚上，才到了坟上。【注】顶城门儿 ting ch‘ êng mên-’ rh，如同说城门还没开，我的脑袋已经“顶 ting”（碰上了）。（pp. 265－266）按：顶（dīng）有“担当、支持”或“到（某个时间）”义，且读第一声 dīng，是 dǐng 的变调。《北京话词语》（2001：227）收有该条，但引例晚。

（5）你这小少爷才是仨鼻子眼儿多出口气儿呢！梦见什么说什么，尽拉些个老婆舌头，太多嘴了罢！【注】注意：“仨”音 sa^{1}，不读 san。（pp. 314－315）按：仨，“三个”的合音，清代才出现的用法。也有写作“三”的。车王府鼓词曲本《西游记》：“师父今又遇妖精，咱们三，快些前去将他救。”也有写作“萨”的。车王府鼓词曲本《西游记》：“咱们萨，疾速上前快动手，拿住如来佛世尊。”

（6）尾 wei^{3}，尾巴或末端，口语说“尾巴 i^{3} pa”。（p. 253）尾巴 i^{3} pa^{1}，兽尾，鱼尾，等等。注意“尾 i^{3}”本音 wei^{3}。（p. 360）按：今天北方口语仍读为“尾 i^{3}”。

（7）喳 cha^{1}，与其说是 cha^{1} 不如说是 dja^{1}，满洲话的一个音，相当于：是，先生，或太太。（p. 129）

（8）咱们 tsan^{2} mên^{1}，我们；更通行的音是 tsa^{2} mên。（p. 394）按：可见北京口语中“咱们 tsan^{2} mên^{1}”连读变调为“tsa^{2} mên”，时来已久。

（9）就是天天儿听了这些谗言，耳濡目染，到心里都装满了，一时间不能忍、以致于打架辩嘴，就成了雠咯。【注】辩 pan^{4}（本义和常用义读 pien^{4}），辩论：只在这个短语中读 pan，辩嘴 pan-tsui，争辩，争吵。（p. 226）

（10）红颜色。蓝颜色。hung^{2} yen^{2} sê^{4}. lan^{2} yen^{2} sê^{4}.【注】色 sê：又读 shai^{3} 或 shê^{4}。（p. 137）

三、为编写北京方言词典提供了较好的早期文献资料

关于北京话口语词，已有以下几部词典：金受申编《北京话语汇》、陈刚编《北京方言词典》、宋孝才编著《北京话语词汇释》、徐世荣编《北京土语辞典》、齐如山的《北京土话》、傅民和高艾军合编的《北京话词语》、杨玉秀的《老舍作品中的北京话词语例释》。《自迩集》中北京话口语词的大部分在这些词典里都有不同程度的记载（另有少数是未见于以上诸词典的口语词），而这些词典除了杨玉秀的《老舍作品中的北京话词语例释》外，没有文献例证。《自迩集》为系统研究北京口语词提供了较丰富的早期书面例证。

(1) 你们既然是念满洲书，就该一扑纳心儿的学，像这么样儿的充数儿、沽虚名，多咱是个了手啊?【注】一 i，专一的；扑 p‘u，向前跃动；纳心 na hsin，奉出你的全心。(pp. 217－218)

(2) 这件至不济，也值三百两银子。【注】至不济 chih pu chi^4，最不完满的，离完善最远的，加强语气：济 chi，完成，达到。(pp. 237－238)

(3) 琴童大声说：你们起开！别挡着道儿！(p. 291) 嗐！起开罢，让我过去！把那玩童［意］儿搁开些儿，别占这么宽地方儿！(p. 300)

(4) 他小时候儿在街上玩儿，我常看见他。他小时候儿是老实阿，是琉璃呢?【注】琉璃 liu li，滑头，不老实，躲躲闪闪、难以捉摸，不正直的，靠不住的。琉璃 liu li，字面上是“琉璃球儿”；引申为隐喻滑头的家伙，通常叫“琉璃球儿 liu li·ch‘ iu^2-’ rh”。(pp. 185－187)

按：例（1）“一扑纳心儿：全心全意”；例（2）“至不济：起码，最低限度，最差景况，至少”；例（3）“起开：让开，走开。时含厌烦意味，带呵斥口气”；例（4）“琉璃：形容圆滑、奸诈的人”。诸字典不载该词或仅有词条，无例句。

其他例有“挤顾：挤眼睛”（p. 243）、“挤对：迫使，逼迫，使人为难”（p. 303）等，此不一一列出。

(5) 起初我见他的时候儿，待人儿很亲热，又很爽快。相貌又体面，汉仗儿又魁伟，伶牙俐齿的，真会说话儿，我看着很羡慕他。【注】汉仗 han chang，身材，好人。(pp. 230－231) 他生来得安静，学问渊博，行动儿，汉仗儿，都出众，差使上又勤。居家过日子，是一扑纳心儿的勤俭。【注】汉仗 han-chang-’ rh，好小伙儿。(p. 227) 这秀才是个小汉仗儿，相貌倒很秀气，为人谦恭和蔼，又是文武全才，真是没有人不佩服他。(p. 289) 按："汉仗儿"，褒义词，在《自迩集》中出现 3 次，注解 2 次，指 (A) 男子汉的仪表、气概。(B) 形容小伙子的好身材或好品质。而许多词典对这个词关注不多，尤其对"好小伙子"这一义项很少提及。

(6) 您 nin^2，更普遍的是说：你纳 ni-na，这又是你老人家 ni lao jên chia 的缩略形式；文雅的说法，"你纳我的老人家"，对先生或女士都可以用。(p. 129) 按：您纳、你纳在《语言自迩集》(1867，第一版) 中多用，是目前见到的使用信息较早的文献。

(7) 我现在饿了，你们替我把这个衣裳出脱了，买些个酒菜儿来大家伙儿吃，好不好？【注】出脱，脱手，既可以是典当，也可以是卖掉。(pp. 287 – 288)

(8) 这一次考笔帖式，递了名字没有？【注】笔帖式 pi-t' ieh-shih，源于满洲语 bitgheshi，抄写员、书记员。递 ti^4，向……自荐，呈请。(p. 218)

(9) 若像你们糊里麻里的，不得准儿就说了，使得么？【注】糊里麻里的 hu^2-li-ma^2-li-ti，杂乱无章的样子。(p. 232) 按：该词又作"胡哩吗哩"，例如：说是诊脉，其实不过使指头混摩一回，胡哩吗哩的，开个药方儿，拿上马钱去了。【注】胡哩吗哩 hu^2-li^4-ma^1-li^3，忙忙碌碌的；本句无法分析；胡哩吗儿的 hu-li-ma^3-' rh-ti，也常用。(p. 250)

(10) 最仁爱、又最护众，见了人家有苦处，就像是他自己的一个样儿，很着急，必定尽着力儿搭救。【注】护众 hu chung，宽厚的，有善心的。(pp. 223 – 224)

按：例 (7) — (10) 中的"出脱、笔帖式、糊里麻里、胡哩吗哩、护众"等词，几部字典均未收录。其他词条如"行乐图：图画"

（p. 305）、“馕搡：暴食”（p. 225）、“接：（介词）自，从”（p. 207）均没有在词典中见到。此不一一列举。由此也反衬出《语言自迩集》所见北京话口语词的重要性。

北京方言词汇研究一直未得到学界的关注，除了杨玉秀《老舍作品中的北京话词语例释》所做个人作品专题研究外，历时研究的专文比较散见。词汇不像语音和语法那样有明确的系统性，而且北京话方言口语的词汇材料比较分散，需要我们做这方面的工作。《语言自迩集》揭示了百年前北京话口语词的面貌，为同期其他北京官话资料中的词义提供了解释。

根据上文我们对《语言自迩集》中词汇的分析，基本了解了百年前北京话口语词的面貌。它不仅大量记载和注解了当时北京口语中特有的词语、特有的读音或特殊含义，对我们阅读同期北京话口语资料提供了帮助；而且作为早期北京口语的封闭性语料，保留了北京方言词的主要特征，为我们提供了数量相当多的、体系相对完整的、相对封闭自足的材料，可以为我们划分北京口语特征词提供早期的资料。同时，它对认识北京方言的历史面貌，认识相关方言区之间的联系，无疑有着极为重要的意义。

参考文献

白宛如，1979，《北京方言本字考》，《方言》第 3 期。

陈刚（编），1985，《北京方言词典》，北京：商务印书馆。

高艾军、傅民（编），2001，《北京话词语（增订本）》，北京：北京大学出版社。

齐如山，1991，《北京土话》，北京：北京燕山出版社。
威妥玛，2002，《语言自迩集——19 世纪中期的北京话》，张卫东译，北京：北京大学出版社。
周定一，1979，《所字别义》，《中国语文》第 5 期。

早期西人汉语教学文献的词汇语料价值[*]

——以《语言自迩集》对《汉语大词典》之书证补益为例

宋　桔

17—19 世纪是中外语言、文化接触的一个高峰。贸易、宗教和政治活动对日常交流的急切需求推动了汉语学习的热潮，来华西人面临的汉语交流障碍与当时紧缺的汉语教师和教材又催生了一批西人著汉语口语教学文献资料。

对于此类文献中词汇语料价值的重视始于 20 世纪四五十年代日本近世汉语学界对西洋人汉语官话学习文献的研究①。国内研究中，20 世纪末 21 世纪初国际汉学、汉语教育史等领域开始的对此类文献个案的探索推动了学界对此的重视②。同时，从早期的翻译汇编③，

---

* 原刊《语言研究集刊（第二十七辑）》（上海：上海辞书出版社，2021），第 284—307 页。

本文研究得到教育部人文社科一般项目（19YJC740067）的资助。文章撰写过程中得到了徐文堪教授、内田庆市教授等学者的帮助，致以诚挚感谢。文中若有错谬之处，均由作者负责。

① 如太田辰夫（1950）、香坂顺一（1964，1997［1983］）、尾崎实（1965）等。

② 蒋绍愚（2018：44）呼吁："对汉语域外资料的收集、整理和研究是近代汉语研究的一个重要方面，这方面的工作是大有可为的。"徐时仪（2013：66）提到：这些教科书"多以当时的共同语为标准，具有一定的典范性，是研究近代汉语的极好材料"。

③ 如威妥玛（2002）、张西平（2003）及瓦罗著《华语官话语法》（2003）、汪维辉编《朝鲜时代汉语教科书丛刊》（2005）等。

到近期大批一手文献的影印出版①，文献资料方面的深入逐步打破了国内研究与之在地域上、语言间的隔阂，使之成为真正可资利用的词汇语料。

一、《自迩集》之词汇语料研究与《大词典》

《语言自迩集》（1867/1886/1903）是19世纪西人汉语口语教科书的杰出代表。它诞生于南北官话竞争的时代，主编威妥玛将“剔除了北京方言中土话成分的北京话”（《序言》1. 1，p. vi）确定为教学目标语②。该书含三版九卷近百万字，历时近40年的修订。内容涵盖语音、词汇、语法诸方面，包括音节章、部首章、（续）散语章、问答十章、谈论百篇、践约录、词类章、声调章等。被誉为亟待开发的北京官话口语语料的“富矿”（威妥玛，2002：1）。

在该书的词汇语料研究方面，尾崎实（1965）较早整理了该书部分语汇的索引，内田庆市等发表了《自迩集》第一版中文部分完整的词汇索引及系列研究文章（内田庆市、冰野步、宋桔，2015）。国内相关研究主要集中于书中词汇的举例及特点总结，如张美兰（2007）强调了该书所存词汇的口语性；张美兰、陈思羽（2006）对清末民初北京口语中的话题标记的比较整理利用了该书词汇；党静鹏（2011）例证了《自迩集》中词汇类型的丰富性。宋桔（2013）结合《自迩集》诸版本的文献调查情况总结了该书所存资料的特点为“双

① “早期北京话珍本典籍校释与研究”项目的阶段性成果“早期北京话珍稀文献集成丛书”自2016年开始陆续影印出版，涉及《语言自迩集》《官话指南·改订官话指南》《官话类编》等。

② 有关19世纪汉语南北官话竞争，威妥玛、密迪乐等西人对于南北官话的态度可参见保罗·辛克莱尔（Sinclair，2003）、宋桔（Song，2020）。

语、多版本、非均质”。同时，汉语史语料的专题研究也关注到《自迩集》等早期域外汉语教学文献[①]。然而，《自迩集》的词汇资料尚未得到全面的整理，也并未进入大型语文辞书的视野。

《汉语大词典》（1986—1993，简称《大词典》）收词达 37.5 万余条，然而，受历史条件所限，这些词条所依据的资料皆来自手工搜集整理的“800 多万张资料卡片”（徐文堪，1994：37）。《大词典》的官方修订亦一直围绕着资料的完善与精进。《汉语大词典订补》提出要“从出土简牍帛书，佛教典籍，历代碑刻墓志，敦煌吐鲁番文书，元、明、清通俗小说和戏曲作品中增补”语料（汉语大词典编纂处，2010：1379）。2018 年 12 月《大词典》（第二版）第一册出版，据江蓝生（2019：3）介绍，第二版“新利用了汉译佛典、出土文献、中古汉语和近代汉语四大板块的资料”。然而，早期汉语教学文献仍有待新一轮《大词典》编纂修订工作的关注。

《近代汉语词典》（2015，简称《近汉词》）专注于唐代至清代古籍中出现的口语词，在很多方面实现了对《大词典》的修订。该书收词的“上限是唐初，下限为鸦片战争以前（即清代中叶）”（白维国，2015：序言 1、5），故从时间上排除了《自迩集》等文献资料。同时，该辞书利用的语料库资源亦以传世文献为主，多未收录西人汉语著述。因此，《自迩集》等文献资料也未能进入《近汉词》的书证体系。

以《自迩集》为代表的近代西人汉语教学文献大多处于清末民初这一历史时期，可以为这一阶段的汉语词汇研究提供可靠的参证语料和多重证据。如蒋绍愚（2019：65）所言，“清末民初是汉语发展的一个重要阶段，在这个时期，中国社会发生了剧烈的变化，汉语也

---

① 如《汉语史语料学》《近代汉语词汇学》都提到了“教科书类”“会话书类”，列举了《语言自迩集》《官话指南》《汉语入门》等文献。

有很大的发展变化”，不应成为一个“三不管”地带。

将此类文献的词汇语料应用于辞书的书证体系需要以明确的专书资料研究为基础。《自迩集》的已有研究①为此打下了基础，现将该书资料利用中的要点总结如下：

1）重视不同版本的内容差异。从宋桔（2015）的版本比对来看，初版的中英文内容在第二版上曾出现局部或全局性的修订。同时，要注意区分这些修订是否为词汇历史沿革的体现。

2）利用可靠、丰富的双语资料。《自迩集》中文文本的可靠性主要依赖于应龙田、于子彬及其他未具名的本土知识分子参与该书内容的广度及深度②。同时，英文部分从文本对译、同义词对比、语用说明等多个角度提供了当时西人的语义解读。

3）明确不同章节的非均质性。宋桔（2013）指出该书的问答章、散语章、词类章是由中西人士共同编写完成的，是对语言事实的观察与记录，属“共时资料”③。谈论篇的底本是满汉合璧“清文指要”系列文献④，虽经过了改写，但《自迩集》中这部分用词的时代

① 中外学界针对《自迩集》个案的相关研究为本文奠定了深厚的基础，如六角恒广(1992［1988］)、张德鑫（2002)、张卫东（2002)、内田庆市（2009，2015)、宋桔(2015）等。

② 威氏在序言中提到多位本土知识分子对该书的贡献。其中具名的仅2人。满人于子彬直接创编了“践约录”的初稿，但我们对其生平尚未明确。对威氏汉语教师应龙田的具体考证详见宋桔（2012）。

③ 太田辰夫（1987［1958］：374—375）从汉语史料学的角度提出了“共时资料”的概念。

④《自迩集》原文中曾出现《清文指要》的书名，但关于《自迩集》“谈论篇”的直接底本目前有两种意见。一是认为“谈论篇”即改写自《清文指要》(初版于1789年双峰阁刻本，另有1809年三槐堂本与1818年西安将军署本等)(参见张美兰，2013：10—11)。二是认为“谈论篇”并非直接改写自《清文指要》，而是来自由《清话百条》满语内容再编的《初学指南》(1794) 或《三合语录》(1829)(参见太田辰夫，1951：22)。我们认为威氏当时得到的满汉教科书应是《三合语录》中的一册，关于该问题将另文详述。以下我们先统称“谈论篇”的底本为“清文指要”系列文献。

性与地域性仍相对明显。

4）关联系列内容与同时代周边文献。威氏曾于1859年刊印试验课本《寻津录》及《问答篇》，《自迩集》流入日本后又出现了多部改写或模仿该书内容的官话教材，提供了相似内容异文对勘的可能性。同时，相近时代的汉外词典、教科书等也可为分析该书的词汇提供周边依据①。

以下，我们将以《自迩集》及相关资料为切入点，结合传世小说语料、与《自迩集》同时代的周边文献②，从补益缺失书证、提前首引书证年代、增补义项与词目多个角度来例证《自迩集》语料对《大词典》的补益。

二、《自迩集》对《大词典》书证补益举例

（一）提供缺失书证

《大词典》中部分词条仅有义项解释，但并无书证，或以自编例作为唯一书证。《自迩集》中某些双语例句或可成为这些义项的有力书证，以下略举三例。

(1)【打药】③

我想是停住食了、就服了一剂~~、把内里所有好啊歹的东西、都打下来了、这心里、才觉着松快些儿。

---

① 如马礼逊《华英字典》(1815—1823)、卫三畏的《汉英韵府》(1874)、翟理斯的《汉英字典》(1892)不仅是当时西人学习汉语的案头必备，也与《自迩集》及其编者相关。另如《官话指南》、《京话指南》(1887)等后继《自迩集》的北京官话教科书，也可在用词上与《自迩集》相互参照。

② 本文使用的语料库主要有北京大学中国语言学研究中心CCL语料库、关西大学近代汉语文献数据库、晚清期刊全文数据库、民国时期期刊全文数据库等，在此一并表示感谢。

③ 以下例句中与词目一致的词用“~~”代替，《自迩集》文献举例以典型性为标准，一般举一例。

（翻译）I thought the best thing I could do would be to abstain from eating altogether, and to take a purgative. （注释）i chi ~~, a dose of purging medicine.（一剂清火解毒的药，一剂泻药。）（《谈论篇》1.1, p.176；2.1, p.195；1.2, p.28；2.2, p.38）①

按：该词在《大词典》（1986—1993：6. 335）中列三个义项，前二分别为“买中药”和“指旧时走江湖的医生卖的药（多指医治跌打损伤的膏药）”，三为“泻药。亦指堕胎药”，此三义皆仅有释义，未举书证②。《近汉词》未收此词。

管见文献中可见清末民初小说用例，但多为“买中药”义，如《七侠五义》：“一日，方善上街给公于~~，在路上拾了一只金镯，看了看，拿至银铺内去瞧成色。”《红楼梦》：“贾蓉听毕话，方出来叫人~~去煎给秦氏吃。不知秦氏服了此药病势如何，下回分解。”

马礼逊（1815—1823）、卫三畏（1874）、翟理斯（1892）中未见该词。《自迩集》全书仅此一例，且出现在北京方言特征较重的“谈论篇”。经追溯，“打药”所在该句早在《清文指要》（1809、1818）刻本、《三合语录》（1830）中已现③，威氏的《问答篇》（1859）中亦沿用该词，至《自迩集·谈论篇》出现了明确的英文译文和注释。此外，《京话指南》④（1887：2. 195）也沿用了《自迩集》的例句，并将“打药”对译为“purge”（法语，泻药）。《增补华

① 英文引文后括号内为笔者的汉译，除英文引文前的“翻译”和“注释”是笔者为区分两个内容添加外，其他皆引自《自迩集》原文，著录出处为“章节名 版本. 卷数，页码”。《自迩集》原文繁简混杂，引文皆转录为简体，有特殊需要则注明《自迩集》原文字体。下同。

② 括号内的标记说明内容引自《汉语大词典》1986—1993年版第6卷第335页，下同。

③ 以上三种“清文指要”系列的文本参考自张美兰、刘曼（2013）的文本对勘。

④ 《京话指南》由法领事于雅乐（Camille Clément Imbault-Huart，1857—1897）编写，内容参考了《自迩集》与《官话指南》。

语跬步》（1908：123）的“药材”小节中出现了介绍性的文字可作为该语义的书证补充“大黄又叫川军是四川出的、顶好、是个~~”。

《自迩集》中“打药”一词用例数量虽少，但确定了该词在当时通行的情况，并较早地提供了明确为“泻药”义的双语书证。

（2）【使得/使不得】

那是我弄破的、可没有坏、收拾收拾还可以使得。那家伙弄坏了、使不得。（翻译）I broke it, but it is not utterly spoiled; it can be mended, and (or, if it be mended) then some use can be made of it. That article is so badly injured that no use can be made of it.（《散语章》2.1, p.60；2.1, p.46）

按：表“可以使用”的“使得”和“不能使用”的“使不得”在《大词典》（1986—1993：1.1330、1.1326）皆仅有自编例，分别为“这录音机使得使不得?”和“这个开关已经坏了，使不得了”。《近汉词》仅收“使不得”，表示“不能使用”的义项，下首引宋《朱子语类》：“辛幼安亦是个人才，岂有使不得之理!”笔者认为此例似也可做“不可以”解。《现代汉语八百词》（1980：495）中动词“使得”有三个义项，即“引起某种结果”“可以；能行”“可以使用”。管见历代文献用例多为前两义，表“是否可以使用”的用例殊不多见。

与历代文献的情况相近，马礼逊（1815—1823：1.99）、卫三畏（1874：872）列举的“使得”对译皆仅“It will do、It will answer”（能行，可以）。翟理斯（1912：1802）中“使不得”出现了两个义项，其一为“It can not be used（这不能使用）”，其二为“that will never do（这绝对不行）”，但均未举书证。

与《自迩集》相近时代的《官话指南》（1881：150）中出现了

较明确为“不能使用”含义的句子：“瞧有甚么使不得的东西、该倒的该扔的、就都倒了扔了。”同时，九江书会南方官话版《官话指南》（1900：3. 135）中，编者在原文“使不得”中“使”的旁边增加了双行并列的小字“用”，按该书的体例，此处指北京官话中表示“不能使用”的是“使不得”，而南京官话中是“用不得”。

据统计，《自迩集》第一版的“使得/使不得”均表示“可以/不可以”[①]，而在第二版“散语章”中新增了三个明确表“可以/不可以使用”义的例句[②]，说明了编写者对这一用法的明确与关注。

可见差不多在同一时期，英国和日本的驻北京公使馆的工作人员[③]都注意到北京官话中表“能不能使用”的“使得”与“使不得”的用法，《自迩集》中留下了较早的用例与明确语义。

（3）【彼此】

这么些日子才回来、渴想渴想。～～ ～～。

（翻译）What a time you have been away! I have been longing to see you. The feeling is mutual.（注释）Lit., these many days only then return! [I have] thirstily thought [of you]. We two, we two (in the relation of reciprocity).（字面意思，过了很多日子才回来！我已经非常想念你。我们也是。）（《散语章》2.1，p.112；2.2，p.180）

按：《大词典》（1986—1993：3.939）中“彼此”列二义，其一为“客套话，表示大家一样”，此义项下仅有一个自编例对话：“‘您

---

① 如：“总而言之、酒就是乱性伤身子的毒药、任着意儿喝、万万使不得。”（《谈论篇》1. 1，p. 177；2. 1，p. 196）

② 另两例为：“那饭碗使不得、又有六个破的。”（《散语章》2. 1，p. 61）“洗靴子温和水使不得。”（《散语章》2. 1，p. 66）。

③ 《官话指南》的编写者曾于1878—1880年在日本驻北京公使馆担任见习翻译，《自迩集》第二版的编写者威妥玛和禧在明（Walter Caine Hillier，1849—1927）也曾在英国驻北京公使馆工作。

老真是老当益壮，可佩！可佩！'‘～～ ～～！您也不比我差。’”《近汉词》未列此义项。

马礼逊（1815—1823：2120）、卫三畏（1874：674）仅列词条“彼此”，表示“你我”之义。翟理斯（1912：1095）将叠用形式的“彼此彼此”解释为“the same to you，a conventional reply to a compliment（和你一样，是一个常见的用于恭敬的回话）”，但未举书证。稍晚于《自迩集》的教学材料中亦出现了叠用用例，如《官话指南》（1893：39）：“啊，您就是许掌柜的，您照应点儿罢。～～ ～～”《增补华语跬步》（1809：279）：“久仰久仰。～～ ～～。请教贵姓？岂敢，贱姓李。”

历代文献中该词叠用，表示客套话的用例殊不多见，或属当时应答对话中的新兴用法。《自迩集》及之后教科书中的用例口语性都很强，其中《自迩集》不仅提供了较早的对话语例，而且明确了语义，并通过翻译和注释强调了该词表达的“相互性”。

（二）提前义项首引书证的年代

“第一个例句应尽可能选用时代最早的”是《大词典》追求的目标。结合已有的《大词典》补益研究及相关成果来看，《自迩集》词汇语料在这一点上仍有价值。当然，书证溯源常无法“毕其功于一役”，在《自迩集》中获取的文例也很难保证是最早的，但若能把首引书证的年代往前推一点，也是幸事。以下略举两例。

（4）【敢情】

～～是个姓张的、才刚又遇见了。

（注释）～～：it is extremely difficult to find an exact equivalent for this phrase in English；it is generally expressive of surprise at the realization of some fact in a manner different to expectation, though, as in the present instance, it does not seem to have a stronger force than our expression "turns out." Cf. the following：我原想是某人，～～是你呀，I thought it was So-and-So, but it turns out to be you instead.（敢情：很难在英语里找到一个能和这个词意义相等的短语。总体上看，这个词语可用来表达对于突然意识到某些与预期不同的事实时的惊讶情绪。如上例所示，这个词表达的语义并不比英语的"turn out"［转变、偏离预期］更强一些。比较下面的表达"我原想是某人，～～是你呀"，对应的英文翻译应该是"I thought it was So-and-So, but it turns out to be you instead"。）（《践约录》2.1，p.269；2.2，p.371）

按引出"原来没有发现的情况"的"敢情"在《大词典》中举例为20世纪初的《孽海花》："～～为了预备老佛爷万寿的事情，内务府请了去商量，说不定多早才回家呢。"

太田辰夫（1987［1958］：272）也曾指出"'敢情'这种写法直到清代还没有见到"，管见清代的北京官话小说中多用"敢则""敢是"，如《儿女英雄传》："那瘦子走到跟前一看，道：'怎么俩呀！'弯腰再一看，他就嚷将起来，说：'敢则是师傅！'"

与《自迩集》相近时代的教科书中，"敢情"的用例也略晚。如《官话指南》（1900：65）："当铺就卖给他了、赶他拿回家去一细瞧～～是个金表、后来他拾掇好了。"《增补华语跬步》（1908：236）："晚上在院子里纳着凉睡着了，忽然疼的我醒了一瞧，～～是蝎子蛰了手了。"

经原文对勘，我们发现《自迩集》第一版未见该词，但第二版

“践约录”中新增了三例[①]。上例的注释中，编者细致地描述了“敢情”的语义与使用语境，并将它与英语短语“turn out（转变、偏离预期）”做了对比，为该词提供了较早的明确用例。

（5）【一扑纳心】

听我的话、你们既然是念满洲书、就该~~儿的学。

（翻译）it's your business, now that you are studying Manchu, to give your whole mind to your work.（注释）扑，colloquially, of the forward movement one would make with one's arm to catch a bird, an insect, etc.: i, undividedly, p'u, making such a forward movement, na hsin, tender your mind.（“扑”口语词，用于描写一个人前倾，张开胳膊去抓鸟，“纳心”指温柔的心意。）（《谈论篇》1.1，p.210；2.1，p.225；1.2，p.4；2.2，p.255）

按：“一扑纳心儿”为满语词，指“一心一意”。《大词典》（1986—1993：1.100）中举例偏晚，首引老舍《四世同堂》：“现在咱们好容易勾上了冠家，还不~~的跟他们打成一气？”次引高云览《小城春秋》、李成瑞《农村调查的一段回忆》。《近汉词》未收此词。

《北京话语词汇释》（1987：762）中该词所举书证亦为现代文《四世同堂》。作为北京方言词，《自迩集》中该词用例集中于《谈论篇》。对照周边文献可知，以上三例的“一扑纳心”在“清文指要”系列中原作“一扑心儿”“一拿步儿”“扑倒身子”[②]，这些词皆为同义词[③]。可见作为满语音译词，该词的词汇形式在当时似未完全

---

① 另两例为：“忽见河面搅乱、~~是个大飑风刮起来了。”（《践约录》2.1，p.236）“张生打开一看、上头也是一首诗、念了半天才揣摩出里头的意思来、~~莺莺很有心要合他会面。”（《践约录》2.1，p.251）

② 对勘内容可参看张美兰、刘曼（2013：44、70、74）。

③ 释义请参见宋孝才（1987：762）、张华克（2005：209注38、139）。

固定。

由《自迩集》对该词的语义注释可知，威氏试图根据单个汉字的语义来解读这个词语，这样做对于一个满语的音译词并不妥当，但威氏对该词整体语义的把握还是正确的。《自迩集》不仅为该词提供了较早的丰富例证①，且通过英文部分明确了具体的语义。

（三）增补义项和词目

我们发现《自迩集》中的一些词目或义项未在《大词典》所列之中，结合《自迩集》及同时代的历史文献来看，或为《大词典》有待补充的义项或词目。以下略举一例：

（6）【套车】

这米、我量了不够五石、一个单套儿车足拉的了。在我说、这么些个不止五石、不是二~~、怕拉不了罢。

（翻译）According to my measurement, this rice does not amount to five piculs, and a one-horse cart will draw it perfectly well. In my opinion this quantity is not so little as five piculs, and I don't think that less than two beasts will draw it.（《散语章》2.1，p.102；2.2，p.151）

是单~~、是二~~。是二~~、为走得快。（《问答章》1.1，p.104；2.1，p.151）

那车是单套、是二套。老爷要快、必得二套的、现在的雨水大、道儿不好走、三套的也可以。（《问答章》1.1，p.84）

按：《自迩集》中出现了"单套车"（一头牲口拉的车）、"二套车"（两头牲口拉的车）和"三套车"（三头牲口拉的车）及它们的

---

① 其他用例如："居家过日子、是~~儿的勤俭、父母跟前又孝顺。"（《谈论篇》1.1，p.199；2.1，p.216）"有事不攀人、不论甚么差使、~~儿的办、勇往向前行了去。"（《谈论篇》1.1，p.204；2.1，p.220）

简略形式“单套”“二套”“三套”，且都集中于“共时性”的散语章、问答章。

清末民初小说中可见该义项用例，如《康熙侠义传》：“这日讨下令来，他派家人白祥押行李车四辆，白顺管粮饷车，自己带二~~三辆、驮轿一乘。”《雍正剑侠图》：“人们闪出一条路来，一辆花轮轳单~~，外首车辕上坐着一位三十多岁的少妇，长得很俊，满脸着急之色。”

管见与《自迩集》相近时代的教学文献中，《正音撮要》（1846：53）的词汇表中已有列举“三大套，三只牲口拉的”“四大套”，但无例句。在仿造《自迩集》编写的北京官话课本中也有应用，如《京话指南》（1887：83）：“老爷是要单~~、是要二~~。”《初学官话攻课》（1898：42）：“在我说这么些个不止五石，不是二~~怕拉不了罢。”

《大词典》《近汉词》中“套车”仅表动词义，指“把车套套在拉车的牲口身上，准备开始赶车”①。《自迩集》及周边文献用例可作为“用几匹马拉的车”这一义项的书证。

参考文献

Giles, Herbert Allen 1892 *A Chinese-English Dictionary*. London: B. Quaritch.

Imbault-Huart, C. 1887 *Cours éclectique graduel et pratique de langue chinoise parlée*. Péking: Typ. du Pei-t'ang.（《京话指南》）

① 此动词用法，《自迩集》也有用例，如“鸡叫的时候儿才~~”（《问答章》1.1，p. 104；2.1，p. 151）。

Morrison, Robert 1815 - 1823 *A Dictionary of the Chinese Language, in Three Parts*. Macao: Honorable East India Company's Press. (《华英字典》)

Sinclair, Paul 2003 Thomas Wade's *Yü yen tzŭ êrh chi* and the Chinese Language Textbooks of Meiji-Era Japan. *Asia Major* 16.

Song, Ju 2020 The Overture of Peking Pronunciation's Victory: The First Published Peking Orthography. *Journal of Chinese Linguistics* 48(2).

Thom, Robert 1846 *The Chinese Speaker or Extracts from Works Written in the Mandarin Language, as Spoken in Peking*. Ningpo: Presbyterian Mission Press. (《正音撮要》)

Wade, Thomas Francis & Walter Caine Hiller 1886 *Yü yen tzŭ ĕrh chi: A Progressive Course Designed to Assist the Student of Colloquial Chinese as Spoken in the Capital and the Metropolitan Department*. Shanghai: Statistical Department of the Inspectorate General of Customs. (《语言自迩集》)

Wade, Thomas Francis 1867 *Yü yen tzŭ ĕrh chi: A Progressive Course Designed to Assist the Student of Colloquial Chinese as Spoken in the Capital and the Metropolitan Department*. London: Trübner & Co.. (《语言自迩集》)

Williams, Samuel Wells 1874 *A Syllabic Dictionary of the Chinese Language*. Shanghai: American Mission Press. (《汉英韵府》)

白维国（编），2015，《近代汉语词典》，上海：上海教育出版社。

党静鹏，2011，《〈语言自迩集〉的词汇学价值》，《河北大学学报（哲学社会科学版）》第5期。

高小方、蒋来娣（编），2005，《汉语史语料学》，北京：高等教育出版社。

汉语大词典编纂处（编），2010，《汉语大词典订补》，上海：上海辞书出版社。

江蓝生，2019，《一次全面深入的修订——〈汉语大词典〉第二版第一册管窥》，《辞书研究》第4期。

蒋绍愚，2018，《近代汉语研究的新进展》，《陕西师范大学学报（哲学社会科学版）》第3期。

蒋绍愚，2019，《北京话和普通话》，《语言战略研究》第6期。
六角恒广，1992［1988］，《日本中国语教育史研究》，王顺洪译，北京：北京语言学院出版社。
罗竹风（编），1986—1993，《汉语大词典》，上海：汉语大词典出版社。
吕叔湘（编），1980，《现代汉语八百词（增订本）》，北京：商务印书馆。
内田庆市，2009，《关于〈语言自迩集〉的若干问题》，日本关西大学亚洲文化交流研究中心（编）《亚洲语言文化交流研究》，上海：上海辞书出版社。
内田庆市、冰野步、宋桔（编），2015，《語言自邇集の研究》，东京：好文出版。
宋桔，2012，《〈语言自迩集〉之协作者〈瀛海笔记〉之主角》，《或問》第22号。
宋桔，2013，《〈语言自迩集〉诸版本及其双语同时语料价值》，《语言教学与研究》第1期。
宋桔，2015，《〈语言自迩集〉的汉语语法研究》，上海：复旦大学出版社。
宋孝才（编），1987，《北京话语词汇释》，北京：北京语言学院出版社。
太田辰夫，1950，《清代の北京語について》，《中国語学》第34号。
太田辰夫，1951，《清代北京語語法研究の資料について》，《神戸外大論叢》第二卷第1号。
太田辰夫，1987［1958］，《中国语历史文法》，蒋绍愚、徐昌华译，北京：北京大学出版社。
太田辰夫，1995［1964］，《北京語の文法特點》，《中国語文論集（語学篇・元杂剧篇）》，东京：汲古书院。
瓦罗，2003，《华语官话语法》，姚小平、马又清译，北京：外语教学与研究出版社。
汪维辉（编），2005，《朝鲜时代汉语教科书丛刊》，北京：中华书局。
威妥玛，2002，《语言自迩集——19世纪中期的北京话》，张卫东译，北京：北京大学出版社。

尾崎实，1965，《〈語言自邇集〉解説〈語言自邇集語彙索引（初稿）〉》，《明清文学言語研究会会報》单刊 9。

吴启太、郑永邦，1900，《官话指南》，上海：美华书馆。

香坂顺一，1964，《旗人が教えた北京官話（1）》，《中国語学》第 146 号。

香坂顺一，1997［1983］，《白话语汇研究》，江蓝生、白维国译，北京：中华书局。

徐时仪，2013，《近代汉语词汇学》，广州：暨南大学出版社。

徐文堪，1994，《略论〈汉语大词典〉的特点和学术价值》，《辞书研究》第 3 期。

御幡雅文，1908，《增补华语跬步》，东亚同文会藏板。

张德鑫，2002，《威妥玛〈语言自迩集〉与对外汉语教学》，课程教材研究所（编）《对以英语为母语者的汉语教学研究》，北京：人民教育出版社。

张华克，2005，《清文指要解读》，台北：文史哲出版社。

张美兰，2007，《〈语言自迩集〉中的清末北京话口语词及其贡献》，《北京社会科学》第 5 期。

张美兰、陈思羽，2006，《清末民初北京口语中的话题标记》，《世界汉语教学》第 2 期。

张美兰、刘曼，2013，《〈清文指要〉汇校与语言研究》，上海：上海教育出版社。

张西平等，2003，《西方人早期汉语学习史调查》，北京：中国大百科全书出版社。

明恩溥《汉语谚语熟语集》的语料价值和熟语理念*

周 荐

一、东西方学者研究的回顾

汉语熟语，近代以来愈来愈引起东西方学者的重视。中国士大夫，从作为近代汉语之始的唐代，就逐渐将视点投放到之前被他们视为鄙俚的熟语上，如李义山《杂纂》；以后历代续有成果问世，如宋代无名氏《释常谈》，王君玉《杂纂续》，苏轼《杂纂二续》，龚熙正、吴子良《续释常谈》等，明代黄允交《杂纂三续》，陈士元《俚言解》，郭子章《六语》等；清中叶以降，纂辑的著作尤多，如钱大昕《恒言录》，钱大昭《迩言》，翟灏《通俗编》，易本烺《常谈搜》，梁同书《直语补证》，陈鳣《恒言广证》，顾张思《土风录》，胡式钰《语窦》，高敬亭《正音撮要》，韦光黻《杂纂新续》，顾禄《广杂纂》，李光庭《乡言解颐》，王有光《吴下谚联》等。检视中国士大夫纂辑的熟语类著作，有三点突出的印象：一，从时间上看，愈接近近现代，一些士大夫对熟语，尤其是其中俗语的兴趣愈发浓烈（周荐，2018a）；二，从所收熟语条目的量上看，只翟灏《通俗编》一部收条逾五千，其他著作所收条目，多则数百条，少则数十条而

* 原刊《古汉语研究》2020 年第 1 期，第 112—119、128 页。

已，反映出中国士大夫对熟语，尤其是熟语中的俗语的关注度，从总体上看尚不够高；三，从所收熟语条目的语型上看，上述著作收条以谚语、成语、惯用语为主，有的兼收歇后语、对联，专收某一语型的似乎只有歇后语类的熟语工具书，谜语、绕口令、诗歌等则无论是综合性的还是单一性的熟语类工具书都比较难觅踪迹。

西方来华传教士，也对汉语熟语给予了高度关注。来华传教士关注汉语，多热心于汉—外字典或外—汉字典的编纂上。但是也有一些有识之士，把目光投放到汉语熟语，尤其是汉语俗语上。例如 17 世纪中至 18 世纪初由无名氏耶稣会士编写的《四字文笺注》，1854 年（咸丰四年）在伦敦出版，该书胪列 1463 条四字短语，并配以英语和法语解释（王铭宇，2014）。法国耶稣会士马若瑟《汉语札记》1831 年（道光十一年）由马礼逊在马六甲创办的英华书院印刷所出版印行。书分两卷，第一卷讲口语语法，第二卷讲文言文语法，在列出语料时也分出口语性的和书面语性的，其所罗列的不少是作为词汇单位的熟语。葡萄牙籍天主教遣使会传教士江沙维《汉字文法》道光九年（1829）由澳门圣若瑟修院出版。该书第六章题为“俗语”，收各类俗语 357 条。法国神父童文献 1869 年（同治八年）在巴黎出版《中国俗语》（*Proverbes Chinois*）一书，收有 441 条汉语俗语（周荐，2020）。西方来华传教士或因传教或因教学的需要，对汉语熟语产生浓厚的兴趣，中国一些士大夫的志趣随整个社会关注的焦点由庙堂向勾栏瓦舍发生转向，两者间有异曲同工之妙，这一点不难理解（周荐，2018c）。但是西方来华传教士多将目光积极主动地聚焦于汉语熟语中的俗语，中国士大夫的关注点则由传统的小学而典雅的熟语而俚俗的熟语，此种变化过程中有着太多的勉强和无奈（周荐，2018a）。西方来华传教士与中国士大夫各自所站的立场、所取的视角不同，他们双方彼此的文化背景有异，因而对汉语熟语的搜集、整理、分析，以及所得出的认识，自然也就会有所不同。

二、《汉语谚语熟语集》所收词语类型

美国公理会传教士明恩溥编纂的《汉语谚语熟语集》，初版本光绪十四年（1888）由上海美华书馆出版，修订版 1902 年问世。《汉语谚语熟语集》不是一部辞典或词汇集，而是一部学术专著。该书辑录条目数量不菲，据笔者统计，共有 1969 条。该书书名叫《汉语谚语熟语集》，这似乎意味着作者将是书所辑录的条目大别为两类，一类是“谚语”，另一类是“熟语”。但据我们分析，该书所收录的熟语，类型繁多，计有谚语、歇后语、成语、惯用语、字谜、对联、诗歌、绕口令以及普通字词等近十类。这在同时代的东西方学者中是不多见的。

《汉语谚语熟语集》所收条目中最引人注目的一个语类就是歇后语，数量不菲，有 522 条之多。其中，谐音类的歇后语数量最大，例如：

槌板石落在咸菜缸里，一盐难进（一言难尽）
打着灯笼扬麦子，照场（照常）
江南的蛤蟆，南蝉（难缠）
骆驼上房，高兽（高寿）

有不少是喻义的，例如：

爱吃萝卜不吃梨，各有所好
当了和尚又还俗，不管变驴不变驴

二姑娘带钥匙，当家不能主事

海螃蟹过河，七手八脚

也有一些是谐音兼喻义的，例如：

二十五头蒜，小辫儿

耗子进书房，咬字

贺二爸卖肺，没心了

黄莲堆娃娃，苦小子

歇后语最初的形态是真的歇后，即说者只说出前一部分，后一部分（通常只一字）留给听者或在口头或在心里去补足。例如黄庭坚的《西江月》中的第一句“断送一生唯有”就是典型的歇掉后一部分的歇后语，黄词所歇掉而须听者补足的，正是韩愈原诗中的“酒”字。《汉语谚语熟语集》所收的歇后语，绝大多数是并不歇掉某一部分的那种歇后语，即今天常见的已不歇后的歇后语。但该书中还保存了歇掉部分内容，留待听者补说出来的那种真正歇后的歇后语，例如：

出一身，王朝马［汉］（汗）

此门要，吏部天［官］（关）

娶一房，卖臣休［妻］

抬起了，金华火［腿］

《汉语谚语熟语集》所收的歇后语，有不少是系列性的，例如“武大郎”系列的，有如下 13 条：

武大郎带蒲包，人不压众，貌不惊人

武大郎的脚指头，一个好的没有

武大郎的口袋，累赘

武大郎的袍子，不长不短，正合式儿的

武大郎放风筝，出手不高

武大郎服毒，吃也死，不吃也是死

武大郎架着夜猫子，甚么人儿甚么雀鸟

武大郎拉耧，一溜胡耩（一溜胡讲）

武大郎卖面茶，人软货稀

武大郎盘杠子，上下够不着

武大郎挑牌坊，担不起大架子

武大郎坐天下，不敢保

老虎不吃武大郎，没有人的气味

“庄家老（儿）”系列的，有如下 30 条：

庄家老儿不认的孔雀，大尾巴鹰

庄家老儿不认的水仙花，独头蒜

庄家老儿不认的起花，一溜烟的跑了

庄家老儿不认的切面的幌子，丝丝萝萝

庄家老儿不认羊角炮，响到天上去了

庄家老儿吃蚂蚱，天赐的活食

庄家老儿见皇上，少说话，多叩头

庄家老儿看戏，热热闹闹

庄家老儿买棺材，躺下试一试

庄家老儿买红矾，信石（信寔）

庄家老儿收秋，一把儿

庄家老儿未见城隍庙，鬼不少

庄家老儿未见过磁器铺，好家伙山

庄家老儿未见过大米粥，糊涂糨子

庄家老儿未见过对联，不是画（不是话）

庄家老儿未见过高跷，半截不是人养的

庄家老儿未见过木鱼子，挨打的物

庄家老儿未见过泥人，是人做的不是人养的

庄家老未见过花褥子，点儿被（点儿背）

庄家老儿未见过莲蓬子儿，藕仁（怄人）

庄家老儿未见过喷壶，碎嘴子

庄家老儿未见过送嫁妆的，大搬家

庄家老儿未见过樱桃，小杏儿（小性儿）

庄家老儿未见过障纱，不顾面

庄家老儿闻鼻烟，满眼流泪

庄家老儿粘对联，倒帖儿（反正都是理）

庄家老生的乖，越赶越不卖

庄家老下旗（似应是棋），吃个卒（吃个足）

庄家老未见过灵书套，怯龛

庄家人没见过顶针，针搁的（真个的）

此外该书还收有其他一些系列性的歇后语："猪八戒"系列的，如"猪八戒挟着一刀火纸，混充读书人""猪八戒卖凉粉，人物不及调和好""猪八戒卖蒲子，人松货不高""猪八戒卖炸肝儿，自残骨肉”；“属”系列的，如“属宋江的，假仁义”“属送生娘的，两脸”“属孙猴儿的，见识到不少”“属太平鸟的，讲穿不讲吃”；“老太太”系列的，如“老太太的脚指头，卧囊一辈子”“老太太的牙，活了”“老太太的簪子，两头忙”“老太太逛灯，走着瞧”；“灶王爷”系列的，如“灶王爷回家，一褡儿新”“灶王爷上天，没了住处”“灶王爷上天，有一句说一句”“灶王爷下锅台，离了板了”。

从所收歇后语的来源看，有些明显是来自北方方言的。例如“东方亮打涕喷，闻明打听（问名打听）”，天津方言将“打喷嚏”说成“打涕喷”；“夫妻两口子吵闹，假恼（夹袄）”，零声母的“袄”字在北方方言区的一些次方言中要加上舌尖鼻声母［n］；“河东的当铺，源裕（言语）”，“河东”是天津的一地名，“言语”在天津话中音位发生换位，读若 yuanyu；“蜘蛛网上吊鸡子儿，是个悬蛋”，“鸡蛋”在北方方言区的不少次方言中说成“鸡子儿”[①]。

《汉语谚语熟语集》所收谣谚数量很大，而且所记录的谣谚也颇具地方特色。中国疆域辽阔，物产丰富，各地的风物常被人们浓缩为三

---

① 本书的语料不少来自天津方言，书“引论”中的一些论述似乎也反映出作者对天津话有着浓厚的兴趣并给予了关注：“在北京，上平是最高的声调，然而在八十英里外的天津，上平是最低的声调。下平在天津是直往下的音调，而在北京是既不是下，也不是平的一种中间声调。不仅在邻近的区域和城市之间声调不同，一个城市的居民还能够从一个人的声调使用上辨别出他来自城市的哪个部分。”中文维基百科介绍：明恩溥（英语：Arthur Henderson Smith，1845 年 7 月 18 日—1932 年 8 月 31 日），原名阿瑟·亨德森·史密斯，美国公理会来华传教士。1872 年受美国公理会派遣来华，先后居住于天津、山东等地，兼任上海《字林西报》通讯员。1880 年，明恩溥在山东省西北部的恩县庞庄建立传教工作。1905 年辞去教职，留居通州写作。1926 年返回美国。他在华生活 54 年，熟悉下层人民生活，热爱中国，是最早向美国总统老罗斯福建议退还中国庚子赔款的人之一。著有多部关于中国的书籍，有《中国人的性格》（*Chinese Characteristics*）（1899 年出版）、《中国乡村生活》、《今日的中国和美国》等。《中国人的性格》一书曾被鲁迅向国人郑重推荐。英文维基百科介绍：The couple sailed for China in 1872. After two years of language study in Tianjin, they established themselves at Pangzhuang, a village in Shandong, where they stayed until the Boxer Uprising。更清楚地说明，明恩溥 1872 年奉派来华，首先到天津学习两年汉语，之后才转到山东庞庄去传教，直到义和团运动发生。

样，称“三宗宝”等，以此概括称说或自夸。小地方有小地方的三件宝，如玉田县鸦鸿桥镇河东村小学有“河东小学三件宝：娘娘庙的大条石、饱经沧桑的中国槐、花满枝头的合欢树”；大地方有大地方的三件宝，如“岭南有三宝：烧鹅、荔枝、凉茶铺”。汉族有汉族的三件宝，见下引例；少数民族也有他们自己的三件宝，例如“回回家里三件宝，盖碗、汤瓶、白帽帽”。类似这样的谣谚被该书记录了不少，但是值得注意的是所记录的都是北方的风物，例如“关东倒有三宗怪。板打墙。瓢舀菜。窗户纸糊在外”“保定府，三种宝，铁球，列瓜，春不老”“口外三宗宝。人参。貂皮。乌拉草”“深州本有三宗宝。小米。柳杆。大蜜桃”“北京城，三种宝，马不蹄，狗不咬，十七八的闺女满街跑”“天津卫、三种宝、鼓楼、炮台、玲珰阁”“山东三多，治病的比患病的多、教书的比念书的多、织布的比穿衣裳的多”。《汉语谚语熟语集》还记录有一则“四种宝”的谣谚，“济南府、四种宝、北门里头北极庙、南门外头千佛山、东门外头闵子墓、西门外头宝突（似应为“趵突”）泉”。该书所记录的其他谣谚，也都鲜明地反映出各地的风情，例如“饱洗澡，饿剃头”“不怕初一十五下，就怕初二十六阴”“沧州狮子、景州塔、东光县铁菩萨”“吃人家的，吃出汗来；吃自己的，吃出泪来”。

《汉语谚语熟语集》也收有一些顺口溜。顺口溜，有的学者将其归入谣谚，这倒也无不可。然据笔者看来，谣谚多偏重于知识性，而顺口溜多具打油性，因此，一般学者将谣谚和顺口溜分作两个语类，是合适的[①]。该书所收的顺口溜如“出家又扛枷，剃发又犯法。四块

① 《现代汉语词典》收“顺口溜”条，释义为：“民间流行的一种口头韵文，句子长短不等，纯用口语，说起来很顺口。”这或可表明在该词典编者看来，顺口溜与谣谚并非同类熟语。

无情板，夹着大西瓜”“北京虚子恨人心，群立街头恐吓人，口中调坎人难懂，可惜今无嘴巴陈”“虫入凤窝飞去鸟，七人头上长青草。大雨下在横山上，半个朋友不见了”“春天不是读书天，夏日炎炎正好眠。到了秋来冬又至，收拾书箱过新年”。

《汉语谚语熟语集》还收有一些名言、警句。这些名言、警句是读者耳熟能详的，它们或是名人的诗作，或是著名文章中的一段文字。众所周知，汉语中的名言、警句收不尽收，因此，一般的熟语辞典通常不予阑入。但是，名言、警句中的一些，简短而复呈性高，已具熟语性，归入熟语，似也未尝不可。《汉语谚语熟语集》所收的名言、警句，举例如下：

> 非礼勿视，非礼勿听，非礼勿言，非礼勿动。（《论语·颜渊》）
>
> 风声雨声读书声。声声入耳。家事国事天下事。事事关心。（顾宪成《名联谈趣》）
>
> 久旱逢甘雨。他乡遇故知。洞房花烛夜。金榜题名时。（汪洙《喜》）
>
> 故园东望路漫漫。双袖龙钟泪不干。马上相逢无纸笔。凭君传语报平安。（岑参《逢入京使》）

《汉语谚语熟语集》也收有数量不菲的对联。对联，又称对子、联语、联句、楹帖、楹联等。它对仗工整，平仄协调，是一字一音的汉文语言独特的艺术形式，由格律诗的对偶句和骈赋的俪句发展而来，保留着律诗的某些特点。既然归属名言的诗作可以作为熟语收入，对联被书作者纳入视野似也无可厚非。《汉语谚语熟语集》所收的对联，举例如下：

此木是柴山山出，因火成烟夕夕多

冰凉酒，一点两点三点；丁香花，百头千头万头

到夏日穿冬衣，胡涂春秋；从南来往北去，混账东西

八方桥。八八方。八方桥上望八方。八方。八方。八八方。万岁爷。万万岁。万岁爷前呼万岁。万岁。万岁。万万岁

《汉语谚语熟语集》还收入一些字谜。字谜是谜语的一个分支，是汉语文中很特别的一类，一般学者不把它纳入熟语中。《汉语谚语熟语集》的编著者这样做，反映出域外学者不一样的视角。该书所收的如："梧桐木上挂丝绦，两国相争何用刀。千年古事他知道，万里江山妙手描"这个字谜，打的是"琴""棋""书""画"四个字；"四个口字，一个十字；四个十字，一个口字"这个字谜，前边打的是"图"字，后边打的是"毕"字；"田字不透风，十字在当中，十字推上去，古字赢了酒"这个字谜，打的是"盅"字；"画时圆，写时方，寒时短，热时长"这个字谜，打的是"日"字。

《汉语谚语熟语集》也收入一些绕口令。绕口令是公认的语言游戏，几乎无人将其认作熟语而收入熟语类著作中。《汉语谚语熟语集》酌收绕口令，也反映出西方来华传教士对汉语中此种语言成品的珍视态度。该书收入的绕口令只有三条，如下：

谁吃葡萄不吐葡萄皮、吃葡萄才吐葡萄皮。不吃葡萄难吐葡萄皮。是吃葡萄正吐葡萄皮。（绕口令：吃葡萄）

山前有个崔粗腿。山后有个粗腿崔。俩人山前来比腿。也不

知崔粗腿的腿粗。也不知粗腿崔的腿粗。(绕口令：崔粗腿)

有个六十六岁刘老六。家有六十六座高大楼。楼里放着六十六篓桂花油。六十六疋大红紬。楼下也有六十六盘大辘轴。拴着六十六只大犍牛。惊了牛。拉倒楼。撒了油。染了紬。气杀六十六岁刘老六。(绕口令：刘老六)

除熟语外，《汉语谚语熟语集》也收入一些字词。值得注意的是，该书收入的字词如同其所收入的熟语，因反映的是北方地区的风物而带有北方方言的印记，尤其是天津话的痕迹，例如“拔糖”“改人”“夸（似应为“侉”）子”“搬不倒”“大离话”“耳瓜子”“改透了”“贱骨肉”“酱豆腐”“拾不闲”“眼力见”“五脊六兽”“饿蓝了眼”“春捂秋冻，到老没病”“里壮不如表壮”“萝卜快了，不洗泥”。

三、《汉语谚语熟语集》关于熟语理论的探讨

《汉语谚语熟语集》书前附有长篇“引论”，系统道出作者对汉语熟语的类型、汉语熟语的构成和结构，以及熟语雅俗性质等方面的认识。一部由西人纂辑的著作而辑录汉语熟语，其类型之多、数量之大，在近代东西方学者中已十分罕见；一位西方学者而能对汉语熟语进行如此系统、深入的研究，有独到的认识，将汉语熟语研究从理论上推向那一时代无人企及的高峰，更令人惊叹。这也正是笔者希冀对明恩溥是书语料价值和是书中所反映的熟语理念做一初步探究和介绍的动因。

《汉语谚语熟语集》书名上虽未表现出作者对他所搜集的语料雅俗的认识，但在他心目中，谚语、熟语之俗，是确定无疑的。他首先

指出给“俗”定义之难：

中国人喜爱的表达是——“俗话”。但若让一个中国老师认真回答“俗话”的定义，该怎么回答？如果用另一种表达“俗话”，也同样难以定义。这类概念包含的东西太过于广泛，很难成功定义，但这样一个定义也是我们所探求的。困难来自两个方面：首先，汉语内在的“风格”差异是极大的——囊括从最艰深的文言文到最粗野的乡村土话的各种风格——其差别就像从高贵的黎巴嫩雪松的头顶，到钻出矮墙的牛膝草的脚下一样，或者甚至就像从安第斯山脉顶上高耸的花岗岩巨砾到亚马孙河低洼的冲积平原一样。然而，两者之间也有关联，就像冲积平原中的碎石也可能是巨石被冲刷形成的，口语方言之中也或多或少有一些书面文体的影子。

明恩溥进一步从雅俗相对的角度对此加以诠释：

“俗”这个字很难一言以蔽之。“俗文化”与“经典文化”相对，意味着更加口语化，更加贴近民众生活。但若本应高高在上的“经典”也变得更加通用、流行，又该如何去辨别？此时我们不能将这种文化称为“俗”，因为它来自“经典”；但它也只是某种程度上的“俗”，因为它已被融入大众文化中。然而任何一个中国人都不会立马承认，“经典”的文化可以变“俗”，变得不纯粹。在此，“俗”是研究中国谚语重要的术语，但也是第一重困难。

其次，定义的困难还源于中国人自身对于所谓“谚语”的定义并不像英文那么准确和清晰。当一个中国人提到我们所说的“谚语”时，他用“俗话”来表示会太广泛，而用其他一些名称来表示，又太狭隘。中国人并没有意识到他们思维的“泛化”特征，在他们看来一个定义是否广泛或狭隘，没有像我们脑中那样清晰的界定。如果我们问一个中国学者：“这句话是不是一句俗话呢?”他可能会模糊地回答：“这句话是一句‘现成的话’。”他这个回答不是在解释“俗话不是现成的话”，或“现成的话不是俗话”，他只是不能表述清楚，他觉得这句话是成语，但还不算一句俗话。随着研究的进行，我们还接触到一个词——“书上的话”(classical)。但告知我们这个词的人也没有说“书上的话”到底算“俗话”还是不算，这个词只是用来指“来源于书上的话”，他也并不清楚它具体的分类和定义。接下来，学者又表示这个短句源于诗中。他始终没有提到这句话是不是谚语，他的描述基本上是关于诗句的平仄和韵脚，他说这是诗的重要特征。因此也许在他看来，诗中的谚语并不是谚语，就是一句诗。

汉语的熟语存在雅俗之辨，士大夫和贩夫走卒，对雅俗的认识、态度自有天渊之别：士大夫弃若敝屣，贩夫走卒则趋之若鹜。但是人们的态度有时在现实面前又呈现出矛盾的一面：“人们对所谓的‘经典’狂热崇拜，对一切不是‘经典’的东西则不屑一提。普通大众的文化被称为‘俗’文化。一方面，‘俗’文化中的谚语文化在生活口语中无处不在，任何中国学者都不可能全然忽视它；但另一方面，中国学者却会认为谚语文化不可登文学大雅之堂。”

不喜欢，却又离不开，正反映出中国士大夫矛盾的心态和尴尬的处境。明恩溥用语言生活的事实深刻地指出：

> 中国谚语使用极广，上至皇帝下至平民无人不用。如道光皇帝和两广总督在广东关押地的对话录中，道光皇帝曾引用道："老妇曾言：'千算万算不如老天一算。'"上至总理衙门大臣，六部尚书，内阁成员，下至各阶层官员，都常在会议和谈话中引用类似的"老妇言"，同引用四书之言一样。各个阶层的广泛使用正好证明了中国的"俗话"是最通用的话。

一般认为，西方人对中国文化抱有某种偏见，认为中国文化落后，远不及他们自己的西方文化。但是明恩溥却不是这样，他在是书"引论"中开宗明义地指出："中国语言文化博大精深，其广度超越了我们每一个人的个人理解，即使一个人穷尽一生也无法领悟透彻。为了研究语言文化，以及它对中国人思维的影响，我们研究中国经典，同样地，我们也应研究中国谚语中的哲学，这也将加深我们对中国文化的理解。若在中国经典中能体现出一种中国思维的一面，那在中国谚语俗语之中这种思维也会更多地展现出来。"他将谚语之于中国人和西方人进行比较，说："相较其他国家而言，中国人更加充分地将自身思想展现在了谚语俗语之中。并且，中国文化有其独有的一些特点，超过了我们对于东方国家谚语文化的固有理解。汉语包含丰富的警句和对仗，有源远流长、能统一汉字书写和习语运用的古文文化，有国家兴旺的悠长历史，并且汉字从古至今一脉相承，如今也具有相对统一性，这些都使得中国的谚语文化具有其独特研究价值和重要性。"汉语和西方的语言中都有谚语，但明恩溥似乎对汉语情有独钟，他就汉语和英语的谚语彼此翻译出现的情况评述道：

> 中文谚语的精简和有力英文难以与之匹敌，更无法超越。用中文来翻译英文时，往往可以得到令人惊叹不已的精妙翻译，短小简练，而又不失原文的意义和风姿。例如，"Out of the frying pan into the fire"可以翻译成"出锅入火"；"Rats desert a sinking ship"可以翻译为"船沉鼠跑"，和另一个中国成语"水尽鱼飞"类似。又如拉伯雷的名言："The devil was sick, the devil a monk would be; The devil was well, the devil a monk was he."能翻译为"鬼王患病、悔罪念经、然后病好、将经扔掉"。而另一方面，若想将中国谚语准确翻译成英语，必须使用与汉语相比冗长得多的语言。如谚语"会者不难、难者不会"，在汉语中非常简洁，翻译成英语是："Those who know how to do a thing, do not find it difficult; those who find it difficult, know not how to do it."正因为中国谚语太过凝练，将其翻译为西方语言时须耗费大量心力。

明恩溥对汉语谚语达到了痴迷的程度。他说："要想对中国谚语做一个分类，可说是困难重重。要分清一个句子主要的类别很难，一个单句或对偶句中常包含种种不同类别，再加之有时主要的类别在句中却不那么重要，次要的类别或衍生用法却可以喧宾夺主，整个分类变得扑朔迷离。"但他仍旧坚持为之分类，提出："中国谚语可以主要以形式来分类，其次再以来源来分类。"准此，他将中国俗语分为七个大类：

> 一、经典的直接引用或间接引用。
>
> 二、诗中单句或对偶句。
>
> 三、对联。
>
> 四、史书，史学材料，神话传说等相关谚语。

五、与特定地方、区域相关或与当地人物或事件相关的谚语。

六、因一词多义或谐音形成的双关语。

七、其他任何不属于上述类别的谚语。

这样的分类是否合适，当然还可再酌。但是他对汉语谚语研究的这种执着精神，诚令人击节叹赏。明恩溥面对数量巨大的汉语谚语，没有表示出丝毫的畏惧，他说："谚语的增长就如同人口的增长一样快，每个民族都是如此，但中国谚语的增长速度鲜有匹敌。中国谚语不仅数量巨大，而且涵盖场景甚广，以至于你会发现几乎每一种生活情境中都能找到合适的谚语，就像世界上每一个点都能成为一个圆的圆心。"更为难能可贵的是，明恩溥能够具有如下的卓见：

> 谚语能展现中国人的思维。能熟悉中国人的思维方式比仅仅能流利说中文更为稀有，更为难学。将谚语中所展现的一切都视作中国人的特质和想法固然是不对的，有些谚语是讽刺性的，还有些谚语是自相矛盾的。但不论谚语主题为何，是否有夸张，每一句谚语都像一条"线索"，帮助我们挖掘一个伟大而古老的民族所留下的智慧宝藏，探究他们关于人生万象的理解，关于为人处世的哲学。在中国人看来，中国谚语中包含人生万物；每一片浅滩、岩石、暗礁和流沙都各居其所。如果中国人自己不怀疑，那么用谚语来解释人生万事万物是可行的，这既不是缺乏警戒之心，也不是投机之选。

他根据自己在中国生活半个多世纪的经验，总结出汉语谚语搜集与研究的三个方法：一是"耳"，就是说实践会锻炼耳朵去抓住那些值得听的东西；二是“口”，即捕获谚语的人嘴里应该有两只舌头，一只用于说话，一只用来提问；三是“手”，也就是通常所说的“说话为空，落笔为实”，“广记不如淡墨”以及“巧记不如拙写”等都表达了相似的含义。

参考文献

马毛朋，2005，《当代西方的中国语言学史研究》，《南京林业大学学报（人文社会科学版）》第3期。

王铭宇，2014，《〈四字文笺注〉考辨》，《辞书研究》第2期。

王铭宇、周荐，2016，《明末及清中叶中西文献所见汉语熟语》，《河北师范大学学报（哲学社会科学版）》第3期。

徐时仪，2016，《汉语语文辞书发展史》，上海：上海辞书出版社。

张美兰，2011，《明清域外官话文献语言研究》，长春：东北师范大学出版社。

周荐，2018a，《汉语俚俗词语在近代学人心目中的位置》，《河北师范大学学报（哲学社会科学版）》第2期。

周荐，2018b，《汉语熟语研究的正轨与要务》，《汉语学报》第1期。

周荐，2018c，《雅言俗语的消长与雅俗文化的互动》，《澳门理工学报（人文社会科学版）》第2期。

周荐，2020，《汉语俗语在清朝东西方学者眼中的异同——以易本烺〈常谭搜〉和童文献〈中国俗语〉为切入点》，张西平（编）《国际汉学》第3期，北京：外语教学与研究出版社。

朱凤，2005，《马礼逊〈华英字典〉中的成语和谚语》，李向玉等（编）《世界汉语教育史研究：第一届世界汉语教育史国际学术研讨会论文集》，澳门：澳门理工学院。

译介再生中的本土文化和异域宗教*

——以天主、上帝的汉语译名为视角

赵晓阳

翻译是建立在假定不同语言之间存在对等关系基础上的一种文化活动。在共同认可的等值关系的基础上，将一种文化的语言翻译成另一种文化的语言。近代中国的译介活动处于由传统向现代转型的过程中，欧洲语言作为主方语言，某种意义上享有一种决定意义的特权，本土中国的任何翻译和引介活动都不再能够轻易地同西方外来语分离开来。如果一种文化语言不能服从于另一种文化语言的表述或诠释，翻译是否可能？如果东西方语言之间的翻译不能成立，那么跨越东西方的现代性便不能实现。

一般的专名，如柏拉图、伦敦、动物等，在从一种语言翻译为另一种语言时，困难基本上属于操作层面。基督宗教的最高存在"Deus""God"这样的抽象名词，是历史长河中文化建构和宗教信仰凝聚的结晶，并不存在于自然历史中，也不存在具体可目验或实证的客观所指。人类历史上的任何宗教，其主神名号都是凝聚了历史、文化、信仰、教义、政治、利益等中心价值的象征，其意义不仅涉及宗教教义和经典，还涉及更为广阔的文化语境。与其说它是一个有具体所指的专名，不如说它是承纳历史、汇聚信仰的象征，其终极意义无

* 原刊《近代史研究》2010年第5期，第69—81页。

法在所指和能指的二元关联中得以确立，而是取决于这个专名被普遍言说且变化无限的文化语境，以及它赖以产生、流传、变异、被理解、被误解的整个文化系统。在不同层面的跨文化对话中，都潜伏着文化相遇中自我与他者的定位问题，也都渗透着宗教同化的论争和演变。

作为以传教为主要特征的世界性宗教，基督宗教几乎从一开始就越出民族的范围进行传教活动，想要使全世界各民族的异教徒皈依基督宗教的信仰和基督徒的生活方式。“巴别塔”象征着由于语言文化多样性而产生的对译介不可能性的征服和追求，对宗教者来讲，也开创了历久弥新的弥赛亚式的追求——要将“Deus”“God”的话语传播给潜在的未来皈依者。而对于基督宗教以外的领地，常有一种缺乏根据的怀疑，所谓“自然宗教”的信仰者对于神圣性只有极其狭隘和低级的认知。那么在基督宗教神启的绝对概念中，是否还给所谓“异教”遗留了宗教适应和转化的空间？具体到《圣经》在中国的翻译，在一神信仰本源语和多神信仰译体语之间到底存在着怎样的关系？中华本土文化将为、能为外来宗教文化提供怎样的借鉴和转化基础？

我们今天感知认识到的任何概念、词语、意义的存在，都来自历史上跨越语言的政治、文化、语境的相遇和巧合。这种联系一旦建立起来，文本的“可译性”意义和实践便建立了。由不同语言文化的接触而引发的跨文化和跨语际的联系和实践一旦建立，便面临着如何在本土文化背景下被认同的过程。在《圣经》中译过程中产生的新词语、新概念将在怎样的背景下兴起、代谢，并在本土文化中被认知及获得合法地位；如何建构中国基督宗教话语体系，并在本土文化中取得合法地位？本文以基督宗教的唯一尊神的中文名称为视角，探讨翻译介绍过程中，外来宗教与中国文化之间的借鉴交融和排拒演变，以及再生新词语被本土社会认同的历程。

一、音意译与新释：景教和天主教的译名

基督宗教曾经四次进入中国，每次都涉及《圣经》翻译，其历史最早可溯至唐朝。作为基督宗教的唯一经典，《圣经》文本由不同时代、不同语言、不同人物历时千年写成，其中《旧约》是用希伯来文和亚兰文写成，《新约》是用希腊文写成。在基督宗教的传播过程中，又形成了不同语言对“唯一尊神”的不同译写称谓，拉丁文为 Deus，希伯来文为 Elohim，希腊文为 Theos，法文为 Dieu，德文为 Gott，英文为 God，等等。唐贞观九年（635），聂斯托利派叙利亚传教士阿罗本从波斯抵达长安传教译经。从明天启五年（1625）在西安附近出土的《大秦景教流行中国碑》可知，他们将世界的造物主翻译为“阿罗诃”[①]，学者们认为这是景教传教士根据叙利亚文“Elaha”或“Eloho”音译而成的（朱谦之，1993：164）。“阿罗诃”一词是从佛经《妙法莲华经》中借用，指佛果。由于唐朝佛经翻译极度兴盛，景教的《圣经》翻译大部分词汇均借用自佛教。随着唐朝末年景教的消失，“阿罗诃”这个译名没有得到更多的传播。

明朝晚期，天主教再次来到中国。在翻译《圣经》的过程中，传教士面临的重要问题是如何翻译基督宗教的唯一尊神。明万历十二年（1584），“欧罗巴人最初用华语写成之教义纲领”——《天主圣

---

① 现存于西安碑林的《大秦景教流行中国碑》上镌刻的是“元真主**阿罗诃**”（朱谦之，1993：223）。黑体字是笔者为强调所加，下同。

教实录》在华刊印（费赖之，1995：29），意大利耶稣会士罗明坚将“Deus”译为“天主”[①]，这是沿用了耶稣会远东教区视察员范礼安在日本天主教会中使用的译名（戚印平，2003）。范氏认为，在远东地区不宜采取以前在其他地区的直接传教法，而应先学习当地语文，并尽量熟悉当地社会的礼俗民意（Malatesta，1994；转引自李天纲，1998：291）。学者一般认为，“天主”一词出于《史记·封禅书》中所载“八神，一曰天主，祠天齐”（徐宗泽，1990：231—232）。

1603年，意大利耶稣会士利玛窦首次刊印了天主教教义纲领《天主实义》，第一个用“上帝”来翻译诠释了“Deus”[②]。《天主实义》是中国天主教最著名的文献，刊印多次，影响很大。书中用大量篇幅来论证佛教、道教和儒家与天主教的相似性，认为在公元1世纪的圣经时代，中国人曾听说过基督福音书中所包含的真理，但或是由于使臣的错误，或是因为传教士所到国家对福音的敌意，中国人接受了错误的输入品，而不是中国人所要追求的真理（利玛窦、金尼阁，2001：106）。利玛窦力图让中国人及外国传教士相信，从中国历史的一开始，中国人就曾被“上帝”之光照亮过，对所崇拜的唯一尊神有某种了解的愿望和记载（谢和耐，1989：15—16）。天主教中的造物主“Deus”，就是中国古代经典中所记载的“上帝”。“天主何？上帝也。”（利玛窦，2005：1）

为了建构汉语世界中的天主教宇宙唯一主宰论，利玛窦诉诸中国

---

① “惟以**天主**行实。原于西国。流布四方。”“一惟诚心奉敬**天主**。无有疑二。则**天主**必降之以福矣。”“**天主**制作天地人物章。”“今幸尊师传授**天主**经旨。引人为善。救拔灵魂升天堂。”“盖天地之先。本有一**天主**。”（罗明坚，1966：759、760、763、765、766）。

② 经考证，利玛窦首次使用此词的时间应该为1583年7月至8月之间（荣振华，1995：797）。

古代经典①，力图从中国先秦典籍的记载中，论证宇宙至尊只能出于一，中国古圣先贤所崇敬者乃是“上帝”②，而非苍天。中国经典已证明，中国古代圣哲早已认识到宇宙至尊为“上帝”，中国经典中的“上帝”，与西方所尊崇的宇宙唯一真神“天主”，名称虽异，实则同一也。“吾国天主，即华言上帝。”“吾天主，乃古经书所称上帝也。”（利玛窦，2005：20）

天主教传教士认为，中国的佛教、道教和儒家的某些教义，其实就是西方基督宗教的变异形态，他们试图把中国的传统思想包纳进基督宗教神学体系，借用中国传统思想诠释基督宗教神学在中国的合法性。这也就是耶稣会士们创造的著名“中学西源说”。罗明坚、利玛窦等天主教传教士努力将儒家经典中的“天”和“上帝”均释作“天主”。类此融合天、儒的做法，引起了许多士大夫的兴趣，得到了他们的认同，一些知识分子更进而领洗入教。如明末著名士大夫、天主教徒徐光启即是多年来被称道的例子。

1606年和1610年，随着范礼安和利玛窦的去世，天主教会内部逐渐兴起了反对以“天主”或“上帝”对译“Deus”的声音。反对者认为，这些译名渗入了太多中国传统宗教概念，“上帝”一词极可能在中国人头脑中产生异教歧义，它使得异教徒们对“Deus”的数量、本性、能力、位格等所有方面都可能产生错误的认识和观点，“Deus”极可能会被异教徒误认为是儒家的上帝，而非天主教的至尊

① 《天主实义》引用《孟子》23次、《尚书》18次、《论语》13次、《诗经》11次、《中庸》7次、《易经》6次、《大学》3次、《礼记》2次、《左传》2次、《老子》1次、《庄子》1次。参见马爱德（Edward Malatesta）编《天主实义》附录“Index of Chinese Classical Texts”（转引自李天纲，1998：291）。

② “周颂曰执兢武王无兢维烈不显成康上帝是皇又曰于皇来牟将受厥明明昭上帝商颂云圣敬日跻昭假迟迟上帝是祗雅云维此文王小心翼翼昭事上帝。”“礼云五者备当上帝其飨。”“汤誓曰夏氏有罪予畏上帝不敢不正。”（利玛窦，2005：20）

唯一之神，从而削弱了天主教的一神性。总之，儒家语言无法表达天主教的精神和理念。译名问题在天主教耶稣会内部引起了旷日持久的争论，并最终成为“中国礼仪之争”的重要内容（黄一农，2003：348—357）。1628年1月，在耶稣会士龙华民的主持下，在华耶稣会在嘉定召开会议，废除了此前的“上帝”“天”“陡斯”“上尊”“上天”等译名，保留了“天主”的译名。他们认为，造一个儒书中没有的“天主”，以示借用的是中国的语言，而不是儒家的概念（罗光，1983：82—83）。

译名之争传达到了天主教罗马教廷。1704年，罗马教宗克勉十一世谕旨，不准采用除“天主”以外的其他译名（Broomhall，1934：422；徐宗泽，1990：231—232），“天主”成为天主教对唯一尊神的钦定汉语译名。1742年，罗马教宗本笃十四世再次严词谕旨，禁止称“天主”为“上帝”（萧若瑟，1937：339；Eber，1999：202）。从天主教内外的文献中，都可看出译名的变化①。从此，中国天主教会使用“天主”来对译“Deus”，所奉行的宗教也被译为“天主教”，以区别于宗教改革后出现的基督教。1968年，天主教唯一一本《圣经》全译本也以“天主”为译名②。

在两种文化交流的过程中，许多名词的译介往往受原有词语的语

① 天主教内文献：“**天主**造世界。……**天主**用土造了人的肉身”（涂宗涛，1992［1862］：10），“全能**天主**！我等因尔圣子耶稣救世之苦心，暨中华圣母同情之哀祷，恳求俯允尔忠仆上海徐保禄首先虔奉圣教者”（马相伯，1947：376）。天主教外文献：“**陡斯**造天地万物，无始终形际……耶稣释略曰：耶稣，译言救世者，尊主**陡斯**，降生后之名也”（刘侗、于奕正，1980［1635］：153），“**天主**堂构于西洋利玛窦，自欧罗巴航海九万里入中国，崇奉**天主**”（吴长元，1982［1788］：125）。

② “21 她要生一个儿子，你要给他起名叫耶稣，因为他要把自己的民族，由他们的罪恶中拯救出来。22 这一切事的发生，是为应验上主藉先知所说的话：23‘看，一位贞女，将怀孕生子，人将称他的名字为厄玛奴耳，意思是：**天主**与我们同在。’”思高译本（旧新约1968年）：《玛窦福音》第1章第21—23节，《新约》，香港，香港思高圣经学会1968年版。

言特性和文化寓意的限制，翻译时极不易达到“信达雅”的程度，宗教专名的表达尤其敏感和困难。翻译专名在被译介的本土文化背景下所重新诠释的概念，常或多或少偏离原有词汇的含义，对偏离程度的判断与容忍，则无一绝对的标准。有关“Deus”的争执，表面上涉及天主教最尊神专名的翻译，其实本质上关系到不同天主教传教修会在传教策略上的异同，不同传教修会之间的本位主义、各修会代表的不同国家间的利益冲突，以及传信部对保教权的制衡等多重因素。产生理解差异甚至偏误的原因也不仅仅在于词语词汇的本身，而是身处不同传统背景的人们在解读这一词语时的概念定位和丰富联想。

当天主教传教士来到中国时，他们面对的是一个拥有强大文本和经典传统的社会，因此无法像到美洲新大陆的天主教传教士那样，随心所欲地自行其是。信仰坚定的天主教传教士始终忧心概念译解中的偏误，但他们只能与这种环境相调适。而采用中国传统词汇译解天主教的相关概念，非常明显地昭示了他们的调适性传教策略，由此表明西方也有经典之作，力图通过这种方法使基督宗教的典籍与中国儒家和佛教的“经”处于同一位置。

16世纪时天主教传教士已来到中国，但第一本完整的汉语《圣经》译本，却是二百余年后由基督教传教士所完成。在16世纪，不要说中国这样的传教新区域，即便在欧洲，普通的天主教教士手中也没有一本《圣经》，人们基本上是通过弥撒书等才得以接近《圣经》。因此，明末清初的天主教传教士一直都停留在对《圣经》的诠释和《圣经》史实的叙述上，已有的翻译《圣经》的尝试，大多是按弥撒书或祈祷书的形式来编译的。但这些汉语天主教书籍的确开拓了汉语基督宗教的历史，奠定了基督宗教话语体系最基本和最重要的词语基础，创立了基督宗教翻译中神学词汇多用意译、人名地名多用音译的方式。这些汉译词语包括天主、圣母、玛利亚、耶稣、十字架、门徒、圣神、先知、宗徒、受洗、福音等沿用至今的基本词语。

二、移境与想象：基督教的译名

二百余年后，由于与天主教教义理念和传教方式不同，辅之机器工业中印刷术的巨大改进，基督教成为多达30余种《圣经》汉语译本的实践者和成就者。《圣经》中译所取得的巨大成绩和影响，是在基督教传教士不懈努力下实现的。作为因宗教改革而诞生的基督教，倡导用民族语言翻译《圣经》。信徒可以自由阅读《圣经》，与上帝直接建立联系，是基督教的最重要标志。

1822年和1823年，中国历史上最早的两本《圣经》全译本——马礼逊译本和马士曼译本分别在马六甲和印度塞兰坡出版。二马译本重点参考了天主教巴黎外方传教会传教士白日升的译本。白日升译本中将“Deus”译为“神”①，也为英国传教士马士曼②和马礼逊③所接受。除了将“God”译为“神”以外，马礼逊还使用其他译名，如真神、真活神、神天、神主或主神。1831年后，他还用过神天上帝、

① “此皆有之以成主已出而托先知之言道童贞将怀孕生子称名厄慢尔 译言**神**偕我等。”白日升译本（1702年后）：《四史攸编耶稣基利斯督福音之会编》（手写稿），白日升译本的“四福音书”部分为圣经福音合参本。

② “21其将产一子、汝名之耶稣、因其将救厥民出伊等之诸罪也。22夫此诸情得成、致验主以预知所言云。23却童身者将受孕而生子、将名之以马奴耳、即译言、**神**偕我等。”马士曼译本（旧新约1822年）：《使徒马宝传福音书》第1章第21—23节，《新旧遗诏全书》，1822年印于印度塞兰坡。

③ “21又其将生一子尔必名之耶稣、因其将救厥民出伊等之罪也。22夫此诸情得成致验主以先知者而前所言、云、23却童身者将受孕而生子、将名之以马奴耳、即是译言、**神**偕我们。”马礼逊译本（旧新约1823年）：《圣马宝传福音书》第1章第21—23节，《救世我主耶稣新遗诏》，1823年印于马六甲。

天地主神、真神上帝、天帝、天皇等译名（Medhurst，1948a：342—343）。马礼逊之所以使用那么多不同译名，是因为始终找不到一个最恰当的译名，让中国人了解“God”为宇宙的唯一真神。在强大的儒教和佛教传统面前，他一直为中国人会将“God”误认为另一个菩萨而苦恼（Morrison，1839：201）。

与马礼逊一起翻译《圣经》的英国传教士米怜，原来主张“God”翻译为“神”字，晚年则转而主张翻译为“上帝”。1821 年，他列举了 9 条理由，说明“上帝”是相对而言较为合适翻译“God”的名词。他认为，在现成的中文词汇中，没有任何字义可以表达基督宗教“God”一词的概念，只能从中文经典的现有名词中，力图找出可以激励人产生最高敬意的词来表示。“天主”的译法无法展现“God”的一神性，在中国这样的异教国家，人们将宇宙主宰诉诸天、地、人三个层次，当中国人听到“天主”时，会很自然地将其列为天堂中诸多神祇之一。至于“神”字，又极容易被中国人误认为是诸多神祇之一，削弱了“God”的一神性。相比之下，“上帝”一直在中国古代被用来表示最高存在，不但完全能表达出最高的崇敬之意，还可以单独表示至高性，同时，“上帝”的字义也不会像“神”那样，被误认为诸多神祇中的一个，不会对基督教的一神性产生误解（Milne，1838［1821］：314）。

米怜的主张为英国传教士麦都思、德国传教士郭士立等人所接受，他们认为用“中国最古老经典中”使用的“上帝”翻译“God”，方能展现“God”唯一真神的地位，引发中国人对唯一尊神的崇拜（Gützlaff，1836：393—398；Medhurst，1848b：571）。1833 年郭士立在游记中就已数次使用了“上帝”译名，并陈述了理由（Gützlaff，1834：108、115、278—279）。1835 年，以郭士立为首的四人小组在修订马礼逊译本时，将“神”改为“上帝”（Wylie，1867：31）[①]。1839 年，郭士立再次修订了《救世主耶稣新遗诏书》（新约），仍然采用了“上帝”译名（Wylie，1867：62）[②]。

1843 年，在华传教士成立了合作翻译《圣经》的“委办译本委员会”，工作难点之一是如何翻译宇宙主宰。当时有关“God”的译名起码有 14 种之多，也需要一个标准的用语。随着争论日趋激烈，在华传教士逐渐就“译名之争”按国籍分裂为两派。几乎所有的美国传教士主张用“神”为译名，而英国和德国传教士则坚持认为“上帝”才是最合适的词汇（Zetzsche，1999：82—84）。清末来华的基督教传教士继承了天主教传教士在这个问题上的争论，并像天主教传教士已经做过的那样，在西方基督宗教的架构中诠释中国宗教传统和文化传统，致力于在中文词汇中找寻出可以表达西方宗教的词汇，使“译名之争”竟延续了 3 个世纪之久。

英国传教士认为，中国古代经典文献中的“上帝”很接近基督教思想体系中的“God”，是超越一切的“supreme ruler”，用中国人最崇拜的主神作为“God”的译名，符合基督宗教的历史传统。历史上希腊文和拉丁文中用来表达独一真神观念的“Theos”和“Deus”，实际上是源于当地人们对主神的称谓“Zeus”和“Dios”（Medhurst，1948a：107）。“帝”或“上帝”是中国人用来表示最高主宰、意志

---

① “21 其必生子、可名称耶稣、因必将救民免罪、22 诸事得成、可应验上主以圣人所云、23 童女将怀孕、生子、名称以马倣耳、等语。此名译出意言、**上帝**与我共在也。”四人小组译本（新约 1837 年）：《马太传福音书》第 1 章第 21—23 节，《新遗诏书》，1837 年印于巴达维亚。

② “21 其必生子、可名称耶稣、因必将救民免罪。22 诸事得成、可应验上主以圣人所云、23 童女将怀孕生子、名称以马倣耳等语、此名译出、意以**上帝**与我共在也。”郭士立译本（新约 1839 年、旧约 1838 年）：《马太传福音书》第 1 章第 21—23 节，《救世主耶稣新遗诏书》，新加坡坚夏书院藏板，1839 年印。

的概念，是最高的崇拜对象，而“神”则是附属于“上帝”的“某种东西”。为了使论战有力，在中文教师王韬的帮助下，麦都思不但系统整理了《大学》《孟子》等儒家经典，也考察了《三官感应妙经》《历代神仙通鉴》等民间宗教著作，寻找了大量的文字证据，论证“帝”在中国人的观念中，是用于表达“一切的主宰”的概念（Medhurst，1948a：117—137）。如此众多含有“上帝”概念的中国古代经典可以说明，基督教的“God”早在古代已经启示了中国人，中国人曾知晓基督教，儒家经典中甚至出现过类似基督教的信念，以及以“上帝”这一名称描述至高存在。若将“God”译成“神”，中国人会以汉语语境中“神”的含义，将“God”视为低层次的神祇，成为中国传统多神信仰结构的进一步补充和添加。英国汉学权威小斯当东也表示，中国语言中不可能存在一个传达“我们基督徒对‘God’字赋予的概念”的词汇。因此，在中国出现真正的基督教信仰之前，“God”的概念便要输入进去，他赞成“上帝”的用法，因它比任何其他中文词汇更接近西方加诸“God”字的意义（Staunton，1849：27、42、43；转引自伊爱莲，2003：114）。

对倡议“上帝”为译名的传教士来讲，认为只要信奉基督教的民族，在“God”面前即可平等。亚当的后代带着神圣真理迁徙到世界各地，形成各种民族，但由于时间久远，使得某些民族忘却了这些真理，然而从这些退化的民族中依然可以发现真理的遗迹，例如在中国经典中就可以发现中国人对造物主的崇拜（Milne，1820：3—4）。主张“上帝”为译名的传教士拥有的是一种旧约的信念，认为“God”曾启示全人类，甚至包括远在东方的中国人，而这也可以从中国早期历史遗存的文献中得到证明。现在唯一需要的是“重新唤醒”中国人对基督教的认识，而只有适应中国人原来的信仰认知模式，以“上帝”为译名才能重新建构中国人对“God”的认知模式（Medhurst，1844：552）。

主张“神”为译名的美国传教士，对中国本土传统持鄙视和排斥的态度，认为传教的目的就是用基督教的真理取代中国传统的迷误，将东方异教徒从迷信中解放出来。他们认为，如何借用“异教思想”必须有一定的限度，超过限度在中国文化中寻找与基督教“God”相当的概念则是荒谬的，因为基督教信仰与异教思想存在根本的区别。《圣经》的启示仅仅独存在于犹太-基督教的传统中，“God”的选民是预定的，在中国这样的异教国家的文化和语言中，根本没有现存的词汇来表达“God”，只能努力在中文中寻找一个最接近、最合适的词汇来表达。天主教耶稣会士用“天”“上帝”“天主”来翻译“God”，削弱了基督教的一神性，削弱了抵抗多神论的基本力量，是完全不可取的。采用“上帝”这样的已有中文词语，可能会诱导皈信者去崇拜中国人熟悉的“上帝”，而不是西方的“God”（Lowrie，1846：508）。“神”是表达中国人最高崇拜的无特指性名词，只有“神”字译名才能击溃中国人多神信仰结构，达到建构中国人唯一真神信仰的目的（Boone，1848：17—18）。所采取的方式应该是在基督教概念的架构下，规范、发挥、建构“神”的字义，将“God”一神信仰的意义镶嵌进“神”字中，通过人们使用具有通称特质的“神”字，改造中国人多神式的信仰结构（Bridgman，1846：161—165）。

用“神”为译名的人认为，中国人一直迷信多神，其信奉的神明，包括天、帝、上帝等，只是多神偶像而已，与基督教对唯一主宰的信仰格格不入。而传教的当务之急就是把中国人从多神迷误和偶像崇拜中唤醒，鉴于此，就不能用中国本土固有神的名号翻译《圣经》中的“God”，因为那样就无法与其固有的偶像崇拜划清界限。只有以中国人对“神”的通称翻译“God”，才能形成《圣经》中国读者的一神信仰。他们相信，“神”字可以变成合适的用语，需要为中国这样的异教国家引入一种全新的基督观念和信仰。

在英美传教士的多年设想和努力中，他们一直相信从中文里一定可以为“God”找到汉语译名，利用中国人的知识和认识，来求证自己选择的译名在中国语言文化中的合法性。一时之间，中国传统经典成为有用之物，对经史子集的探讨与诠释成为热门，英国传教士麦都思、美国传教士娄礼华（Walter M. Lowrie，1819—1847）等人的论文征引的中国文献都多达十种，都试图找出最有力的证据。他们带着基督教的视角和关怀来阅读中国经典，将汉语中的“神”与“上帝”诠释出具有基督教的含义，所解读出来的“神”和“上帝”，便成了中国传统文化完全没有的蕴含天启、神性、最高存在等基督教含义的载体。在为“God”寻求中文对应关系的过程中，英美传教士对“神”或“上帝”的解读，亦表现出了他们定位中国与西方权力支配关系的立场，以及大相径庭的两种传教策略和对待传教区域本土文化的态度。

长达十年的译名之争，并未在基督教内确立“God”的中国名称，但阻止了其他意见的产生。此后的基督教《圣经》译本在此问题上，基本上只有两种译名——“神”或“上帝”①。直到百余年后

① 译名之争后，基督教圣经翻译还出现过影响较大的10种汉语译本，在唯一尊神的汉译问题上，除施约瑟浅文理译本外，其他译本都基本限定在了“上帝”和“神”之间。本文只引用影响较大的圣经全译本，未涉及仅有区域性影响的圣经方言汉字译本、圣经方言罗马字译本、圣经节译本和圣经少数民族文字译本。为保持文献的一致性，便于对照比较，不同译本的圣经文献均选用了《新约全书》的《马太福音》第1章第21—23节。“21彼将生子。可称其名耶稣。因其将救其民免于罪也。22凡此皆成。致验主托先知者所言云。23处女将怀孕生子。名称以马奴里。译言神偕我等也。”高德译本（新约1853年）：《马太福音传》第1章第21—23节，《圣经新遗诏全书》，宁波真神堂1853年版。“21彼将生子、尔必名之曰耶稣、以将救其民于其罪恶中、22凡此事得成、（转下页）

的今天，此问题仍然没有最终唯一结果。今天，历史上曾经出现过的几十种文言、白话、方言、汉字、罗马字《圣经》译本都已不再使用，中国基督教会唯一使用的和合官话译本仍然保存了“神”和

(接上页) 致应主托预言者所言云、23 视哉、将有一处女、怀孕而生子、人必称其名曰以马内利、译即**神**偕同我侪。”裨治文译本（新约 1855 年、旧约 1864 年）：《马太传福音书》第 1 章第 21—23 节，《新约全书》，大美国圣经公会 1855 年版。“21 他必要生一个儿子、你可以给他起名叫耶稣、因为他要将他的百姓从罪恶里救出来。22 这事成就、便应验（或作为要应验）主托先知所说的话、23 他说、童女将要怀孕生子、人将称他的名为以马内利、翻出来、就是**天主**在我们中间的意思。”北京官话译本（新约 1870 年、旧约 1878 年）：《马太福音》第 1 章第 21—23 节，《新约全书》，京都东交民巷耶稣堂藏板，北京，京都美华书院 1872 年版。“21 彼将生子、当名之曰耶稣、因将救其民于罪恶中云、22 凡此得成、乃为应主托先知所言曰、23 童女将怀孕生子、人将称其名为以玛内利、译即**天主**偕我焉。”施约瑟浅文理译本（旧新约 1898 年）：《马太福音》第 1 章第 21—23 节，《新约全书》，东京，日本东京秀英舍 1898 年版。“21 彼必生子、可名曰耶稣、因将救其民脱厥罪也。22 斯事悉成、以应主借先知所言曰、23 将有处女孕而生子、人称其名、曰以马内利、译即**上帝**偕我侪也。”和合深文理译本（新约 1906 年、旧约与浅文理合并 1919 年）：《马太福音》第 1 章第 21—23 节，《新约圣书》，大美国圣经公会 1906 年版。“21 彼将生子、尔可名之曰耶稣、因将救己民、出于其罪之中、22 此事皆成、以应主昔托先知所言、23 曰、童女将怀孕生子、人必称其名为伊马内利、译、即**上主**与我侪相偕也。”和合浅文理译本（新约 1906 年、旧约与深文理合并 1919 年）：《圣马太福音》第 1 章第 21—23 节，《新约圣经》，大美国圣经公会 1906 年版。“21 他将要生一个儿子。你要给他起名叫耶稣、因他要将自己的百姓从罪恶里救出来。22 这一切的事成就、是要应验主藉先知所说的话、23 说、必有童女、怀孕生子、人要称他的名为以马内利。(以马内利翻出来、就是**神**与我们同在）”和合官话译本（新约 1906 年、旧约 1919 年）：《马太福音》第 1 章第 21—23 节，《新约全书》，大美国圣经公会 1919 年版。“21 她必产生一个儿子，你要称他的名叫耶稣（拯救之意），因为他必救他的百姓脱离他们的罪。22 这全部的事成了，是要叫主借先知所说的话得成全，23 说，‘看哪，那童女（或译少妇）必怀胎，产生生子；他们要称他的名字叫“以马内利”；以马内利翻出来就是“**上帝**与我们同在”’。”吕振中译本（新约 1946 年、新旧约 1970 年）：《按圣马太所记的佳音》第 1 章第 21—23 节，《吕译新约初稿》，北平，燕京大学宗教学院 1946 年版。“21 她将要生一个儿子，你要给他取名叫耶稣，因为他将拯救他的子民脱离他们的罪。22 这一切事的发生是要应主借着先知所说的话：23 有童女将怀孕生子，他的名字要叫以马内利。‘以马内利’的意思就是‘**上帝**与我们同在’。”现代中文译本（新约 1975 年、旧约 1979 年）：《马太福音》第 1 章第 21—23 节，《新约全书》，台北，台湾圣经公会 1979 年版。“21 她必生一个儿子，你要给他起名叫耶稣，因为他要把自己的子民从罪恶中拯救出来。22 这整件事的发生，是要应验主借着先知所说的：23‘必有童女怀孕生子，他的名要叫以马内利。’以马内利就是‘**神**与我们同在’的意思。”新译本（新约 1976 年、旧约 1993 年）：《马太福音》第 1 章第 21—23 节，《新约全书》，香港，香港圣经公会 1976 年版。

“上帝”两种版本。可以说，“上帝”和“神”两个译名在某程度上已经被确立。近代西方一篇分析这场争议的文章，甚至表示了使用两个译名的积极意义，“神”的译名表达了“God”的内在性（divine immanence），而“上帝”译名则代表了“God”的超越性（transcendence）（Sheppard，1955：23—27；转引自 Zetzsche，1999：90）。西方人通过基督宗教的理念、关怀来诠释和理解中国文化、宗教的角度及思维再一次得到展现。

三、相遇与接受：中方视野中的译名

对基督教在中国的传播和信仰来讲，译名问题的意义也是颇为重大的。但争执不休、引经据典的外国传教士几乎都是从宗教信仰和自身利益的角度来考虑，从来没有仔细考虑过他们的传教对象——中国人会是如何理解、阐释“God”的译名，究竟是“神”还是“上帝”更能为中国人所认知、理解和接受呢？他们经年累月争论的声音，大概是很难被汉语世界的人听到的，甚至也很难引起汉语世界的兴趣和关注。从中国宗教文化来考察，中国古代没有发展出一神教信仰，“神”“帝”“上帝”“天主”等在字面上都不能表达基督宗教最根本的观念，也许汉语中根本就没有现成词汇可以表达这种概念。因此，传教士们想用一个简单的、不必借助阐释就可以直接传达基督宗教根本观念的汉语词汇的愿望，是难以实现的。

“传教士圣经话语”带来了新的概念和意义，也带来了新词语的输入。更重要的是，这些新词语是在什么样的历史条件下、如何进入中国语言和文化，并在中国语言和文化的话语系统中，取得被中国人承认接受了的合法地位。

据笔者考察，在近代，基督教最早进入中国士人眼界并产生影响的著作是1842年刊印的魏源名著《海国图志》中的《天主教考》，魏源使用了“上帝”“天神”“天主”等多个译名称谓①。1846—1848年广东名儒梁廷枏刊印《海国四说》，“四说”中的一说即“耶稣教难入中国说”。梁廷枏非常深入地研读了当时还未进入中国大陆，主要阵地还在印度尼西亚、马来西亚、新加坡等地的基督教传教士的教义书、《圣经》译本及一些天主教的书籍，用儒家思想论述了基督教难以进入中国的原因。他的论述也用名不一，“上帝”“天神”“天主”时常混用②。米怜施洗的中国首位基督徒梁发刊印于1832年，1843年被洪秀全获得的《劝世良言》中，也有“神天”“神天上帝”“神父”“天父”“天”“上帝”等多达20余种译名（卢瑞钟，1985：162；转引自夏春涛，2006：58）。

在“译名之争”之前，基督教传教士内部对“God”译名处于尚未统一、非常混乱的早期阶段。以1833年8月由外国传教士在广州创办的中国大陆最早的杂志《东西洋考每月统记传》为例，其对“God”的译名也是纷繁复杂，但逐渐由多样趋向于单一。“神天皇上帝”“神天”“神天上帝”“皇上帝”“上帝”等词一开始经常是并用的③；但越到后来就越常用“上帝”或“神天”这两个词，而“神天

① “**天主上帝**，开辟乾坤而生初人，男女各一。”“天为有始，**天主**为无始，有始生于无始，故称**天主**焉。”“夫不尊天地而尊**上帝**犹可言也，尊耶稣为**上帝**则不可信也。”“耶稣为**神**子，敬其子即敬天。”“《福音书》曰：元始有道，道即**上帝**，万物以道而造。”“**神天**曰：除我外，不可有别神也。”（魏源，2004［1842］：809、811、813、815、816、817）

② “时气候正凉，**上帝**方来游于园。”“有始无终，故谓**天主**为天地万物之本。”“水涨地面，**上帝**浮水面以造万有。”“**天神**以告马利亚，使避于厄日多国（即麦西国，亦称以至比多）。”（梁廷枏，1993［1846］：9、10、22）

③ “亚大麦。当初**神天**。即**上帝**造化天地。及造世人。是亚大麦性乃本善。惟有恶鬼现如蛇样。”（爱汉者等，1997：4）

上帝”这个词也慢慢消失了（参见爱汉者等，1997：14)。

天主教和基督教传教士争论的结果，使译名基本限定在“天主”“神”“上帝”之间，这从中国文人士大夫或一般民众的各类“反洋教”言论中也可以看得出。曾国藩在其著名的《讨粤匪檄》中，没有分清太平天国信奉的是天主教还是基督教，称其为“天主”①。1859年刊印的夏燮的名著《中西纪事》中，称其为“天主”“神”②。在众多反洋教文献中，其称谓一般限定在“天主”“神”“上帝”之中，而其中“天主”和“上帝”出现的频率较高，“神”字相对较低③。以当年流传甚广的江西巡抚沈葆桢呈送的《湖南合省公檄》为例，其通篇多用的也是“上帝”“天主”两个译名。太平天国干王洪仁玕主要接触的是英国传教士，他的《资政新篇》也用的是“上帝”④。

1839年刊印的《圣经》郭士立译本因被太平天国采用和大量印刷，格外引起当时社会和史家们的重视。太平天国的《圣经》刊印

---

① “粤匪窃外夷之绪，崇**天主**之教自其为伪君伪相，下逮兵卒贱役。”（曾国藩，1977：141)

② “亚细亚洲之西、曰如德亚国、西方**天主**降生之地也。**天主**何人、耶稣也、耶稣何以名、华言救世主也。”“耶稣以天为父、自称**神**子、厌世上仙、代众生受苦、以救万世、故其死也、西人以**天主**称之。”（夏燮，1967［1859］：1)

③ “天一而已，以主宰言之，则曰**上帝**，乃变其名曰**天主**，即耶稣以实之。”“即有之，而不问良莠，概登其中，**上帝**何启宠纳侮之甚耶?”（《湖南合省公檄》［1861］）“其徒号其教曰**天主**，以耶稣为先天教主，造书曰天经，遍相引诱，自郡国至乡闾皆建天主堂，供十字架。”（饶州第一伤心人：《天主邪教集说》［1862］）“他是**天主**来降下，生身童女马利亚。”（天下第一伤心人：《辟邪歌》［1862］）“厥后其徒遂创立邪教，名曰**天主**，其意以耶苏为**天主**。”（《南阳绅民公呈》［1867年8月7日］）（王明伦，1984：1、2、7、11、17)

④ “**上帝**是实有，自天地万有而观，及基督降生而论，以示显身，指点圣神**上帝**之风亦为子，则合父子一脉之至亲，盖子亦是由父身中出也，岂不是一体一脉哉!”“数百年来，各君其邦，各子其民，皆以天父**上帝**、耶稣基督立教，而花旗之信行较实，英邦之智强颇著。”（洪仁玕，1979［1859］：681、683)

本所用的"上帝"译名[①]，随着他们所信仰的"上帝教"[②] 的发展，迅速突破原有外国传教士和东南沿海极少数华人教徒的狭小范围，伴随着有清以来最大规模农民战争所能引起的社会震动和影响，"上帝"译名得到了最为广泛的传播。

外国传教士为农民军信仰基督教而极度振奋，认为占世界 1/3 人口的中国人皈信基督教的时刻即将来临。1853 年 9 月，英国圣经公会发起了"百万新约送中国"运动，超乎期望的热情捐款足够覆盖英国圣经公会在中国未来 20 年的经费支出（Broomhall，1934：76）。到 1869 年，经济实力最强的英国圣经公会已经刊印了 95 万册新约或全本《圣经》，其中坚决主张译名"上帝"的麦都思等人翻译的"委办译本"[③]，就占了 75 万册（MacGillivray，1907：558），使委办译本在相当时期内成为印刷量最大、流行最广的《圣经》译本。在中国著名士人王韬的协助参与下，从中文的语言文字角度来考察，无论是汉字选词，还是文字流畅方面，委办译本的"中国化"程度在当时都是最高的（Hanan，2003：272—278）。1877 年 7 月 21 日，《万国公报》就基督唯一尊神应译为"上帝"还是"神"面向读者发起持续一年之久的讨论，从中亦可以看出，中国基督徒更多使用的是

---

① "21 其必生子，可名称耶稣，因将其名救脱罪戾。22 诸事得成，可应验上主以先知之师所云，23 却童女将怀孕生子，名称以马伮耳等语，此名译出意以'上帝与我共在'也。"太平天国刊印本：《马太传福音书》第 1 章第 21—23 节，《钦定前遗诏圣书》，初刊于 1860 年（罗尔纲、王庆成，2004：113）。

② "于是各省拜会无不借**天主**为名、即非**天主教**者亦假托之、粤西军兴则有冯云山洪秀泉杨秀清等其结金田拜**上帝**之会、谓**上帝**为天父、谓耶稣为救世主。"（夏燮，1967［1859］：22）"伏思连年倡乱，蔓延数省，即由广西**上帝会**而起，**上帝会**乃**天主教**之别名。"（中华书局编辑部，1979：41）

③ "21 彼必生子、可名曰耶稣、以将救其民于罪恶中。22 如是、主托先知所言应矣、曰、23 处女孕而生子、人称其名以马内利、译即**上帝**偕我焉。"委办译本（新约 1852 年、旧约 1854 年）：《马太福音传》第 1 章第 21—23 节，《新约全书》，香港英华书院活板，1854 年印。

“上帝”译名的委办译本[①]。

在出现了《圣经》高德译本、裨治文译本、北京官话译本、施约瑟浅文理译本的多年以后，1894 年慈禧太后六十大寿时，在华传教士还专门刊印了“上帝”译名的《圣经》委办译本大字本给她祝寿（Hykes，1916：24；Latourette，1929：266）[②]，这说明委办译本是更容易为中国人所接受的译本。委办译本是对沿用至今的和合本《圣经》产生奠基性影响的译本，尤其是专名术语方面的奠基性没有任何译本能够代替，译名“上帝”得到了最大范围的传播。1908 年，英国圣经公会高薪邀请极富翻译盛名的严复翻译《圣经》，他也采用了“上帝”译名[③]，“上帝”译名被接受程度可见一斑。

随着“上帝”译名被更多接受，当年坚持“神”译名的美国圣经公会，也逐渐转向了刊印“上帝”译名的《圣经》译本。1894 年，美国圣经公会出版了“上帝”版《圣经》3. 85 万册，占 11. 6%；1908 年出版“上帝”版《圣经》29. 9 万册，占 78. 9%；1913 年刊印“上帝”版《圣经》170. 8 万册，已达 99. 7%（Zetzsche，1999：88）。

20 世纪 20 年代，虽然基督教内还认为“God 的译法一直是个使人大伤脑筋的问题”，但“上帝”译名的确已经被更广泛地接受了。1920 年出版的《圣经》中，文言译本“上帝”版占 98%，“神”版

---

① “夫**上帝**之道，传自犹太。”“是万国皆为**上帝**所造，即万国同一**上帝**，同一造化主宰，又何有儒书所载之**上帝**非造化主宰乎？”（何玉泉：《天道合参》，初刊于《万国公报》第 457 卷，1877 年 9 月 27 日）“虽犹太选民独尊**上帝**，而异邦父老岂乏真传？”“且保罗就异邦人之诗而即以证**上帝**为造物主，况华人之早称**上帝**为生民之**上帝**而不可称也乎？”（英绍古：《谢陆佩先生启》，初刊于《万国公报》第 473 卷，1878 年 1 月 19 日）（李炽昌，2008：25—26、101—102）

② 《新约全书》，上海美华书馆活版，美国圣经公会 1894 年版。

③ “**上帝**子基督耶稣，福音之始。如以赛亚先知所前载者曰：视之，吾遣使尔前，为尔导其先路。……于是约翰至，行洗礼于野中。”（李炽昌、李天纲，2000：68）原手稿未刊印，英国剑桥大学藏。

仅占2%；白话译本“上帝”版占89%，“神”版占11%（司德敷等，1985：1041）。“上帝”译名已占绝大多数。

随着时间推移，“上帝”一词几乎成了基督教最常见通行的译名，无论在基督教内还是教外，“上帝”已经被更多的人用来表达基督教的信仰。晚清著名洋务派人士基督徒王韬[①]、非基督徒郑观应[②]，著名作家基督徒老舍[③]、非基督徒沈从文[④]，著名学者非基督徒胡适[⑤]，中共党员非基督徒陈独秀[⑥]、恽代英[⑦]，中共党员曾经的基督教牧师浦化人[⑧]，国民党员基督徒蒋介石[⑨]、冯玉祥[⑩]，等等，从这些不

---

① “午刻，往讲堂听慕君说法。慕君以‘**上帝**’二字出自儒书，与西国方言不合。且各教进中国，其所以称天之主宰，称名各异，犹太古教为耶和华，景教为呵罗呵，挑筋教称为天，**天方［主］教**为真主。明时，利玛窦等入中国，则为**天主**，而间称**上帝**。”（1858年9月19日）“《圣经》曰：元始有道，道与**上帝**共在。道即**上帝**。此道之不可见者也。耶稣曰：我即真理，此道之有可见者也。”（1858年9月27日）（王韬，1987：7、11）。王韬不但参与了委办译本的翻译，而且是最早对外国传教士的译名之争有文献记录的中国人。

② “《新约》载耶稣降生为**上帝**子，以福罪之说劝人为善。”（郑观应，1982［1895］：409—410）。

③ “信基督教的人什么也不怕，**上帝**的势力比别的神都大的多；太岁？不行！太岁还敢跟**上帝**比劲儿！”（老舍，1948：81）

④ “我们从人情中体会出来的道理是履行**上帝**的旨意最可靠，最捷近的路。因为人情是**上帝**亲手造的。”（沈从文，1990：219）

⑤ “对于基督教我也有相当的敬重，但因为我个人的信仰不同，所以当时虽有许多朋友劝我加入基督教会，我始终不曾加入。近年来我对灵魂与**上帝**还是不相信，不过我对于旁人的宗教信仰仍是一样敬重的。”胡适在美国留学时，多次参加基督教会活动，所读《圣经》也是“**上帝**”版（胡适，2003a：171，2003b：520）。

⑥ “人类无罪，罪在创造者；由此可以看出**上帝**不是‘非全善’便是‘非全能’。我们终不能相信全善而又全能的**上帝**无端造出这样万恶的世界来。”（陈独秀，1987：437）

⑦ “因如有**上帝**，则必应于正当生活中求之，与其与之为片段零落的辨难之境，亦何益乎？……余意祈祷、信**上帝**，乃基督徒之精华。”（1918年7月8日）（恽代英，1981：430）

⑧ “自此每礼拜日之听道。亦多感触。自维**上帝**既是普世之父。慈悲无量。”（浦化人，1921：28）浦化人曾是基督教圣公会牧师，后任新华社社长、晋冀鲁豫高等法院院长、北京外国语学院院长。

⑨ “轻视目前羞辱。忍住十字架苦痛。耐心直向**上帝**所指示的正路。”（1935年11月24日）“幸获**上帝**保佑。俾我夫妻得以相见。不胜感谢。”（1936年5月6日）（王正华，2008：472；周琇环，2008：559）

⑩ “他们说：‘不要谢我们，请你谢谢**上帝**。’”“我的回答是：‘**上帝**即道、即真理、亦即科学。’我自信我是个科学的基督徒，毫无迷信观念。”（冯玉祥，1981：295、296）

同政治信仰和宗教信仰的人群留下的文献中均可看出，他们全部使用了“上帝”一词。

最可表明中国社会对“上帝”等《圣经》译名认同的是，20世纪五六十年代大规模翻译马恩列斯经典著作时，不仅使用的是“上帝”译名，其他圣经人物也全部采用的是和合官话译本的译名（中共中央马克思恩格斯列宁斯大林著作编译局，1979：939—982）①。由此可见，《圣经》翻译中创造的各种译名，如马太、诺亚方舟、福音、耶稣、洗礼、先知、圣经、犹太人、以色列、耶路撒冷、亚当、夏娃、埃及、约翰等等，已经为中国世俗社会所广泛接受和运用。

余　论

用中文为“Deus”“God”译名，关系到人类历史上最古老悠久的两种文明之间最深层的对话，自我文化与他者文化的再定位，充满了文化交流及宗教同化和再生。有关“Deus”“God”的汉文译名的争议史和接受史，记录了《圣经》如何跨越传统社会地理的边界，进入不同的社会文化概念世界，与相异的宗教文本和身份相互作用的历史。它包含了文化的可译性问题，以及将一种语言和文化的概念转化为另一种语言和文化的概念时必然遇到的理解问题，这个转化的过程涉及原有的概念会在接受语言中被原样保留还是将有变化，如果变了，怎样变的问题。

《圣经》的文本本身预定了基督宗教唯一尊神的名称不可能是唯一的。学者研究表明，传统上被认为浑然一体的《圣经》文本，是

① “无论我们同奥古斯丁和加尔文一起把这叫做上帝的永恒的意旨，或者象土耳其人一样叫做天数。”（恩格斯，1979：47）

由不同地区、不同时代和不同作者的口头文本与文献结合而成，《圣经》文本本身就反映了各种文化对于神明的参差多端的理解和命名。《圣经》翻译者的一神论背景，使他们强烈地要用其自身文化世界中“对等的”或“想象的”词汇来翻译《圣经》。

近代翻译大家严复最著名的经典翻译观“信达雅”，将对“信”的追求放在了首位。人类历史上所有翻译中“信”的追求，都基于对不同文化之间“可译性”的认同。其实，语言之间的“互译性”完全是历史的、人为的“建构”，是“虚拟对等”，而不是“透明地互译”，且并非一次性能够完成的（黄兴涛，2007：158）。基督宗教传入中国扩展了中国文化的概念空间。在这个扩展概念和文化再创造的过程中，转借原词并赋予新意，是近代文化转型过程很常见的现象——在新的概念框架下，在译介中重新阐释固有的词汇，再生出中国式的新概念和新理念，力图创造出基督宗教概念的中西语言对等，创造出基督宗教的中国式话语体系。

从中文语境上看，在长达300年译介、传播和接受的过程中，“上帝”译名同样具有强烈的颠覆性，“上帝”一词发生了根本的质的变化。“上帝”一词逐渐地被基督教化，失去了其原有的本土宗教内涵，当我们今天说到“上帝”时，想到的都是基督教的“上帝”。中国传统蕴含了关于“上帝”的悠久文献历史和口头传说，为《圣经》中的上帝赋予中文名字提供了文化转换的基础，超越了一般意义上的语言—翻译的维度。

“Deus”“God”的译介和接受过程是欧洲和中国语言文化之间观念和概念可译性探讨的最佳实例。它也体现了外来观念在由传统向现代转型的过程中译源语本身具有的近现代意义，新内涵自身所具备的强势地位为转型社会带来的强大社会影响力，也为传统社会的急迫吸纳提供了思想和概念激励的想象空间，再生了宗教本身以外的意义。

参考文献

Boone, William J. 1848 An Essay on the Proper Rendering of the Words Elohim and Theos into the Chinese Language. *The Chinese Repository* 17. Canton: Proprietors.

Bridgman, E.C. 1846 Revision of the Chinese Version of the Bible. *The Chinese Repository* 15. Canton: Proprietors.

Broomhall, Marshall 1934 *The Bible in China*. London: China Inland Mission.

Eber, Irene 1999 *The Jewish Bishop and the Chinese Bible: S.I.J. Schereschewsky (1831 – 1906)*. Leiden & Boston: Brill.

Gützlaff, Charles 1834 *Journal of Three Voyages along the Coast of China in 1831, 1832 and 1833*. London: Frederick Westley & A.H. Davis.

Gützlaff, Charles 1836 Revision of the Chinese Version of the Bible. *The Chinese Repository* 4. Canton: Proprietors.

Hanan, Patrick 2003 Chinese Christian Literature: The Writing Process. In Patrick Hanan(ed.), *Treasures of the Yenching: Seventy-fifth Anniversary of the Harvard-Yenching Library Exhibition Catalogue*. Cambridge: Massachusetts.

Hykes, John R. 1916 *The American Bible Society in China*. New York: American Bible Society.

Latourette, Kenneth S. 1929 *A History of Christian Missions in China*. New York: Macmillan.

Lowrie, Walter M. 1846 Remarks on the Words and Phrases Best Suited to Express the Names of God in Chinese. *The Chinese Repository* 15. Canton: Proprietors.

MacGillivray, Donald 1907 *A Century of Protestant Missions in China*

(1807 – 1907). Shanghai: American Presbyterian Mission Press.

Malatesta, Edward J. 1994 Alessandro Valignano, Fan Li-An (1539 – 1606): Strategist of the Jesuit Mission in China. *Review of Culture* 21(2).

Medhurst, Walter H. 1844 Philosophical Opinions of Chú Futsz'. *The Chinese Repository* 13. Hongkong: Proprietors.

Medhurst, Walter H. 1848a An Inquiry into Proper Mode of Rendering the Word God in Translating the Sacred Scriptures into the Chinese Language. *The Chinese Repository* 17. Canton: Proprietors.

Medhurst, Walter H. 1848b Reply to the Essay of Dr. Boone on the Proper Rendering of the Words Elohim and Theos into the Chinese Language. *The Chinese Repository* 17. Canton: Proprietors.

Milne, W. 1820 *A Retrospect of the First Ten Years of the Protestant Mission to China*. Malacca: Anglo-Chinese Press.

Milne, William 1838[1821] Some Remarks on the Chinese Terms to Express the Deity. *The Chinese Repository* 7. Canton: Proprietors.

Morrison, Eliza A. Mrs. Robert 1839 *Memoirs of the Life and Labours of Robert Morrison, D.D.*. London: Longman, Orme, Brown, Green & Longmans.

Sheppard, G.W. 1955 The Problem of Translating "God" into Chinese. *The Bible Translator* 6(1).

Staunton, George Thomas 1849 *An Inquiry into the Proper Mode of Rendering the Word God in Translating the Sacred Scriptures into the Chinese Language*. London: L. Booth.

Wylie, Alexander 1867 *Memorials of Protestant Missionaries to the Chinese: Giving a List of Their Publications, and Obituary Notices of the Deceased. With Copious Indexes*. Shanghae: American Presbyterian Mission Press.

Zetzsche, Jost Oliver 1999 *The Bible in China: the History of the Union Version or the Culmination of Protestant Missionary Bible Translation in China*. London: Routledge.

爱汉者等（编），1997，《东西洋考每月统记传》，黄时鉴整理，北京：中华书局。
曾国藩，1977，《讨粤匪檄》，北京师范大学历史系中国近代史组（编）《中国近代史资料选编》，北京：中华书局。
陈独秀，1987，《基督教与基督教会》，《独秀文存》，合肥：安徽人民出版社。
恩格斯，1979，《自然辩证法》，《马克思恩格斯列宁斯大林论宗教》，北京：中国社会科学出版社。
费赖之，1995，《在华耶稣会士列传及书目》，冯承钧译，北京：中华书局。
冯玉祥，1981，《我的生活》，哈尔滨：黑龙江人民出版社。
洪仁玕，1979［1859］，《资政新篇》，《太平天国印书》，南京：江苏人民出版社。
胡适，2003a，《胡适全集（27）》，合肥：安徽教育出版社。
胡适，2003b，《基督教与中国文化》，《胡适全集（9）》，合肥：安徽教育出版社。
黄兴涛，2007，《“话语”分析与中国近代思想文化史研究》，《历史研究》第2期。
黄一农，2003，《明末清初天主教的“帝天说”及其所引发的论争》，任继愈（编）《国际汉学（第八辑）》，郑州：大象出版社。
老舍，1948，《二马》，上海：晨光出版公司。
李炽昌（编），2008，《圣号论衡：晚清〈万国公报〉基督教“圣号论争”文献汇编》，上海：上海古籍出版社。
李炽昌、李天纲，2000，《关于严复翻译的〈马可福音〉》，李国章、赵昌平（编）《中华文史论丛（第六十四辑）》，上海：上海古籍出版社。
李天纲，1998，《中国礼仪之争：历史·文献和意义》，上海：上海古籍出版社。
利玛窦，2005，《天主实义》，王美秀（编）《东传福音（第二册）》，合肥：黄山书社。
利玛窦、金尼阁，2001，《利玛窦中国札记》，何高济等译，桂林：广西师范大学出版社。
梁廷枏，1993［1846］，《耶稣教难入中国说》，《海国四说》，北京：中华书局。
刘侗、于奕正，1980［1635］，《帝京景物略》，北京：北京古籍出版社。
卢瑞钟，1985，《太平天国的神权思想》，台北：三民书局。
罗尔纲、王庆成（编），2004，《太平天国（二）》，桂林：广西师范大学出版社。
罗光，1983，《教廷与中国使节史》，台北：传记文学出版社。
罗明坚，1966，《天主圣教实录》，吴相湘（编）《天主教东传文献续编》，台北：学生书局。
马相伯，1947，《求为徐上海列品诵》，方豪（编）《马相伯先生文集》，北京：上智编译馆。
浦化人，1921，《增订半生之回顾》，上海：青年协会书局。
戚印平，2003，《"Deus"的汉语译词以及相关问题的考察》，《世界宗教研究》第2期。
荣振华，1995，《在华耶稣会士列传及书目补编》，耿昇译，北京：中华书局。
沈从文，1990，《未央歌》，孔范今（编）《中国现代文学补遗书系·小说卷八》，济南：明天出版社。
司德敷等（编），1985，《中华归主：中国基督教事业统计（1901—1920）》下册，蔡咏春等译，北京：中国社会科学出版社。
涂宗涛点校，1992［1862］，《古新圣经问答》，天津：天津社会科学院出版社。
王明伦（编），1984，《反洋教书文揭帖选》，济南：齐鲁书社。
王韬，1987，《王韬日记》，方行、汤志钧整理，北京：中华书局。
王正华（编），2008，《蒋中正总统档案：事略稿本（34）》，台北："国史馆"。

魏源，2004［1842］，《天主教考》，《魏源全集·海国图志·卷二十七》，长沙：岳麓书社。

吴长元，1982［1788］，《宸垣识略》，北京：北京古籍出版社。

夏春涛，2006，《天国的陨落——太平天国宗教再研究》，北京：中国人民大学出版社。

夏燮，1967［1859］，《猾夏之渐》，《中西纪事》，台北，文海出版社。

萧若瑟，1937，《天主教传行中国考》，献县：河北献县张家庄天主堂印书馆。

谢和耐，1989，《中国文化与基督教的冲撞》，于硕等译，沈阳：辽宁人民出版社。

徐宗泽，1990，《中国天主教传教史概论》，上海：上海书店。

伊爱莲，2003，《争论不休的译名问题》，伊爱莲等《圣经与近代中国》，蔡锦图译，香港：汉语圣经协会。

恽代英，1981，《恽代英日记》，北京：中共中央党校出版社。

郑观应，1982［1895］，《盛世危言·传教（十四卷本重写）》，夏东元（编）《郑观应集（上册）》，上海：上海人民出版社。

中共中央马克思恩格斯列宁斯大林著作编译局（编），1979，《文学作品和神话中的人物索引》，《马克思恩格斯全集人名索引》，北京：人民出版社。

中华书局编辑部整理，1979，《筹办夷务始末（道光朝）》第11卷，北京：中华书局。

周琇环（编），2008，《蒋中正总统档案：事略稿本（36）》，台北：“国史馆”。

朱谦之，1993，《景教流行中国碑颂并序》，《中国景教》，北京：东方出版社。

“礼拜”来源再考*

刘　曼

西方星期制度传入中国后，“礼拜”“星期”等相关词语应运而生，进入汉民族共同语，并沿用至今成为现代汉语常用词。已有学者讨论过这些词的来源，张清常（1993：7）指出“礼拜”由基督教的宗教仪式转指“主日”Sunday；黄河清（2003：59—61）认为“礼拜”是由于基督教、伊斯兰教一星期做一次礼拜，故引申指 week；内田庆市（2007），庄钦永、周清海（2010：98—100）将“礼拜”的始见年代提前至明末清初，并指出“礼拜”“瞻礼”“星期”等词分别为新教人士、天主教人士和中国学者所用；李斌等（2017：167、169）明确了“礼拜”的创用者，认为来自西方新教传教士，“星期”则诞生于中国。各家均认同“礼拜”的基督教背景，黄河清加上了伊斯兰教，内田庆市增加了天主教。这些新词及其相应概念本非汉语所有，究竟由哪些人输入汉语？语义借自哪种外语？其命名方式从何而来？为什么是“礼拜”而非“瞻礼”进入了汉语共同语？各家尚未解答。因此，本文拟在宗教传播、语言接触的背景下重新考察“礼拜”的来源。

---

* 原刊《国际汉学》（北京：外语教学与研究出版社，2021）第 2 期，第 160—166、206 页。

本研究为教育部社科基金青年项目（16XJC740006）、陕西省社科基金项目（2016K025）的阶段性成果。写作中承蒙张美兰教授惠赐资料、内田庆市教授慷慨赐文、博士生李晶鑫翻译日语论文，谨致谢忱！

一、“礼拜”的产生过程及传入中国

“礼拜”最早见于明末在菲律宾的西班牙多明我会士笔下。高毋羡（Juan Cobo，1546—1592）著《天主要理》、多明戈·涅瓦（P. Fr. Domingo de Nieba，1563—1606）著《新刊僚氏正教便览》以及漳州话语法书《漳州话语法》（*Arte de la lengua Chiõ chiu*，1620）皆用“礼拜（日）”表示星期日①，如：

（1）已上此等好日。合该看绵卅（弥撒，西班牙语 misa）。不可作工夫求利与犯礼拜日同罪。| 礼拜并好日（瞻礼/节日，西语 fiesta）湏（须）宜看绵卅完全。②

前二书中多闽南语词，并以闽南语音译西班牙文，如周一至周六，见表 1（方豪，1973：184—185）。

表 1

	周一	周二	周三	周四	周五	周六
《新刊僚氏正教便览》	仑挨氏	妈罗值氏	绵高黎氏	衰微氏	绵挨氏	沙无吕
《天主要理》	仑挨氏	妈罗值时	绵高黎氏	衰微氏	绵挨氏	沙无吕氏

后者中出现了意译形式“礼拜+一至六”以及“礼拜”表示星期义（简称“礼拜”），如：

（2）礼拜一 luner（西语“星期一”）

礼拜 semana，domingo（西语“星期”“星期日”）③

---

① 《漳州话语法》的作者是谁，存在歧见，应是在菲律宾的西班牙多明我会士，有 1620 年及晚出版本（周振鹤，2018：16、18、59、60、119）。

② 引自高毋羡（2014：163—165），注释据方豪（1973：186）。

③ 转引自内田庆市（2007）。汉语译文为笔者所加。

可见，“礼拜”最初由西班牙传教士输入菲律宾闽南语，是西班牙语和闽南语接触的产物。18、19世纪菲律宾、马来西亚、印度尼西亚等地仍用，见于福建漳浦县人程逊我《噶喇吧纪略》、印度尼西亚巴达维亚华人公堂的中文档案《公案簿》、江苏太仓（今属苏州）人叶羌镛《吕宋记略》、四川人袁德辉《会话例集》（*The English and Chinese Student's Assistant*, *or Colloquial Phrase*, *Letters & c*, *in English and Chinese*, 1826）、麦都思《英华字典》等，或为“礼拜”或为其简省形式“拜几”。程逊我和叶羌镛均在记述当地情况时使用新词，袁德辉著作由马六甲英华书院出版；囿于其时中西接触的范围，三位作者的家乡均不大可能使用“礼拜”或“拜几”；麦氏字典虽编于上海，但当地并不使用“拜几”[①]，作者此前长期在印度尼西亚雅加达传教，也曾在马来西亚马六甲和槟榔屿居留（博克斯，2007［1904］：153），书中“拜几”应来自当地汉语。“礼拜（日）”“（礼）拜+一至六”后从东南亚传入中国本土[②]，狄考文（Calvin Wilson Mateer，1836—1908）指出“礼拜”系罗马天主教徒引入（Mateer，1892：10），19世纪初已见于广东。第一位来华新教传教士马礼逊著作中多见，并说明是广州人所用：

（3）WEEK of seven days is called in Canton，一个礼拜. FRIDAY，they call at Canton 礼拜五日.（Morrison，1822：464、181）

也见于其《广东省土话字汇》。澳门亦见，但是用“礼拜+二至七”指称周一至周六，如江沙维《洋汉合字汇》《辣丁中国话本》，系

① 编于上海的艾约瑟《汉语口语渐进教程》（1862）有“一个礼拜”，无“拜几”（盐山正纯，2018：98）。

② “拜几”鸦片战争以后见于福州方言（陈泽平，2010：294），今仍用于闽语福州、厦门、永春、闽侯洋里、莆田、台湾地区，粤语广州及客家话梅县等地（李荣，1998a：149，1998b：96；许宝华、宫田一郎，1999：4185；莆、梅二地为笔者调查所得）。也用于新加坡、马来西亚、泰国、印尼、文莱等地（李宇明，2010：30）。

"瞻礼+二至七"的挪用或混用（内田庆市，2007）[①]。

至此，我们明确了"礼拜"的来源，但鉴于西班牙语采用月、火、水、木、金五大行星之名为周一至周五命名，故须解释西班牙人为何采用"礼拜+一至六"的造词方式。明末清初，来华天主教传教士主要用"主日"和"瞻礼+二至七"（简称"瞻礼"）表示一周七天，因此，还须解答：为什么广州人选择了"礼拜"而非"瞻礼"？为什么是"礼拜"而非"瞻礼"进入汉语共同语？后文依次回答。

二、"瞻礼"的来源与"礼拜"的得名之由

"礼拜+数字"的得名之由，能从"瞻礼+数字"的来源中得到启发。

考察天主教汉语文献发现，明末清初，来华传教士所用表示一周七天之词与在菲律宾的西班牙传教士不同，主要是"主日"（星期日）和"瞻礼+二至七"（星期一至六），如：

（4）圣教定规、其要有四、一、凡主日暨诸瞻礼日、宜与弥撒。（潘国光，2014a：443）

（5）时值瞻礼第六日、教中人不敢食肉。（潘国光，2014c：136—137）

（6）年中有日不可祭。如耶稣受难之瞻礼六不得祭。（利类思[②]，2014b：342）

---

① 这组词其他文献未见，故本文"礼拜"仅指"（礼）拜一至六""礼拜（日）"。

② 利类思，Ledovico Buglio，1606—1682。

“瞻礼六”“瞻礼第六日”应指星期五，耶稣受难和不食禽兽之肉的小斋都在这一天；“瞻礼日”指宗教节日，即例（1）“好日”。两位作者都是意大利籍耶稣会士（潘国光，2014b：404；利类思，2014a：2）。星期用“瞻礼”表示，如：

（7）如今天冷，每一瞻礼或者换一次衣服。（《拜客训示》）

此外，据瓦罗著《华语官话语法》《华语官话词典》，周一至周六还用“主+数字”表示；不管是“瞻礼+数字”还是“主+数字”，都有两种不同次序：第一种称星期一为“主二”“瞻礼二”，第二种称之为“主一”“瞻礼一”，以此类推；前书指出第一种在有些地方使用，第二种在其他地方使用；后书指出两种次序分别为葡萄牙人和西班牙人所用，耶稣会士、意大利人与葡萄牙人所用次序相同，例（5）（6）即为明证。星期可用“七天”或“主日”表示（瓦罗，2003：23、29、132；Coblin，2006：324、340、512）。

明末，有些西方传教士从菲律宾来到中国，是否传入“礼拜”？其所用“瞻礼/主+数字”与“礼拜+数字”有无关联？先回答第一个问题。以瓦罗为例，作为西班牙多明我会士，他来华之前曾在菲学习汉语一年，应接触过“礼拜”，但其著作中未见，而使用“主日”“瞻礼/主+数字”。可见，当时“礼拜”应未传入，或虽传入，但未获采用。原因是传教士在菲律宾受福建移民影响，使用闽南语；来到中国大陆后，则弃而不用，将精力转向官话——其传教对象知识分子所用语言（马西尼，2004：227—228）。“礼拜”和“主日”“瞻礼/主+数字”正体现了当时菲律宾闽南语和中国本土官话的用词差异。要回答第二个问题，需要分析在中国本土新词的创制中，哪个差会的传教士起了主导作用。我们推测是耶稣会士，因为走“上层路线”“合儒排佛”的传教政策是耶稣会士如利玛窦确立的，其他差会如多明我会接受了这一政策，导致他们对传教对象和传教语言的选择与前者保持一致。而且耶稣会在华势力最强，更有可能是来自菲律宾的传教士放弃“礼拜”转用“瞻礼”，瓦罗的个人经历可为佐证。另一证据是“瞻礼+数字”在耶稣会文献中出现较早，如《口铎日抄》《拜客训示》等；其他差会的文献如瓦罗著作中要晚几十年。

分析葡萄牙语和西班牙语一周七天的命名方式发现，“主日”系意译自二者的星期日 domingo，“主/瞻礼+二至七”“主/瞻礼+一至六”则分别受到两种语言的影响。前者应为葡萄牙人或通葡语的耶稣会士所创①，来源词依次是葡语周一至周六 segunda-feira、terça-feira、quarta-feira、quinta-feira、sexta-feira、sábado，算法受到葡语的影响。葡语以周日“主日”为每周第一天，周一、周三至周五意为“第二天”“第四天”至“第六天”，是序数词第二、第四至第六 segundo、quarto、quinto、sexto 和名词 feira（定期举行的集市、交易会、展览会）组成的复合词，周二则是 terço（三分之一）加 feira；周六意为“安息日”（张敏芬、张黎，2016：226、293、474、476、511、516、537）。除周二、周六外，计算方法和次序正与“主/瞻礼+二至七”相同。“主+日/二至七”采取了意译的方式，即将葡语周日译成汉语“主日”，再对葡语周一、周三至周五主日起第几天进行意译，创制了“主二”“主四”至“主六”，并扩展至周二“主三”、周六“主七”；“瞻礼+二至七”则是仿译，仿照母语周一、周三至周五，按主日瞻礼起第几日计算，用汉语动词“瞻礼”加数字二至七表示周一至周六。根据《新西汉词典》，西语周六、周日二词与葡语相同，周一至周五则以月、火、水、木、金五大行星命名，除周一外

① 当时，葡语是传教士群体中的通用语之一（吴蕙仪，2017：98），如意大利耶稣会士罗明坚、利玛窦即编有《葡汉辞典》。

均来自古罗马神话中神的名字（北京外国语学院西班牙语系《新西汉词典》组，1982：391、635、636、701、716、723、981、1129）。西班牙人所用次序没有受到母语的直接影响，选择按“主日”后第几天计算，从葡萄牙人的叫法类推出新次序，以便相区别，以“主/瞻礼+一至六”依次对译西语周一至周六 lunes、martes、miércoles、jueves、viernes、sábado。

如上所述，“瞻礼/主+数字”的命名方式源自葡语，“礼拜+数字”又是从何而来？我们认为很可能也是受了葡语影响。西、葡两国毗邻，语言均属罗曼语族西罗曼语支，共同祖语是拉丁语。拉丁语、西语以及欧洲其他天主教国家语言如法语、意大利语等周一至周五的命名方式近似，均以五大行星命名，如表 2 所示；只有葡语使用数字，因此，我们推测西班牙人创制新词时选用“礼拜+数字”的方式是受了葡语的影响。当时，葡语是传教士群体的通用语之一，非葡籍天主教传教士也不乏通晓者，如意大利人罗明坚、利玛窦；西班牙人瓦罗，其《华语官话词典》除了西语版，还有葡语版（瓦罗，2003：29）；法国人傅圣泽（Jean-François Foucquet，1665—1741），曾抄写葡语撰写的汉语语法材料，用以学习汉语（吴蕙仪，2017：98）。明末在菲律宾的西班牙传教士也可能通晓。而且葡语周一至周五中的序数词和 feira 明显与西语同源，罗列如下：第二 segundo—segundo、第四 quarto—cuarto、第五 quinto—quinto、第六 sexto—sexto 和 feira—feria，西班牙人极易掌握，稍作调整，便能类推出“礼拜+一至六”的仿译造词方式。

表 2①

	周日	周一	周二	周三	周四	周五	周六
拉丁语	Solis	Lunae	Martis	Mercurii	Iovis	Veneris	Saturni
西班牙语	domingo	lunes	martes	miércoles	jueves	viernes	sábado
意大利语	domenica	lunedi	martedì	mercoledì	giovedi	venerid	sabato
法语	dimanche	lundi	mardi	mercredi	juedi	vendredi	samedi

如上所示，传教过程中，天主教传教士为了让中国信徒也按照西历参加宗教仪式和守斋，须明确西历尤其是礼拜之日与中历的对应关系，及其母语一周七天在汉语中的对译成分，因汉语中本没有这些概念和词语，出现了词项空缺，故借用其母语的语义创造了新词，也为汉语"礼拜$_V$"（V 指动词，下同）、"瞻礼$_V$"、"主日"等赋予了新义和新用法②。

三、"礼拜""瞻礼"并用与交锋

明末清初天主教文献中，"主+数字""瞻礼+一至六"除上述瓦罗二书外未见，大概清初以后即被弃用；"主日"频见，"瞻礼+二至七"亦较多见，"礼拜"尚未见到更多用例。19 世纪以后，后两组词分别为天主教和新教沿用，但只有"礼拜"进入了汉语共同语。

---

① 资料来源：《拉汉词典》（彭泰尧等，1986）、《新西汉词典》（北京外国语学院西班牙语系《新西汉词典》组，1982）、《意汉词典》（北京外国语学院《意汉词典》组，1985）、《拉鲁斯法汉双解词典》（薛建成等，2001）。

② 据《汉语大词典》，"主日"本义是以太阳为诸神之主（罗竹风，1986—1993：695）。

（一）“礼拜”的使用情况

马礼逊来到广州后，虽有机会接触天主教所用之词，但由于遭到澳门葡萄牙天主教士的敌视和排斥[①]，不愿沿袭其所用“主日”“瞻礼+数字”及“礼拜+日/二至七”，而采用了广州人所用的“礼拜”。作为新教入华先驱，马礼逊的选择产生了深远影响，为后来者所效仿和沿用，如裨治文《美理哥合省国志略》、卫三畏《英华韵府历阶》等，终成为新教区别于天主教的标志性用词。于雅乐、戴遂良（Léon Wieger，1856—1933）即明确指出“礼拜”系新教徒所用（内田庆市，2007）。新教传教士多为英美或通英语人士，如德国传教士罗存德著有《英华字典》；根据《牛津高阶英汉双解词典》，英语周一至周五的命名方式近似于西班牙语（Hornby，2004：1119、1898、2000、1846、701），且有些英国人正以周一为每周第一天（Morrison，1822：281），故沿用“礼拜+一至六”的次序，无视澳门葡人所用“礼拜+二至七”。

新教人士又将“礼拜”传递给了更多的中国人。鸦片战争以后，“礼拜”零星见于教外中国人的西学著作、条陈及赴美游记中，如《海国图志》《海国四说》《瀛寰志略》等，均参考了裨治文《美理哥合省国志略》；近代尤其是洋务运动以后，使用范围扩大，也出现在清政府外交文书、官员西游游记、奏折、新式教育机构和洋务机构章程以及文人笔记和诗词中。19 世纪末 20 世纪初，“礼拜”终从南到北、从沿海到内地普遍使用，进入了汉语共同语，频繁用于报刊（包括民办报纸和官报）、小说等。“礼拜”的广泛传

---

① 马礼逊有三位中文老师是天主教徒，还有一位曾长期与天主教传教士共处（马礼逊夫人，2004：40—43）。

播离不开新教传教士的"文字传教"，尤其是办报活动（刘曼，2019：57）。麦克猷（James Marshall McHugh，1899—1966）、周克允即指出，"礼拜"在基督教（应指新教）传入以后才变得流行（内田庆市，2007）。

（二）"瞻礼"的使用情况

"瞻礼"囿于天主教内，教外中国人未见使用。19世纪仍见于法国汉学家巴赞（Antoine Bazin，1799—1863）、外交官于雅乐、传教士戴遂良、葡萄牙传教士江沙维等所著汉语教材中。巴赞、于雅乐书中明确指出是天主教（含中国教徒）所用（内田庆市，2007）。

虽和"礼拜"并见于19世纪至20世纪初新教人士所编英汉辞书及受其影响所编的日、中两国英汉辞书，如麦都思《英华字典》、罗存德《英华字典》、卢公明《英华萃林韵府》、赫美玲《英汉官话词典》（*English-Chinese Dictionary of the Standard Chinese Spoken Language and Handbook for Translators*）以及井上哲次郎《订增英华字典》、颜惠庆等《英华大辞典》等，但马礼逊、麦都思、卢公明、赫美玲等新教人士均说"瞻礼"为天主教徒所用：

（8）FRIDAY，拜五日，礼拜五；the Romanists use，瞻礼六.（Medhurst，1847—1848：604）

此外，还见于中国天主教徒小说，如邹弢《海上尘天影》、苏雪林《棘心》，以及20世纪上半叶的天主教中文期刊，如《圣心报》《圣教杂志》等①；直至当代，《现代汉语词典》"瞻礼"条下仍收，说明是天主教徒使用。

① 据"晚清期刊全文数据库""民国时期期刊数据库"（http://www.cnbksy.com）。

（三）“礼拜”胜出的原因

为什么广州人在“礼拜”和“瞻礼”之间选择了前者？为什么最终是“礼拜”而非“瞻礼”进入汉语共同语？先回答第一个问题。

1. 复合词的核心语素和中国人的用词习惯

复合词“礼拜/瞻礼+数字”，其核心语素分别是动词“礼拜”和“瞻礼”。二者音节数目相同，语义相近，根据《汉语大词典》，前者为“信教者向神行礼致敬”，后者为“瞻仰礼拜”，均在汉语中长期使用（罗竹风，1986—1993：961、1226）。新词的构词理据也一致，“瞻礼”“礼拜”作为“主日/礼拜日”的标志性活动，故可加数字为其余六天命名。但“礼拜$_V$”出现更早，随着佛教的传入，中古前期已见，道教、伊斯兰教均用（张清常，1993：5—7）；虽在口语中使用不多，但普通大众并不陌生（包括福建人）[①]；《乾隆大藏经》中与“瞻礼$_V$”之比约为15.6∶1，北京大学中国语言学研究中心CCL语料库和“语料库在线”的古代汉语语料库中分别为7.8∶1、6.6∶1[②]。明末在菲律宾的西班牙传教士受福建移民影响，选其作为构词语素。同时期来华传教士则由于以知识分子为传教对象，选择了更为文雅的“瞻礼$_V$”。《华语官话词典》中，该词除了作为单独的词条，还出现在“做瞻礼、瞻礼单、瞻礼日、守瞻礼日”等复合词或短语中，“礼拜$_V$”则只见于“礼拜祠”（清真寺）；《耶稣会文献汇编》中用例数约为“礼拜$_V$”的4.5倍[③]。但对天主教外的中国人来说比较陌生，作为复合词语素的吸引力较弱。

---

① 今福州方言仍用“礼拜”（李荣，1998a：89—90）。

② 语料库网址分别为：http://ccl.pku.edu.cn:8080/ccl_corpus/；http://corpus.zhonghuayuwen.org/。

③ 据“国学大师”网站在线语料统计（http://www.guoxuedashi.com/a/19943z）。

再加上“礼拜日”明初已被中国人用来称伊斯兰教每周聚礼之日（黄河清，2003：59—61）[①]，在菲律宾的福建移民当不陌生[②]，用来兼指天主教礼拜之日殊为自然，当地西班牙传教士受其影响，以之对译西语 domingo（星期日）。相比天主教，本土中国人对伊斯兰教更为熟悉，广州人也不例外。该教唐宋时期传入，元明两代广泛传播，教徒遍布全国（米寿江、尤佳，2000：60—70、75—79、109—113）；根据《广州宗教志》，唐代已传入广州，直至元代，教徒以外国侨民为主；明代，有内陆回族人陆续从各地迁入，“礼拜日”可能在此时传入（广州市宗教志编纂委员会，1996：1、92、130、131）。因此，虽然“瞻礼+数字”应曾用于广州[③]，但当地人比较之下，选择了构词语素更为熟悉的“礼拜”。

2. 宗教传播范围和相关国家实力

现在回答第二个问题：“礼拜”而非“瞻礼”进入汉语共同语，是因为前者流传范围广。这又受到两方面因素的影响：一是宗教传播范围，二是星期制度在中国的扩散程度。“瞻礼”“礼拜”的流传分别受制于天主教、新教的传播。天主教传入中国后，以知识分子为传教对象，制约了该教及其传教语言在普通大众中的影响力。18 世纪上半叶起，天主教在华影响式微，由于礼仪之争，雍正年间教案频发，如广东、福建等地，引起教外民众恶感；1724 年谕旨禁教；1731 年，留居广州的传教士被驱逐至澳门，当地的天主教堂完全关

---

① 19 世纪穆斯林仍在使用（Morrison，1822：373；Medhurst，1847—1848：1255）。

② 该教唐宋时期已传入闽南，当地人应知道“礼拜日”一词（泉州市民族与宗教事务局，2005：122—124）。

③ 其一，从“瞻礼+数字”至今沿用，可推知明末清初曾在天主教传教范围内使用过，当时传教地已包括广东，也应包括广州；其二，康熙初年和 19 世纪初传教士曾两度在广州暂时会集，或促进“瞻礼+数字”在其内部的流传（胡建华，2014：11；徐宗泽，2010：162—166、221—222；广州市宗教志编纂委员会，1996：177）。

闭（尚智丛，2000：106；广州市宗教志编纂委员会，1996：177），导致“瞻礼”未能在教外扩大影响。19世纪以前，未见有内地中国人使用一周七天新词的记载。19世纪初，新教开始传入中国；鸦片战争后开放传教权，加速了该教的传播，而且传教士借助报刊这种更新快、发行广的公共媒介，日益扩大其影响；以英国为首的新教国家的其他人士也使用“礼拜”，如德国籍海关洋员赫美玲，这些国家在中国的势力扩张，也促进了该词的传播。1880年前后，天主教中文报刊始起步，数量和影响力远不及新教（白瑞华[①]，2013：76—77），故“瞻礼”未能乘势传出天主教外。

3. 星期制度在华扩散

明末清初，由于中西文化交流范围非常有限，星期制度在中国几无影响，教外中国人没有表达需要，未接受“瞻礼”。清朝实行广州一口通商后，17世纪末英商开始建立商馆，18世纪中期至19世纪初，中英贸易兴盛，使用洋泾浜英语的中国商人、买办、通事、仆役等参与其中（司佳，2016：28—31），可能因有表达需要，接受了从东南亚传入的“礼拜”。鸦片战争后，不平等条约的签订使中国门户被打开，中西交流、华洋杂处的范围逐渐扩大，星期制度的影响不再局限于洋教之内，19、20世纪之交，在都市中日益普及（湛晓白，2013：352—354）。“礼拜”借其东风，迅速传播。

结 语

“礼拜”明末已见于在菲律宾的西班牙多明我会士笔下，是西语

① 白瑞华，Roswell Sessoms Britton，1897—1951。

和当地闽南语接触而产生的；同时或稍后，来华天主教传教士创用了“主日”“主/瞻礼+数字”“瞻礼”等词，主要是葡语和汉语官话接触而催生的。后来，“礼拜”从东南亚传入广州，新教入华后，从广州人处习得该词，又传递给了更多的西人和中国人，促使“礼拜”最终进入汉语共同语。新词产生的根本动因是中西文化交流、宗教传播、星期制度传入，机制是语言接触中词项空缺、语义借用引起的意译、仿译造词及词义演变。

造词和用词的不同反映了基督教同一教派不同差会或不同教派之间的分歧；中国人的用词选择可能还受到佛教、伊斯兰教等其他宗教的影响。

不同宗教、同一宗教的不同教派甚至不同差会在“礼拜”产生以至进入汉语共同语的过程中起了不同的作用。新词的产生及其在汉语中的命运，展示了中外文化交流、宗教传播、语言接触的阶段性及其在汉语中的层积性影响。

这一个案提醒我们，中欧语言接触肇始于东南亚，相关研究须从大华语区视角出发，兼顾中国本土和东南亚，并探讨两地语言接触之间的联系及其对汉语的影响。

参考文献

Coblin, W.S. 2006 *Francisco Varo's Glossary of the Mandarin Language*. London: Routledge.

Mateer, Calvin W. 1892 *A Course of Mandarin Lessons*. Shanghai: American Presbyterian Mission Press.

Medhurst, W.H. 1847 – 1848 *English and Chinese Dictionary*. Shanghae: The Mission Press.

Morrison, Robert 1822 *A Dictionary of the Chinese Language, in Three Parts*. Macao: Honorable East India Company's Press.

白瑞华，2013，《中国近代报刊史》，苏世军译，北京：中央编译出版社。

北京外国语学院《意汉词典》组（编），1985，《意汉词典》，北京：商务印书馆。

北京外国语学院西班牙语系《新西汉词典》组（编），1982，《新西汉词典》，北京：商务印书馆。

博克斯，2007［1904］，《马礼逊、米怜和麦都思》，谭树林、钟凌学译，张西平（编）《国际汉学》第 2 期，北京：外语教学与研究出版社。

陈泽平，2010，《19 世纪以来的福州方言——传教士福州土白文献之语言学研究》，福州：福建人民出版社。

方豪，1973，《明末马尼拉华侨教会之特殊用语与习俗》，《现代学苑》（台湾）第 10 卷第 15 期。

高毋羡，2014，《天主要理》，张西平等（编）《梵蒂冈图书馆藏明清中西文化交流史文献丛刊（第一辑）》第 38 册，郑州：大象出版社。

广州市宗教志编纂委员会（编），1996，《广州宗教志》，广州：广东人民出版社。

胡建华，2014，《百年禁教始末：清王朝对天主教的优容与厉禁》，北京：中共中央党校出版社。

黄河清，2003，《从七曜说到“礼拜”、“星期”、“周”的语源》，《语文建设通讯》（香港）第 75 期。

霍恩比，A.S.，2004，《牛津高阶英汉双解词典（第 6 版）》，石孝殊等译，北京：商务印书馆，香港：牛津大学出版社。

李斌等，2017，《近代汉语常用词演变研究的多向度辞书考证》，《湖南科技大学学报（社会科学版）》第 4 期。

李荣（编），1998a，《福州方言词典》，南京：江苏教育出版社。

李荣（编），1998b，《厦门方言词典》，南京：江苏教育出版社。
李宇明（编），2010，《全球华语词典》，北京：商务印书馆。
利类思译，2014a，《圣事礼典》，张西平等（编）《梵蒂冈图书馆藏明清中西文化交流史文献丛刊（第一辑）》第8册，郑州：大象出版社。
利类思译，2014b，《司铎典要》，张西平等（编）《梵蒂冈图书馆藏明清中西文化交流史文献丛刊（第一辑）》第8册，郑州：大象出版社。
刘曼，2019，《“礼拜”和“星期”流传、替换考》，《澳门理工学报（人文社会科学版）》第3期。
罗竹风（编），1986—1993，《汉语大词典》，上海：上海辞书出版社。
马礼逊夫人（编），2004，《马礼逊回忆录》，顾长声译，桂林：广西师范大学出版社。
马西尼，2004，《罗马所藏1602年手稿本闽南话-西班牙语词典——中国与西方早期语言接触一例》，邹嘉彦、游汝杰（编）《语言接触论集》，上海：上海教育出版社。
米寿江、尤佳，2000，《中国伊斯兰教简史》，北京：宗教文化出版社。
内田庆市，2007，《近代中国語における“曜日”の言い方》，《アジア文化交流研究》第2号。
潘国光述，2014a，《圣教四规》，张西平等（编）《梵蒂冈图书馆藏明清中西文化交流史文献丛刊（第一辑）》第33册，郑州：大象出版社。
潘国光述，2014b，《天阶》，张西平等（编）《梵蒂冈图书馆藏明清中西文化交流史文献丛刊（第一辑）》第33册，郑州：大象出版社。
潘国光述，2014c，《天主十诫劝论圣迹》，张西平等（编）《梵蒂冈图书馆藏明清中西文化交流史文献丛刊（第一辑）》第41册，郑州：大象出版社。
彭泰尧等（编），1986，《拉汉词典》，贵阳：贵州人民出版社。
泉州市民族与宗教事务局（编），2005，《泉州宗教志》，泉州：泉州晚报印刷厂。
尚智丛，2000，《传教士与西学东渐》，太原：山西教育出版社。

司佳，2016，《近代中英语言接触与文化交涉》，上海：上海三联书店。
瓦罗，2003，《华语官话语法》，姚小平、马又清译，北京：外语教学与研究出版社。
吴蕙仪，2017，《17、18 世纪之交欧洲在华传教士汉语知识的传承与流变》，张西平（编）《国际汉学》第 4 期，北京：外语教学与研究出版社。
徐宗泽，2010，《中国天主教传教史概论》，上海：上海书店出版社。
许宝华、宫田一郎（编），1999，《汉语方言大词典》，北京：中华书局。
薛建成等译，2001，《拉鲁斯法汉双解词典》，北京：外语教学与研究出版社。
盐山正纯，2018，《艾约瑟的官话课本浅析》，张西平（编）《国际汉学》第 1 期，北京：外语教学与研究出版社。
湛晓白，2013，《时间的社会文化史——近代中国时间制度与观念变迁研究》，北京：社会科学文献出版社。
张敏芬、张黎（编），2016，《精选葡汉汉葡词典》，北京：商务印书馆。
张清常，1993，《说“礼拜”》，《语言文字应用》第 4 期。
周振鹤（编），2018，《中欧语言接触的先声：闽南语与卡斯蒂里亚语初接触》，上海：复旦大学出版社。
庄钦永、周清海，2010，《基督教传教士与近现代汉语新词》，新加坡：青年书局。

谈早期西方传教士与辞书编纂*

徐文堪

近年来，明清时期西方来华传教士编纂的各种汉语与西方语言对照的词典日益引起学术界的关注，国内学者也发表了不少论著，但有些文章的论述似尚可商榷，有些资料尚须补充。本文仅以罗明坚、利玛窦所编《葡汉辞典》等为例，介绍一些新的研究成果，供读者参考。

意大利天主教耶稣会史学家、汉学家德礼贤于1934年在罗马耶稣会档案馆中发现了一组手稿（编号 Jap. Sin., I 198.），他称之为《葡汉辞典》。手稿共189页，长23厘米、宽16. 5厘米，写在中国纸上。手稿第32页至第165页是一部葡萄牙语与汉语对照的词表，其编排方式分三栏：第一栏是葡语词条，第二栏是汉语的罗马字母注音，第三栏是汉字。例如：

Aguoa	scioj	水
Aguoa de poso	cin scioj	井水
Aguoa do rio	ho scioj	河水
Aguoa da chuva	yu scioj	雨水
Aguoa salguada	yen scioj	盐水
……	……	……

*　原刊《辞书研究》2004年第5期，第121—126、141页。

根据对手稿的纸张、笔迹和内容等的考证，可以推测这部词典的主编者是罗明坚，合编者是利玛窦。编纂年代是二人初入中国广东肇庆传教的时期，约为1584—1586年间。这部词典以罗马字注汉字音，可能是最早以拉丁字母拼写汉语的尝试，可以视为以后利玛窦《西字奇迹》拼音方案和金尼阁《西儒耳目资》拼音系统的前身。根据美国乔治城大学杨福绵教授的研究，从语音、词汇、语法诸方面加以论证，可以看出这部词典反映了以南京话为基础方言的明代官话。

整部手稿有6000多个葡萄牙语词条，但相应的汉语词条只有5461个，有540多条葡语词条未见汉语对应词，这可能是由于有些葡语词一时找不到恰当的汉语译法。比如上举与“水”有关的葡语词条中，有一条是Aguoa benta，即“圣水”（英语：Holy water），当时罗、利二氏到中国不久，这个宗教名词尚未翻译，所以只好暂付阙如。至于以葡语为原语，这是因为葡语是大航海时代欧洲及亚洲葡萄牙殖民地的共同交际语，到印度、中国和日本等地传教、经商的人士一般都通晓葡语。

这部词典的前后都有附页，包括学习汉语用的笔记、词汇、天干地支、十五省的名称、天文知识及天主教教义、简介等杂项。其中第3a页至第7a页的罗马字标题为“Pin ciù ven tà ssì gnì”，德礼贤据之转写为汉字《平常问答词意》，其实应作《宾主问答辞义》或《宾主问答私拟》。这是一本帮助新到中国的传教士学习汉语会话用的小册子，因此在对话的各个句子前面都标有“主人曰”“客曰”“童曰”“问曰”“答曰”等字样。“主人”指传教士，“客”指来访的中国文人或官员，“童”指传教士的童仆。《宾主问答辞义》完全用罗马字汉语拼音书写，没有汉字，所以有不少词句较难辨认。日本学者古屋昭弘对这一文献做了考释研究，发表有《明代官語の一资料》（《东洋学报》第70卷第3—4号，1989）。

有的文章说：利玛窦后来又与另一个意籍耶稣会士郭居静联手编纂了一部中文书名为《西文拼音华语字典》的汉语音韵词典，为来华传教士学习中文带来很大方便。这是一种不很准确的说法。

事实是这样的：利氏晚年著的《利玛窦中国札记》（即《中国传教史》）第四卷第三章最后一段曾记述传教士们编词典的事，其中提到两个人，一个是钟鸣仁修士，又名钟巴相，中国澳门人；另一个即郭居静，字仰凤。郭神父是一位优秀的音乐家，善于分辨各种细微的声韵变化，精确地辨明声调的高低。于是他们拟定了区别汉字声调的五个符号和表示送气的一个符号。利玛窦命令全体耶稣会士一律采用这几个符号，不得擅自增减更改，以免造成混乱。会士们将统一的标音法用于已编的词典及将来要编的其他词典。所谓郭居静与利玛窦合撰“音韵字典”，可能就是指这一记述。据柏应理神父说，郭居静撰有 *Vocabularium ordine alphabetico europaeo more concinnatum, et per accentus suos digestum*，这个拉丁文书名译成汉语是《按欧洲拼音字母表排序并按声调分部的词汇表》。季尔赫尔1667年在阿姆斯特丹出版的名著《中国图志》也提到：“我有一部为我们使用的汉语词典手稿，俟筹得印刷之资，即可出版。”有人认为，他指的就是郭居静等编的这部词典。

德礼贤则认为，利氏所述的词典即他发现的《葡汉辞典》。这显然不妥当，因为《葡汉辞典》的标音比较粗糙，声母的送气音和不送气音不加区别，而且没有声调表示方法，与利氏的记述不相符合。利氏所说词典的手稿本是否曾经出版，现在是否存在，这些问题目前还无法回答。不过，存在一些可追寻的线索。据某些记载，裴化行神父等曾于1933年在北京图书馆发现一部《葡汉辞典》手稿。该手稿编号是MS. 22. 658，共8+624+34=666页，32开本，既没有作者的名字，也没有年月及地址等。这部词典可能是根据利、郭的《葡汉辞典》编成的。但要解决这个问题，首先必须在北京查找该手稿，找到后才能进行比较和考证的工作。

还有学者称：万历三十三年（1605），利玛窦独立完成《西字奇迹》一书的编纂，这也是以拉丁字母为汉字注音的字典，列声母26，韵母43，次音4，声调符号5。这段话有若干处值得进一步研究。

利玛窦晚年（1606）在北京时，曾赠程大约（字幼博，别字君房，1541—1616?）四篇用罗马字注音的文章，程氏把这四篇文章收入他编的《程氏墨苑》的第六卷下刊行于世（1609）。这四篇文章的前三篇是宣传天主教教义的，最后一篇《述文赠幼博程子》则是利玛窦谈自己对语言文字看法的论文。这四篇罗马字注音文章，连同几幅木刻宗教画，1927年北京辅仁大学曾用王氏鸣晦庐藏本影印出版，取名《明季之欧化美术及罗马字注音》。文字改革出版社于1957年重印，改名《明末罗马字注音文章》。

据说利氏还刊行过一本《西字奇迹》，但几十年来遍寻未见。这个谜直到20世纪80年代才被揭破。1983年，台湾学者鲍保鹄在梵蒂冈图书馆发现了这部书（编号Racc., Gen. Oriente, 231. 12），全书6页，刊行于1605年，内容只是三篇罗马字注音文章，且和《程氏墨苑》所收罗马字注音文章中的前三篇完全相同。约与此同时，北京的尹斌庸也根据伯希和在《高第书目》（*Bibliotheca Sinica*）卷5第3677页上提供的线索，依靠美国朋友梅维恒（Victor H. Mair）教授的帮助，从梵蒂冈图书馆得到了《西字奇迹》的缩微胶卷。从上述情况可以肯定，利玛窦的《西字奇迹》，是他的拼音方案定案之后应用这个方案来书写的“注音读物”，而不是“以拉丁字母为汉字注音”的词典。

早在七十多年前，罗常培（1899—1958）先生就根据利玛窦的这四篇注音文章和金尼阁1626年在杭州刊行的《西儒耳目资》，对利氏、金氏方案做了详细的介绍和研究，归纳出“利金方案”中声、韵、调的写法。读者如有兴趣，可以参看《中国大百科全书·语言文字》卷的“西字奇迹”条，更详细的考释则见于罗先生的著名论文《耶稣会士在音韵学上的贡献》。

罗常培先生（1930：268）正确地指出：

> [耶稣会士] 对于伦理，论理，舆地，理化，生理，农业，水利，制造各方面，都有相当的贡献：凡是留心明清之交的学术思想者，大概都知道。只有他们对于中国音韵学的贡献，反倒破[被] 其他方面的成绩所掩，不大引起人们的注意。据我观察，利玛窦的罗马字注音跟金尼阁的《西儒耳目资》在中国音韵学史上跟以前守温参照梵文所造的三十六字母，以后李光地《音韵阐微》参照满文所造的“合声”反切，应当具有同等的地位。因为他们：
>
> 1. 用罗马字分析汉字的音素，使向来被人看成繁难的反切，变成简易的东西；
>
> 2. 用罗马字母标注明季 [字] 的字音，使现在对于当时的普遍音，仍可推知大概；
>
> 3. 给中国音韵学研究开出一条新路，使当时的音韵学者，如方以智，杨选杞，刘献廷等受了很大的影响。

明清之间耶稣会士、奥斯定会士、多明我会士等传教士不仅对音韵学研究有贡献，他们所编纂的中西文词典和满语词典等，在汉语和中国少数民族语文辞书编纂史上，也占有显著的地位。近年来国内常有新的资料陆续刊布，如1999年国家图书馆在《中国国家图书馆古籍珍品图录》（北京图书馆出版社）一书中发表了一份罗马字母和汉字对照的书影，时间为1588年。这份文献不仅在中国天主教思想史上有重要意义，在中国语言学史研究上也很有价值，有待我们进行深入研究。至于以后传教士编写的各种官话和方言词典，更是汉语语言研究史上的重要一页。笔者只是本"述而不作"之意，通过上面的简单考证和下面的文献举要，对新近的研究稍作介绍而已，并以此纪念卓越的语言学家罗常培教授，希望海峡两岸学者继踵罗氏，共同努力，把这个领域的研究不断推向前进。

参考文献

Pelliot, Paul 1995 *Inventaire sommaire des manuscrits et imprimés chinois de la Bibliothèque Vaticane*. Kyōto: Istituto Italiano di Cultura, Scuola di Studi sull' Asia Orientale.

Szcześniak, Boleslaw 1947 The Beginnings of Chinese Lexicography in Europe with Particular Reference to the Work of Michael Boym(1612 – 1659). *JAOS* 67(3).

Theunissen, B. 1943 Lexicographia missionaria linguae Sinensis 1550 – 1800. *Collectanea Commissionis Synodalis* 16.

Witek, John & Joseph Sebes (eds) 2002 *Monumenta Sinica,* vol 1. Rome: Institutum Historicum Societatis Iesu.

Witek, John 1996 An Historical Assessment of Matteo Ricci's *Portuguese-Chinese Dictionary*. “明末以来中西文化交汇研讨会（香港）” 会议论文。

Yang, Paul Fu-mien 1960 The Catholic Missionary Contribution to the Study of Chinese Dialects. *Orbis* 9(1).

鲍保鹄，1983，《喜见利玛窦神父的〈西字奇迹〉孤本》，《教友生活周刊》，1983.11.10。

方豪，1987，《中西交通史》，长沙：岳麓书社。

利玛窦、金尼阁，1983，《利玛窦中国札记》，何高济等译，北京：中华书局。

鲁国尧，1985，《明代官话及其基础方言问题》，《南京大学学报（哲学社会科学）》第四期。

陆志韦，1947，《金尼阁西儒耳目资所记的音》，《燕京学报》第33期。

罗常培，1930，《耶稣会士在音韵学上的贡献》，《历史语言研究所集刊》（第一本第三分册）。

罗常培，1989，《语言与文化》，北京：语文出版社。

吴孟雪、曾丽雅，2000，《明代欧洲汉学史》，北京：东方出版社。

吴义雄，2000，《在宗教与世俗之间：基督教新教传教士在华南沿海的早期活动研究》，广州：广东教育出版社。

杨福绵，1983，《利玛窦对中国语言学的贡献》，《公教报》，1983.1.7，1.14。

杨福绵，1995，《罗明坚、利马窦〈葡汉辞典〉所记录的明代官话》，《中国语言学报》第5期，北京：商务印书馆。

尹斌庸，1986，《〈西字奇迹〉考》，《中国语文天地》第2期。

尹斌庸，1995，《利玛窦等创制汉语拼写方案考证》，王元化（编）《学术集林（卷四）》，上海：上海远东出版社。

张奉箴，1983，《利玛窦及金尼阁的中文拉丁注音》，《纪念利玛窦来华四百周年中西文化交流国际学术会议论文集》，台北：辅仁大学出版社。

张国刚等，2001，《明清传教士与欧洲汉学》，北京：中国社会科学出版社。

张铠，1997，《庞迪我与中国——耶稣会“适应”策略研究》，北京：北京图书馆出版社。

张西平等，2003，《西方人早期汉语学习史调查》，北京：中国大百科全书出版社。